SKRIPTUM ZUR LITERATUR

Für Horst Friesner
Für Marie, Florentin und Gabriel

WOLFRAM AICHINGER

SKRIPTUM ZUR LITERATUR

VERLAG TURIA + KANT
WIEN

Bibliografische Information Der Deutschen Bibliothek

Die Deutsche Bibliothek verzeichnet diese Publikation in der
Deutschen Nationalbibliografie; detaillierte bibliografische
Daten sind im Internet über http://dnb.ddb.de abrufbar.

Bibliographic Information published by Die Deutsche Bibliothek

Die Deutsche Bibliothek lists this publication in the Deutsche
Nationalbibliografie; detailed bibliographic data is available in the
internet at http://dnb.ddb.de.

ISBN 978-3-85132-514-0

Unter Mitarbeit von Gertraud Aichinger, Simon Aumayr,
Hannah Honauer, Maria Leonhardmair, Isabelle Mathes
und Helmut Plank

VERLAG TURIA + KANT
A-1010 Wien, Schottengasse 3A/5/DG 1
info@turia.at | www.turia.at

INHALT

1. EINLEITUNG

Ich habe die Kapitel, die nun dieses Buch bilden, für einführende Vorlesungen und Proseminare am Institut für Romanistik der Universität Wien geschrieben. In ihnen klingen viele Debatten über Literatur nach, auch aus diesem Grund habe ich mich nicht gescheut, Merkmale mündlicher Rede im Text zu behalten und das eine oder andere Witzchen.[1] Einzelne Kapitel waren Studentinnen und Studenten auch über Internet zugänglich und ich bin allen sehr verbunden, die mir halfen, diese zu verbessern und zu ergänzen. Es wäre erfreulich, wenn alle, die sich für Literatur interessieren, in diesen Texten Anregungen finden könnten. Sie sind aber vor allem für Menschen gedacht, die beginnen, Spanisch oder Französisch zu studieren und nun also auch der Literatur in Form von Theorie ins Auge sehen müssen. Für sie habe ich oben genannte Einzelteile nun in die vorliegende Fassung gebracht, sie sind die Leser, deren Gestalt mir beim Schreiben über die Schultern schaute. Ihre Kritik fürchte ich am meisten, ihre Einwände werde ich beherzigen, sollte ich mich einst auf das aufwändige Unternehmen einer vollständigen Überarbeitung einlassen.

Aber wie sehen solche Studierende aus? Es handelt sich um eine intellektuell eigenwillige Spezies: Solche Studenten der Romanistik interessieren sich für die fremde Sprache und Kultur, für Tango und Flamenco, für Hahnenkampf und die Pfeifsprache auf Gomera, für Almodóvar und »das Mittelmeer im Film«, sie reisen viel in der Welt herum, haben mehr Kontinente gesehen als ich, sind vielseitig, gesellig und bereit, sich begeistern zu lassen. Sie mögen aber keine dürre Fachsprache, kein Übermaß an Latein und Griechisch und ich glaube, sie werden mich nicht verdammen, wenn ich behaupte, dass sie ihre Nächte nicht nur beim milden Licht der Leselampe über den Werken von Teresa von Avila, Cervantes oder Balzac zubringen. (Damit behaupte ich ausdrücklich nicht, dass sie nicht ab und zu eine Nacht damit zubringen.) Sie müssen ja auch eine fremde Sprache perfektionieren, Sprachwissenschaft studieren und sich mit den Medien, mit der Geographie und Geschichte, mit der ganzen Kultur der Romania also, befassen. Sie studieren an einem Institut, das die Öffnung zu den Kulturwissenschaften betrieben und mitgemacht hat. Sie studieren Romanistik oft als Zweitfach oder Wahlfach und fühlen sich eigentlich zur Ethnologie, Soziologie oder Jurisprudenz berufen. Sie haben also nicht so viel Zeit für Literatur, wie sie eine Vollblutgermanistin oder ein Komparatist haben.

Biete diesen Studierenden eine Lehrveranstaltung über Spitznamen an, über Comic, über Liebe und Heirat in Andalusien, über *Amores perros* oder politischen Widerstand in Chiapas und sie werden sich zahlreich in Deinem Hörsaal einfinden. Erwarte jedoch nicht, dass sie ohne Weiteres dreißig Schlüsselwerke des Kanons lesen, und das Mittelalter zeichnet sich nur fern und verschwommen vor ihrem Geiste ab. Wenn du ihnen vorschlägst, sie sollen ihre Diplomarbeit über Akzente in der Poesie des fünfzehnten Jahrhunderts schreiben, dann werden sie dich mitleidig anlächeln. Sie sind aber auch zu Erstaunlichem fähig: Sind sie einmal überzeugt, dass eine Komödie von Tirso de Molina Farbe und Witz hat, dann lernen sie in wenigen Wochen mehrere hundert Verse und Sonette in altem Spanisch auswendig und bringen eine herzeigbare Interpretation klassischen Theaters auf die Bühne. Und wenn sie verstanden haben, was eine *Anagnorisis* ist, dann werden sie Dir interessante und neue Beispiele aus *Star Wars* und den Bestsellerlisten mailen.

Ich denke: Solche Studenten sollten irgendwann über Begriffe wie Vers, Reim und Rhythmus nachdenken, es ist aber für sie von wenig Nutzen, wenn sie fünfzig alte Strophenformen kennen. Es könnte jedoch wichtig sein, ihnen die Metrik als Teilgebiet einer fächerübergreifenden Rhythmusforschung zu vermitteln. Sie sollten sprachliche Verfremdungseffekte erkennen und es ist zu wünschen, dass sie Schlüsselmetaphern in einer politischen Rede oder einem Zeitungsartikel sehen. Ist es aber unverzichtbar, dass sie alle Kategorien von rhetorischen Klang- oder Gedankenfiguren im Kopf herumtragen? Diese Studenten werden keinen Beitrag zur Verfeinerung von Stanzels *Erzählkreis* leisten und wozu sollten sie im Schlaf den Unterschied zwischen *homodiegetisch* und *heterodiegetisch* hersa-

12

gen? Sie werden aber bei der Narratologie Rat holen, wenn sie etwa Erzählstrukturen in lebensgeschichtlichen Interviews untersuchen. Daher sollten sie ein wenig mit dieser vertraut sein.

Ein solcher Student wird sich am Beginn des Studiums kaum ins Dickicht der Schulen und Methoden begeben. Vor allem, es bringt wenig Gewinn, wenn er es tut. Er braucht auch keine fertigen theoretischen Modelle und ausgefeilten Begriffe als Selbstzweck und Übung im Memorieren. Gelingt es, ihn für ein Thema zu begeistern, dann wird er sich Methode und Theorie beizeiten schon holen und sie an sein Erkenntnisziel anpassen.

Diesen Studierenden diene also das Buch als Einführung, ihnen soll es die wichtigsten Begriffe aus den Kernbereichen der Literaturwissenschaft vermitteln: Metapher, Mythos, Apostrophe oder Erzählperspektive. Es möchte vor allem zeigen, warum es wichtig ist, sich auf diese Begriffe und Konzepte überhaupt einzulassen. Ermuntert sollen sie werden, mit Hilfe von Rhetorik, Stilistik und Erzähltheorie auch Merkmale und Qualitäten in der Literatur zu untersuchen, die sie zuvor nicht oder weniger deutlich gesehen haben. Sie sollen dabei auch Werkzeuge erhalten, die ihnen helfen, wenn sie nach Chiapas abreisen, um Ironie als Stilmittel in der Propaganda der Zapatisten zu untersuchen, oder sich aufmachen, um in Valencia das Feuer als Symbol bei Heiligenfesten zu studieren, oder wenn sie die Rhetorik der Schlachtgesänge von Fußballfans unter die Lupe nehmen. Und wenn sie sich doch entschließen, über Akzente in der höfischen Poesie des fünfzehnten Jahrhundert zu arbeiten und diese mit der Musik, dem Tanz und dem Lebensgefühl des späten Mittelalters in Verbindung bringen, umso besser!

Ein Naturwissenschaftler forderte jüngst im Kultursender Ö1, jeder Wissenschaftler solle seinen Studenten am Beginn des Studiums eine Liste geben, die alle offenen und ungelösten Fragen enthalte. Ich glaube, das hat etwas für sich, und das sollte auch die Philologie mehr beherzigen. Wozu überhaupt studieren, wenn eine Einführung schon behauptet, sie könne alles beantworten und alles in einem fertigen System säuberlich einordnen? Sollten nicht Einführungen vielmehr Fragen stellen und dazu ermutigen, eigene Antworten und Forschungswege zu finden? Es ist ja wahrlich nicht so, dass alle Fragen der Literaturwissenschaft bereits beantwortet wären. Daher auch mein Bemühen, den Tonfall zu vermeiden, der den Trägern der verbindlichen und endgültigen Wahrheiten eigen ist.

Ziel war es, nicht ein Modell, eine Theorie, eine Antwort anzubieten, sondern Antworten als Vorschläge und als Möglichkeiten des Weiterdenkens zu präsentieren, dabei die Sprache einfach zu halten und die Beispiele neu und anschaulich zu wählen, ohne dabei jedoch schwierige Fragen zu banalisieren. So wird vieles Widerspruch hervorrufen, weil es überspitzt, einseitig oder plakativ vorgetragen ist, weil nicht alles ausgenommen ist, was auszunehmen, und nicht alles eingeschränkt, was einzuschränken gewesen wäre. Das ist in einer Einführung, die einen großen Rundgang anbietet, nicht zu vermeiden. Auch halte ich es für gut und nützlich, wenn die Präsentation dazu ermuntert, zu ergänzen, weiter zu denken und Sachverhalte genauer zu durchdenken. Gerade durch die Leerstellen und Lücken in diesem Skriptum sollten Sie sich provoziert und zu eigener Suche ermuntert fühlen.

Sie werden rasch bemerken, an welchen Büchern ich mich inspiriert habe: E. M. Forster, Julio Cortázar, Jorge Luis Borges, Wladimir Nabokow, Paul Ricœur, Jonathan Culler, Kenneth Burke, Carlo Ginzburg, Jerome Bruner, aber auch Gustave Lanson oder Theophil Spoerri, Gaston Bachelard, Gilbert Durand und besonders Henri Suhamy, vor allem wohl Umberto Eco, Vorbild, was Klarheit und Verständlichkeit betrifft, Gerald Brenan, Octavio Paz, Isabel Paraíso, José Luis Herrero Prado, Andrés Amorós, … die alten Poetiker selbst: Aristoteles und Lope de Vega, Paul Verlaine. Ich wollte das Abschreiben aber nicht zu weit treiben. Daher habe ich mich dort mit einer Zusammenfassung und einem Verweis begnügt, wo ein Thema von anderen bereits mustergültig abgehandelt wurde: die Rhetorik etwa von Wolfram Groddeck, die Erzähltheorie von Martinez und Scheffel, kulturelle Funktionen des Erzählens von Jerome Bruner. Warum wieder Druckerschwärze für das Thema Fiktion vergeuden, wenn bei Umberto Eco das Wesentliche ansprechend zusammengefasst ist? Länger aufgehalten habe ich mich bei Themen, die heute zu kurz kommen, das wäre etwa die Form der poetischen Sprache. Mehr Zeilen habe ich auch den Themen geschenkt, die eigentlich farbig und lebensvoll sind, von einführenden Darstellungen aber manchmal so dargestellt werden, dass sie im Gewirr der dürren Begriffe einiges von ihrer Kraft verlieren. Das gälte für die Metrik, für den Symbolbegriff und für Zeit, Stimme und Perspektive in Erzählungen. Schließlich habe ich auch den Themen viel Platz gegeben, bei denen ich mich ein wenig besser auszukennen glaube als bei anderen: Das wären etwa die Metapher und der poetische Rhythmus. Das Theater beansprucht hier sehr viele Seiten für sich. Das kommt vielleicht Studierenden von heute entgegen, die Literatur nicht mehr in Form dicker Romane kennen, sondern als Spiel auf der Leinwand. Warum also nicht Kernkonzepte wie Fiktion und Handlung mit Blick auf das, was auf einer Bühne geschieht, entwickeln?

Ich habe also auf gewisse Gebräuche von Einführungen verzichtet, etwa die, dass ein Kapitel Rhetorik alle Figuren enthalten muss und ein Thema nur vermittelt werden kann, wenn alles schön der Reihe nach abgehandelt wird. Manchen wird die Klarheit des Erstens, Zweitens und Drittens abgehen. Doch erzeugt diese Klarheit nicht auch die Langeweile, die jeder unverknüpften Aufzählung eigen ist, jedem Inventar, das nicht von einer Problemstellung aufgeladen ist? Erzeugt sie nicht den trügerischen Schein, dass diese *Ordnung der Darstellung* auch etwas mit der *Ordnung in der Welt* zu tun habe? Gehen nicht die Zusammenhänge verloren, die ein Thema erst spannend machen? Verleiten wir Studierende nicht allzu rasch dazu, in starren Kategorien zu denken? Laufen diese nicht Gefahr, nur noch vier Funktionen von Fiktion zu sehen, wenn wir ihnen etwa die Funktionen von Fiktion schön der Reihe nach in einer zwar lernerfreundlichen aber unterkomplexen Viererfolge vermitteln? Diese Zweifel haben mich dazu gebracht, Kernthemen aus Beispielen zu entwickeln. Der Gewinn einer solchen Darstellung könnte sein, dass sie Wissen besser vernetzt und unmittelbar zu brisanten Problemfeldern hinführt. Dort, wo es hier an Ordnung und Vollständigkeit mangelt, gebe ich auch Hinweise auf Bücher, die sich einer solchen befleißigen.

Schließlich bin ich überzeugt, dass Literatur »verrückt« ist – im besten Sinn des Wortes, so wie Träume verrückt sind oder die Spiele von Kindern oder die Karambolagen unseres assoziativen Denkens, aus dem literarische Inspiration so häufig schöpft.[2] Mit ist bewusst, dass Literatur schreiben etwas anderes ist als *über* Literatur schreiben. Dennoch meine ich, dass es uns darum gehen müsste, dem Literarischen so viel als möglich von seiner Eigenart zu belassen, auch dann, wenn wir Wissenschaft treiben.

Ergebnis sollte eine Einführung für Studierende sein und nicht eine Einführung für die Kollegen aus der Wissenschaft. Ich behaupte, die meisten Bücher, die *Einführung* im Titel tragen, gehören zur letzteren Kategorie. Sie bieten keine wirkliche Einführung, sondern (oft hervorragende und für Professoren nützliche) Zusammenfassungen von hochkomplexem Spezialwissen, an das sich erst Menschen mit Diplomen in der Tasche heranwagen können.

Es wird nicht wenig von alter Literatur die Rede sein, vom *Libro de buen amor*, von Racine und Lope de Vega. Das kommt zum einen von meinen persönlichen Vorlieben, aber ich bin überzeugt, dass man Literatur nur an Werken und Autoren erklären kann, die einem selbst etwas bedeuten. Wenn Sie, liebeR LeserIn, diese Vorlieben nicht teilen, dann wird Ihnen das Buch bald lästig sein und höchstens als Reibebaum dienen, aber auch dadurch kann ja viel Denkarbeit in Gang kommen. Wenn es mir aber gelingt, dem Vorurteil entgegenzuwirken, dass in alten Büchern nur veraltete Themen und Probleme vorkommen, dann hätte ich ein Ziel erreicht. Wenn es mir gelänge zu zeigen, dass Literatur die elementaren Fragen des Menschen behandelt und – einmal abgesehen von der Musikwissenschaft, der Kunstgeschichte und der Kulturanthropologie – das farbigste und lebendigste Forschungsfeld sein könnte, dann hätte ich das wichtigste Ziel erreicht.

Ich danke allen, die mir bei der Arbeit geholfen haben, ganz herzlich. Für Mitarbeit am gesamten Buchprojekt zuerst Maria Leonhardmair, Isabelle Mathes, Simon Aumayr, Hannah Honauer, Gertraud Aichinger und Helmut Plank. Für kritische Lektüre, das Lektorat von Textteilen und für Beiträge zum Text: Teresa Beran, Claudia Burger, Esther Forberger, Reinhard Grimmlinger, Lorenz

Gruber, Catrin Hassa, Ulrike Heppner, Natalie Fiedler, Christian Jordan, Marlene Lehner, Claudia Melchart,   Michael Kimmel, Anna Preis, Klaus Redl, Sabine Sommer-Lolei, Angelika Schwerer, Nina Swaton, Mercedes Vargas, Markus Vazulka, Valentina Mitterer und den übrigen Teilnehmern der *Literaturwissenschaftlichen Einführungsvorlesung Spanisch* im Wintersemester 2007 und anderer Lehrveranstaltungen am Institut für Romanistik der Universität Wien. Ihre Beiträge sind an mehreren Stellen Teil des Textes geworden und die Beiträger dort auch namentlich genannt. Besonders dankbar bin ich auch den Teilnehmern des Theaterprojekts *La viuda valenciana* der Sommersemester 2005 und 2006.

Außerdem danke ich den Kolleginnen und Kollegen am Institut für Romanistik für unzählige Anregungen und Gespräche; Michael Mitterauer für den reichen Gedankenstrom von der Sozialgeschichte zur Romanistik.

Grundlegende Gedanken und Anregungen zu diesem Skriptum verdanke ich der Mitarbeit im Arbeitsbereich von Friederike Hassauer. Ihr gilt dafür mein besonderer Dank.

Mein großer Dank für die hervorragende Zusammenarbeit gilt auch Ingo Vavra. Danken möchte ich auch den Mitarbeitern des Kultursenders Ö1, nicht nur für die Musik und die Texte, die sie jeden Tag aussenden, sondern auch für ihre freundliche Unterstützung und Auskunft, vor allem Renate Purtscher, Giselher Smejkal, Elke Tscheikner und Andreas Wolf.

Für immer originelle Anregungen und ihre Begleitung in alle Seitengassen der Literatur danke ich Horst Friessner, Florentin Welt und Gabriel Welt, denen das Buch zusammen mit Marie Schweinhammer gewidmet ist.[3]

2. KEYX UND ALKYONE: LEBEN UND PHANTASIE

Der menschliche Geist ist noch leichter und beweglicher als das Wasser, das doch in alle Formen sich schmiegt und nach und nach auch die dichtesten Gegenstände durchdringt. Er ist leicht und frei wie die Luft und wird wie diese, je höher er sich von der Erde hebt, desto leichter und reiner. Daher ist ein Drang in jedem Menschen, sich hinauf über das Gewöhnliche zu erheben und sich in höheren Räumen leichter und freier zu bewegen, sei es auch nur in Träumen.
(Wilhelm Hauff, *Der Scheik von Allessandria und seine Sklaven*)[4]

Die besten Gedanken zur Literatur stehen in der Literatur selbst. Oft spricht sie über sich selbst, ausdrücklich in den Werken von Shakespeare, Lope de Vega, Cervantes, Turgenjew, Thomas Mann, Teresa de la Parra, Marguerite Yourcenar, Doris Lessing und, und, und... Sie tut es auch in verschlüsselter Form. Dafür ist Ovid ein Beispiel. Seine Erzählung *Keyx und Alkyone* lässt sich lesen, als wären in ihr Literatur und die Art, wie Literatur entsteht, das Thema. Denn Ovid schildert das Schaffen einer zweiten Wirklichkeit, einer verwandelten Wirklichkeit. Es spricht davon, wie eine solche zweite Wirklichkeit entsteht und wozu eine solche zweite Wirklichkeit im Leben gut sein kann. Darum wird es auch in den Kapiteln dieses *Skriptums zur Literatur* gehen. Und da nun vieles bei Ovid (43 v. Chr. – 17 n. Chr.) in schöner und packender poetischer Sprache gesagt ist, mag seine Erzählung den Ausgangspunkt bilden. Sie steht in den *Metamorphosen*, der Sammlung von Verwandlungsgeschichten, die der römische Dichter zusammengestellt hat.[5]
Keyx, König von Trachin, verlässt seine Heimat, um ein Orakel in Kleinasien aufzusuchen. Das Flehen seiner Gattin Alkyone, die von dunklen Ahnungen geplagt wird und die See fürchtet, kann ihn nicht abhalten. Weniger als die Hälfte der Reise ist zurückgelegt, beide Ufer weit entfernt, da gerät das Schiff in einen wütenden Sturm und kentert; Keyx ruft noch den Namen seiner teuren Gattin, bevor er in den Fluten ertrinkt. Doch Alkyone hofft auf die Wiederkehr ihres Gemahls und opfert im Tempel der Juno, Hüterin

der Ehe und des Heimes. Bald kann es aber die Göttin nicht mehr ertragen, so inbrünstig um etwas gebeten zu werden, das sie nicht mehr geben kann. Sie beschließt Alkyone einen Traum zu schicken und sendet die Botin Iris aus, den traumerzeugenden Schlafgott aufzusuchen, in seiner »von betäubenden Düften erfüllten Halle des Schlafs«[6]. Sich über ihren tausendfarbigen Bogen schwingend, gelangt Iris in die Grotte des Gottes. Dort herrscht »lautlose Stille«, kein Hahn kündigt krähend den Morgen an, keine Gans schnattert und keine Tür knarrt. Nur ein Bach mit Wasser des Vergessens rieselt über Kiesel, um die Grotte lagert betäubender Duft nach Mohnsaft und anderen Kräutern, »aus deren Milchsaft die Nacht den Schlummer sammelt und im Dunkel wie Tau über die Lande sprengt.«[7] Der Gott ruht in einem Bett mit schwarzen Laken, nur mit Mühe entreißt er sich dem Schlafe, rasch erfüllt Iris ihren Auftrag und verlässt den traumschweren Ort.

Aber der Vater weckt aus dem Volk seiner tausend Söhne den Meister in der Kunst, fremde Gestalten anzunehmen, den Morpheus. Täuschender als er kann keiner auf Verlangen Gang, Gesichtsausdruck und Klang der Stimme nachahmen. Er legt sich auch die Kleidung und kennzeichnende Redewendungen eines jeden zu, doch ahmt er nur Menschen nach. Ein anderer aber wird zum wilden Tier, wird ein Vogel, wird eine langleibige Schlange. Diesen nennen die Himmlischen »Bildner«, die niederen Sterblichen aber »Erschrecker«. Es gibt noch einen dritten, der andere Kunst versteht, Phantasos. Der kann sich in Erde und Fels und Wasser und Holz und, was sonst leblos ist, täuschend verwandeln. Königen und Feldherrn pflegen diese ihre Gestalten des Nachts zu zeigen. Andere treiben sich beim Volk und beim Pöbel herum. An all diesen geht der Alte, der Schlaf, vorüber und wählt von sämtlichen Brüdern sich einen, den Morpheus, damit er den Auftrag der Iris ausführe. Dann legt er, in süßer Mattigkeit erschlafft, sein Haupt erneut zur Ruhe und birgt es tief in den Kissen.

Morpheus aber fliegt auf leisen Fittichen durch die dunkle Nacht und gelangt nach kurzer Frist in die thessalische Stadt. Dort legt er sein Gefieder ab, nimmt die Züge des Keyx und seine Gestalt an und tritt grabesbleich, ganz wie ein Toter und ohne jedes Gewand ans Lager seiner unglücklichen Gattin. Nass schien sein Bart, und aus seinem feuchten Haar floss langsam das Wasser.

Nun beugte er sich über das Bett und sprach, während ihm die Tränen in Strömen über das Gesicht rannen: »Kennst du deinen Keyx noch, unglückselige Gattin, oder hat der Tod mein Gesicht entstellt? Schaue mich an, du wirst mich erkennen, doch wirst du statt deines Gemahls nur seinen Schatten vor dir haben. Nichts Alkyone, haben mir deine Gelübde geholfen: Ich bin tot. Täusche dich nicht in der eitlen Hoffnung, mich wiederzusehen! Er, der die Wolken bringt, erfasste im Ägäischen Meer mein Schiff, der Südwind, warf es im gewaltigen Sturm umher und zerschmetterte es. Meinen Mund aber füllten, während ich umsonst deinen Namen rief, die Wellen. Kein unzuverlässiger Bote bringt dir diese Nachricht, nicht durch ein unbestätigtes Gerücht erfährst du es. Ich selbst erscheine dir und gebe dir von meinem verhängnisvollen Schiffbruch Kunde. Erhebe dich denn, schenke mir Tränen, ziehe Trauerkleider an und lass mich nicht unbeweint zum öden Tartarus hinabsteigen.« Diesen Worten lieh Morpheus eine Stimme, die Alkyone für die ihres Gatten halten musste. Auch hatte es den Anschein gehabt, als vergieße er echte Tränen, und auch seine Handbewegungen waren die des Keyx.[8]

Mächtig ist der Eindruck des Traums und als der Tag kommt, sucht Alkyone trauernd das Ufer auf, wo sie ihren Gatten zum letzten Mal gesehen hat, aus ihrer Erinnerung steigen Bilder des Abschieds und der letzten Küsse auf. Und siehe, da treibt ein menschlicher Körper vom offenen Meer auf das Ufer zu. Ja, es ist Keyx, Alkyone läuft ihm entgegen, und:

[...] Es liegt am Gestade ein künstlich aufgeworfener Damm, der den ersten Zorn der Wellen bricht und den Ansturm des Wassers ermüdet. Auf diesen springt, ja – ein Wunder, dass sie es konnte – fliegt sie, schlägt die leichte Luft mit eben entstandenem Gefieder und streicht, ein bemitleidenswerter Vogel, über die Wellenkämme hin. Und während sie fliegt, stößt sie, betrübt und jammervoll, mit ihrem langen spitzen Schnabel schrille Klagelaute aus.
Als sie aber den stummen, blutleeren Leichnam erreichte, da umfing sie ihren Geliebten mit den neu geschaffenen Flügeln und küsste umsonst mit dem harten Schnabel seinen erkalteten Mund. Ob es Keyx fühlte oder ob er nur im Wellengang sein Haupt zu heben schien, das war den Zeugen dieses Ereignisses nicht klar. Doch hatte er es gefühlt, und aus Erbarmen verwandelten endlich die Götter beide in Vögel. So wurde den Gatten dasselbe Schicksal zuteil, doch ihre Liebe blieb und ihren Ehebund löste auch die Verwandlung in Vögel nicht auf. Sie paaren sich, werden Eltern,

und an sieben windstillen Tagen zur Winterszeit brütet Alkyone in ihrem
Nest über der Flut. Dann liegt das Meer ganz still, denn über die Winde
wacht Aiolos, lässt sie nicht fort und schafft seinen Enkeln ruhige See.[9]

Beachten Sie, mit welcher Meisterschaft Ovid die Technik der Verfremdung einsetzt, um die Verwandlung sprachlich zu gestalten. Er
sagt zuerst, was der Vogel tut, bevor er überhaupt sagt, dass wir es
nunmehr mit einem solchen zu tun haben. Die Überraschung und
die Wirkung der Verwandlung steigert er dadurch außerordentlich.

»Die Literatur, wie letztlich jede Form von Kunst, ist das
Eingeständnis, dass das Leben nicht ausreicht.«[10]

Die Erzählung geht von einer menschlichen Grundsituation aus.
Der Fall, den sie schildert, wird in der Antike vielleicht nicht alltäglich, aber auch nicht allzu außergewöhnlich gewesen sein: Eine
Frau wartet vergeblich auf die Rückkehr ihres Mannes, der zur See
gefahren ist. So etwas konnte der Frau eines Fischers zustoßen,
eines Kriegers, eines Königs wie in unserem Falle.[11] Es wäre aber
ähnlich in einem Fischerdorf in Kantabrien oder Galizien der
Moderne möglich, da würde man jedoch nicht Juno, sondern die
Jungfrau Maria anrufen.
Ein geliebter Mensch ist da also verschollen und hinterlässt eine
große Ungewissheit, eine Leere. Und genau hier beginnt die kreative Arbeit des Traumes. Er schafft Gegenstände, Figuren und
Handlungen, welche diese Leere ausfüllen können. Dabei wird das
wirkliche Leben nachgeahmt und Morpheus sorgt dafür, dass die
Täuschung, die Wirklichkeitsillusion so gut gemacht ist, dass sie,
die Träumende, überzeugt ist, sie habe wirklich den Geist ihres
Mannes gesehen.
Auch das Ende der Erzählung kann wie eine Fortsetzung des Traumes, eine Verlängerung hinein ins Leben gelesen werden. Da verlässt ja Ovid die vertraute Realität des Alltags, er bricht die Regeln,
die gelten, wenn unser Bewusstsein wach ist. Er schreibt von einer
Verwandlung, tröstlich, herzergreifend schön und eindrucksvoll mit
ihrem ganzen Reichtum an Details; Details, die uns erst glauben

machen, so etwas könnte auf der Welt wirklich geschehen. Ovid schildert das Meer, die Brandung, die Winde, die Vögel, die zu einer bestimmten Zeit ihr Nest bauen. Aber all das steht unter dem neuen Gesetz des Traums, der Phantasie, der Poesie.

Es entsteht eine neue, möglicherweise tiefere und wahrere Wirklichkeit. Die Elemente der Alltagswelt sind hier nur mehr Material, um etwas auszudrücken, was über ihre alltägliche Bedeutung und Funktion hinausgeht. Keyx und Alkyone ist keine banale Geschichte mehr über Reise, Tod und Nicht-Heimkehr, sondern … Ja, was ist sie? Wir müssen das hier nicht auflösen. Fest steht, dass die Erzählung imstande ist, viele Menschen zu bewegen.[12] Es scheint, dass diese Erzählung etwas aussagt, was sich nur so aussagen lässt. Wir können es nicht vollständig in philosophische, theologische oder psychologische oder andere wissenschaftliche Konzepte und Sprachformen übersetzen.

Das wäre der Grundgedanke dieses Skriptums: Literatur ist eine eigene Ausdrucksform mit ihrer eigenen Logik. Sie gründet in eigenen Formen des Denkens und Formen der geistigen und psychischen Verarbeitung von Wirklichkeit, für die bestimmte Regionen des Gehirns verantwortlich sind. Diese Regionen arbeiten vor allem dann, wenn das normale Denken des Alltags in den Hintergrund tritt: im Traum, in Zuständen veränderten Bewusstseins, im Zustand der poetischen Inspiration. Daher ist es vielleicht nicht nebensächlich, dass Ovid den Milchsaft des Mohns anspricht, der die Welt in Schlummer versetzt. Die Tiefenpsychologie hat immer wieder betont, dass der Traum ähnlich arbeite wie das Bewusstsein in Momenten künstlerischer Kreativität. Und Jorge Luis Borges schreibt in seinem *Buch der Träume*, dass die träumende Seele, befreit vom Körper, zugleich das Theater, die Schauspieler, das Publikum und auch den Dichter des Spiels hervorbringe, ja, dass der Traum vielleicht die älteste literarische Gattung sei.[13]

Der zweite Grundgedanke dieses Skriptums hängt mit dem ersten zusammen. Wenn Literatur eine besondere Art und Weise ist, Wirklichkeit zu verarbeiten und neu zu gestalten, dann heißt das gerade nicht, dass sie der wirklichen Welt den Rücken zukehrt. Denn gerade diese Eigenart macht sie zu einem machtvollen Instrument, um Wesentliches über die menschliche Seele und über das menschliche Zusammenleben zu sagen. Sie ist eine Ausdrucksform, die an Wirkkraft vielleicht nur von der Musik übertroffen wird – doch vergessen wir nicht, bis heute leben Poesie und Musik in enger Verbindung.

Erzählungen, Gedichte und Theaterstücke enthalten Abbilder der Welt. Doch stets verwandeln sie die Wirklichkeit, wenn sie diese nachahmen wollen, und diese verwandelte Wirklichkeit wird wiederum Teil der Welt, Teil des sozialen Lebens. Erzählungen, Gedichte und Theaterstücke formen das Denken, Fühlen und Handeln jeder einzelnen Psyche und jeder Kultur – als Gemeinschaft von Menschen, die nicht zuletzt deshalb gemeinsam feiern, beten, arbeiten oder in den Krieg ziehen, weil sie dieselben Erzählungen, Lieder, Gedichte, Theaterstücke und Filme kennen, genießen und für »überzeugend« halten.

So ist Literaturwissenschaft ein außerordentlich wichtiger Forschungsbereich. Nicht nur, weil sie sich mit den Werken beschäftigt, in denen literarisches Gestalten am deutlichsten sichtbar ist und die reichsten Früchte hervorgebracht hat. Sie ist spezialisiert auf Themen, die auch in anderen Lebensbereichen größte Bedeutung haben: Literaturwissenschafter können Experten für alle Erzählungen sein, seien es die Geschichten, die in einer Wirtshausrunde vorgetragen werden oder die Novellen von Maria de Zayas. Masken und Kostüme tragen nicht nur die Schauspieler großer Bühnen, sondern auch Stierkämpfer oder Teilnehmer an Karfreitagsprozessionen. Erfundene Geschichten finden Sie nicht nur im Märchen, sondern in jedem Kino, in jedem Computerspiel und in jeder Nachrichtensendung des Fernsehens. Und während ich das schreibe, höre ich zwei prominente Mathematiker im Kultursender Ö1 über die Unendlichkeit in der Mathematik streiten, ihre Reden sind voll von Vergleichen, die gern auch für die Literatur verwendet werden: »Das ist ein Spiel, genau so wie das Schachspiel ein Spiel ist.« Und der Streit endet in dem Abtausch: »Das sind alles Imaginationen!« – »Ja natürlich sind es Vorstellungen….« Da lachte mir das Herz, und ich dachte, nein, unsere Themen sind nicht reif für die wissenschaftliche Rumpelkammer. Aristoteles ist es nicht, Boileau ist es nicht, und Antonio Machado auch nicht. Ihre Begriffe mögen uns verstaubt und kompliziert erscheinen. Die Fragen über die sie nachdachten, sind aber frisch wie am ersten Tag: Was für Geschichten erfinden Menschen? Wie sind Erzählungen gebaut, die ihre Leser fesseln? Wie wirkt das Wirkliche mit dem Erfundenen zusammen? Wie lassen sich Wirklichkeit und erfundene Wirklichkeit sprachlich darstellen? Wie ist es möglich, dass uns die erfundenen und vorgetäuschten Gefühle, die auf einer Bühne oder einer Leinwand präsentiert werden, so tief bewegen? Und warum waren manche Erzählungen so erfolgreich, dass sie Jahrhundert für Jahrhundert immer wieder neu erzählt wurden? Welche Mittel setzen Menschen ein, die etwas sagen wollen, was ihnen »besonders am Herzen liegt«? Wie lassen sich besondere Erfahrungen in Worte fassen? Warum verlangen bestimmte Anlässe und Themen eine besondere Sprache, und welche Mittel gibt es, um Sprache zu schmücken und damit ihren Ausdruck zu steigern? Was hat es mit den Bildern und Gegenständen auf sich, die wir Symbol nennen? Was sind das für Bilder – ein Stier, ein Herz, die Nacht, das Licht, ein Fußball – die so starke Gefühle auf sich ziehen, dass sie in Poesie oder Erzählung den Brennpunkt eines ganzen Netzes von Erfahrungen bilden und dieses in seiner Gesamtheit ausdrücken können?

Literaturwissenschaft ist die Wissenschaft von der Phantasie, von Fiktionen, von Erzählungen, von Symbolen, vom Etwas-Vorspielen und von der durch Rhythmus gesteigerten Sprache. Sie ist die Wissenschaft davon, wie die Erzeugnisse der Phantasie in Sprache verwandelt werden und von den Möglichkeiten gelungenen sprachlichen Ausdrucks – durch besondere formale Gestaltung, durch Verfremdung und Rhythmisierung. Darum soll es in den folgenden Kapiteln gehen.

3. DIE SPRACHE IM FESTGEWAND – KLANG, RHYTHMUS, VERSMASS

Nureddin fragte den Kalifen, ob er die Erzählung in ungebundener Rede oder in Versen hören wolle. Der Kalif antwortete: »Prosa ist nur einfaches Gerede, Poesie aber eine Perlenschnur.« [14]

»Ich lese doch kein Buch, um die sprachliche Fertigkeit und die rhythmische Ausgefeiltheit des Autors zu bewundern, sondern um in die Handlung zu versinken oder die Botschaft zu verinnerlichen«, schrieb mir ein Student als Reaktion auf eine Vorlesung.[15] Dagegen lässt sich nichts einwenden, und es ist recht und billig, so mit Literatur umzugehen. So gehen die meisten Menschen mit ihr um, die in der Freizeit und zum Vergnügen ein Buch aufschlagen oder ein Hörbuch einlegen. Es ist ja wirklich nicht einzusehen, warum sie Verse zählen und Namen von Strophen lernen sollen. Wenn sie sensibel genug sind, werden sie ohnehin verstehen, dass Lyrik eine besondere Schönheit besitzt. Sie werden etwa Machado lesen, einen Vers wie »Yo voy soñando caminos de la tarde«/ »Ich gehe träumend Wege des Abends« oder Hölderlin und die Verse »Mit gelben Birnen hänget/ Und voll mit wilden Rosen/ Das Land in den See«. Sie werden spüren, dass das zwei besondere Stücke Sprache sind. Wozu also Silben und Akzente bestimmen und ein Reimschema malen? Pure Schikane von verzopften Philologen, zu nichts anderem gut als dazu, Galle in die studentische Freude an der Dichtkunst zu gießen?

Ich möchte hier ein Plädoyer für die *Form* als Teil der Poesie halten. Ich glaube nämlich, dass es sich lohnt, Silben zu zählen und Reime zu markieren. Die Länge der Verse und Strophen, die Zahl und Regelmäßigkeit der Silben, Akzente und Pausen, die Muster, die entstehen, wenn Klänge regelmäßig aufeinander folgen, all das trägt dazu bei, dass die abgenutzte Alltagssprache eine besondere Gestalt erhält. Und diese Gestalt ist nicht gleichgültig für die Aussage und die Wirkung. (So wie uns das Ebenmaß der Züge im

Gesicht eines Menschen oder die Proportionen seines Körpers nicht ganz gleichgültig sind, so sehr wir auch beteuern, dass es doch nur auf den Charakter ankäme.) Niemand käme auf die Idee, eine Oper von Mozart ließe sich genießen und verstehen, wenn wir das Textbuch lesen und den Inhalt kennen, und jedem leuchtet es ein, dass ihre Aussage und Wirkung erst durch den Klang der Stimmen und Instrumente und die Formen der Musik entsteht. Allzu oft behandeln wir aber Literatur genau so. Wir tun so, als wäre ein literarischer Text nichts anderes als seine Inhaltsangabe. Darunter leidet dann die Poesie besonders. Denn sie zeichnet sich häufig dadurch aus, dass sie keine Handlung anbietet, die sich bündig zusammenfassen ließe. Oder aber der Inhalt erscheint so banal, dass wir dafür wirklich keine Zeit haben: »Il pleure dans mon cœur comme il pleut sur la ville«/ »Es weint in meinem Herzen wie es auf die Stadt regnet« … »Im wunderschönen Monat Mai, als alle Vöglein sangen, da ist in meinem Herzen die Liebe aufgegangen«. Haben wir wirklich Geduld für solche Mitteilungen?

Und da unsere Zeit nur klare und vernünftige Inhalte verträgt, liest niemand mehr Poesie, und auch die Verlage erhalten kaum noch Manuskripte von Jungpoeten. Verschwunden ist die poetische Sprache dennoch nicht. Sie begleitet unaufhörlich unseren Alltag in Kaufhäusern, bei Autofahrten, in Bars und Lokalen, ja auch in Büros und Ämtern. Meist auf Englisch, außer man hört Radio Burgenland, aber nur im Hintergrund vernehmbar. Und so wie Spielfilme von Liedern und ihren Lyrics begleitet und getragen werden, so bilden Pop, Rock, Rap, Hip hop oder Chanson den »Soundtrack des Lebens«, wie es der Kultursender Ö1 einmal ausdrückte. Es gibt angeblich nicht wenige, für die »die Magie der ungeklärten Bilder« eines Bob Dylan oder David Bowie oder Paolo Conte oder … setzen Sie selbst den Namen der Gruppe oder der Sängerin ein, deren Verse für sie wichtig sind… unverzichtbarer Teil des Lebens und Gefühlslebens sind.

Also gut. Vielleicht gelingt es mir, Sie zu überzeugen, dass Literatur in reicheren Farben leuchtet, wenn wir auch ihre Formen wahrnehmen und zu verstehen versuchen. Vielleicht stellt sich heraus, dass

Form und Inhalt sich nicht so einfach trennen lassen. Darum soll es in diesem Kapitel gehen.

Aber sprechen wir zuerst vom Meer. Es gibt Poeten, die behaupten, sie hätten alles vom Meer gelernt. Rafael Alberti, ein Dichter, der am Atlantik aufwuchs und im Puerto de Santa María mit dem Tosen und Singen des Atlantiks vertraut wurde, war ein solcher. Alberti setzt sich mit dem altgriechischen Dichter *Arion* gleich. Dieser wurde auf der Fahrt nach Korinth von den Schiffern mit dem Tode bedroht und stürzte sich ins Meer. Ein Delphin jedoch, der seinen Gesang gehört hatte, rettete ihn.[16]

Arión
Versos sueltos del mar

¡El ritmo, mar, el ritmo, el verso! ¡el verso!
Yo soy, mar, bien lo sabes, tu discípulo.
¡Que nunca diga, mar, que no eres mi maestro! […]

[*Arión/ Einfälle über das Meer.*
Den Rhythmus, Meer, den Rhythmus, den Vers, den Vers!
Ich bin, du weißt es, Meer, dein Schüler
und mög ich nie verleugnen, dass du mein Meister bist.][17]

Giuseppe Ungaretti wiederum besingt das Meer wie folgt – und es ist nicht nötig, viel Italienisch zu kennen, um in die Wirkung einzuschwingen und zu erkennen, wie sie entsteht.

Finale

Più non muggisce, non susurra il mare,
il mare.
Senza i sogni, incolore campo è il mare,
il mare.
Fa pietà anche il mare,
il mare.
Muovono nuvole irriflesse il mare,
il mare.
A fumi tristi cede il letto il mare,
il mare.
Morto è anche, vedi, il mare,
il mare.

[*Finale*. Nicht mehr brüllt, nicht mehr flüstert das Meer,
das Meer.
Ohne die Träume, ein unfarben Feld ist das Meer,
das Meer.
Es macht Erbarmen auch das Meer,
das Meer.
Es bewegen achtlose Wolken das Meer,
das Meer.
Traurigem Rauch überlässt sein Bett jetzt das Meer,
das Meer.
Gestorben ist auch, sieh nur, das Meer,
das Meer.] [18]

Am meisten beeindruckt mich aber der eine Schlussvers, den Vicente Aleixandre dem Meer widmet:

¡Un corazón de dios sin muerte, late!
  [Ein Herz Gottes ohne Tod, pocht!]

Die Bewegung des Meers als Herzschlag Gottes. Das ist eine Metapher! Aber es ist wirklich nicht angebracht, den einen Vers herauszureißen, er kann nur als großer Schlusspunkt einer sonnenstrahlenden, freudigen Dichtung auf den Gesang des Meeres wirken:

El mar

¿Quién dijo acaso que la mar suspira,
labio de amor hacia las playas, triste?
Dejad que envuelta por la luz campee.
¡Gloria, gloria en la altura, y en la mar, el oro!
¡Ah soberana luz que envuelve, canta
la inmarcesible edad del mar gozante!
Allá, reverberando,
sin tiempo, el mar existe.
¡Un corazón de dios sin muerte, late!

  [*Das Meer*. Wer sagte denn, dass das Meer seufze,
  Liebeslippe bis zum Strand hin, traurig?
  Lasst ab, damit es – vom Licht umhüllt – herrsche.
  Ruhm, Ruhm in der Höhe, und im Meere das Gold!

30

O erhabenes Licht, das umhüllt, singe
das unverwelkliche Alter des freudvollen Meers!
Dort, rückstrahlend,
zeitlos, ist das Meer.
Ein Herz Gottes ohne Tod, pocht!] [19]

Jedoch, was ist überhaupt die Erfahrung des Meers, die die Poeten in Netzen poetischer Sprache einfangen wollen? Ein Heranrollen oder sanft Anschlagen, ein Sich-Aufbäumen, Hochschießen, Schäumen, Gurgeln, Glucksen und Plätschern... Klang also, der das Bild der Wellen und der Brandung begleitet (außer wir lauschen dem Meer in mondfinsterer Nacht). Hören wir eine Weile zu: Wenn wir uns auf den Klang eingelassen haben, dann erkennen wir ein Muster, das sich uns einprägt, in dem der Klang der Welle, die ausgerollt ist, zur Klangerinnerung gerinnt und wir von der herannahenden denselben Donnerschlag (oder dasselbe sanfte Anklatschen, je nachdem) erwarten. Die Erwartung erfüllt sich zwar nicht immer ganz, unterscheiden sich doch die Wellen immer ein wenig in Wucht und Volumen. Dennoch können wir in einen Rhythmus einschwingen, der sich aus der Erfahrung der Pausen zwischen den Klängen und der Ähnlichkeit der Klänge entfaltet. Wir werden also auch in ein bestimmtes Erleben von Zeit hineingezogen.

Klanggedichte

Sehr viele Gedichte werden von den Wellen des Meeres geschaukelt oder lassen seine Wellen ans Ufer schlagen. Es wird Ihnen nicht schwer fallen, weitere Beispiele zu finden. Da ist etwa Nerudas *Oda al mar*, in der der Dichter aus Chile die Meeresbrandung im Lautgewand des Spanischen heran galoppieren lässt. Oder drücken wir es anders aus, um die Leistung zu verdeutlichen: Er wählt seine Wörter nach ihrer Klangqualität aus und zwar so, dass sie sich zu Wogen und Wellensaum formen und Schaum und Gischt versprühen. Bei all dem soll aber die Bedeutung nicht ganz verloren

gehen, der Wortsinn nicht vollkommen von den rollenden Wellen
erschlagen werden. Hören wir ein paar Verse von Pablo Neruda:

Oda al mar
Aquí en la isla
el mar
y cuánto mar
se sale de sí mismo
a cada rato,
dice que sí, que no,
que no, que no, que no,
dice que si, en azul,
en espuma, en galope,
dice que no, que no.
No puede estarse quieto,
me llamo mar, repite
pegando en una piedra
sin lograr convencerla,
entonces
con siete lenguas verdes
de siete perros verdes,
de siete tigres verdes,
de siete mares verdes,
la recorre, la besa,
la humedece
y se golpea el pecho
repitiendo su nombre.[20]

[Hier auf der Insel
das Meer.
und wieviel Meer
bricht hervor jeden Augenblick
aus sich selber.
o ja, sagt es, o ja,
o nein, o nein, o nein,
o ja, sagt es, im Blauen,
im Schaum, im Wogenritt,
o nein, sagt es, o nein.
Kann nicht ruhig verharren,
Meer heiße ich, wiederholt es
gegen einen Felsen schlagend,

ohne ihn überzeugen zu können,
dann
mit sieben grünen Zungen,
sieben grünen Haien
sieben grünen Tigern,
sieben grünen Meeren
umwogt es ihn, küsst ihn,
benetzt ihn
und schlägt, seinen Namen wiederholend,
sich an die Brust. […]][21]

Dass es überhaupt möglich ist! Den mächtigen Eindruck entfessel-
ter Naturgewalten soll die zarte Schrift mit ihrem schmalen Vorrat
an Konsonanten und Vokalen vermitteln können! Pauken, Posaunen, Violoncelli und Kontrabässen trauten wir das eher zu. Die
Dichter sind auf diesem Felde gegenüber den Komponisten klar im
Nachteil. Was für Farbtöpfe voll mit Klangfarben stehen für die
nicht bereit, wenn sie das Meer tosen, Stürme brausen und Waffen
klirren, die Walküren reiten lassen oder auch nur im Frühling die
Klarinette zu »sel'ger Vöglein Sange« süß tönt.
Doch auch Dichter können zu Tonkünstlern werden. Nerudas *Ode
an das Meer* ist ein Beispiel dafür. Wenn auch die Farben und Rhythmen der Sprache mit der Musik nicht mithalten können, so haben
doch die Meister der Klangmalerei der Natur Abgelauschtes in
Verse von unerhörter Klangschönheit übertragen.[22]
Aber unsere Darstellung ist ungenau. Wir haben übersehen, dass
Nerudas Meereswellen nicht nur tosen, weil der Klang sie färbt und
der Rhythmus sie vorwärts peitscht. Auch die Bedeutungen geben
den Versen Energie. Sie liefern die Bilder zu, die unsere Vorstellung
in Bewegung setzen. Kein geringes Kunststück, aus ein und demselben Wortmaterial sowohl Rhythmus als auch Sinn herauszuholen.
Irgendeinen Sinn wollen wir ja von Sprachkunst immer bekommen,
auch von Gedichten, und sei es auch nur die Magie lose verbunde-
ner Bildketten, die ähnliche Assoziationen wachrufen. Rhythmus
und Bedeutung wirken also zusammen: die Bilder suggerieren Bewegung, umgekehrt tragen die Wellen bestimmte Gedanken und
Gefühle, geben ihnen Kraft und Nachdruck, erlauben ihre Entfal-

tung in der poetischen Zeit: Das Meer mit den Zungen von sieben grünen Hunden, sieben grünen Tigern, sieben grünen Meeren…

Doch wäre es überhaupt möglich, dem Rhythmus des Meeres zuzuhören, ohne aus seinem Wellenklang die eigene Sehnsucht, Angst, Traurigkeit oder überschäumende Lebenslust herauszuhören? Sobald Laute aber mit Vorstellungen assoziiert sind, verlassen wir den Bereich der *Onomatopöie* und betreten das Reich der *Lautsymbolik*.[23]

Versuchen Sie ein Stück Sprache (wenn das überhaupt »Sprache« heißen darf) herzustellen, das aus reinen Klangfolgen besteht, schreiben Sie also Nonsense. Sie können auch fortgeschrittene Übungen machen und ein Klangbild erstellen, dass Französisch, Spanisch oder Russisch klingt, ohne dass sich aber Wörter der jeweiligen Sprache ausmachen ließen. Sie werden sehen, es ist unvermeidlich: Diese erhalten stets irgendeine Gefühlsfärbung und wecken immer irgendeine Art von Bedeutungsnebel, wie verschwommen dieser auch sein mag. Das können Sie auch an dem schönen Lautgedicht hören, das eine Studentin geschrieben hat. Es teleportiert den Leser an ein Bächlein helle mit Fischen darin, die Übersetzung kann hier ausfallen:

Arroyo con peces

Quirella, ruella, ruella, quirella,
guarra, guarra, buá, buá,
breilla, ireilla, ireilla, breilla,
uvarra, uvarra, zuá, zuá.

Vicha, vicha, vicha, vicha,
quirra, virra, quirra, virra,
llicha, hicha, llicha, hicha,
irrilla, uvilla, irrilla, uvilla.

Ualla, ualla, lacha, lacha,
lub, lub, ruá, ruá.
valla, valla, bacha, bacha,
dub, dub, vuá, vuá.[24]

Wie schwer es ist, *Lautmalerei* (*Onomatopöie*) zu treiben, das wird erst bewusst, wenn man es selbst versucht. Stets hat man gegen den Umstand anzukämpfen, dass sich die Wörter von den Geräuschen und Lauten der übrigen Welt abgelöst und entfernt haben. (Oder wie die Linguisten sagen: das Verhältnis von *Signifikant* und *Signifikat* ist ein willkürliches, ist Konvention). Nicht ganz allerdings und das nutzen die Dichter, wenn sie etwa die Flüsse mit den *l*-Lauten der wogenden, wallenden *Welle* zum *Fließen* bringen.[25] San Juan lässt die verliebten Sommerlüfte mit s-Lauten säuseln, Góngora den Meeresgott mit *sonidos oclusivos dentales* (= t) und *oclusivos bilabiales* (= p) donnern.

Und was tun die französischen Klassiker, wenn Schlangen zischen oder wenn väterliche Liebe zu Eis erstarrt? Spoerri hat Beispiele voll der Lautmalerei aus den Stücken von Racine, Corneille, Molière, Alfred de Vigny, Victor Hugo und vielen anderen gesammelt. Nicht alle überzeugen, aber einige sind höchst einprägsam: »Pour qui sont ces serpents qui sifflent sur vos têtes?« / »Für wen sind diese Schlangen, die über Euren Häuptern zischen?« (*Andromaque*) Säuselnde und zischende Laute (s, z, ç, ch) erzeugen drohende Schlangen. Oder aber sie drücken Schaudern aus: »Ses froids embrassements ont glacé ma tendresse« / »Seine kalten Umarmungen brachten meine Zärtlichkeit zum Gefrieren« (*Phèdre*). *Et la voile flottait aux vents abandonnée. /Und das Segelschiff trieb den Winden überlassen.* (*Phèdre*) Hauchende Laute [v, ʃ] bringen hier Wind in die Segel.[26]

Aber was ist eigentlich Sprach-Rhythmus?

So wie der Windgott seine Diener in Schläuchen bewahrt und auf Geheiß entfesselt, so bergen Wörter Kräfte, die mit denen des Ozeans – wenn auch in anderem Maßstab – vergleichbar sind, da sie auf gleiche Weise entstehen: Energie wird erzeugt und gegliedert durch Spannung und Entspannung, durch Druck und Gegendruck. So wie die Winde und Stürme das Meer kräuseln oder aufwühlen, so versetzen wir die Luft beim Zischen, Flüstern, Sprechen, Schreien, Brüllen, Singen, Jauchzen, Johlen in Schwingung, erzeugen Schallwellen und damit ein Entstehen und Vergehen von Klängen und sich wiederholenden Klangmustern in der Zeit.[27] Dauer, Lautstärke und Klang stimmen wir dabei auf die Wirkung ab, die wir sprechend erzielen wollen. Die Erfahrung von Rhythmus entsteht also immer dann, wenn unser Körper eine wiederholte oder annähernd wiederholte Bewegung ausführt oder wir jemanden oder etwas bei dieser Bewegung beobachten und den dabei entstehenden Klang hören. Rhythmus schaffen heißt physische Energie und soziale Energie ordnen und in geordneter Weise einsetzen. (Ein Holzstück können wir nur durchsägen, wenn unsere Muskeln rhythmisch koordiniert sind und nicht durcheinander oder gegeneinander arbeiten.)

Nichts anderes ist Sprache ursprünglich, allerdings vergessen wir das, wenn sie uns als stummer Abdruck von Druckerschwärze auf Papier anstarrt. Wir vergessen auch, dass es uns gar nicht leicht gefallen ist, damals im Alter von fünf oder sechs, die Kurven und Linien auf Papier in Klänge im Kopf zu verwandeln und dass dafür ein, zwei Jahre schulisches Training im besten Lernalter notwendig waren.

LOB DER STIMME

Man kann die Sache nun von zwei Seiten sehen. Entweder sagt man: Ist es nicht wunderbar, dass aus den literarischen Texten das lästige Stimmengewirr des Alltags verbannt ist und wir in die stummen Zeichen eine andere Wirklichkeit hinein phantasieren können! Oder: Ein gedruckter Text ist ein Kadaver, denn das Eigentliche der Sprache fehlt ihm, die Musik der Stimme. Diese Ansicht ist die von Teresa de la Parra, einer Autorin aus Venezuela, die am Beginn des 20. Jahrhunderts schrieb. Sie hatte ein feines Ohr und in ihrem Roman *Las Memorias de Mamá Blanca* schwingt ein wunderbarer Rhythmus. Dennoch beklagt sie immer wieder, dass wir ihre Figuren gar nicht verstehen können, da wir die Musik ihrer Stimmen nicht hören. Vicente Cochocho etwa, Knecht und verachteter Sonderling auf der Hacienda Piedra Azul, zugleich aber Idol der kleinen

Señoritas, die dort ihre Kindheit in einem zeitlich begrenzten Paradies verbringen.

> Difícilmente podré explicar a ustedes la suma de matices expresivos que encerraba el hablar de Vicente, puesto que tales matices no estribaban en los vocablos, estribaban en el tono. ¿Qué es una frase sin tono ni ritmo? Una muerta, una momia. ¡Ah, hermosa voz humana, alma de las palabras, madre del idioma, qué rica, qué infinita eres! [...]
> Cuantas veces he tratado de explicarles aquí cómo hablaba Vicente y cómo hablaba Mamá, aquellos dos polos: el extremo de la rusticidad y el extremo de la exquisitez o »preciocismo«, uno más ritmado que melodioso, otro más melodioso que ritmado, he tenido que contemplar con tristeza la miseria realizada por mi buena intención. La palabra escrita, lo repito, es un cadáver.

>> [Es wird schwer sein, Ihnen die Gesamtheit der Nuancen des Ausdrucks, welche das Sprechen Vicentes einschloss, zu erklären. Denn diese Nuancen gingen nicht vom Wortschatz aus, sondern vom Tonfall. Was ist ein Satz ohne Klang und Rhythmus? Ein Toter, eine Mumie. Ach schöne menschliche Stimme, Seele der Wörter, Mutter der Sprache, wie reich, wie unendlich reich bist du!
>> Wie oft habe ich versucht, Ihnen hier zu erklären, wie Vicente sprach und wie Mama sprach, jene beiden Pole: äußerste Ländlichkeit auf der einen Seite, ein Höchstmaß an Erlesenheit oder »Preziosismus« auf der anderen, mehr Rhythmus als Melodie hier, mehr Melodie als Rhythmus dort! Ich musste mich traurig damit abfinden, dass meine gute Absicht jämmerliche Ergebnisse hervorbrachte. Das geschriebene Wort, ich wiederhole es, ist ein Kadaver [...]].

Liebe Teresa de la Parra, *Usted exagera mucho y no debe preocuparse tanto*: Es gibt wenige Figuren in der Literatur, denen ich lieber zuhören würde als Ihrem Vicente Cochocho – literarischer Beweis für die Noblesse eines Underdog – wie er seine Worte klappern und danach eine Salve Kautabak zielgerichtet aus einem Mundwinkel hervorschießen lässt.

> Vicente Cochocho era el tocador de maracas de todos los bailes de Piedra Azul. Según creo, su conversación debía ir acompañada por el repiqueteo o compás de dos maracas invisibles. A ellas debió su ritmo. Si Mamá, ver-

bigracia, necesitaba con urgencia que Vicente fuera a buscarle unas par-
chas o guanábanas, se asomaba al pretil llamando:

-¡Vicente! ¿Estás ahí, en el jardín?

Y él contestaba a lo lejos:

-¡Sí, Señor!

Al *Sí* correspondía una nota negra ligada a una corchea con puntillo y un
golpe de maraca; al Señor, una semicorchea, una negra y repiqueteo de
tres golpes.[28]

[Vicente Cochocho schlug auf allen Bällen auf Piedra Azul die Maracas. Ich vermute, dass seine Rede vom Schlagen und Takt zweier
unsichtbarer Maracas begleitet wurde. Ihnen verdankte er seinen
Rhythmus. Wenn Mama beispielsweise dringend Flicklappen
brauchte und Vicente sie ihr besorgen sollte, beugte sie sich über die
Brüstung und rief:

-Vicente! Bist du dort, im Garten?

Und er antwortete vom Weitem:

-Ja, Herrin!

Dem Ja entsprach eine Viertelnote, die mit einer punktierten Achtel-
note verbunden war und ein Schlag der Maraca, dem Señor eine
Viertelnote und ein Rasseln mit drei Schlägen.]

Ich frage mich, wie man den *repiqueteo de tres golpes* hinkriegen soll,
bei so wenigen Silben, aber Teresa de la Parra (1889-1936) hatte
wohl mehr Gefühl für Rhythmus und verstand mehr von Rumba-
Rasseln. Ihr Roman ist getragen vom Rhythmus der magischen Welt
der erinnerten Kindheit und ihrer Stimmen und Klänge. Die venezolanische Autorin erinnert uns an etwas, das manche als Wesen der
dichterischen Sprache ansehen: sie sorgt sich besonders um den
emotionalen Gehalt der Wörter, um ihren Resonanzraum. Zu
diesem tragen eben auch die *paralinguistischen Elemente* bei. Mehr dazu
im Kapitel über das Theater und in dem über den Stil.

Exkurs: Sacrebleu und jolines: die Interjektion

Ähnlich stimmklangsensibel war im Frankreich des 19. Jahrhunderts
Honoré de Balzac, der sich beständig abmüht, in die stummen
Manuskriptseiten die Farben der einzelnen Stimme, und wie sie sich
dem sprachlichen Ausdruck der Leidenschaften des Sprechenden

angleicht, hineinzupressen: durch Lautmalerei, durch Interjektionen, oder einfach, indem er beschreibt, wie die Stimme klingt und sich über die Berge und durch die Täler der Emotionen bewegt. Was sind Interjektionen (von Lateinisch *interiectio* = Einwurf)? Georges Brassens hat ihnen ein ganzes Chanson gewidmet, *La ronde de jurons*. Es enthält einen Katalog von Wörtern, die der Entladung emotionalen Staus dienen, so etwa, wenn sich jemand mit dem Hammer auf den Finger schlägt. Es sind also Wörter, die nichts anderes zu tun haben, als Gefühl auszudrücken, Gefühlswörter und bei denen es auch auf guten Klang und guten Rhythmus ankommt und oft darauf, dass sie auf Tabubereiche zumindest anspielen: So das Spanische *¡Me cago en D…!* Aber es sind nicht nur Flüche, auch Ausrufe der Freude, der Überraschung oder Wollust zählen zu den *Gefühlswörtern*, will sagen *Interjektionen*. Die Rhetorik zählt die *Interiectio* zu ihren Kindern und führt brav Schiller an: »Spricht die Seele, so spricht, *ach!* schon die Seele nicht mehr«[29] Ein wenig salbungsvoll, und warum müssen die Beispiele in Nachschlagewerken immer so kreuzbieder sein? Da schon lieber Brassens, zumindest die erste Strophe und den Refrain. Natürlich, ohne die Stimme von Brassens und sein »Gekratze« auf der Gitarre geht die Wirkung fast ganz verloren. Hol's der Teufel! Ich erspare mir auch hier die Übersetzung, stellen Sie sich einfach eine Liste der besten, weil nicht wirklich vulgären, aber anspielungsreichen Flüche und Verwünschungen (basierend auf der Figur der Klangähnlichkeit, der *Paronomasie*, etwa zwischen *bleu* und *dieu*) vor und davor die Ankündigung, dass nun diese Liste der guten alten Flüche komme, aus der Zeit, als die Gallier noch freiherzig daherredeten:

La ronde des jurons

Voici la ron-
de des jurons
Qui chantaient clair, qui dansaient rond
Quand les Gaulois
De bon aloi
Du franc-parler suivaient la loi
Jurant par-là
Jurant par-ci

Jurant à langue raccourcie
Comme des grains de chapelet
Les joyeux jurons défilaient.

Tous les morbleus, tous les ventrebleus
Les sacrebleus et les cornegidouilles
Ainsi, parbleu, que les jarnibleus
Et les palsambleus
Tous les cristis, les ventres saint-gris
Les par ma barbe et les noms d'une pipe
Ainsi, pardi, que les sapristis
Et les sacristis
Sans oublier les jarnicotons
Les scrogneugneus et les bigr's et les bougr's
Les saperlottes, les cré nom de nom
Les pestes, et pouah, diantre, fichtre et foutre
Tous les Bon Dieu
Tous les vertudieux
Tonnerr' de Brest et saperlipopette
Ainsi, pardieu, que les jarnidieux
Et les pasquedieux.[30]

Rhythmus und Sprache

Wörter brauchen, um lebendig zu werden, den Trommelschlag des Akzents, sie sind aus Lauten zusammengesetzt, die ihnen einen bestimmten Klang verleihen und sie fügen sich dadurch zu klar voneinander abgesetzten Einheiten, dass an manchen Stellen Pausen als Trennwände aufgerichtet sind. Schließlich können wir sie modulierend in höhere und tiefere Tonlagen führen. Wie können sie langsam und feierlich formen und wohlgestalten – unter Beachtung jedes Einzelteils – oder als unfertige Halbgeburten in den Raum verschicken. Eine Frage des *Tempos*. Wir können für besondere Anlässe den Flüsterton vorbehalten oder bei anderen versuchen, durch Gebrüll zu beeindrucken. Wir können auch leise beginnen und uns zum Fortissimo steigern – unter Nutzung aller Hohlräume des Körpers. Eine Frage der *Dynamik*.

Klang und Rhythmus stehen in geheimnisvoller Verbindung mit den geheimnisvollen ersten Jahren unseres Lebens; jenen Jahren, die wir zwar, Sigmund Freud weiß warum, vergessen haben – in die jedoch unsere erste heftige Liebesaffäre mit der Sprache fällt. Diese ist nicht frei von Chaos und Anarchie und ausgezeichnet dadurch, dass die Laute und Silben miteinander tanzen dürfen, ohne dass ihnen dabei schon das Bleigewicht der Bedeutungen an den Füßen hängt. Kleinkinder verbringen viel Zeit mit »Klanggekritzel« und es scheint, dass dieses Spielen mit Wortfetzen ohne Bedeutung (genauer: ohne Bedeutung, die sich in einem Wörterbuch fest-schreiben ließe) ihnen großes Vergnügen bereitet. In den Lautex-perimenten der Dichter lebt etwas von dieser ersten Erfahrung von Sprache fort: Sie ist ja nichts anderes als die Erfahrung von mit Gefühlen geladenen Klangfolgen. »Los niños [...] saben animar de sentido las palabras y son los únicos capaces de reformar el idioma«/ »Die Kinder können den Wörtern Leben einflößen und einzig sie sind imstande, die Sprache zu reformieren«, schreibt Teresa de la Parra.[31] Es scheint auch, dass die frühkindliche Sprach-anarchie der Entwicklung von Aussprache und Grammatik nicht schadet, sondern dass Kinder hier durch eine wichtige Etappe beim Erwerb der Erstsprache laufen. So erfüllen auch Wiegenlieder, Aus-zählreime und andere Verse den Wunsch nach Lautmalerei und nach einfachen Klangmustern. Hier die ersten Verse eines Wiegen-liedes, das in Spanien und Lateinamerika gesungen wird.

A la nanita, nanita
A la nanita, nanita,
a la nanita de aquel
que llevó el caballo al agua
y lo trajo sin beber.
Duérmete, niño chiquito,
duérmete y no llores más,
que se irán los angelitos
para no verte llorar. [...][32]

[Zum Wiegenliedchen, Wiegenliedchen
zum Wiegenliedchen vom dem,
der das Pferd zum Wasser brachte

41

und wieder zurück, ohne dass es trank.
Schlaf ein, kleines Kindchen,
schlaf ein und wein nicht mehr
sonst werden die Engelchen fortgehen,
um dich nicht mehr weinen zu hören.]

BESONDERE SPRACHE FÜR BESONDERE ANLÄSSE

Diese Verse zeigen schon an, was *poetische* Sprache ausmacht: Sie ist
die Sprachform, die Rhythmus am bewusstesten und mit der höchsten Präzision einsetzt, immer bestrebt, die Wörter klingen und die
Sprache »tanzen« zu lassen. Wir erleben Sprache intensiver, wir
erleben damit eine Steigerung unseres Lebensgefühls und das soll ja
so sein, wenn sich Menschen versammeln, um zu feiern, zu trauern,
um Helden zu ehren oder die Mütter oder um die Götter gnädig zu
stimmen, mit ihnen in Kontakt zu treten. Wenn Sprache den Tanz
und die Hochzeit antreiben soll, das magische Ritual in Gang
setzen, den Schamanen in Trance versetzen, den Teufel herbeirufen
oder Dämonen austreiben, wenn sie verhexen, bezaubern,
beschwören will, dann kleidet sie sich in einprägsame Rhythmen. In
allen Kulturen gibt es Anlässe und Inhalte, die nach einer solchen
Steigerung der Sprache verlangen. (»Yesterday/ all my troubles
seemed so far away« besitzt eine andere Aura als »Yesterday I
seemed to have no troubles«).
Ein Ballett kann nicht beeindrucken, wenn alle Tänzer durcheinander laufen. Ihre Bewegungen müssen sich zu gewissen Mustern
ordnen. Ebenso ist es mit poetischer Sprache. In ihr stolpern die
Wörter nicht mehr ziellos durch die Welt, wie sie das in Alltagsgesprächen allzu oft tun. Nein, sie treten in besondere Beziehungen
zueinander, bilden klare und wahrnehmbare Formen aus.
Gebundene Sprache verlangt dann, dass wir sie anders lesen als ein
SMS, ein Mail oder eine Zeitungsnotiz. Ein Gedicht können wir
nicht rasch überfliegen, um irgendeine Information über die Welt
herauszuholen, die ohnehin nicht enthalten ist. In einem Gedicht
will jede Silbe, jeder Akzent, jeder Laut gewogen und genossen
werden und zur Gesamtaussage beitragen. Poetische Sprache ist

also ihrem Wesen nach kein erstarrtes Erzeugnis, wie das ein gedruckter Text nahe legt. Poesie ereignet sich im Prozess, der sich in der Zeit entfaltenden Bedeutungen und Klänge – Klänge und Bedeutungen, die sich spiegeln, wiederholen, vorwegnehmen oder miteinander im Streit liegen können.

»FLIESSEN« UND »SPANNEN«: ZUR HERKUNFT DES BEGRIFFS

Der Begriff Rhythmus kommt vom griechischen *rhythmós*, die Ethymologie ist nicht eindeutig geklärt. Die ältere Auffassung leitet das Wort von *rhéo*, das heißt *fließen*, her, die neuere von *eryo*, das bedeutet: *ziehen, spannen*.[33] Beide Auffassungen treffen das eigentümliche Wesen des Rhythmus, der immer *Wandel in der Wiederholung* ist: »Fließen, z.B. in der Bewegung des Wassers, kennt nicht nur das Gleichmaß, es kennt auch Stauungen, Stürze, wechselnde Tempi, Rinnen und Schwall.«[34]

Eryo verweist auf Rhythmus als »Spannungsgefüge« und soll verdeutlichen, dass es die vom Rhythmus erzeugte Spannung in einem Text ist, die diesem Zusammenhalt gibt und bewirkt, dass wir ein Gedicht als geschlossenes Ganzes wahrnehmen. Das oben angeführte Wiegenlied ist ein gutes Beispiel für diese Wirkung.

Die Germanistik schlägt Begriffe wie die folgenden zur Bezeichnung von Rhythmen vor: gespannt - ungespannt; ruhig - unruhig; steigend - fallend, plätschernd - wellig - wogend, hüpfend - tänzelnd - gemessen schreitend - gehämmert, drängend - verweilend[35]; fließend; strömend; bauend; spröd/ gestaut; tänzerisch.[36] Doch es gibt keine verbindlichen Wörter dafür[37], wohl auch deshalb, weil mehrere Ruderer gleichzeitig im Sprachboot sitzen und es im Fluss des Rhythmus vorantreiben wollen. (Wir werden sie noch antreten lassen.) Daher ist es schwierig, da alles sauber in Kästchen mit Namen einzuordnen.

Elemente rhythmischer Sprache

Schaffen wir ein wenig Ordnung und betrachten wir die Gehilfen, die dem Dichter (der ursprünglich Sänger ist) dienstbar sind, so wie der Vielfraß, der Vielsauf und Väterchen Frost dem Iwan Zarewitsch, der beim Meereszaren die Prüfungen der Hochzeitsnacht bestehen muss, um die Zarentochter Wassilissa zu erlangen. Es sind folgende Größen: 1. die Silbenzahl, 2. die Akzente und Pausen, 3. der Klang, 4. die Gedankenführung und 5. die Satzmelodie. Diese Größen sind verbunden mit den Grundbegriffen der Verslehre, der Metrik: *Vers, Reim, Strophe.* Wir lassen sie kurz auf die Bühne und sie dürfen sich mit ein paar Sätzen vorstellen. Wie, Sie sind dagegen?! Solch altmodische Figuren erscheinen Ihnen wie staubüberzogene Antiquitäten? Geben Sie ihnen zumindest eine Chance, für ihre Sache zu sprechen. Wir werden die Sprechzeit strikt begrenzen. Denn: Wer auch immer singt, spricht, eine Gitarre zupft oder auf ein Schlagzeug einschlägt, der befasst sich im Grunde mit diesen Größen der Metrik. Mag ein Rapper auch die Tradition der Poesie verachten, die Art, wie er seine Texte komponiert, versenkt ihre Wurzeln ins ferne Mittelalter. Damals entstand die Art, Verse zu schmieden, die uns bis heute im Abendland vertraut ist.

DER VERS: SILBE UND ZAHL ODER ZAHL UND SILBE

Die romanische Verssprache wird den silbenzählenden zugeordnet. - Nein, so kann man nicht beginnen, das ist einschläfernd. Aber wie soll man die Sache spannender aufziehen? Es ist nun einmal so, es gibt im Gedicht Verse, und dass es Verse sind, das erkennt man daran, dass der erste eine bestimmte Zahl an Silben in sich birgt und der zweite (gewöhnlich) genauso viele und der dritte auch und so fort. Damit das auch rhythmisch Unbegabten auffällt, springen Dichter am Ende eines Verses von einer Zeile in die nächste, und da unsere Augen auch ein bisschen Zeit brauchen zum Zeilenspringen, machen wir vor und während des Sprungs beim Lesen eine Pause, ob wir wollen oder nicht. Mehr scheint da nicht dahinter zu sein. Oder vielleicht doch?

Wir können sagen, dass im Untergrund jedes Verses die Zahl pulsiert oder genauer: Der Bau des Gedichtes lässt sich ebenso in Zahlenverhältnissen darstellen wie die Maße einer gotischen Kathedrale von genau festgelegten Proportionen bestimmt sind. Zahlen verwenden wir heute hauptsächlich in Technik und Wirtschaft, für handfest nützliche und praktische Dinge also. Zugegeben, es gibt Leute, die glauben an Glückszahlen oder sie spielen Lotto mit System oder setzen im Roulette immer auf dieselbe rote oder schwarze Zahl und die Dreizehn bringt Unglück. Auch in der Vergangenheit war das so: Zahlen und geheimnisvolle Zahlenverhältnisse sollten in Schriften wie der Kabbala Aufschluss über dunkle Geheimnisse der Religion und des Lebens geben. In diesen Fällen ist die Zahl mehr als banale Auskunft darüber, wie oft irgendwo Dinge, die zusammengehören, vorhanden sind – Schafe auf der Weide oder Silben im Vers. Den Pythagoräern war die Zahl heilig und sie verachteten die Händler dafür, dass sie diese zum Geschäftemachen »missbrauchten«[38]. Denn sie wollten mit den Zahlen die Ordnung des Kosmos erkennen.

In der poetischen Sprache treffen sich Zahl und Sprache und es lohnt sich, mit Rudolf Taschner kurz die historischen Wurzeln dieser Verbindung zu betrachten:

> Der Ursprung der Mathematik [...] bei den Pythagoräern ist eng mit den Ursprüngen der europäischen Musik verwoben. [...] Musik, davon waren die Pythagoräer überzeugt, ist Wahrnehmung von Zahlen durch das Ohr. Die harmonischen Zahlenverhältnisse, zur Melodie eines Liedes komponiert, können uns bis zu Tränen rühren und sprechen unmittelbar zur Seele [...] Das Universum ist den Griechen ein »Kosmos« [...], weil es als harmonisches Ganzes erfahren wird. Diese Ordnung teilt sich dadurch mit, dass *Proportionen stimmen*: Es sind Zahlenverhältnisse, die das Wesen des Kosmos kennzeichnen. Somit ist die Empfindung von Schönheit, d.h. die Erkenntnis, dass die dem jeweiligen Gegenstand *angemessenen Verhältnisse* gewahrt sind, das eigentliche Kriterium für *Wahrheit* – ein noch für Physiker wie Heisenberg faszinierender Gedanke.[39]

Beachten wir, wie hier die Begriffe *Zahl, Proportion, Harmonie, Schönheit* und *Wahrheit* verknüpft sind und damit im Wesentlichen die Ästhetik des Abendlandes zusammengefasst ist; auf die Dichtung übertragen heißt das: *schön* und *wahr* schreibt, wer in der metrischen Form schreibt, die der Aussage gerecht wird.

Im Auszählreim ist die Verbindung von Poesie und Zahl offensichtlich: »Eins, zwei, drei, vier, fünf, sechs, sieben/ eine alte Hex' kocht Rüben …« So ist es nicht trivial, wenn wir sagen: Gebundene Sprache ist durch sich wiederholende Zahlenverhältnisse bestimmt; das Silbenzählen, das Bestimmen metrischer Formen, führt zur verborgenen Ordnung einer Kultur. Dies ist der Ort, wo sich zwei Fächer treffen, die wir uns eigentlich nicht als enge Partner vorgestellt hätten, die Mathematik und die Poesie. Große Mathematiker übten sich in der Poesie und umgekehrt hegte manch ein Poet Leidenschaft für die Mathematik. Schade, dass solche unterirdischen Verbindungsgänge im Schulunterricht selten benutzt werden.[40]

Wahrscheinlich werden die wenigsten, wenn sie Poesie lesen, die Zahlen-Ordnung des Kosmos unmittelbar erfassen. Andere Wirkungen werden ihnen nicht entgehen: vor allem die, dass es genau der Vers ist, der jene variierte Regelmäßigkeit, jenes *regular pattern* schafft, das Verssprache von gewöhnlichem Reden und Schreiben unterscheidet.

Wie genau kommt der Effekt der Verwandlung von eher zufälligen, also weniger rhythmischen Sprachfolgen in die Verssprache zustande, die stärker geordnet und regelmäßig ist? Jeder Vers in einer Strophe hat zum Beispiel elf Silben und daher verlangt uns jeder dieser Verse in etwa dieselbe Zeit ab, wenn wir ihn sprachlich gestalten. Wir haben somit wiederholte Einheiten, aus denen rhythmische Wirkung entsteht. Damit wir aber wahrnehmen können, dass die Verse zwei, drei, vier usw. die Länge von Vers eins nachahmen, müssen die rhythmischen Einheiten, die Verse eben, voneinander abgesetzt sein. Dafür sind nun die Pausen da, die wir zwischen die einzelnen Verse setzen. Das Versende leistet im Vers, was in der Prosa das Satzzeichen tut,[41] das Pausen von unterschiedlicher Länge anordnet: Punkt = lange Pause, Beistrich = kurze Pause; Semikolon = mittlere Pause, drei Punkte = sehr lange Pause oder ganz aufhören. Fragezeichen = hängt davon ab, wie schwierig die Frage zu beantworten oder wie geistesabwesend der Gefragte gerade ist. Rufzeichen? So lange wie ein Punkt oder länger, wenn der Ruf so sehr schmetterte, dass Luftholen nötig ist.

Auch in der Poesie gibt es Satzzeichen, und häufig stehen sie am Ende eines Verses. Aber eben nicht immer und halten wir fest, dass sie (die Satzzeichen) keine allzu großen Ansprüche stellen dürfen, denn gegen die Macht der gezählten Silben können sich nichts ausrichten. Wenn es diese verlangen, dann wird eben ein Satz in zwei Teile gebrochen und der zweite Teil muss in den nächsten Vers emigrieren. Und dann kann sich die Intonation deutlich von der im wirklichen Leben unterscheiden, denn plötzlich soll es nun eine Pause geben, wo der Inhalt vielleicht gar keine verlangt. Wir befinden uns nun im Angesicht eines Dramas, das sich immer abspielt, wenn aus Sätzen Verse werden sollen. Das geht etwa so:

> DER SATZ (tritt auf). Ich bin Millionen und Milliarden Mal auf diese eine bewährte Weise gebaut worden (Subjekt – Verb – Objekt) und möchte nun auch so in den Vers.
> DER VERS. Das geht aber nicht, weil im wirklichen Leben bist du kunstlos und ungehobelt und überhaupt bist du zu kurz und an deinem Ende soll ein Reimwort stehen und die Akzente liegen auch nicht richtig. Wir werden da also schon ein paar kleine Operationen durchführen müssen: Das Verb muss an eine andere Stelle, das Adjektiv kommt hinter das Nomen, das Partizip wird vorgezogen, und dann brauchen wir noch ein Füllwort, *pues* vielleicht oder *en tanto*, ja, ich weiß, das ist blamabel und die alten Hüter des rechten Verses wettern dagegen, aber wie sollen wir sonst auf die verdammten elf Silben kommen?
> DER SATZ. Und wer soll mich dann noch verstehen?
> DER VERS. Zum tausendsten Mal, es geht hier nicht ums Verstehen, wir machen Poesie, für das Verstehen ist Prosa zuständig und auch dort funktioniert es meistens nicht.[42]

Alle können beim Spiel der Sprache nicht als Sieger aussteigen und es fragt sich, wer denn draufzahlt, wenn die Zahl die Herrschaft an sich reißt. Ist es der Inhalt? Das ist wohl die interessanteste Frage und wir heben eine ansatzweise Antwort für später auf. Ganz offensichtlich aber ist es die vertraute Wortstellung, die wir aus dem

Gebrauch der Sprache im Alltag kennen. Alles opfert im sechzehnten und siebzehnten Jahrhundert der Korduaner Luis de Góngora der Schmiedekunst seiner Verse: Die Verständlichkeit, die üblichen Verbindungen, sogar Satzglieder reißt er schmerzvoll auseinander. Denn ehrlich, so würde niemand sprechen:

> Estas que me dictó rimas sonoras,
> culta sí, aunque bucólica, Talía [...][43]

Was in etwa heißen soll: »Diese Verse, die mir die gebildete, wenn auch bukolische (Muse der heiteren Kunst) Thalia eingab [...]«

Wenn wir gesagt haben, dass Spannung ein Grundprinzip von Dichtkunst ist und es im Wesen des Rhythmus liegt, Abfolgen von Spannung und Entspannung zu erzeugen und zu regulieren, dann können wir diese Spannung als eine grundlegende herausstreichen: die Spannung zwischen dem gewöhnlichen Satzbau und dem ordnenden Bau der Verse. Sie kann uns beim ersten Lesen auffallen oder aber den Versen ein kaum merkliches Vibrato verleihen. Góngoras Manie oder hohe Kunst, Wörter nach einem neuen Satzbauplan zu ordnen, ist ein extremes Beispiel. Andere große Poeten, die mit dem feinsten Gespür, sie schaffen Dichtungen, die sich kaum von Alltagssprache zu unterscheiden scheinen, ich betone, zu unterscheiden »scheinen«, so geschmeidig passen sie ihre Inhalte in das Kleid der metrischen Form. Diese Inhalte wirken, ohne dass der Leser merkt, wie viel die Sprache zur Wirkung beiträgt. *Ars est celare artem*/ Kunst heißt dann, die Künstlichkeit zu verbergen – das strebte etwa der Renaissancepoet Garcilaso de la Vega (um 1501-1536) an: Er bewies so große Meisterschaft darin, in italienischer Art zu schreiben und dabei spanische Wörter und Sätze zu gebrauchen, dass fürderhin der italienische Elfsilber in Spanien höchste Wertschätzung genoss.[44]

Atemgymnastik

Spannung ist die eine Seite, auf der anderen haben wir die neue Harmonie, die entsteht, sobald sich der Lesende damit abgefunden hat, dass er hier keine Normalsprache liest. Denn wer gleichgebaute Verse liest, der passt seinen Atem beim Lesen an deren regelmäßiges Muster an, atmet also im Rhythmus der Poesie. Der fromme Dichter Paul Claudel (1868-1955) sah darin eine Tugend der Dichtkunst: Sie öffne die Seele für die Religion, indem sie den Rhythmus des Alltags durch den der Poesie ersetze, in welchen der Leser durch die Bewegungen des Atems eintrete.[45]

Schema und Variation

Jetzt müssen wir aber noch einmal die andere Seite betrachten, die Spannungsseite: Zahlen bringen regelmäßige Abfolgen. Wenn es aber allzu regelmäßig zugeht, dann empfindet das Ohr das als monoton. Monotonie erzeugt Langeweile, Langeweile Überdruss. Das zeigt Ariane Mnouchkine in ihrem Film über das Leben Molières (*Molière*, 1977) vor. Die Theatertruppe des jungen Dichters spielt am Beginn der Dichterkarriere den Pariser Kleinbürgern große Tragödie in zwölfsilbigen Alexandrinern vor. In starre panzerartige Kostüme eingezwängt, starr wie Gliederpuppen, grell geschminkt und mit buschigem Helm, stehen da zwei auf der Bühne, rollen die Augen und die *r*-s, ziehen die Reimwörter in die Länge, drehen vielsagend die Hälse und reden von Tyrannei und Blut und Opfermut. Das Theater ist rasch leer, die Leute wollen lieber Komödie sehen. In der Tat galt dieser Alexandriner, der große Vers des klassischen französischen Theaters, als monotoniegefährdet. Allzu viel Regelmäßigkeit wollte er von den Dichtern haben. Alle Verse gleich lang, Paarreime, und dann musste partout auf jedes männliche ein weibliches Reimpaar folgen. Das heißt, zwei Verse endeten auf ein sogenanntes »stummes *e*«, die nächsten beiden Verse aber auf einen betonten Vokal oder einen Konsonanten. »Weiblich« deshalb, weil die meisten Nomen, die auf *e* enden weiblichen Geschlechts sind, zumindest in der Grammatik. Eine solche Abfolge zog sich dann über die gut 2000 Verse einer Tragödie hin. *Quel ennui!* Oder doch keine Langeweile. Ich höre Alexandriner mit großem Vergnügen und freue mich über das Zusammenklingen der ein wenig gekünstelten Reimwörter. So am Beginn der großen Tragödie *Phèdre* von Racine (1639-1699).

> HIPPOLYTE. Le dessein en est pris, je pars, cher Théramène,
> Et quitte le séjour de l'aimable Trézène.
> Dans le doute mortel dont je suis agité
> Je commence à rougir de mon oisiveté.
> Depuis plus de six mois éloigné de non père,
> J'ignore le destin d'une tête si chère;[46] […]

>> [HIPPOLYT. Beschlossen ist's, ich gehe, Theramen,
>> Ich scheide von dem lieblichen Trözene;
>> Nicht länger trag ich's müßig hier zu weilen,
>> In diesen Zweifeln, die mich ängstigen.
>> Sechs Monate weilt mein Vater schon entfernt,
>> Nichts will von seinem teuren Haupt verlauten,
>> Nichts von dem Orte selbst, der ihn birgt.[47]]

Das Wiedersehen mit dem Vater wird nicht ganz so harmonisch, aber sonst hätten wir keine Tragödie vorliegen. In jedem Falle: Alexandriner haben eine besondere Musik und können große Leidenschaften vorantragen. Allerdings nur dann, wenn sie von Meistern wie Corneille oder Molière oder eben Racine oder später von Victor Hugo gebaut wurden. Diese verstehen es nämlich, den Rhythmus immer wieder neu anzustacheln, aufzufrischen und zu beleben. Das ist dadurch möglich, dass dort variiert wird, wo Variation innerhalb des Schemas möglich ist: bei der Platzierung der Akzente und Pausen und deren Stärke und Länge.

AKZENTE UND PAUSEN

Vom Vers und seinen Zahlen geht Verssprache aus. Er schafft ein gleichmäßiges Muster, so wie eine Pflugschar auf dem Feld. Darauf deutet die Herkunft des Wortes vom lateinischen Wort *versus*, das ursprünglich die durch das Umwenden der Erde mit der Pflugschar entstehende Furche bezeichnete. In die Furchen pflanzt der Dichter auch seine Akzente. Wir haben die schon unter der Hand eingeschmuggelt. Präzisieren wir nun die Frage: Was tragen Akzente zum Rhythmus bei? Die Frage mag müßig erscheinen. Niemand würde Trommel, Schlagzeug, Pauke oder Kontrabass auslassen, wenn er vom Rhythmus der Musik spricht. Die Romanistik vernachlässigt sie aber in ihrem Alltag, denn sie ist emsig damit beschäftigt, Silben zu zählen, wie kann sie sich da auch noch um Akzente kümmern? Gott sei Dank gibt es Ausnahmen, Herrero Prado etwa schenkt ihnen genug Nachdruck, wenn er feststellt: Die Akzente sind die Trommelschläge, die den Vers vorantreiben.[48] Aber was ist überhaupt ein Akzent? Offenbar im Französischen etwas anderes als im Spanischen, denn hier markiert er Betonungen, dort vor allem die Art und Weise, wie ein *e* auszusprechen ist, offen oder geschlossen. Das ist bezeichnend und es ist wohl ein Elementarunterschied zwischen den beiden Sprachen, dass das Spanische Akzente benutzt, um Betonungen in Texten extra graphisch zu markieren (im mündlichen Register ist das nicht notwendig, da hört man sie ohnehin), das Französische aber darauf verzichtet. Wir können vermuten, dass im Spanischen Betonungen mehr aussagen als jenseits der Pyrenäen. Und in der Tat: Im Spanischen kann ein Wechsel des Akzents für ein Wort dramatische Folgen haben, machen Sie etwa aus *robo* ein *robó* dann schieben sie erstens *das Rauben* auf einen Dritten und versetzen ihn zweitens in die Vergangenheit. Das kommt wohl daher, dass das Spanische weniger Vokale hat und daher auch über die Akzente Unterschiede in der Bedeutung anzeigen muss. In der Metrik interessieren uns jetzt diese Akzente, die Betonungen anzeigen.

Kraftpunkte im Wort

Es gibt da also innerhalb der Wörter Zonen, die dem Sprecher mehr Sprechenergie abverlangen, da sie den Akzent tragen. Im Wort *mariposa* hat das o mehr Power als seine vokalischen Mitspieler. Was heißt überhaupt »betonen«? Betonen wir nicht jede Silbe, indem wir ihrem Selbstlaut den Klang unserer Stimme, also einen Ton, einflößen? Und wenn sie phonologische Abhandlungen lesen, dann werden Sie merken, dass die Frage gar nicht so einfach ist.

51

Begnügen wir uns hier mit der Feststellung, dass Betonen heißt, dass wir erstens einer Silbe mehr Stimmdruck geben und/ oder mehr Lautstärke und/ oder sie länger sagen als die Nachbarsilben. (Beachten Sie, dass diese drei Möglichkeiten im Verbund auftreten können, etwa bei lautem Fluchen, dass das aber nicht sein muss. Meister des Vortrags können eine Silbe leise sprechen und dennoch mit Druck sprechen.) Die Grundlagen lernt aber jedes Kleinkind noch bevor es den Sinn der Wörter herausfindet und im Alltag wissen wir genau, welche Teile unserer Rede wir mit besonders viel Kraft ausstatten, den Akzentuieren heißt ja nichts anderes als Energetisieren: »Ich möchte hier raus!« – Richtig, der Akzent liegt auf dem Raus. Zum Wortakzent kommt der Satzakzent, die Zone in einem Satz also, welche die größte sprachliche Intensität besitzt. In einem Aussagesatz ist das gewöhnlich die vorletzte Silbe: »Estoy sin dinero.« Die Wortakzente und Haupt- und Nebenakzente im Satz wirken gleichzeitig und zusammen. Dieses Zusammenwirken von Wort- und Satzakzenten haben sie auch in der Prosa. Wenn Sie in *Krankenzimmer Nr. 6* von Anton Pawlowitsch Tschechow nicht die Akzente mitdenken, dann geht die ungeheure Wucht der Aussage verloren. Die Rufzeichen sind hier hilfreich und es ließe sich ja sagen, dass Satzzeichen nichts anderes sind als Anweisungen zur Art der Stimmführung und Akzentuierung. Wir haben also da im *Krankenzimmer Nr. 6* das Gespräch zwischen dem Arzt Andrej Jefimytsch und dem »Irren« Iwan Dmitritsch, die im Begriffe sind, eine eigenartige Freundschaft zu schließen:

»Ihr Diogenes war ein Dummkopf«, entgegnete Iwan Dmitritsch mürrisch. »Was erzählen Sie mir von Diogenes und von der Erkenntnis des Lebens?« Er wurde plötzlich wütend und sprang auf. »Ich liebe das Leben, ich liebe es leidenschaftlich! Ich leide an Verfolgungswahn, an ständiger quälender Angst, aber es gibt Minuten, wo mich der Lebenshunger packt, und dann fürchte ich, den Verstand zu verlieren. Ich will leben, leben!«
Erregt ging er im Krankenzimmer auf und ab und fuhr mit gedämpfter Stimme fort: »Wenn ich träume, besuchen mich Gespenster. Zu mir kommen irgendwelche Menschen, ich höre Stimmen und Musik, und mir scheint es, als ob ich im Wald oder an der Küste des Meeres spazierenginge, und ich sehne mich so leidenschaftlich nach Tätigkeit, nach

Sorgen … Sagen Sie mir, was gibt es draußen Neues?« fragte Iwan Dmitritsch. »Was gibt es?«[49]

Ludwig Reiners vergleicht in seiner Stilkunst zwei Dichter, die als Tanzpartner gewiss nicht harmoniert hätten, gar zu heftig unterschied sich ihr dichterisches Temperament. Es sind Josef von Eichendorff und Heinrich von Kleist – *Aus dem Leben eines Taugenichts* und *Die Marquise von O.* Welch eine Differenz! Im ersten Text Frühlingslust, das lustige Rauschen und Plätschern eines Mühlrades, ein Faulpelz, der sich die Sonne ins Gesicht scheinen lässt und einen »ewigen Sonntag im Gemüte« hat. Im zweiten leidenschaftliche Auftritte, höchste Nervosität und Spannung, wie auch nicht, wenn man eine im Schlafe Missbrauchte zur Ehefrau machen will. Das lässt sich auch an den Akzenten ablesen, und zwar an zwei Fragen: Wie viele Akzente gibt es und wie regelmäßig sind sie gesetzt. Das Ergebnis: Bei Eichendorff treten die Akzente in gleichmäßiger Abfolge auf und sie lassen sich Zeit mit ihren Auftritten, sodass die Stimme meist durch das Wellental von zwei unbetonten Silben läuft, bevor sie zum nächsten Akzent ansetzt. Erreicht wird ein schönes, weiches, ruhiges gleichmäßiges Fließen der Sprache und des Inhalts. Dagegen Kleist: Die Akzente drängen sich eng zusammen, in raschem Stakkato kommen sie daher, ständig wird da also betont, doch schaffen sie es nicht, eine rechte Marschordnung einzuhalten und den einen kümmert es nicht, wie viel Abstand zum Vordermann sein Vorgänger hält. Einmal sind es drei unbetonte Silben, dann wieder nur eine, dann wieder zwei. Hätte Kleist Musik komponiert, dann wäre er ohne die Synkope nicht ausgekommen: Das Ergebnis: Unvermittelter Tempowechsel, rasende Unruhe und stockender Herzschlag, ein Rhythmus voll Unrast und zerquälter Leidenschaft.

Eichendorff: »Das Rad an meines Vaters Mühle brauste und rauschte schon wieder recht lustig, der Schnee tröpfelte emsig vom Dache, die Sperlinge zwitscherten und tummelten sich dazwischen; ich saß auf der Türschwelle und wischte mir den Schlaf aus den Augen; mir war so recht wohl in dem warmen Sonnenscheine.«

Kleist: »Der Obrist, durch diese Aufführung ein wenig betreten, antwortete, dass die Dankbarkeit, die die Marquise für ihn empfände, ihn zwar zu großen Voraussetzungen berechtige: doch nicht zu so großen; sie werde bei einem Schritte, bei welchem das Glück ihres Lebens gelte, nicht ohne die gehörige Klugheit verfahren. Es wäre unerlässlich, dass seiner Tochter, bevor sie sich erkläre, das Glück seiner näheren Bekanntschaft würde.«[50]

Die alte Germanistenart, Texte zu erforschen, wie sie Reiners da vorführt,[51] kann schöne Aufschlüsse geben und muss das Vergnügen an der Lektüre nicht schmälern. Im Gegenteil: Sie erhöht unsere Bewunderung für die Kunst mancher Autoren.
Merken wir uns in jedem Fall: [52] Bestimmte Silben im Text werden stärker betont als andere, daraus entsteht ein mehr oder weniger regelmäßiges Muster von Akzenten und daraus der sogenannte *ritmo de intensidad*, wie die Spanier sagen.[53]

PAUSEN

An den Akzenten interessiert uns, wie stark sie sind, wie viele es in einem Vers gibt und weiters, wie regelmäßig sie gesetzt sind. Sie verleihen einem Text einen beschwingten, langsamen oder feierlichen Rhythmus, ruhiges Gleichmaß oder hektische Zerfahrenheit. Genau dasselbe gilt für die Pausen und auch sie sind sehr interessant. Auch sie tragen zum Tempo eines Stücks Sprache bei, sie können die Spannung steigern, sie lenken unsere Aufmerksamkeit ganz subtil in die eine oder andere Richtung. Sie schaffen auch die Leerstellen, die von der Phantasie des Lesers besetzt werden können. Wichtig ist dabei: Wie oft und wie regelmäßig Pausen zu erwarten sind, das bestimmt in der Poesie die Länge des Verses. Ist ein Vers in zwei Hälften geteilt, dann kann zwischen diese eine kürzere Pause treten, das ist etwa beim Alexandriner so. Am Ende einer Strophe ist eine besonders lange Pause zu erwarten. Beide, Pausen und Akzente, bilden durch Stärke (Länge), Häufigkeit und Regelmäßigkeit rhythmische Muster, die zum rhythmischen Eindruck eines jeden Textes beitragen. Lesen Sie einen beliebigen, literarisch oder nichtliterarisch, und achten Sie darauf, wo seine Gestalt längere und kürzere Pausen vorschlägt.

Wir haben bislang nur von Akzenten in der Prosa gesprochen. In der Verssprache ist alles noch komplizierter, das war nicht anders zu erwarten. Da kann es nämlich sein, dass ein Vers eine bestimmte Akzentsetzung vorschreibt, also etwa: Die vierte, die achte und die zehnte Silbe muss betont sein.[54] (Keine Angst, ich hole jetzt nicht den Jambus, Trochäus, Daktylus und Anapäst aus dem Metrikkoffer, lege Ihnen aber die Befassung damit in einem fortgeschrittenen Stadium ihrer Studien ans Herz.) Wenn diese Vorgabe mit den natürlichen Wortakzenten übereinstimmt, dann fällt das nicht besonders auf, heikel wird es wieder, wenn der Vers einen Akzent dort haben will, wo ihn Alltagssprache nicht setzen würde, wir sind wieder bei der Spannung zwischen Syntax und Vers, die ich oben beschrieben habe.

Kontraste. Der ritmo machacón der Cuaderna vía und die französischen »Softies«

Wenn Spannung ein Prinzip von Dichtung ist, dem wir auf allen Ebenen begegnen, dann ist Kontrast ein zweites. Kontrastwirkungen können etwa durch die Verbindung von gegensätzlichen Themen, Bildern, durch eine scharfe Wende in der Handlung entstehen. Die rhetorische Figur der *Antithese* ist auf solche Kontraste zwischen Leben und Tod, Feuer und Eis, Traum und Wachen, Anwesenheit und Abwesenheit spezialisiert.
Die Dichter können wie die Maler zwei Wege gehen. Sie können entweder Kontrastfarben nebeneinander auf die Leinwand setzen oder weiche Übergänge bevorzugen. Sie können Stakkato spielen oder mit Pedal. Auch im Feld der Akzente ist das eine gewichtige Entscheidung und in der Art des Kontrastierens unterscheiden sich Epochen und Strömungen. Ja, es unterscheidet sich hier das Spanische insgesamt vom Französischen.

Beginnen wir bei einem Spanier und im vierzehnten Jahrhundert, sein Vers ist der *Alexandriner* in der spanischen Variante, seine Strophe die *Cuaderna vía*.

> Palabra es de sabio, e dízelo Catón,
> que omne a sus cuidados, que tiene en coraçon,
> entreponga plazeres e alegre la razón,
> ca la mucha tristeza mucho pecado pon;
>
> e porque de buen seso non puede omne reír,
> avré algunas burlas aquí a enxerir:
> cada que las oyeres non quieras comedir
> salvo en la manera el trobar e dezir.

> > [Es ist das Wort eines Weisen, und Cato sagt es, dass der Mensch zwischen die Sorgen, die er im Herz trägt, auch Freuden und Frohsinn schalten soll, denn die große Traurigkeit setzt eine große Sünde.
> >
> > Und weil man über Vernünftiges nicht lachen kann, schiebe ich hier einiges Lustige ein: immer wenn man es hört, soll man nicht ernsthaft nachdenken, höchstens so wie die Sänger und Dichter.][55]

Der Alexandriner, aus dem diese Strophen gebaut sind, hat in der spanischen Dichtung 14 Silben pro Vers und legt in der Mitte jedes Verses eine kurze Pause, eine *Zäsur* ein. Er hat regelmäßig verteilte starke Akzente und ein Reimschema mit wenig Abwechslung in den Strophen mit je vier Versen: AAAA, BBBB, CCCC. Der Rhythmus geht stark vom Reim und vom Akzent aus. Wir haben hier eine Form, die starke Schläge verteilt und deren Rhythmus ein spanischer Kollege als *machacón* bezeichnete. Das Adjektiv kommt von *machacar*. *Machacar* bedeutet unter anderem *stampfen, einpauken, einhämmern, ständig (bis zur Bewusstlosigkeit) wiederholen*. Solch einen Vers gab der große mittelalterliche Dichter Juan Ruiz, Arcipreste de Hita, den Spielleuten und Predigern mit, die sein *Libro de buen amor* auf den Märkten und vor den Kirchen vortrugen. Das Buch soll vor der falschen Liebe warnen und zur richtigen führen, enthält viel Ironisches zum 14. Jahrhundert und sagt gleich zu Beginn, dass es auch Unsinn enthalte, denn Lachen könne man nur über Unsinn und Lachen sei nötig, da große Traurigkeit zu Sünde verleite; eine interessante Sicht.

Als die Renaissance nach Spanien kam und mit ihr sanfte italienische Verse auf die rauen Hochebenen Kastiliens und in die trutzigen Burgen der spanischen Ritter und Fürsten, begann man *Sonette* zu dichten, *Liras* und *Octavas reales* und zählte nach dem Vorbild Petrarcas (1304-1374) elf Silben zu einem Vers zusammen. Auch die Akzente schlugen nun weniger heftig an und die Kontraste milderten sich. Freier und weicher wurde die Akzentsetzung, ein Gewinn für die Dichtkunst, die ebenfalls freier, geschmeidiger und eleganter wurde.[56] Man konnte nun ein weiteres Spektrum an Inhalten feiner darstellen und mit dem Elfsilber kam die neuplatonische Liebesphilosophie in Mode – dieser eigenartige Glaube also, dass Liebe und Erotik im besten Fall die Dichter und Liebenden in Richtung göttlicher Sphären erheben könne und zu menschlicher Veredelung beitrage.

Die Romantik in der ersten Hälfte des 19. Jahrhunderts und der Modernismus (Ende 19., Anfang 20. Jahrhundert) suchten dann wieder nach Formen, die Akzente an bestimmte Punkte im Vers hefteten. Ihnen ging es dabei darum, den Vers und seinen Rhythmus vom Reim und der Silbenzahl zu lösen, der *Verso libre/ Vers libre* kam auf. Also führten sie wieder regelmäßige Abfolgen von Hebung und Senkung ein.[57] Das berühmte Gedicht *Nocturno* von José Asunción Silva (1865-1896) wirkt durch seine viersilbigen Versfüße: Auf je vier Silben fällt ein Akzent:

U-na **no**-che,/ u-na **no**-che/ to-da **lle**-na/ de mur-**mu**-llos,/ de per-**fu**-mes/ y de **mú**-si/-ca de **a**-las (...)[58]

Das ›Flottement accentuel‹

Die Akzente sind bei Asunción Silva festgelegt, die Kontraste bleiben aber sanft. Nicht so weich, wie sie das ohnehin sind, wenn Franzosen Verse bauen. Den diese begeben sich auf das vage Terrain des *flottement accentuel*[59]. Das heißt schlicht, dass es dem Franzosen, ganz im Gegensatz zu seinen romanischen Sprachvettern jenseits der Pyrenäen, eher egal ist, ob er nun ein vertrautes Wort an der einen oder an der anderen Stelle betont hört. *Gémissement* oder *gémissement* (*Stöhnen, Wimmern*) – beides lässt sich verstehen und die Bedeutung bleibt gleich. Dann mag er überhaupt vage bleiben der Akzent, sanfte Andeutung und einen Vers mittragen, der schwebt, der »löslich in Luft« ist, der »nichts Schweres, nichts Geziertes an sich hat«, der so wirke wie die Augen einer Schönen hinter einem Schleier – Musik nach der Art von Debussy. Das ist das Programm der Poesie der zweiten Hälfte des 19. Jahrhunderts, Paul Verlaine stellt es an den Beginn seiner gereimten Schrift mit dem Titel *Art poétique/ Dichtkunst*:

> De la musique avant toute chose,
> Et pour cela préfère l'impair,
> Plus vague et plus soluble dans l'air,
> Sans rien en lui qui pèse ou qui pose.
>
> [Musik vor allen anderen Dingen!
> Und nimm dafür das Ungerade,
> das dunkler ist und löslich in der Luft,
> nichts Schweres, nichts Geziertes an sich hat.][60]

Auch Gelehrte, die mindestens soviel über eine Sprache und ihre Eigenart nachdachten wie ein verzweifelter Liebhaber über die Launen seiner Geliebten, kamen zu dieser Einschätzung. So lesen wir in dem hervorragenden Buch *Französische Metrik* von Theophil Spoerri:

> Die französische Sprache hat einen ausgesprochen schwebenden Charakter. Anstatt die ganze Schwere des Tones auf wenige Grundsilben zu häufen, versprüht sie die Akzente über den ganzen Satz, so dass der Eindruck der Gleichförmigkeit entsteht. Nur dem, der aufmerksam hinlauscht, geht der ganze Reichtum der Klangfarben und Bewegungsformen auf. Mit dieser ungeheuren Differenziertheit hängt es zusammen, dass die französische Rhythmik ein sehr zartes und feingegliedertes Gebilde ist.[61]

58

Wo alles schwebt, da ist auch das wichtig, was nachklingt. Daher ist auch das sogenannte stumme *e* am Ende eines Verses genau genommen kein stummes. Im Gegenteil: Es genoss hohe klangliche Wertschätzung. Voltaire schreibt im achtzehnten Jahrhundert an Deodati di Tovazzi:

> Vous nous reprochez nos *e muets* (sourds) comme un son triste et sourd, qui expire dans notre bouche; mais c'est précisément dans ces *e* muets que consiste la grande harmonie de notre prose et de nos vers. *Empire, couronne, diadème, flamme, tendresse, victoire,* toutes ces désinences heureuses laissent dans l'oreille un son qui subsiste encore après le mot prononcé comme un clavecin qui résonne quand les doigts ne frappent plus les touches.[62]

> [Ihr tadelt unsere stummen (tauben) *e*-s als einen traurigen und stumpfen Laut, der in unserem Mund verklinge; aber genau diese stummen *e*-s machen die große Harmonie unserer Prosa und unserer Verse aus. *Empire, couronne, diadème, flamme, tendresse, victoire:* All diese glücklichen Wortendungen lassen im Ohr einen Laut zurück, der fortwirkt, nachdem das Wort ausgesprochen wurde, so wie bei einem Cembalo, das noch nachklingt, wenn die Finger nicht mehr die Tasten anschlagen.]

Vermerken wir, dass feinsinnige Denker immer danach fragten, was im Kopfe des Rezipienten passiere.

Das Enjambement / Encabalgamiento

Wir haben gesagt, dass durch gleichförmige Wiederholung kein Rhythmus entsteht, sondern bestenfalls ein heruntergeleiertes Muttertagsgedicht. Interessante Rhythmen – und nur solche wollen uns große Dichter anbieten – brauchen Variation. Eine Möglichkeit, Variation zu schaffen, ist das Enjambement. Denn es legt uns nahe, rascher mit den Augen und der Stimme von rechts oben nach links unten zu springen und die Pause zwischen zwei Versen kürzer zu halten, da wir ja wissen wollen, wie der Satz nun weitergeht. Das Tempo steigt dadurch und das ist Absicht. Im *Romancillo de mayo* von Miguel Hernández dreht sich die Dorfjugend, berauscht vom

Frühling, in einem festlichen Tanz und mit jedem Vers wirbeln die Tänzer wilder im Kreis herum. Das Schlüsselwort *ronda* sorgt für den Drehwurm. Achten Sie aber auch darauf, wie das *Encabalgamiento* zwischen vorletztem und letztem Vers ein letztes Mal den Rhythmus anheizt, bevor sich die Paare erschöpft in die Arme sinken.

> Campea Mayo amoroso
> el amor ronda majadas,
> ronda establos y pastores,
> ronda puertas, ronda camas,
> ronda mozas en el baile
> y en aire ronda faldas [...][63]

>> [Der verliebte Mai hält Hof
>> er streift um die Weiden
>> streift um Ställe und Hirten,
>> kreist um Türen, kreist um Betten,
>> kreist um die Mädchen beim Tanz
>> und lässt die Röcke in der Luft kreisen.]

Sie können einwenden, dass es ja doch zwei durch ein »und« abgesetzte Teilsätze sind, und Joan Manuel Serrat legt das Tempo auch nicht so an, wie ich es möchte. Aber mir gefällt meine Auslegung und außerdem beweist das ein weiteres Mal, dass der Text nur ein Vorschlag ist und erst in der jeweiligen Interpretation zum Leben erwacht. Außerdem will ich den Absatz nicht mehr umschreiben. Wenn Sie ein brutaleres Enjambement wollen, dann blenden Sie noch einmal zurück auf die *Ronde des jurons* von Brassens und die ersten beiden Verse.

Noch einmal Klang. Klangmuster

Wörter bestehen aus Lauten und sind aus diesen hervorgegangen; mindestens aus einem, etwa, wenn es sich um eine *Interjektion* (Ah! Oh!) handelt, an die zehn bis zwanzig, wenn Wissenschafter sprechen. Diese Laute verleihen den Wörtern und ihren Verbindungen einen bestimmten Klang. Keine Sprache schöpft das gesamte Lautmaterial, das Stimmwerkzeuge hervorbringen können, aus. Bestimmte Lautkombinationen sind typisch für das Spanische, etwa der häufige Auftritt der wenigen, klar und kurz gesprochenen Vokale. Sie tragen die *-achos*, *-abas*, *-ías* und *-oños*, die *bulbas*, *babas*, *pedos* und *pelos*.

Klangliche Wirkungen entstehen durch die Auswahl und Kombination der Laute. Durch Imitation von Lauten und Geräuschen der Welt entsteht *Lautmalerei* (*Onomatopöie*).

Sind Lautfolgen mit bestimmten Bedeutungen versehen, spricht man, erinnern wir uns, von *Klangsymbolik*. Die Grenze ist eine fließende, da unser Hören immer kulturell vorgeprägt ist (was dann bewirkt, dass der Hahn in der einen Sprache *Kikeriki*, in der anderen aber *Kirikiki* schreit.)

RHYTHMUS DES KLANGES

Davon war schon die Rede. Fragen wir jetzt, was der Klang für den Rhythmus tut und wie genau das vor sich geht. Lesen Sie bitte den folgenden Ausschnitt und tun Sie so, als verstünden Sie kein Castellano. Die Rätselfrage lautet: Welchen Klang imitiert der Autor?

> Alumbra, lumbre de alumbre, Luzbel de piedralumbre! Como zumbidos de oídos persistía el rumor de las campanas a la oración, maldoblestar de la luz en la sombra, de la sombra en la luz. Alumbra, lumbre de alumbre, Luzbel de piedralumbre, sobre la podredumbre! Alumbra, lumbre de alumbre, sobre la podredumbre, Luzbel de piedralumbre! Alumbra, alum-

bra, lumbre de alumbre..., alumbre..., alumbra..., alumbra, lumbre de alumbre..., alumbra, alumbre...

Los pordioseros se arrastraban por las cocinas del Mercado, perdidos en la sombra de la Catedral helada, de paso hacia la Plaza de Armas, [...][64]

Wer gar nichts vom Inhalt versteht, der wird wohl nicht das heraushören, was der Autor hineinlegte. Hat man aber die Wörter *campanas – Glocken* und *doblar – läuten* herausgehört, dann fügt sich das Klangbild zum Schlagen schwerer Glocken einer Kathedrale. Es sind die Glocken der Kathedrale von Guatemala-Stadt. Damit das Klangbild entsteht, muss der Leser Klangerfahrungen zuschießen, die er im eigenen Kopf lagernd hatte und die wachgerufen wurden. Erst dann tut sich ein mächtiger Resonanzraum auf. Die Passage bildet den ersten Absatz des Romans *El Señor Presidente* von Miguel Angel Asturias (1899-1974). Sie schlägt zugleich den Gefühlston des Buches an und all das, was Glockenklänge in der gelebten Frömmigkeit Lateinamerikas evozieren können: den Kampf zwischen Lichtsphären und den Mächten der Finsternis, aber auch die Kälte eines Gotteshauses, das die Reichen zum Fest lädt und den Armen nur kargen Schutz bietet. Man staunt über die Synthese aus dem Klangpotential der Wörter, die der Autor kombiniert und den Sinnbereichen, zu denen sie gehören: *erleuchten, Licht* versus *Luzifer* und *Fäulnis, Glocken schlagen, Bettler*, die *eisige Kathedrale*. Poetische Sprache holt aus Wörtern alles heraus, was sie geben können: als Auslöser von Inhalt, von Klang, von Rhythmus. Es entstehen Sprachgebilde, die auf mehreren Ebenen getragen werden. Eine Übersetzung kann ein so dichtes Textgewebe nie vollständig vermitteln. So fällt in der folgenden die Klangwirkung von Asturias weitgehend dem »Inhalt« zum Opfer:

Leuchte, bläulich Feuer, scheußlicher Teufel! Noch brausten die Ohren vom Klang des Abendläutens; zwiefaches Unbehagen des Lichts im Dunkel und des Dunkeln im Licht. Leuchte, bläulich Feuer, scheußlicher Teufel, über der Fäulnis! Leuchte, bläulich Feuer, über der Fäulnis! Scheußlicher Teufel! Leuchte, leuchte, bläulich Feuer … bläulich … leuchte … leuchte, bläulich Feuer … leuchte, bläulich Feuer … leuchte, bläulich. Verloren im Schatten der eisigen Kathedrale, schleppten sich die Bettler durch die Kneipen am Markt, gegen die Plaza de Armas [...][65]

Des Barockdichters Góngora klangvolle Verse

Berühmt für die Musikalität seiner Sprache ist der Barockdichter Luis de Góngora y Argote (1561-1627), heftig umstritten zu Lebzeiten und eine faszinierende Gestalt in der Geschichte der Dichtkunst. Die einen bewundern seine komplizierten Doppel- und Dreifachmetaphern, seine Sprachgebilde, die Wirklichkeit nicht mehr wiedergeben wollen, sondern eine zweite Wirklichkeit schaffen, die allein aus Sprachverknüpfungen hervorgeht. Die anderen werfen ihm genau diese »abgehobenen« Sprachspiele vor, und wieder andere beschreiben seine Poesie als Gewebe aus Licht, Farbe und klingender Sprache.[66] Am Beginn der *Fábula de Polifemo y Galatea/ Polyphem und Galatea* (1612) erklärt Góngora selbst, die Musen hätten ihm »rimas sonoras«, also »wohltönende«, »klangreiche« Reime, eingegeben und so sind die Laute mit demselben Bedacht ausgewählt und verteilt, mit dem ein Maler Farbpunkte setzen würde. In der dreizehnten Strophe etwa führt Góngora die weibliche Hauptfigur, die Nymphe Galatea, ein – sehr kunstvoll; denn noch bevor der Name fällt, werden die Vokale *a-a-e-a*, aus denen er gebaut ist, »angeschlagen« und effektvoll mit der Aussage, wir hätten es mit der schönsten Tochter der Doris zu tun, verschmolzen; es handelt sich also um eine Art von antizipiertem Echo. Beachten Sie, dass zum Zwecke der Klangwirkung auch die von der Syntax geforderte gewöhnliche Wortstellung aufgegeben wird.[67] Die Vokalfolgen *e-a* und *a-a* finden sich an mehreren Stellen in der Strophe, sodass der Name der Protagonistin im Klangraum der ganzen Strophe »widerhallt«.[68]

> Ninfa, de Doris hija, la más bella,
> adora, que vio el reino de la espuma.
> Galatea es su nombre, y dulce en ella
> el terno Venus de sus Gracias suma.
> Son una y otra luminosa estrella
> lucientes ojos de su blanca pluma:
> si roca de cristal no es de Neptuno
> pavón de Venus es, cisne de Juno.

63

Wir lernen daraus: Ein Klangbild entsteht durch die absichtsvolle Auswahl und Zusammenstellung der Laute, helle oder dunkle, harte oder weiche, flüssige, rollende, hauchende, säuselnde oder zischende.[69] Ein Dichter kann nun viele ähnliche Laute zusammenwirken lassen. Er verfährt dann wie Rembrandt mit seinen Braun- und Ockertönen oder Picasso in seiner blauen und rosa Periode. Oder er schafft Kontraste, lässt weiche Laute mit harten zusammenstoßen, schmetternde mit gedämpften usw. (Kontraste schafft natürlich auch Picasso, wenn er in einförmiges Blau einen roten Punkt setzt, der dann umso stärker wirkt ...). Zum Beispiel erreicht die Renaissancepoesie Gleichmaß und Harmonie auch dadurch, dass kein Laut über die anderen dominiert und alle gleichmäßig über die Klangfläche verteilt sind.

DER REIM ODER: WIE VIEL ZEIT SOLL VERGEHEN, BEVOR DERSELBE KLANG WIEDERKEHRT?

Wenn sich ein Wort im Vers besonders hervortut, dann ist es das letzte. Nehmen wir noch einmal Góngora: »Ninfa, de Doris hija, la más bella.« Der Akzent liegt auf dem *e* von b**e**lla und damit erhält die Schönheit noch stärkeren Glanz. Gut gewählt, Don Luis, das schöne Wort verdient es, hervorgehoben zu werden! Zudem »bandelt« dieses Wort nun mit dem letzten im übernächsten Vers und im überübernächsten Vers »an«: *bella - ella* und *estrella*, es entsteht ein Beziehungsnetz, das quer liegt zum Inhalt. Die drei Wörter reimen sich. Das Klangmuster, das am stärksten zur rhythmischen Wirkung beiträgt, entsteht in Gedichten durch den Reim, genauer durch das Reimschema. Herrero Prado nennt das *ritmo de timbre*[70]/ *Rhythmus des Klanges*. Der uns geläufige Reim ist der Vollreim, das heißt die Enden zweier Wörter stimmen klanglich überein, genauer: Es besteht Gleichklang ab dem letzten betonten Vokal. Stimmen **nur die Vokale** ab dem letzten betonten überein, so spricht man von einer Assonanz (spanisch: *rima asonante*, französisch: *assonance*) und solche Assonanzen sind in Spanien überaus gebräuchlich, vor allem in der anonymen »volkstümlichen« Dichtung oder bei Dichtern, die diese nachahmten oder stilisierten. Wir kommen darauf zurück.

Aber betrachten wir die Sache einmal so, als redeten wir von Musik: Wieviel Zeit soll in einem Musikstück vergehen, bevor ein Ton wiederholt wird? Und wenn die Wiederholung wichtig ist für die Wirkung, wenn sie dem Hörer auffallen soll, an welche Stelle sollen wir die wiederholte Note setzen? Und wie stark soll sie sich von den anderen abheben? Und was soll diese besondere Note aussagen (sofern eine einzelne Note das kann)? Das sind Themen, die für Musik Schaffende wichtig sind und in manchen Strömungen sogar ganz prominent verhandelt werden: in der Zwölftonmusik etwa oder der *Minimal Music*.

Auf die Metrik gemünzt hießen die Fragen: Wie viel Zeit soll zwischen einem Wort und seinem Reimpartner vergehen? Wie stark sollen Reimwörter hervorstechen? Welche Wörter verdienen die Reimposition? Das soll uns jetzt befassen. Wir werden dabei zuerst die aufdringlichen Reime untersuchen und dann die feinen, diskreten. Das alles wird dann in den Hauptstrom dieses Kapitels münden, wenn wir fragen: Was tut der Reim für den Rhythmus? Das eigentümliche Verhältnis des Reims zum Sinn werden wir dann noch gesondert abhandeln.

Der Schlagreim

Das Reimen ist eine Urform des Sprechens beim Kleinkind und nur zwei gleichklingende Silben konnten sich in den Rang der Urwörter *Mama* und *Papa* aufschwingen.[71]

Damit sind wir schon bei einer besonderen Form des Reims, dem Schlagreim – der also der schlagendste ist und in unserer Liga der Aufdringlichkeit ganz oben steht: ein Reim in greller Aufmachung. Schlagreim heißt, dass ein Wort so heftig auf seinen Wortnachbarn einschlägt, dass sich dieser klanglich zu nachahmender Unterwerfung genötigt fühlt. Deshalb ist der Schlagreim wahrscheinlich in aufmüpfig, aggressiven Genres wie dem Rap so verbreitet. Es gibt auch sicher in irgendeiner Komödie eine Szene, wo sich zwei Streitende im Hin- und Her des Streits sich reimende Wörter um die Ohren hauen. Ich kann mir nicht vorstellen, dass sich Molière oder Lope de Vega das entgehen ließen. Wir begnügen uns jetzt mit einem Text von Bob Dylan: *All I really want to do (Another Side of Bob Dylan*, 1964). Die ersten Strophen lauten wie folgt:

> I ain't lookin' to compete with you,
> Beat or cheat or mistreat you, Simplify you, classify you,
> Deny, defy or crucify you.
> All I really want to do
> Is, baby, be friends with you.
>
> No, and I ain't lookin' to fight with you,
> Frighten you or uptighten you,
> Drag you down or drain you down,
> Chain you down or bring you down.
> All I really want to do
> Is, baby, be friends with you.

Noch schlagender die dritte Strophe:

> I ain't lookin' to block you up
> Shock or knock or lock you up,
> Analyze you, categorize you,
> Finalize you or advertise you.
> All I really want to do
> Is, baby, be friends with you.

Der *Schlagreim* kann so wirken, wie es alle Stilmittel tun, die das Sprachmaterial zusammendrängen, Bindemittel vernachlässigen und viel Ähnliches auf engem Raum unterbringen: Sie erzeugen nervöse Texte, raschen Trommelschlag und den Nachdruck, der jeder drängenden Wiederholung eigen ist. Dann wäre also der Schlagreim dem Vers, was *Asyndeton* und *Accumulatio* der Rhetorik sind. Oder anders: Der Schlagreim könnte als jene Unterkategorie des *Asyndetons* und der *Accumulatio* gelten, die über den Klang und nicht über die Bedeutung wirkt. Wir können jetzt keine Zeit damit verlieren, *Accumulatio (Häufung)*, *Asyndeton (Unverbundenheit)* und dann womöglich auch noch *Enumeratio (Aufzählung)* und *Klimax*

(*Steigleiter*) abzuhandeln. Es sind jedenfalls wichtige Figuren, besonders dann, wenn das Zusammengewürfelte nicht wirklich zusammengehört.

Die Alliteration

Der Gleichklang folgt dem Klang auf den Fuß; darin ist der Schlagreim einer anderen Möglichkeit klanglicher Strukturierung verwandt, der *Alliteration*. Diese setzt aber nicht auf das Wortende sondern auf den Anfang und gibt sich mit dem Konsonanten zufrieden, sofern er eine betonte Silbe einleitet. Was sich im Wörterbuch nahe steht, soll auch im Vers zusammentreten. Es ist, als hätte Richard Wagner mit Hilfe eines Wörterbuchs gedichtet: Buchstabe *w*: »Winterstürme wichen dem Wonnemond.« Buchstabe *l*: »In mildem Licht leuchtet der Lenz« und so fort.

Endreim, fortlaufender Reim, Paarreim und Kreuzreim

Ab dem Mittelalter schuf man Klangmuster, indem man die Reimwörter ans Ende der Verse setzte. Die historische Stunde des *Endreims* hatte geschlagen, für Gerald Brenan ist das genauso bedeutend wie die Erfindung der gotischen Kathedrale mit Spitzbogen und Kreuzrippengewölbe.[72] Das Reimen in Endreimen ist uns heute so vertraut, dass wir uns gar nicht darüber wundern, dass es Jacques Brel genauso tut wie es Ronsard oder Victor Hugo taten. Was heißt das für den Vers? Es heißt, dass an seinem Ende eine Zone besonderer Intensität entsteht; dass das Ende des Verses klar markiert ist und damit auch die Pause, die wir danach setzen. Klang und Akzent stützen sich, da nun das am stärksten betonte Wort auch die Klangfolge trägt, die in der Strophe den Ton angibt. Nun bildet sich, wie bereits erwähnt, in den Versen ein Beziehungsnetz, das senkrecht zum Inhalt steht. Das Endwort von Vers eins steht in Klangverbindung zum Endwort von Vers zwei, drei und vier. Jedenfalls ist das so, wenn man so reimt wie Juan Ruiz, Arcipreste de Hita, im vierzehnten Jahrhundert. Lesen wir noch einmal seine Strophe über das Lachen:

Palabra es de sabio, e dízelo Catón,
que omne a sus cuidados, que tiene en coraçon,
entreponga plazeres e alegre la razón,
ca la mucha tristeza mucho pecado pon;

> [Es ist das Wort eines Weisen, und Cato sagt es, dass der Mensch
> zwischen die Sorgen, die er im Herz trägt, auch Freuden und Froh-
> sinn schalten soll, denn die große Traurigkeit setzt eine große
> Sünde.][73]

Ein recht eindringliches Reimen, Vers für Vers, Endreim für
Endreim, vier Zeilen lang, also *rima continua* oder *fortlaufender Reim*.
Immerhin verteidigt hier der Erzpriester das Recht des Menschen
zu lachen und das des Autors, auch Unsinn in sein Werk einzubringen. Es sind ja auch keine unwichtigen Wörter: Der große römische
Senator *Cato*, das *Herz*, die *Vernunft* und naja, auch die Sünde,
welche die Traurigkeit *setzt*, ist bedeutend. Es ist, als hätte Juan Ruiz
den französischen Akademiker Ernest Legouvé und seine Schrift
über die Kunst des (lauten) Lesens gekannt: »Puisqu'il y a un
rythme, faites sentir le rythme. Puisqu'il y a des rimes, faites sentir
les rimes.«[74]/ »Da es nun einen Rhythmus gibt, lasst den Rhythmus
spüren. Da es einen Reim gibt, lasst den Reim klingen.«

Ästhetik des Kreuzreims

Die erschien aber erst ein halbes Jahrtausend später, 1877, und da
überwog allerdings ein anderes Klangideal. Man wollte kein einförmiges Trommeln mehr, keine Reimketten, denen die Frische der
Abwechslung fehlt, die bis heute Geburtstagsgedichte so oft ver-
missen lassen. Nein, man wollte Klangfarben, die sich mischten wie
die Farben der Impressionisten. Also gar keine Reime mehr? Das
wäre die eine Möglichkeit und dann dichtete man im *Vers libre* –
Verso libre, also in freien Rhythmen, die sich an keine Reim- und
Strophenformen mehr halten. Das heißt noch lange nicht, dass sie
deshalb auf Rhythmus verzichten und keine regelmäßigen Muster
aus Akzenten, Pausen oder Klängen bilden! Davon war bereits die
Rede.

Es bot sich noch ein zweiter Weg an: Man suchte nach einer Art des Reims, dessen Klänge nicht alle anderen Wörter niederschreien. Man suchte Reimklänge, die sanft anheben, erklingen, schweben, einander durchdringen, verklingen und wiederum aufkommen. Gleichklang und wiederholte Klangfolgen ja, aber in unterschiedlicher Intensität. Das ist dadurch möglich, dass ein Reimklang erst dann wieder aufgenommen wird, wenn er schon beginnt, im Ohr des Hörers zu verblassen und sich mit all den Klängen, die auf ihn folgen, zu vermengen. Wie lässt sich das erreichen? Nun, dadurch, dass größere Abstände zwischen die sich reimenden Wörter treten und dass der Dichter mehrere Reimgruppen ineinander flicht. Wir haben dann farblich gesprochen nicht mehr einfarbig, sagen wir rote Versenden, sondern rot-grün-rot-grün. Sie ahnen, wo diese Ausführungen enden sollen, bei dem Gegensatz zwischen *Paarreim* und *Kreuzreim*. Dieser Unterschied ist, wenn wir ihn von der Klangphilosophie her betrachten, alles andere als trivial. Denn zweifellos ist Ruben Darío (1867-1916) im Jahr 1905 klanglich feiner abgestuft und variiert als Juan Ruiz am Beginn des vierzehnten Jahrhunderts.

> Yo soy aquel que ayer no más decía
> el verso azul y la canción profana,
> en cuya noche un ruiseñor había
> que era alondra de luz por la mañana.
>
> El dueño fui de mi jardín de sueño,
> lleno de rosas y de cisnes vagos;
> el dueño de las tórtolas, el dueño
> de góndolas y liras en los lagos;[75]

> [Ich bin derjenige, der gestern
> nur den blauen Vers und das weltliche Lied sagte,
> in dessen Nacht es eine Nachtigall gab,
> die am Morgen zur Lerche aus Licht wurde.
>
> Herr war ich in meinem Traumgarten,
> voll mit Rosen und mit flüchtigen Schwänen;
> der Herr war ich der Tauben, der Herr
> der Gondeln und der Liren in den Seen.]

Dasselbe gilt für sein Vorbild Paul Verlaine[76] und sein berühmtes und schönes Liebesgedicht aus den *Romances sans paroles/ Romanzen ohne Worte*, die im Jahr 1874 erschienen:

Green

Voici des fruits, des fleurs, des feuilles et des branches,
Et puis voici mon coeur, qui ne bat que pour vous.
Ne le déchirez pas avec vos deux mains blanches
Et qu'à vos yeux si beaux l'humble présent soit doux.

J'arrive tout couvert encore de rosée
Que le vent du matin vient glacer à mon front.
Souffrez que ma fatigue, à vos pieds reposée
Rêve des chers instants qui la délasseront.

Sur votre jeune sein laissez rouler ma tête
Toute sonore encore de vos derniers baisers ;
Laissez-la s'apaiser de la bonne tempête,
Et que je dorme un peu puisque vous reposez.

    [Green
    Nimm diese Früchte hier, diese Blätter, diese Ranken,
    Und nimm mein Herz dazu, es schlägt für dich allein.
    Zerpflücke du mir's nicht mit deiner Hand, der schlanken,
    Lass deinem schönen Aug' dies Nichts willkommen sein.

    Sieh mich noch ganz bedeckt von Wiesentau dich grüßen,
    Den kühler Morgenwind mir um die Stirne fror.
    Lass den Ermatteten hinsinkend dir zu Füßen,
    Sich leise kräftigen in sanfter Träume Flor.

    Auf deine junge Brust lass dieses Haupt mich wälzen,
    In dem dein letzter Kuss nachhallend noch erdröhnt;
    Lass freundlich das Getob darin allmählich schmelzen
    Und dulde, dass zuletzt dein Friede es versöhnt.][77]

Wir sind also beim Thema des Reimschemas, ja da gibt es eben den *fortlaufenden Reim*, den *Paarreim*, den *Kreuzreim*, den *umschließenden Reim* und ab da wird es wirklich interessant. Aber das können Sie überall nachlesen. Das ist auch so ein Thema, das scheinbar nur mehr Liebhaber von Antiquitäten begeistern kann. Ich denke, es kann sehr spannend sein, wenn wir es mit der Frage der Klangwirkungen und des Rhythmus verbinden und mit der Frage, die im Grunde die einzige ist, die Metrik wirklich interessiert: *Comment faut-il lire les vers?*[78]/ *Wie sollen Verse gelesen werden?* Dazu genügt es aber nicht, dass wir nur auf das Versende starren. Besonders dann, wenn wir uns bei Klangpoeten wie Paul Verlaine oder Ruben Darío umhören.

Der Binnenreim

Wenn sie die Texte der beiden Poeten mit Gefühl lesen, dann werden sie nämlich mehr heraushören als gekreuzte Klangpaare. Da sind etwa auch Klangspiegel im Vers aufgestellt, am Anfang, in der Mitte, und sie können über Versgrenzen hinweg leuchten. Wir haben also *Binnenreime*. Bei Darío in Form von *autorrimas*: *dueño* reimt auf *dueño* innerhalb des Verses und über Verse hinweg. Bei Verlaine klingen in der dritten Strophe die Wörter *baisers-laissez-apaiser* zusammen. Und in der ersten finden sie die Alliteration *fruits-fleurs-feuilles*. Musik vor allem! – forderte er ja. Ich habe Beispiele aus dem vierzehnten, dem neunzehnten und frühen zwanzigsten Jahrhundert gewählt. Daraus sollten Sie nun keine voreilige schroffe Frontstellung erschließen. Das Mittelalter ist nicht nur Getrommel und das neunzehnte nicht nur Aquarell. Den *Kreuzreim* gibt es auch nicht erst, seit Dichter im Zeichen des *Symbolismus* Wörter verbanden. Aber eine Tendenz dürfte feststellbar sein.

Das Reimschema der Lira

Die Frühe Neuzeit versuchte, allzu starre Reimschemata wieder aufzubrechen. Das geschah etwa mit dem Import der schönen italienischen Formen, etwa der *Lira*:

En una noche *obscura*,	a
con ansias, en amores <u>inflamada</u>,	B
¡oh dichosa *ventura*!,	a
salí sin ser <u>notada</u>,	b
estando ya mi casa <u>sosegada</u>;	B

[In dunkler Nacht,
sehnend entflammt von Liebe
-o seliges Verlangen!-,
verließ ich unbemerkt
mein Haus in Stille nun.]

So lauten die erste Strophen des berühmten mystischen Gedichts *La noche oscura* von San Juan de la Cruz, das um die Mitte des 16. Jahrhunderts entstand. San Juan verwendet die Form der Lira, die aus fünf Versen mit einer typischen Abfolge von Sieben- und Elfsilbern (7-, 11-, 7-, 7-, 11) gebaut ist. Das Reimschema lautet: a-B-a-b-B. (Wir setzen Großbuchstaben, wenn mehr als acht Silben zu zählen sind und nennen diesen Vers *verso de arte mayor*, Kleinbuchstaben aber bei weniger als acht Silben, wir haben einen *verso de arte menor*.) Achten und hören Sie darauf, wie hier Versfolge und Reimschema verschränkt sind, zwei kurze Verse reimen und zwei lange. Besonders wirkungsvoll ist aber die Spannung zwischen dem vorletzten und dem letzten, die eben unterschiedlich lang sind, aber reimen; der kurze bereitet kurzatmig quasi den großen Effekt des langen Schlussverses schon vor. Dieser Schlussvers bildet auch den Höhepunkt jeder Strophe. Das wird in der letzten des Gedichts ganz deutlich. Ich zitiere auch diese Strophe, obwohl es ganz und gar ungebührlich ist, eines der schönsten Gedicht der spanischen Lyrik in Einzelteilen vorzustellen. Die Lektüre des Textes in seiner Gesamtheit sei Ihnen ans Herz gelegt.

Quedéme y olbidéme,
El rostro recliné en el Amado;
Cessó todo, y dexéme
Dexando mi cuydado
Entre las açuzenas olvidado.

[Sein ganz im Vergessen,
mein Antlitz neig ich über den Geliebten,
alles schwindet, ich geb mich hin,
nichts achtend mehr,
unter Lilien vergessen.][79]

Eigenartig. Zuerst halst man sich den Endreim auf und dann versucht man ihn mittels komplizierter Reimschemata wieder zurückzudrängen und so zu gestalten, dass die Reimwörter nicht allzu sehr auffallen. Es gibt sogar Strophen, die auch einmal einen *verso blanco* (französisch: *vers blanc*) erlauben, einen Vers also, der ohne Reimpartner herumsteht. Am radikalsten erfolgt die Abwendung vom Reim aber dann, wenn man nur noch ungereimte Verse, *Versos sueltos* (frz.: *Vers libre*), verwendet, wie das die moderne Poesie tut. Aber gereimt wird bis heute allerorts, denken Sie wieder an die populare Musik. Ein Dichter stellte im zwanzigsten Jahrhundert noch fest, Dichten ohne Reim sei wie Tennis spielen ohne Netz.[80]

Die Assonanz

Im zwanzigsten Jahrhundert sinniert auch der große Antonio Machado, der zuerst von melancholischen Zitronenbäumen in einem Innenhof von Sevilla und dann von der kargen Schönheit Kastiliens schrieb, über die Wirkung des Reims. Er meinte, der Reim sei Klangerinnerung und verband seine Philosophie des Reimens mit jener von der neuen Zeit, die das Gedicht schaffe.[81] Er selbst reimte oft auf eine Art, die seit dem Mittelalter ganz typisch ist für Spanien: indem er nur auf die Vokale achtete und nicht auf die Konsonanten. Dieser assonante Reim ist der Reim von Formen, die als urspanisch gelten, als unmittelbar dem singenden Mund der Mägde und Hirten entsprungen: *Seguidilla* und *Romance*. Die erste lassen wir beiseite, erwähnen nur, dass ihr Ruben Darío ein Preislied gewidmet hat und sie mit einem fröhlich im Wind flatternden Band verglich und allen Farben der spanischen Fiesta. Sie hat die Versfolge 7-5-7-5 und (häufig) assonante Reime.[82] Bedeutend ist aber die Romanzenstrophe, so bedeutend, dass sie am Beginn des neunzehnten Jahrhunderts sogar von den deutschen Romantikern imitiert wurde. Hören Sie ein Beispiel aus dem zwanzigsten Jahrhundert, den Beginn von *Muerte del Mar/ Der Tod des Meeres* von Gabriela Mistral (1889-1957):

Se murió el Mar una noche,
de una orilla a la otra orilla;
se arrugó, se recogió
como manto que retiran.

[Eines Nachts starb das Meer
von einem Ufer zum andern,
sich faltend, schrumpfend,
ein Mantel, den man fortnimmt.][83]

Das klingt für nichtspanische Ohren gar nicht nach gereimter Sprache. Denn erstens reimen der erste und der dritte Vers nicht und
der zweite und der dritte nur in den Vokalen: orilla – retiran. In der
spanischen Dichtung ist das ausreichend und die Assonanz passt ja
vortrefflich zum Charakter des Spanischen, das aus seinen fünf
Vokalen, *a-e-i-o-u*, so viel herausholen muss wie ein armer Maler,
der sich nur fünf Grundfarben leistet und diese auch nicht vermischt. So gibt es auch eine überschaubare Zahl von Vokalkombi-
nationen, die recht oft vorkommen und auch typisch sind für die
Wortendungen, die der grammatischen Form dienen: *-ado, -ando, -
aba, -ía, -ido, -edo, -aba, -iendo* und so fort. Und da die Vokale
ohnehin stärker glänzen als die Konsonanten, in Andalusien allemal, entschloss man sich wohl irgendwann im Mittelalter, beim
Reimen überhaupt nur auf diese zu achten und so zu tun, als wären
die Konsonantenfüllungen unwichtig.
Ganz merkwürdig erscheinen uns Assonanzen dann, wenn der
betonte Vokal – und Achtung, auf den kommt es an, ab dem letzten
betonten müssen die Vokale übereinstimmen – am Ende steht.
Stehen *más* und *mar* und *atrás* in der Reimposition, wie in dem
berühmten Weggedicht von Antonio Machado, dann gilt das als
vollwertige Assonanz. Strikt unterscheiden müssen Sie solche Fälle
von denen, wo zwar die Schlussvokale gleich sind, aber keine Betonung tragen: *quiero* – *hablo* - keine Assonanz, da die betonten Vokale
(ie-a) sich unterscheiden. Den spanischen Dichtern ist ihre Assonanz lieb und sie verwehren sich dagegen, dass es sich um einen
»armen« Reim handle. »La rima pobre« es »la rica«/ »Der arme
Reim« ist »der reiche«, schrieb Machado[84] und immer wieder prie-

sen Poeten die *Assonanz*, die mit ihrer eigenartigen Mischung aus Übereinstimmung und Nichtübereinstimmung eine besondere Schwingung im Gedicht erzeuge, so wie ein dissonanter Akkord in der Musik.

Der reiche Reim

Hier wäre nun noch der spektakulärste Reim nachzutragen, der *rime riche – rima rica*. Auch da ist interessant zu sehen, wie sich Frankreich und Spanien unterscheiden. Im Französischen besteht der Reichtum darin, dass der Gleichklang noch über den betonten Vokal hinausgeht und den Konsonanten davor erfasst: *t*endu – en*t*endu. Oder witziger bei Georges Brassens in *Misogynie à part*, aber das müssen Sie unbedingt auf *You Tube* anhören und zuschauen, wie der große Poet bei einem Live-Auftritt über seinen eigenen Text zu lachen beginnt und nicht mehr weitersingen kann vor lauter *merde*. Der *reiche Reim* findet zwischen *tact* und *contact* statt:

> Ell' m'emmerde, ell' m'emmerde, je le répète et quand
> Ell' me tape sur le ventre, elle garde ses gants
> Et ça me désoblige.
> Outre que ça dénote un grand manque de tact
> Ça n'favorise pas tellement le contact
> Ell' m'emmerde, vous dis-je.[85]

> [Sie nervt mich, sie nervt mich, ich wiederhole es und wenn
> Sie mir auf den Bauch klopft, dann behält sie ihre Handschuhe an
> Und das missfällt mir.
> Abgesehen davon, dass das auf großen Mangel an Takt hinweist
> Begünstigt es den Kontakt nicht wirklich
> Sie nervt mich, ich sag es euch.]

Es kann dann auch sein, dass zwei Reimwörter ganz gleich klingen, was im Deutschen verpönt wäre, im Französischen aber eben als reich gilt. Nicht zu Unrecht, denn es kann eine (oft auch komische) Spannung entstehen, wenn zwei Wörter zwar homophon sind, aber ganz Verschiedenes bedeuten: *tombe* (*fällt*) reimt auf *tombe* (*Grab*) usw. Die Gallier machen hier aus der merkwürdigen Eigenheit ihrer Sprache, dass so vieles gleich klingt, eine poetische Tugend und wir können ein weiteres Mal beobachten, dass Spannung ein Grundprinzip von Dichtung ist – auf allen Ebenen.[86] Der reiche Reim ist ein Verwandter des Wortspiels und der *Paronomasie*, der Figur der Klanggleichheit oder Klangähnlichkeit.[87]

Der reiche Reim à la française ist in der Romania üblich, deutsche Verslehren führen die Übereinstimmung der Vokale ab der *vorletzten* betonten Silbe (Bspe.: *unberührbaren – verführbaren; Love was just a glance away, one embracing dance away* (Frank Sinatra)) als *reichen Reim*.[88] Spanische Theoretiker schwanken zwischen den deutschen und den französischen Definitionen oder sehen einfach jede Art von besonders seltener und ausgefallener Reimkombination als *rima rica*. Das ist etwa der Fall, wenn *clámide* auf *pirámide* gereimt wird.[89] Und was wäre dann die Verbindung *tórtolas* und *góndolas* von Ruben Darío? Eine arme Assonanz oder ein besonderes Klangkunststück?

DIE STROPHE

Wir haben nunmehr alle Elemente versammelt, die einzeln oder zusammen einer Strophe ihre Gestalt geben: Silbenzahl, Akzent und Pause, Reim. Eine Strophe bildet so von Inhalt und Rhythmus her eine Einheit innerhalb eines Textes. Historisch dürften Strophen aus dem Wechselgesang in der Kirche und der Abfolge von Tanzteilen entstanden sein.

Die Bewegung der Lira und die Silva

»Strenge« Strophenformen geben dem Dichter die Silbenzahl, die Anzahl der Verse und das Reimschema genau vor. Noch einmal San Juan de la Cruz:

En una noche *oscura*,	7a
con ansias, en amores <u>inflamada</u>,	11B
¡oh dichosa *ventura*!,	7a
salí sin ser <u>notada</u>,	7b
estando ya mi casa <u>sosegada</u>;	11B

Gerald Brenan vergleicht den Rhythmus der Lira, dieser »beautiful lyric measure« mit dem einer Pavane, einem langsamen Schreittanz. Besondere Dynamik gewinne die Lira durch die beiden 11-Silber, die, gleich einem ans Ufer schlagendem Wellensaum, das Gedicht vorwärts tragen. Die Lira eigne sich besonders, um die neuen Inhalte der mystischen Lyrik, ihre Sehnsüchte, Entrückungen und Verzückungen auszudrücken.

> [...] it is a combination of seven- and eleven-syllabled lines, but its peculiar feature consists in the way in which the last long line of each stanza, coming as it does after two short ones, the second of which rhymes with it, rolls forward like the fringe of a wave to reach a new high-water mark.[90]

Brenan lebte um 1920 ein paar Jahre in einem winzigen Dorf in den Alpujarras an der Südseite der Sierra Nevada in der Provinz Granada. Er wollte der Enge seiner sozialen Herkunft entkommen, sich lesend in der Abgeschiedenheit eine eigene Kultur aneignen und schrieb eine faszinierende Studie über die archaisch anmutende Lebensweise in den spanischen Bergen in den Zwanzigerjahren des zwanzigsten Jahrhunderts. Sein Buch *Literature of the Spanish People* ist ein Beispiel dafür, wie man lebendig über Metrik schreiben könnte. Bei ihm geht es immer um die Gesamtwirkung von Sprache und sprachlich vermitteltem Inhalt. Die oben angeführten Zitate über die Wirkung der *Lira* zeigen das.
Erwähnt seien auch die Strophen, die vor allem durch die Zahl der Verse bezeichnet sind und daher diesen Versumfang schon im Namen ausweisen. Die *Quintilla* hat fünf Verszeilen, die *Octava* acht, die *Décima* deren zehn. Der bequemste und am meisten verbreitete Strophentyp in Frankreich ist der Vierzeiler (*Le Quatrain*), mit dem Kreuzreim als gebräuchlichster Reimfolge, ein Fünfzeiler heißt *Quintil*, ein Sechszeiler *Sixain*, und so geht es fort mit dem *Septain*, dem *Huitain* und dem *Dizain*. *Neuvain* führt Spoerri keinen an, das wird wohl Gründe haben. Und schon sind wir in seiner schönen Darstellung aus dem Jahr 1929, im Kapitel der Gedichte mit fester Form: *Villanelle, Triolet, Rondel, Rondeau, Ballade, Panteau, Sonett.*[91]

Luis de Góngora verwendete im siebzehnten Jahrhundert für seine mehrere tausend Verse umfassenden *Soledades* die Form der *Silva*. Diese lässt dem Dichter insofern eine gewisse rhythmische Freiheit, als sie keine feste Länge und kein festes Reimschema aufweist. Vorgegeben ist jedoch der Vers, die Silva will aus Sieben- und Elfsilbern gebaut sein. Es handelt sich also um eine Form, die nur durch die Silbenzahl der Verse definiert ist.[92]

Das Sonett

Somit können wir auch zur bekanntesten Strophe überleiten, genauer, zu jener streng festgelegten Abfolge von Strophen, die stolz den Namen Sonett tragen darf, wenn sie kunstvoll gestaltet ist. Es entstand im späten Mittelalter in Italien und in späteren Jahrhunderten erkannten Shakespeare und die ganze Romania, dass sich in diese zwei Quartette und zwei Terzette, elf Silben pro Vers im Spanischen und zwölf im Französischen, umschließende Reime in den Quartetten, aber das muss nicht unbedingt sein, sehr viel Poesie füllen ließ. Wovon handeln Sonette?
Metzlers Literatur-Lexikon erläutert, die Thematik wäre »beschränkt«, wegen der »anspruchsvollen Form und der dadurch bedingten Forderung gedanklicher Klarheit«. Diese erzeuge eine »gedankliche Objektivierung subjektiven Erlebens«: des »Eros in seiner vielgestaltigen Dämonie«, »Gottes«, des »Todes«, des »persönlichen Schicksals«, aber »auch »politischen und sozialen Geschehens«. Sollen wir uns damit zufrieden geben? Ohne Zweifel können wir ohne Nachschlagewerke nicht auskommen. Und doch besteht die Gefahr, dass sie zum Gebrauch des Gemeinplatzes, des nichtssagenden Allgemeinbegriffs anleiten. Denn ich höre bereits die nochmals vereinfachte Wiedergabe bei einer wenig geglückten Abschlussprüfung in meinem inneren Ohr dröhnen: »Das Sonett handelt von der Liebe, dem Tod, dem Schicksal und von sozialen Problemen.« Thematische Beschränktheit?! Ja, und wovon handeln dann alle anderen Formen, wenn das Sonett gleich die Liebe, den Tod, das Schicksal und dann auch noch die Probleme, die sich Menschen im Zusammenleben bereiten (gehört da übrigens die

Liebe nicht dazu?) an sich reißt? Außerdem: Gibt es eigentlich Formen der Kunst, die nicht mit den oben angeführten großen und tiefen Themen zu kämpfen haben? (Der Spanier Rafael Morales schrieb um die Mitte des zwanzigsten Jahrhunderts ein Sonett auf einen Abfalleimer.[93] Wo wäre das laut Metzler einzuordnen: soziales Geschehen? Oder Todesthematik, der Müll als Metapher für die Vergänglichkeit des Irdischen?) Es muss einmal gesagt werden: Wissenschaft verkommt zum »Phrasendreschen«, wenn wir nicht zu den Büchern und Texten selbst greifen, und die Themen in ihren vielfältigen Kostümen aus der Nähe erforschen. Tun wir das nicht, dann wird unweigerlich das volle und lustige und traurige Menschenleben aus der Literatur ausgetrieben.

Sonette für Wartende

Dabei könnten gerade Sonette so amüsant sein. Ja, vielleicht für den Humor eines Literaturwissenschafters, werden Sie einwenden. Stimmt aber nicht! Vor einiger Zeit führten ein paar Studentinnen und Studenten eine Komödie von Lope de Vega auf: *La viuda valenciana – Die Witwe von Valencia*. Da stolpern gleich zu Beginn drei Galane auf die Bühne, um eine reiche und schöne Witwe zu freien, leider erfolglos. Das verlangt die Logik der Figurenbesetzung, denn sie sind dazu da, für Spaß zu sorgen. Jeder von ihnen stellt sich damit vor, dass er ein Sonett vorträgt. Das falsche Pathos und das eigenwillige Reimen (der Inhalt ist in der Form!) vermitteln dem Publikum gleich am Beginn: Die drei werden am Ende bestenfalls Trauzeugen, niemals aber Bräutigame sein.

> VALERIO. Baja del monte el agua despeñándose,
> y va de piedra en piedra entremetiéndose,
> y con venir como el cristal riéndose,
> va por la tierra con el tiempo entrándose.
>
> Mi mal, con beneficios aumentándose,
> hace que el bien se vaya, consumiéndose,
> y luego la esperanza entreteniéndose,
> de verle florecer está alegrándose.

Amor me ve morir y satisfácese,
donde con tiempo y obras desmerécese
que es ola que en la mar se rompe y hácese.

El bien y el mal para mi mal ofrécese;
pero en un punto el bien muérese y nácese,
y luego la esperanza desaparécese.[94]

    [VALERIO. Stets hat das Wasser seinen Weg gefunden
    Und heiter, lächelnd, wie Kristall so rein,
    Springt es vom Berg zu Tal, von Stein zu Stein,
    Bis schließlich in der Erde es verschwunden.

    Mir schlägt der Schmerz alltäglich neue Wunden
    Und meine Seele lebt in ihrer Pein
    Von einem Hoffnungsschimmer arm und klein;
    Auch er erlischt und er kann nicht gesunden.

    Die Liebe lässt mich mitleidlos vergehen,
    Was kümmert sie die Zeit und all mein Flehen?
    Wie sich die Woge auftürmt und zerfließt,

    Wird Gutes mir und Böses zum Verderben,
    Was kaum geboren ist, das seh' ich sterben,
    Verzweiflung bleibt und keine Hoffnung sprießt.][95]

Ja, wirklich lustig war es erst, als es Stefan Weghuber[96] in der Rolle des Valerio vortrug, die letzten Akzente in die Länge zog und ein zunehmend gereiztes *se-se-se!* als Zugabe draufsetzte. Alle fanden das zum Lachen, auch eingefleischte Feinde metrischer Analyse. Hier haben Sie auch ein Beispiel dafür, dass sich ein Sonett ganz aus *versos esdrújulos* bauen lässt, betont ist die vorvorletzte Silbe, wir müssen also eine Silbe wegzählen. Lope verfährt hier ganz nach seiner Theatertheorie: »Und das Sonett ist recht für Wartende« – auch wenn deren *esperanza* gerade lachend »den Bach runtergeht«, so wie bei Valerio der Fall.
Lope verdanken wir auch wunderbare Sonette aus dem Munde von Verliebten, die sich auf die große Nacht vorbereiten, in der sie der Mond endlich in den Armen des Geliebten/ der Geliebten wieder-

finden soll. Wenn wir also schon klassifizieren und abstrahieren müssen, dann wäre das mein Vorschlag zur thematischen Tauglichkeit von Sonetten: Sonette kündigen oft die Ankunft der Nacht – »der dunklen Maske des Tages«[97] – an und sagen, das nunmehr alles, was zwischen Menschen passiert, unter dem geheimnisvollen Gesetz der Mondgöttin Diana stehen wird. Eine dubiose Kategorie? Ich kann mindestens zehn Beispiele aus Comedias des Siglo de Oro beibringen.

Aber verallgemeinern wir einmal nicht und freuen wir uns über die Vielfalt, verfahren wir also *idiographisch* und nicht *nomothetisch*: Lope de Vega (1562-1635) konzipiert ein Sonett über einen Floh, der im Ausschnitt einer Dame sitzt. Góngoras *caminante enfermo* (kranker Wanderer) findet Nachtlager bei einem Mädchen in einer Hütte, wird des Morgens von der Hirtin, mit der er das Bett teilte, überfallen und bezahlt mit dem Leben für die Herberge. Rätselhaft! Francisco de Quevedo schreibt Sonette über überdimensionierte Nasen, über die weiten Röcke der eitlen Frauen, über einen Konditor (»großer Totengräber von Fliegen in Kuchenteig«), der eine Witwe heiratet und sich damit eine Handvoll Stiefkinder und die Syphilis einhandelt.
In Frankreich versucht José Maria de Hérédia (1842-1905) den Moment einzufangen, in dem ein Haifisch in einem Korallenriff auftaucht – magisch! Baudelaires (1821-1867) Sonette handeln von exotischen Ländern, von der Macht der Parfüms und Katzen, deren Augen wie Gold und Sand sind. Miguel Hernández (1910-1942) sieht sich als Stier – *como el toro, burlado* – dessen Liebesverlangen ebenso am Spieß endet wie das Leben des Tiers in der Arena …
Wenn sie sich länger in der Literatur aufhalten oder schon aufgehalten haben, dann können Sie Ihre eigene Liste erstellen, sie wird sicher von meiner abweichen.

Da gibt es aber bei Metzler und der Sonett-Theorie doch noch einen Punkt, der mich ebenso beunruhigt wie Inspector Columbo die allerletzte Frage, die er nach dem Abschied noch zu stellen hat: Das Sonett lenke die Gedankenführung des Dichters, wird da behauptet, und zwar so: »Die Quartette stellen in These und Antithese die Themen des Gedichtes auf; die Terzette führen diese Themen in konzentriertester Form durch und bringen die Gegensätze abschließend zur Synthese«[98]. Wenn mich meine Sonett-Lektüren nicht täuschen, dann trifft das auf viele Sonette nicht zu. Dennoch bestreite ich nicht, dass viele sich darum bemühen, in die Terzette einen Überraschungseffekt einzubringen, die Gedanken auf überraschende Weise zu wenden, auf eine andere Ebene zu heben, in ein neues Licht zu stellen. Dann wäre die Synthese dem Sonett, was die Peripetie dem Drama und die Pointe dem Witz ist.

Am Beispiel: Quevedo träumt, er wäre im Schlafe bei seiner Liebsten gewesen und wirft nun die Frage auf, ob denn nicht der Traum das eigentliche Wachen war und das Wachen ein Traum, mehr noch ein Tod, denn lebendig war er nur, solange er bei ihr lag. Die paradoxe Synthese: So war ich also im Schlafe=Tode lebendig und im Leben bin ich tot.[99] In seinem berühmtesten Sonett geht der Dichter noch weiter und behauptet, der Tod könne ihm alles entreißen, nicht aber seine Liebesglut. So würden seine *medulas*, sein Mark, im Grabe zwar Staub sein, aber immer noch verliebter Staub: »polvo serán mas polvo enamorado«[100].

DER TOPOS

»Synthese« ist also vielleicht nicht das richtige Wort, um die Abwandlung des Sonett-Themas in den beiden Terzetten zu fassen. Treffender ist da schon, was Henri Suhamy in seiner wirklich guten Einführung in die Literatur über den *Topos* sagt. Ein Topos in der Poesie sei ein Thema, eine Frage, an dem sich die Poeten im Lauf der Jahrtausende immer wieder abgemüht hätten. Und zwar deshalb, weil es oft ein Paradox darstelle, einen unauflöslichen Widerspruch in sich trage, ein Dilemma vorführe, das sich dichterisch niemals auflösen sondern immer nur in ein weiteres Dilemma überführen lasse: Also etwa: Die Liebe ist nur eine verrückte Illusion, aber sie beschenkt uns reicher als alle anderen Güter und Gewissheiten; der Tod tröstet über alles hinweg außer über sich selbst; die Zeit wandelt alles außer ihr eigenes unerbittliches Gesetz des Wandels und der Vergänglichkeit; der Weise liebt die Menschen, aber er sucht die Einsamkeit usw.[101] Der Topos, meint Suhamy, sei wie ein Webrahmen, an dem Generation für Generation die Dichter Platz nähmen und die dichterischen Fäden hin- und herschießen ließen. Gut aufspannen ließen sich Topoi an der Form des Sonetts: Genieße deine Jugend und Schönheit und erhöre mich heute Nacht, denn bald wird das Gold deines Haars sich in Schnee verwandeln und dann wirst du bald nur noch Rauch, Staub, Schatten und Nichts sein. Solches dichtete Luis de Góngora.

Wenn ein Dichter die Form des Sonetts auswählt, dann entscheidet er sich für bestimmte Dinge und weckt bestimmte Erwartungen: Er entscheidet sich etwa: Ich möchte dieselben hohen Themen behandeln wie Dante und Petrarca und fühle, dass mich der Hauch ihrer Tradition inspiriert. Ich schreibe in einer Form, die mir bei den Kollegen und Damen am Fürstenhof Ehre verschafft. Was aber, wenn Francisco de Quevedo (1580-1645) die Sonettform wählte, um über eine lange Nase zu spotten? Wollte er sagen: Ich schreibe in einer hohen Form über ein derbes Thema und genau durch diesen Gegensatz wirkt es umso mehr. Nachahmung unter entgegengesetzten Vorzeichen, *Parodie* also, stützt die *satirische* (also bissigspöttisch-kritische) Absicht. Rafael Morales dagegen wollte im zwanzigsten Jahrhundert mit seinem *Cántico doloroso al cubo de la basura/ Klagegesang auf einen Abfalleimer* zeigen, dass auch die bescheidenen Dinge Poesie besitzen und befand daher den Abfalleimer als der ehrwürdigen Form angemessen.

Wir haben vor etlichen Seiten vom Rhythmus und vom Tosen des Meeres gesprochen und wie Pablo Neruda das sprachlich zuwege bringt. Es sind zwei Faktoren: Erstens das, was an Klang und Rhythmus im Wortmaterial steckt, und in den möglichen Wortverbindungen. Und es sind die heftig bewegten Bilder: heranstürmende Tiger oder Hunde, Pferdegalopp. Sie werden zu Metaphern für die Wellen und die Wucht des Meeres. Die Abfolge der Tiger und Pferde, und was sie rhythmisch mit uns tun, heißt bei den spanischen Rhythmusforschern *ritmo de pensamiento*[102]. Soll heißen und am einfachen Beispiel erklärt: Wenn Sie Ihren Kindern *Moby Dick* vorlesen, dann werden Sie die Stelle, wo der Harpunier mit dem Wal kämpft, anders intonieren als die, wo beschrieben wird, wie einer vom Ausguck des Hauptmasts endlos lange in den endlos leeren Horizont des Ozeans starrt. Anders im Tempo, in der Lautstärke, im Auf- und Ab der Stimme. Das ist uns ja auch vom Film ganz bekannt: eine Verfolgungsjagd braucht einen anderen Rhythmus als eine Liebesszene.

DIE SATZMELODIE

Ja, und hier wäre nun auch noch von der Satzmelodie zu reden. Ich kann es nicht, ich habe wenig Ahnung davon und wenn sie mich aufforderten, die Kurve einer Melodie nachzuzeichnen, dann würde ich daran scheitern. Auch die Einführungen sind da recht spröde, sie erläutern, dass es um die Führung der Stimme durch die Höhen und Tiefen des Satzes oder Verses geht. Wir wissen auch, dass dieses Rauf und Runter damit zu tun hat, ob wir etwas ausrufen oder eine Frage stellen oder einfach etwas feststellen, vor allem zum Satzende hin. In der Arbeit mit Texten interessiert sich dafür kaum jemand. Herrero Prado spricht sie kurz an, die Satzmelodie, unter dem Punkt *ritmo de tono/ Rhythmus des Tones*[103]. Melodische Einheiten, so meint er, bestimmten mit über die Pausen und damit über den Rhythmus. Isabel Paraíso geht ein Stück weiter. In ihrer *Teoría del ritmo de la prosa* analysiert sie Tonbänder, auf denen die Stimme von Fidel Castro aufbewahrt ist. Fidel ist rhetorisch in Bestform und versucht, große Mengen von Menschen mit der Kraft seiner Rede und Stimme für den Sozialismus zu gewinnen. Paraíso zeichnet nun die Melodie einer solchen politischen Rede mit geschwungenen Pfeilen, die nach oben oder nach unten führen, nach und verknüpft diese Muster mit dem Inhalt.[104] Sie versucht also, etwas zu messen, was schwer messbar ist. Und weil es schwer messbar ist, drückt man sich gerne darum herum und zählt lieber Silben und Verszeilen, so lange, bis alle wirklich überzeugt sind, dass das das einzige wäre, was es zu tun gäbe ... Damit folgt man dem Grundprinzip der Naturwissenschaft des Abendlandes: Messen, was messbar ist, messbar machen, was nicht messbar ist. Was sich dagegen sträubt, das wird ausgeschieden. Dass dieser Zugang auch seine Schattenseiten hat, davon sind immer mehr Menschen überzeugt. So besteht Hoffnung für die Satzmelodie und ich warte darauf, dass mich bald ein paar beherzte Studierende in ihre Geheimnisse und Regeln einführen werden.

ZWISCHENRESÜMEE

Verssprache wird zu rhythmischer Sprache, indem sie korrespondierende Einheiten im Gedicht erzeugt. Mit Versen gleicher Länge gehen regelmäßige Abfolgen von Pausen einher. Da das Versende das Reimwort hat und daher mehrere aufeinander folgende Verse mit demselben Klang oder Klangfolgen enden, entsteht Rhythmus auch im Klanglichen. Die Verssprache der Romania schreibt keine allzu festen Positionen für die Akzente vor. Damit unterscheidet sie sich von der englischen und der der deutschen Klassik, die feste Folgen von Versfüßen zum Ideal erheben.

Rhythmus und Kultur, Körper und Denken

Die Rhythmen gebundener Sprache – sie entstanden aus der Zusammenwirkung von Musik und Sprache, die Sprachmuster wurden also von der Musik mitbestimmt. Und die Musik war beim Tanz, bei der Arbeit, beim Marsch der Soldaten oder dem Einwiegen eines Kindes mit Bewegung verbunden und die Bewegung war wiederum vom Tanzlied, Arbeitslied oder Wiegenlied angeleitet. Der Rhythmus von Musik und Sprache erfüllte (und erfüllt) hier also eine Schlüsselfunktion im Zusammenleben von Menschen: Er ordnet und synchronisiert ihre Handlungen. Der Kulturanthropologe Edward T. Hall fasst das so zusammen:

> Egal, wo man auf der Erde hinschaut, überall, wo Menschen sind, kann man beobachten, dass sie sich zum Rhythmus der Musik bewegen. Es gibt ein weitverbreitetes Vorurteil über die Musik, das besagt, der Rhythmus in der Musik gehe von der Musik aus, und nicht umgekehrt, dass die Musik eine hochspezialisierte Manifestation schon im einzelnen lebendiger Rhythmen sei. Wie wäre sonst das enge Zusammenspiel zwischen Ethnizität und Musik zu erklären?
> Es könnte sich herausstellen, dass rhythmische Muster zu den elementarsten Persönlichkeitsmerkmalen gehören, die ein Individuum von dem anderen unterscheiden. (…) wenn Leute miteinander reden (…), vereinigen sich selbst ihre Gehirnwellen zu einer einheitlichen Sequenz. Wenn wir miteinander reden, greifen unsere zentralen Nervensysteme ineinander, wie zwei Gänge in einem Getriebe.
> Die Kraft rhythmischer Botschaften innerhalb einer Gruppe ist eine der stärksten mir bekannten Kräfte. Unsichtbar wie die Schwerkraft, hält sie Gruppen zusammen.
> Ich erinnere mich gut daran, wie überwältigend der Eindruck meiner ersten Filmaufnahmen von Menschengruppen in der Öffentlichkeit auf mich war. Es bewegten sich nicht nur kleine Gruppen im Gleichtakt, sondern es wirkte zum Teil so, als bewegten sich alle zu einem größeren Rhythmus.[105]

Der antike Autor Ovid beschreibt die Macht des Rhythmus bei Kulthandlungen wie folgt:

Bacchus erscheint. Vom festlichen Jubel erschallen die Felder, im Getümmel stürmt man daher, und nebeneinander drängen sich Männer und Frauen und Töchter, kleine Leute und Adel, zu nie erlebten Weihen. »Welch eine Raserei hat euch, ihr Kinder des Mars aus den Zähnen der Schlange, euren Sinn verwirrt?« So spricht Pentheus und weiter: »Vermag Erz an Erz geschlagen, vermag des Krummhorns Klang und täuschender Zauber so viel, dass die, die kein kriegerisches Schwert, kein Trompetengeschmetter erschreckte, kein Heer mit erhobenen Waffen, nunmehr Weibergeschrei, vom Wein verschuldeter Wahnsinn, schamlose Rotten und der Klang hohler Pauken bezwingen.«[106]

Verbreitet ist bis heute in außereuropäischen Kulturen die Vorstellung, durch das Schlagen der Trommel könne die Gottheit von einer Person »Besitz ergreifen«, einem Menschen einwohnen. Letztlich treibt uns Rhythmus dann zu der großen und wichtigen und interessanten Frage: Wie hängen Körper und Denken zusammen oder genauer, wie ist das Verhältnis zwischen einem bestimmten Rhythmus, in dem unser Körper schwingt und den Bildern und Vorstellungen, die dadurch ausgelöst werden. Die Kulturanthropologin Felicitas Goodman erforschte Trance-Zustände bei Schamanen außereuropäischer Kulturen. Sie fand heraus, dass die, die am Ritual teilnahmen, durch bestimmte Trommelrhythmen und Körperhaltungen bestimmte Symbole – Löwe, Drache, Stier – in ihrer Phantasie erzeugen konnten.[107]

Funktionen des poetischen Rhythmus

Rhythmus steigert das Erleben von Sprache; die Wiederholung des Gleichen oder Ähnlichen hat eine besondere psychische Sogwirkung, ja Trancewirkung. Dieses Spracherleben wurzelt in Ritual und Magie und lebt in modernen Ritualen fort. So wie in Ritualen Trommelschläge Zustände der Entrückung auslösen können, so schafft auch Poesie Ergriffenheit und »poetische Erregung«[108]. So wie Zaubersprüche und Beschwörungsformeln wollen auch Gedichte nicht von der Welt berichten, sondern lassen vielmehr die Wörter ihre ganze Kraft entfalten. Sie wollen mit Wörtern auf die Welt einwirken oder mittels Wörtern die Welt nicht abbilden, sondern gestalten. Wie die Beschwörung begnügt sich Poesie nicht mit einer einfachen Mitteilung, sondern verstärkt die Aussage durch Wiederholung und Variation von Klängen, Wörtern und Wortgruppen.

Rhythmus steuert den Vortrag oder die Lektüre eines Textes und damit die Wahrnehmung desselben. Er vermittelt also die emotionale und gedankliche Bewegung des Textes. Bedeutungen sind dann keine fertigen Gebilde, sondern sie entfalten sich in der Zeitlichkeit eines literarischen Textes. Durch Rhythmus werden wir in eine bestimmte Wahrnehmung und Ordnung der Zeit hineingeholt: Diese reicht in die Vergangenheit als Erinnerung von ähnlichen Mustern und setzt sich als Erwartung in die Zukunft hinein fort.

Rhythmus bezieht den Hörer oder Leser auf der Ebene der Körperempfindungen in das literarische Erlebnis ein, besonders deutlich ist das dort, wo Text gesungen und von Musik begleitet wird. Damit erhält der Text in seiner Gesamtheit eine bestimmte Farbe der Gefühle.

FORM UND INHALT

Der mexikanische Dichter und Kulturtheoretiker Octavio Paz widmet in seiner bedeutenden Schrift *El arco y la lira/ Der Bogen und die Leier* (1956) dem Rhythmus ein eigenes Kapitel und verfolgt die Ursprünge der Poesie im vormodernen Ritual. Dort bildeten Rhythmus und Inhalt (des Mythos) eine unteilbare Einheit:

> Rituale und mythische Erzählungen zeigen, dass es unmöglich ist, den Rhythmus von seinem Sinn zu trennen. Der Rhythmus war einst ein magisches Verfahren und hatte einen unmittelbaren Zweck: bestimmte Kräfte zu beschwören und zu binden, andere zu exorzieren. Ebenso diente er dazu, bestimmte Mythen in Erinnerung zu bringen, oder genauer, sie zu vergegenwärtigen: das Ende einer Zeit oder den Beginn einer neuen. Als Doppel des kosmischen Rhythmus war er eine schöpferische Kraft im wörtlichen Sinn, war imstande, das zu bewirken, was der Mensch begehrte: Regenfälle, Jagdglück oder den Tod des Feindes.[109]

Oder die Produktion von Nachwuchs, ließe sich hinzufügen. Offensichtlich ist der Zusammenhang zwischen Form und Inhalt bis heute dort, wo Rhythmen auf bestimmte mimetische Effekte abzielen, also die »Musik« der Welt (das Meeresrauschen, das Stampfen von Maschinen, das Rattern eines Zuges oder einen Bauerntanz) nachahmen. Vergleichen Sie die Ausführungen zum *Klang*.

Nachgedacht wurde auch über die Weise, in welcher der Rhythmus – in weniger offenkundiger Weise – die Entwicklung der Gedanken leitet. Wir greifen also noch einmal die Frage auf, die bereits angesprochen wurde: Sie lautete: Wie hängen Körpererfahrung und Bedeutung zusammen? Diese formulieren wir auf die Literatur hin um: Wie hängt der Rhythmus eines Stücks Literatur mit seinem Inhalt zusammen? Da kommen nun wieder die Verse auf die Bühne und auch die Strophen und ganze Gedichtformen und alles, was etwa über das Sonett gesagt wurde: Dass es bestimmte Themen und Inhalte anzieht, das haben wir bezweifelt. Es dürfte aber zutreffen, dass die Art, wie sich die Liebe oder der Tod in dem Gedicht entfalten von der Form vorgeprägt und mitgeprägt wird.

Bestimmte Strophenformen waren wohl mit bestimmten Themen verbunden; bestimmte Formen galten als mehr oder weniger kunstfertig, manche als höfisch-elitär und andere als volkstümlich. Somit stellt sich der Dichter mit der Auswahl einer Form in eine bestimmte Texttradition und knüpft bewusst an bestimmte Vorbilder und Modelle an, sei es um diese nachzuahmen, zu variieren, zu erneuern oder auch, um sie zu parodieren. Das gewählte rhythmische Muster weist auf andere Texte mit demselben Muster, die im Ohr des eingeweihten Lesers »gespeichert« sind und so das Erleben des Textes vorbereiten und begleiten.
In der vormodernen Dichtung sind nicht nur lyrische Texte metrisch gegliedert, sondern auch Traktate und vor allem Theaterstücke. So bezieht Lope de Vega seine viel zitierten Gedanken zum Zusammenhang zwischen Strophenform und Inhalt ausdrücklich aufs Schreiben von Comedias:

Acomode los versos con prudencia
a los sujetos que va tratando;
las décimas son buenas para quejas;
el soneto está bien en los que aguardan;
las relaciones piden los romances,
aunque en octavas lucen por extremo.
Son los tercetos para cosas graves,
y para las de amor las redondillas,
Las figuras retóricas importan ...

> [Dass er die Versart klug verpasse mit
> den Gegenständen, die er grade vorhat.
> Die Zehnerzeilen passen gut zur Klage,
> Und das Sonett ist recht für Wartende.
> Berichte muss man als Romanzen geben,
> doch in Oktaven glänzen sie besonders.
> Für ernste Sachen brauche man Terzinen,
> in Liebessachen eher Redondilen,
> Rhetorische Figuren sind auch wichtig][110]

Die Auffassung, dass die Gedanken durch den Rhythmus geprägt, geleitet, ja hervorgebracht werden, findet sich aber noch bei Julio Cortázar, dem großen argentinischen Erzähler des 20. Jahrhunderts.

> No tengo ideas claras, ni siquiera tengo ideas. Hay jirones, impulsos, bloques, y todo busca una forma, entonces entra en juego el ritmo y yo escribo dentro de ese ritmo, escribo por él, movido por él y no por eso que llaman pensamiento.[111]

> [Ich habe keine klaren Ideen, ich habe nicht einmal Ideen. Da sind Fetzen, Impulse, Blöcke, und alles sucht nach einer Form, und da kommt der Rhythmus ins Spiel und ich schreibe in diesem Rhythmus, schreibe durch ihn, bewegt von ihm und nicht von dem, was man Denken nennt.]

Octavio Paz wird sich da bestätigt finden, er meint, dass sich Rhythmus und Denken gleichzeitig entfalten und durch die metrische Form (Reim, Vers und Strophe also) vorgeprägt sind:

[...] der Satz oder der »dichterische Gedanke« geht dem Rhythmus nicht voraus, noch der Rhythmus dem Satz. Beide sind dasselbe. Im Vers sind der Satz und seine mögliche Bedeutung bereits gegenwärtig. Deshalb gibt es heroische und leichte, tänzelnde und gravitätische, heitere und düstere Metren.[112]

Rhythmus und Einheit des Textes

Besitzt ein Text ein festes metrisches Schema, dann trägt dieses dazu bei, dass er als ein geschlossenes Ganzes mit einer bestimmten Verlaufslogik auch im Inhaltlichen erlebt wird. (»Man kann sich einen Reim machen.«) Besonders gilt das für Texte mit einem festen Versmaß, in denen auch unterschiedliche Aussagen durch eine durchgehende rhythmische Bewegung zusammengehalten werden, da sie demselben Versmaß folgen. Der Rhythmus trägt hier also dazu bei, dass ein literarischer Mikrokosmos entsteht. Rhythmisierte Sprache hat folglich besondere Suggestivkraft und kann leichter im Gedächtnis behalten werden, nicht zufällig arbeitet die Werbung oft mit gereimten Textstücken.

Verstärkung, Spannung, Mehrdeutigkeit

Der Rhythmus prägt einen Text nicht nur in seiner Gesamtheit, sondern auch in seinen Einzelteilen. Bedeutung und Rhythmus beziehen sich dadurch, dass sie sich im Gedicht gleichzeitig entfalten, ständig aufeinander.[113] Sie können sich stützen oder in Spannung stehen. Ein inhaltlicher Höhepunkt des Textes kann durch einen starken Akzent zusätzlich hervorgehoben werden. Reimwörter sind oft Schlüsselwörter, das war schon den Barockdichtern Luis de Góngora oder Francisco Quevedo bewusst, die Bedacht darauf legten, welchem Wort sie diese Stellung schenkten. Wörter, die aufeinander reimen, sind im Text nicht nur über den Sinn verbunden, sie verschmelzen als Klangerinnerung im Kopf des Hörers oder Lesers.

Verfremdung, Spannung und erhöhte Aufmerksamkeit wird auch dann erreicht, wenn zwei Abschnitte in einem Text demselben Rhythmus (und Reimschema[114]) folgen, jedoch gegensätzliche Aussagen bringen oder wenn Inhalt und Rhythmus Gegensätzliches aussagen. Für das Verhältnis von Inhalt und Rhythmus gilt dann, was bei einem von Musik begleiteten Text noch deutlicher wird: Es kann Mehrschichtiges und Widersprüchliches vermittelt werden. In Mozarts Oper *Così fan tutte* wird so etwa die Zerrissenheit der Hauptfigur Fiordiligi vermittelt. Dazu Nikolaus Harnoncourt:

> Paradebeispiel dafür, dass die Musik durchaus das Gegenteil von dem sagen kann, was im Text steht, ist die Arie »Come scoglio« (»Wie ein Fels«): Zuerst wird der Felsen gleichsam hingestellt. Fiordiligi sagt: »So wie der Felsen unbewegt steht, so steht auch meine Treue.« Dem Zuhörer wird Selbstsicherheit suggeriert, zugleich aber malt das Orchester Turbulenzen und Zusammenbrüche; der Fels steht also keineswegs sicher und unverrückbar; die Musik spricht einen Subtext zum verbalen Text.[115]

Sinn, Zufall, Sprachspiel – der Reim

Herbert Grönemeyer, live in Stuttgart mit der Nummer Ich hab dich lieb, *zu hören auf* You Tube: »(Spricht) *Jetzt kommt der beste Text, den ich je geschrieben habe:* (singt) *Du wolltst dich nicht an mich binden,* (spricht) *Achtung!* (singt) *bin ich so'n oller Baum?* (Spricht) *weil es musste sich auf Traum reimen;* (singt) *eine Familie mit dir, das war mein Traum.* (Spricht) *schön, ne?*

Es ist eine Eigenart gereimter Sprache, dass Reimwörter zwar vom Klangmuster zusammenpassen, damit jedoch nicht gesagt ist, dass sie auch in gleichem Maße zur Entfaltung eines Themas beitragen. (Nicht jeder Text, der das *Herz* einführt, will dann auch vom *Scherz* reden.) Es bedarf der Kunstfertigkeit des Dichters, diese Hürde zu überwinden, also das Streben nach Sinn und das Zufallsprinzip des Reims in Einklang zu bringen. Die Renaissancepoetik forderte, Reime müssten sich ganz der Aussage unterordnen, dürfen also nur diskret im Hintergrund wirken und es dürfe nie der Eindruck entstehen, ein Wort sei nur dem Reimschema zuliebe ausgewählt worden. (Ich hege etwa den Verdacht, dass Tirso de Molina in seiner Comedia *El vergonzoso en palacio/ Der Schüchterne bei Hofe* (1611) nur deshalb einen *Conde de Vasconcelos* einführt – auf den das ganze Stück lang alle warten, der aber nie kommt, was ohnehin besser ist, denn er ist der Rivale der Hauptperson; aber worauf ich hinauswollte: Er heißt sicher auch deshalb *Vasconcelos*, weil er sich damit auf *celos/ Eifersucht*, *desvelos/ Nachtwachen*, *recelos/ Befürchtungen* und sogar auf *vuelos/ Flüge* und *cielos/ Himmel* reimt, denn wenn ein Diphthong vorliegt, dann achtet man nur auf den dominanten Vokal, also auf das *a*, das *e* und das *o*.[116]) Auch Paul Verlaine sah die Gefahr, die Reimpferde könnten mit dem Dichter durchgehen und rät, er möge den Reim ein wenig zur Vernunft bringen, denn: »si l'on n'y veille, elle ira jusqu'où!«/ »Wenn man nicht aufpasst, rennt er bis wer weiß wohin!« Ein »taubes Kind«, einen »irren Neger« heißt er den Reim, lässt sich aber nicht abhalten, seine *Art Poétique/ Dichtkunst* in gereimter Sprache abzufassen.[117]

Gerade das frei assoziierende Reimen kann aber auch überraschende Bedeutungsketten hervorbringen, es kann sogar verdrängten, unbewussten Gedanken und Impulsen dazu verhelfen, ans Tageslicht der Sprache zu gelangen. Das war Sigmund Freud ebenso bewusst wie den Surrealisten. Kinderverse und Strömungen moderner Poesie stellen die sinnstörende (oder: neuen Sinn schaffende) Qualität der Klangverknüpfungen in den Vordergrund. So reimten die Comedian Harmonists:

> Der Onkel Bumba aus *Kalumba*
> tanzt nur *Rumba*.
> Die große Mode in *Kalumba*
> ist jetzt *Rumba*. (…)

Auch Mozart vermengt – in einem Brief an eine sehr vertraute Person – Sinn und Chaos (oder tieferen Sinn?) mit den Mitteln des Schlagreims: Er schreibt aus Mannheim am 5. 11. 1777 an seine Cousine Maria Anna Thekla Mozart:

> Allerliebstes bäsle häsle!
> Ich habe dero mir so werthes schreiben richtig erhalten falten, und daraus ersehen drehen, daß der H: vetter retter, die fr: baaß has, und sie wie, recht wohl auf sind hind; wir sind auch gott lob und danck recht gesund

hund. ich habe heüt den brief schief, von meinem Papa haha, auch richtig in meine klauen bekommen strommen. Ich hoffe sie werden auch
meinen brief trief, welchen ich ihnen aus Mannheim geschrieben, erhalten haben schaben. desto besser, besser desto! Nun aber etwas gescheü-
des.
mir ist sehr leid, daß der H: Prælat Salat schon wieder vom schlag getr-
ofen worden ist fist. doch hoffe ich, mit der hülfe Gottes spottes, wird es
von keinen folgen seyn schwein. sie schreiben mir stier, daß sie ihr verbrechen [sic], welches sie mir vor meiner abreise von ogspurg voran
haben, halten werden, und das bald kalt; […]¹¹⁸

Entsprechend stellt Jonathan Culler fest:

> Das Skandalon der Lyrik liegt darin, dass »kontingente« Elemente, wie
> die von Klang und Rhythmus, das Denken systematisch infizieren und
> affizieren.¹¹⁹

Amorós spricht von den »aciertos« (»Zufallstreffern«), die der
Reim ebenso generieren könne wie absurde Verbindungen.¹²⁰ Hier
gilt, was für jede Form gilt, der sich Künstler unterwerfen: Diese ist
nicht nur Zwangsjacke, schränkt nicht nur ein, sondern ermöglicht
es dem Schaffenden auch, kreative Kräfte zu bündeln: »Die guten
Dichter zwingt die Tyrannei des Reims dazu, ihre besten Schönheiten zu finden«, schrieb Proust.¹²¹ Im Zustand der Inspiration wird
das logisch-rationale Denken »heruntergefahren«, es muss heruntergefahren werden, damit tiefere Hirnregionen zu »feuern« beginnen. Schreitet das ordnende und rationale Denken allzu rasch ein,
dann kann das den kreativen Akt stören und zerstören.¹²² Vielleicht
ist das Reimen auch eine Art Hirngymnastik, welche die freier ver-
knüpfenden Hirnteile in Gang bringt und Reimwörter so etwas wie
Slalomstangen, die aufgestellt sind, um Dichter aus eingefahrenen
Denkkurven zu werfen.
Ein gereimter Text weitet also ständig das Feld der möglichen
Inhalte, die einbezogen werden könnten. Er kann Türen zu uner-
warteten Assoziationsketten aufstoßen. Der gereimte Text drängt
uns das Zufällige auf, das, was von unseren üblichen geradlinigen
Gedankenbahnen abweicht. Das Reimdenken sagt uns: Du
schreibst also über eine *pirámide*. Lass erst mal die Pharaonen bei-

seite und überlege, ob diese nicht auch etwas mit der *clámide* zu tun haben könnten. Ich kann mich nicht mehr erinnern, was *clámide* bedeutet, die beiden Wörter werden aber oft als Beispiele für einen reichen Reim angeführt. Ach ja, es heißt *Chlamys* (f.) oder auch *altgriechisches Obergewand*.

All das mag weit hergeholt klingen. Versuchen Sie aber, einen gereimten und einen nicht gereimten Text zum selben Thema zu schreiben. Sie werden sehen, die Strömung des Reims wird Sie ein ganzes Stück weit vom angestrebten Ufer wegtragen und vielleicht sogar an einen Ort, der Ihnen besser gefällt, mit einem schattigen Ufer, Pappeln und einem singenden Bächlein. Vielleicht stellen Sie fest, dass es sich gelohnt hat, dass aus dem Zufall ein Zufallstreffer geworden ist. Letztlich tut der Reim dasselbe wie viele andere Figuren, allen voran die Metapher: Er stellt neue Verbindungen her oder vielleicht genauer: er macht Verbindungen sichtbar, die das Herz der Dichterin oder des Dichters ahnte, die sich aber nur auf diese Weise den Weg zur Sprachform bahnen konnten.

Stellen wir den Reim also in die Reihe der magischen Objekte, mit deren Hilfe in sozialen Praktiken das Prinzip des Zufalls gelangte, und damit in einen sonst streng geregelten Verlauf das Moment des Unvorhersehbaren hineingebracht wurde. Der Würfel, der selbst entscheidet, auf welcher Seite er aufkommt, das Roulette, das eine Kugel für eine unbestimmte Zeit tanzen und dann irgendwo landen lässt, das Glücksrad (das jede Woche Millionen verteilt), die zufällig aus einem Stapel gezogene Karte, der Revolver, in dessen Magazin nur eine von sechs Kugeln steckt …

Verschwimmende Konturen, neue Rhythmen

Wie bei Spiegelungen im Wasser die Grenzen zwischen den Dingen verschwimmen, so verfließen in der Poesie die Grenzen zwischen den Wörtern und es kommt zur geheimnisvollen Transformation der Wörter, die bewirkt, dass sie zu einem neuen Ganzen verschmelzen, Neues und Anderes aussagen oder andeuten. Poeten wie Paul Verlaine oder Paul Valéry sahen hier die Vollendung der Poesie. Ist das Ergebnis eine Kunst ohne gesellschaftliche Bedeu-

tung? Arthur Rimbaud (1854-1891) meinte, gerade die Poesie
könne die ausgeleierten Rhythmen überwinden und neue schaffen:
»La poésie ne rythmera plus l'action, *elle sera en avant*«[123]/ »Die
Poesie wird nicht mehr den Rhythmus zur Tat schlagen, sie wird ihr
vorauseilen.«

Gezähmter Schrecken

In einer Komödie des 17. Jahrhunderts wird Ihnen auffallen, dass
zwei Figuren heftig streiten, aber zugleich gemeinsam eine Strophe
entstehen lassen. Denn es ist da ja keineswegs so, dass mit jeder
Rede und Gegenrede die metrische Form wechselt. Im Gegenteil,
eine *Redondilla* oder eine Romanze kann sich durch eine ganze
Szene ziehen. Auch ein Konflikt ist dann also in eine übergreifende
Ordnung integriert, das Chaos des Lebens in eine Form gebracht;
und vielleicht ist auch das eine wesentliche Funktion von gebundener Sprache: Berichtet eine Tragödie auch von großen Schrecken
und großen Grausamkeiten, so ist das Leiden doch immer sprachlich gezähmt und wird allein dadurch erträglicher, dass es sagbar, ja
sogar in einer geordneten Form sagbar ist, dass es nicht mehr zer-
fahren, bruchstückhaft, undurchschaubar, verworren ist, sondern
eine klare Gestalt hat. Davon wird im Abschnitt über das Theater
noch einmal die Rede sein.

Rhythmus ist Bewegung von Klang und Bedeutung in der Zeit, die
uns auf mehreren Ebenen des Bewusstseins anspricht. In poetischer
Sprache entstehen mehrschichtige Bedeutungssysteme, bei denen
Form und Inhalt sich ergänzen und zusammenwirken.
So lassen sich komplexere Aussagen schaffen, lässt sich nicht
zuletzt vermitteln, dass Wirklichkeit vielschichtig und mehrdeutig
ist.

4. MASKEN TRAGEN: THEATER – HANDLUNG – FIKTION – SPRECHEN IM THEATER

Ein Theaterabend – der Moment des Übergangs

Darf ich von einer Aufführung berichten, die eine oder zwei Hand-voll Studentinnen und Studenten an einem von diesen besonderen Maiabenden auf die Bühne brachten. Bei dieser Aufführung habe ich die Magie des Theaters selbst am stärksten gespürt (abgesehen von den Besuchen im *Teatro Clásico Nacional de Madrid*). Die Bühne war der Rasen eines der Innenhöfe unseres Campus der Universität Wien, begrenzt von Strauchwerk, das Stück eine Komödie aus der frühen Schaffenszeit von Lope de Vega, *La viuda valenciana – Die Witwe von Valencia*. Schon vor der Aufführung spürten wir die besagte Magie an dem Lampenfieber (ein vielsagendes Wort), das langsam in alle hineinkroch, auch wenn sie lässig im Rasen lagen, rauchten und Bier tranken. Daneben die letzten Vorbereitungen, »wo ist der Spiegel?« »wo ist die Laterne?« – Belustigung über die Kostümierten, die nun zur adeligen Dame, zur Zofe, zum Galan, zum lustigen Diener, zum verkalkten Onkel und Vormund mutier-ten; letzte Arbeiten am Bühnenbild (zwei Leintücher, die mittels zweier Stangen aufgespannt wurden und deren Bemalung das Innere des Hauses einer reichen Witwe in Valencia am Ende des 16. Jahrhunderts und die Straße vor ihrem Haus andeuten sollten), letzte Stimmübungen und gruppendynamische Übungen zur gegenseitigen Ermunterung, die Biergartenbänke auf der anderen Seite sind inzwischen fast voll besetzt, dann dieser Moment der großen Stille, bevor… – nein, wir haben keinen Vorhang, der auf-geht, aber einen Scheinwerfer, der angeht; auf der Bühne stehen ein kleiner runder Tisch und ein altertümelnder Stuhl, darauf hat eine Dame in dunklem Kleid mit einem Fächer und einem Buch in den Händen Platz genommen – noch immer diese große gespannte

Stille —-nun aber offenbar der Lektüre überdrüssig ist; ja und dann folgt der Moment[124], ab dem alles ganz anders ist: Sie tut den ersten, so völlig alltäglichen und doch hier im Grunde so fremden Ausruf, mit dem wir die Grenze in die andere Welt erst wirklich überschreiten und es also dort mit Wesen zu tun haben, die merkwürdig sprechen, aber doch nicht so, dass es nicht zu verstehen wäre: »¡Celia! ¡Julia! ¿No me oís?«/ »So kommt doch! Celia! Julia! Hört ihr nicht!« – Die Aussage ist reichlich kurz und trivial, enthält aber doch einiges: Wir erfahren, dass da noch zwei Frauen anwesend sein müssten und dass sie die Lesende mit ihrem Nichterscheinen in Ungeduld versetzen. Eine zweite weibliche Figur, offenbar jünger als die Dame und um deren Wohlergehen besorgt, eilt herbei: »Señora…«/ »Herrin…« – Die Dame (unwirsch): »Loca, ¿en qué andas?«/ »Was treibst du immerfort, du Törin?« Das Mädchen, in orangefarbenem Kleid, hat eine rasche Antwort bereit: »Ya vengo a ver lo que mandas.«/ »Schon bin ich hier, zu sehn, was du befiehlst.« Nicht sehr originell, aber immerhin reimt es sich im Spanischen, wodurch sich die Dame aber nicht zum Narren gehalten fühlt, man spricht in dieser Welt in Versen und Reimen. Sie beauftragt das Mädchen, es wird wohl ihre Zofe sein, das Buch ins Regal zu stellen. Dabei nennt sie aber nur den Autor: »Guárdame ese fray Luis.«/ »Heb' diesen Fray Luis mir recht gut auf.« Das Mädchen erfüllt den Auftrag, nimmt also das Buch, verkneift es sich aber nicht, ihrer Herrin mitzuteilen, sie habe in ihrer »Einfalt« zunächst geglaubt, die Dame (sie heißt übrigens Leonarda und ist die Hauptfigur) habe ihr »todo un fraile«, einen ganzen, lebensechten Ordensbruder, in die Hände geben wollen: »[…] aunque, como me nombrabas/ a fray Luis cuando salí, / en verdad que colegí/ que todo un fraile me dabas.«/ »Als du aber/ von einem Fray Luis zu sprechen anfingst/ Da glaubte ich, du wolltest einen Mönch/ Von Fleisch und Blut mir in Gewahrsam geben.« Leonarda reagiert patzig: »No son para tu rudeza,/ necia, razones tan altas.«[125] / »Du Närrin, so erhabne Dinge sind/ Für deinen Kopf zu hoch!«[126] Meinte die Zofe Julia aber wirklich, eine Dame, die sich gerade an frommen Zeilen erbaute (vermutlich aus der Feder des Fray Luis de Granada), wolle solch frivolen Unsinn hören?

Aber halt, Leonarda ist ja nicht die Einzige, die zuhört, da sind die Leute draußen, auf der anderen Seite, jenseits der Grenze, dort, wo nicht Valencia um 1590 ist, sondern Wien im Jahre 2007, und trotzdem in mancher Weise dieselben Regeln für Sprechen und Handeln gelten, aber nur in mancher Hinsicht. Daher geht im Wien des Jahres 2007 das Witzchen unter, das darauf beruht, dass eine *Metonymie*, der Autor steht für das Buch, wörtlich genommen wird. Wir können aber annehmen, dass es den Leuten, die vor 400 Jahren ins Theater drängten, nicht entging. Das waren Menschen, die die spanische Theaterrevolution der Jahre 1560-1580 erlebt hatten[127]; mit der Intensität und Faszination, mit der die heute auf der Erde versammelten Generationen die Durchsetzung von Radio, Fernsehen und Internet erlebten. Es waren Leute, die in die Corral-Theater in Innenhöfen der Städte liefen und dort nach ihrem Rang streng getrennt entweder auf den Stehplätzen Lärm schlugen oder auf den Galerien Platz nahmen. Ihr Leben glich wohl in vieler Hinsicht einem großen Theater und ihr Alltag war voll mit Mönchen und Ordensbrüdern. Diesen Theaterbesuchern des 16. und 17. Jahrhunderts entging die Anspielung auf das oft nicht sittenstrenge Leben der Kuttenträger nicht und brachte sie wohl zum ersten Mal zum Lachen. Sie wussten nun, was für ein Ton angeschlagen wurde, und dass da noch einiges zu erwarten war, auch wenn die Witwe zunächst einmal noch so fromm tat.

Lassen wir nun Leonarda und Julia[128] einmal in ihren Posen gefrieren und reden wir über ein paar Dinge genauer.

Illusion und Künstlichkeit

Das Theater besitzt eine eigene Magie, die in glücklichen Momenten alle Beteiligten erfassen kann. Sie spüren dann die magische Verwandlung des Lebens, die Literatur erzeugen kann, mit besonderer Intensität. Und sie spüren sie gleichzeitig mit all den anderen, die da neben, vor und hinter ihnen sitzen oder stehen, ihnen auf die Nerven gehen, wenn sie husten oder rascheln, aber vertraut werden, wenn sie gleichzeitig in Lachen oder Tränen ausbrechen, sich amüsieren oder gerührt sind.

Die leitende These der folgenden Ausführungen wäre: Im Theater erleben wir das Fluidum des literarisch gesteigerten Lebens am stärksten. Wir erleben es gerade deshalb so stark, weil wir im Theater immer wieder vergessen und gerne vergessen wollen, dass wir in eine vorgespielte Wirklichkeit eingetreten sind. Und immer dann, wenn wir bereit sind, uns von der vorgetäuschten Wirklichkeit hypnotisieren zu lassen, vergessen wir all das, was am Theater keineswegs »realistisch«, sondern im Gegenteil in höchstem Maße künstlich ist – wie eine Analyse mit kühlem Kopf zeigt. Im Grunde gehört aber beides zusammen, die Realitätsillusion und die Verfremdung. Ich werde über beide Seiten sprechen, aber nicht als Gegensätze, sondern als zwei Gesichter, die zum selben Kopf gehören. Wir könnten in der Folge überlegen, was von dem Gesagten auch auf die bewegten und mit Sprache und Musik unterlegten Bilderfolgen des Kinos zutrifft.

Menschen in Rollen

Wie täuscht das Theater Wirklichkeit vor? Nun, das können Sie rasch auflisten: Kostüme, Schminke, Perücken, Bühnenbild, Beleuchtung; dazu kommt ein Umstand, der allzu offensichtlich erscheinen mag, jedoch wert ist, hervorgehoben zu werden, wenn wir das Theater von anderen Gattungen unterscheiden wollen: Im Theater ahmen wirkliche Menschen wirkliche Menschen nach (seltener auch Tiere, Götter oder Fabelwesen, …). Der Mensch Gert Voss spielt König Lear, der Mensch Peter Falk spielt den menschlichen Inspektor Columbo, der Mensch Arnold Schwarzenegger spielt den Menschen oder Mutanten oder was auch immer namens *Terminator*. Es tun also Menschen so, als wären sie jemand anderer. Da sich aber kein Mensch und kein Schauspieler vollständig verwandeln kann, bleiben sie dabei immer auch die Person, die sie eben waren, bevor sie auf die Bühne oder vor die Kamera traten – eine Person mit ganz eigenem Gesichtsausdruck, eigener Körperhaltung, Gehweise, Hautfarbe und was eben noch die Eigenart einer Person ausmacht. Das ist die erste Verdoppelung, die das Theater bewirkt: Wir haben eine Rolle und wir haben einen Spieler. Wir können verschiedene Schauspieler als Hamlet sehen und umgekehrt einen Spieler in vielen Rollen: Al Pacino als Mafioso, als Blinden oder als stümperhaften Bankräuber. Allerdings ist Humphrey Bogart immer Humphrey Bogart, Ingrid Bergman ist immer Ingrid Bergman, egal, ob sie im Widerstand gegen Hitler aktiv ist oder sich als Tochter eines Nazispions, der gerade ins Gefängnis gekommen ist, betrinkt und dabei mit Cary Grant flirtet. Vielleicht können wir auch einfach sagen, dass sie in verschiedenen Rollen verschiedene Seiten ihrer Persönlichkeit enthüllte und auslebte. All diese Rollen und ihre Eigenheiten mussten wohl in irgendwelchen Winkeln ihrer Seele schon schlummern, bevor ihre große Stunde kam und sie als Rolle zu leben begannen. Wie könnte sie diese sonst überzeugend darstellen? Große Schauspieler beeindrucken uns gerade deshalb, weil sie ganz verschiedene Rollen überzeugend verkörpern und dabei doch in jeder Rolle unverwechselbar sie selbst bleiben.

Das alles ist recht offenkundig. Es sollte uns dennoch interessieren, auch wenn wir nicht im Feld der *Kinesik* arbeiten wollen – diese studiert »die Bedeutung der Gesten, der Gesichtsausdrücke, der motorischen Verhaltensweisen und Körperhaltungen«[129]. Denn wie sehr unterscheidet sich hier das Theater von Buch und Text! Nicht schwarze Zeichen auf Papier lassen eine Welt im Kopf eines Lesers entstehen, sondern lebendige Menschen, die so tun, als hätten sie sich in eine erfundene Figur verwandelt. »[…] das Theater ist ein fiktionales Zeichen […], weil es vortäuscht, kein Zeichen zu sein. Und diese Vortäuschung gelingt ihm, weil das theatralische Zeichen zu jenen gehört, die man als natürliche und nicht künstliche, motivierte und nicht willkürliche, analoge und nicht konventionelle Zeichen klassifiziert hat. Mit anderen Worten: Das primäre Element einer Theatervorstellung […] wird durch einen menschlichen Körper gegeben, der auftritt und sich bewegt.«[130] Er tut, als wäre er hier und jetzt die Figur, deren Geschichte erzählt wird. Darin unterscheidet sich das Theater von Roman und Erzählung, wenn auch die Grenzen fließend sind. Auch in erzählenden Texten gibt es ja Dialoge und Szenen, in denen die Ereignisse unmittelbar vor Augen geführt werden. Und im Theater gibt es immer wieder erzählende Passagen der Vorgeschichte oder dessen, was auf der Bühne nicht dargestellt werden kann, weil es zu viel kosten und zu viele Statisten benötigen würde – große Schlachten etwa – oder weil es nicht direkt auf die Bühne gebracht werden darf wie zum Beispiel eine Liebesnacht oder die Ermordung eines Königs. Man hilft sich dann damit, dass jemand über eine Mauer schaut und berichtet, was da gerade Schreckliches passiert, oder dass ein Bote hereinstürzt und das Geschehen berichtet: Mauerschau und Botenbericht.[131] Plato unterscheidet im dritten Buch des Staates zwischen *Mimesis* und *Diegesis*. Liegt Diegesis vor, dann erzählt der Poet, im Verfahren der Mimesis spricht er so, als wäre er selbst die dargestellte Figur, er wird also zum Spieler.[132]

UNERLAUBTE GRENZÜBERSCHREITUNG – DER FIKTIONSPAKT

All das kann Folgen haben: Ungebärdige Zuschauer sind fallweise nicht bereit, wort- und tatenlos zuzusehen, wenn da drüben auf der anderen Seite, auf der Bühne, Bösewichte ihre Ränke schmieden und das Gute allzu lange braucht, um zu siegen. Erinnern Sie sich an Ihre frühen Kindertage: Der Kasperl agiert viel zu kurzsichtig im Schloss des bösen Zauberers. Sieht er nicht, dass sich von hinten das Krokodil nähert und ihn schon in die Wade zwickt? Die Kinder im Publikum sehen es sehr wohl (eine frühe Erfahrung mit »dramatischer Ironie«, ich komme noch einmal darauf zu sprechen): »Kasperl, Kasperl, das Krokodil!« Aber der Kasperl, der eben noch so leutselig mit den Kindern alles besprochen hat, hat plötzlich Watte in den Ohren. Er hört nicht auf die schreienden und ungemein erregten Kinder. Das ist dann der Moment, wo sie – zumindest bei Privataufführungen – die Nerven verlieren und die Bühne stürmen, um für Ordnung zu sorgen. Dabei folgen sie einem berühmten literarischen Randalierer, dem Don Quijote höchstpersönlich, der in Kapitel 26 des zweiten Bandes ein ganzes Puppentheater in

Stücke schlägt.[133] Er kann nicht ruhig ansehen, dass der Ritter Gaiferos allein gegen die Mauren, die ihm nachjagen, bestehen muss.[134]

Ich frage mich, ob Kleinkinder in diesen Momenten wirklich nicht unterscheiden können zwischen der Welt auf der Bühne und dem Alltag außerhalb der Bühne. Vermutlich wissen oder spüren sie, dass da oben, da vorne, andere Gesetze gelten. Gleichzeitig glauben sie aber, dass sie Einlass in diese Welt haben, dass sie mitspielen und eingreifen können, dass sie die Grenze passieren können, so wie Alice den Spiegel, durch den sie ins »Spiegelland« eintreten kann. Vielleicht gibt es ja drei Arten, in denen Menschen auf Fiktionen reagieren: Sie können erstens völlig in der Fiktion aufgehen und diese gleicht dann dem Traumerleben. Das ist gefährlich und kommt selten vor. Sie können zweitens ganz »cool« und distanziert bleiben und sind dann oft damit beschäftigt, zu analysieren, mit welchen Mitteln denn getäuscht wird. Das tun etwa abgehärtete jugendliche Konsumenten von Horrorfilmen, die nicht abgesägte Gliedmaßen sehen, sondern nur die Kompetenz der Maskenbildner und die Glaubwürdigkeit der Special Effects in Sachen Kunstblut und Kunstfleisch. Soweit zwei extreme Reaktionen, die wir an den Enden einer Gleitskala vermerken können. Es gibt aber eine dritte Art der Reaktion, und die ist recht häufig und tritt in vielen Schattierungen auf. Es ist ein Zwischenbereich, den ich mit dem Zustand zwischen Schlaf und Wachen vergleichen würde, dem Zustand also, bei dem sich Wahrnehmungen, Vorstellungen und Gedanken so eigenartig vermischen. Wir sind gleichzeitig drinnen und draußen, wir erleben mit und sind zugleich Beobachter, wir sind entsetzt, wenn dem Grafen von Gloucester in Shakespeares *King Lear* die Augen ausgestochen werden und wissen auch, dass dieses Verbrechen nur auf der Bühne nach Strafe schreit. Wir »tun als ob« — so wie die Kinder, wenn sie sagen: »Im Spiel tät ich die Prinzessin sein« (diese eigenartige Konjunktivform zur Markierung des Fiktionalen ist mir bei Wiener Kindern immer wieder aufgefallen). Und dieses *Als-ob* wird dann zum zweiten Leben. Treffend haben daher Autoren wie Umberto Eco und Wolfgang Iser Begriffe geprägt und eingeführt: *Fiktionspakt, Als-ob-Bereich, Fiktionssignal* und schon Samuel Taylor Coleridge sprach im 18. Jahrhundert von der »willing suspension of disbelief«[135] und meinte damit die psychische Reaktion, die erfundene Erzählungen uns abverlangen. Das sind wertvolle Begriffe und sie sind vor allem deshalb wichtig, weil sie uns daran erinnern, dass im Bereich der Literatur andere Gesetze gelten als im sogenannten wirklichen Leben.

Was aber die genaue Erforschung dieses Als-ob-Zustandes angeht, da ist noch einiges zu tun, und die Literaturwissenschaft kann von der Psychologie und der Kulturanthropologie Wichtiges erfahren.[136]

Übrigens ist ja auch Don Quijote nicht immer und völlig unfähig, Fiktionen als solche zu erkennen. Er verbringt seine Zeit nicht nur damit, Puppentheater zu demolieren. Nein, er spricht immer wieder klug und hellsichtig über die Wirkung von Büchern und Fiktionen. Er sieht die Macht der Phantasiewelten, in die uns Bücher entführen können, und so verdanken wir ihm bedeutende Kommentare zur Literatur, die wohl auch sein Stiefvater Cervantes gut geheißen hat. Seine Attacke gegen die Marionetten kommt eigentlich überraschend. Schauen wir uns die Szene kurz an: Da ist ein Bursch, der vor der Puppenbühne steht und mit einem Zeigestab erklärt, wer die Figuren sind und was gerade passiert (eine frühe Form von *stage manager*[137] und Verfremdung). Gezeigt wird ein »Ableger« der *Rolandsage*, der Ritter Gaiferos befreit Melisendra aus maurischer Gefangenschaft. Diesem Burschen also, dem mit dem Zeigestab, nicht dem Ritter, gibt Don Quijote immer wieder Regieanweisungen: Er solle nicht abschweifen, sondern die Geschichte gerade heraus erzählen. Dann weist er auch den Impresario, den Maese Pedro, der die Puppen bewegt und Musik und Geräusche macht, zurecht: Es sei Schwachsinn, dass im Zaragoza der Maurenzeit alle Glocken läuteten, um kund zu machen, dass der Christ mit der Gefangenen geflohen sei. – »[…] ya la ciudad se hunde con el son de las campanas que en todas las torres de las mezquitas suenan«/ »Denn beinahe versinkt die ganze Stadt in den Boden vom Geläute der Glocken, die auf allen Türmen der Moscheen erschallen«, »porque entre moros no se usan campanas, sino atabales y un género de dulzainas que parecen nuestras chirimías« »denn bei den

Mauren gibt es keine Glocken, sondern nur Pauken und eine Art von Holzflöten, ähnlich unseren Schalmeien«. [138] Ein kühl mitdenkender Zuschauer also, der auf Glaubwürdigkeit und Wahrscheinlichkeit – auf *verosimilitud* - Wert legt.[139] Doch dann eine Wende in der Geschichte: Der fliehende Ritter ist in Gefahr, und damit ist es um die Kraft der Unterscheidung bei Don Quijote geschehen, und er eilt seinem Standesgenossen beherzt zu Hilfe.

Als der Schaden angerichtet und die Puppen zerschlagen sind, meint er zerknirscht, die Kunst böser Zauberer, die ihn verfolgten, habe ihn dazu gebracht zu glauben, Melisendra sei wahrhaftig Melisendra, Don Gaiferos sei Don Gaiferos, Marsilio Marsilio und Karl der Große Karl der Große.[140] Bezeichnend ist dabei, dass er von *encantadores* (Zauberern) spricht. Nicht selten wird im Barock die Macht des Theaters, das Leben zu spiegeln, mit Zauberei und die Macht des Autors, mit einem Wort die Natur auf den Kopf zu stellen, mit der eines Zauberkünstlers verglichen. Ein schönes Beispiel dafür ist die Komödie *L'illusion comique/ Spiel der Illusionen* (1636) von Pierre Corneille.

Eigentlich ist Don Quijote nur ein krasser Fall. Nicht anders ergeht es doch dem Zuschauer, der bei einem Horrorfilm aufschreit oder schlicht den Fernseher abschaltet. So ging es mir bei dem Film *Don't look now/ Wenn die Gondeln Trauer tragen* (Nicolas Roeg 1973). Der Anblick der gespenstisch-süßlichen blinden Frau mit der Gabe des zweiten Gesichts wurde mir auf unerträgliche Weise zur »Wirklichkeit«.

Was passiert auf der Bühne? – emotionale Anbindung und Theaterhandlung

Ernest Lehman schrieb das Drehbuch für den Hitchcock-Klassiker *North by Northwest/ Der unsichtbare Dritte* (1959). In den Special Features auf der DVD erzählt er von einem Abendessen mit Hitchcock in einem New Yorker Steakhouse:

He suddenly got very serious. He said, »Ernie, you know, when we are making a movie, we are constructing an organ. The kind of organ that you see in a theatre. And we press this cord and now the audience laughs. And we press that cord and they gasp, and we press these notes and they chuckle«. And he said, »some day we won't have to make a movie. We'll just attach them to electrodes and play the various emotions for them to experience in the theatre.[141]

Geschichten, die da auf der Bühne erzählt werden, werden nicht zuletzt deshalb erzählt und deshalb so und nicht anders erzählt und aufgebaut, weil die Begabung der Zuschauer zu lieben, zu verabscheuen, mitzufühlen und großmütig zu sein, sich am Spiel auf der Bühne entzünden soll. Die Oper wurde unlängst von einem Redakteur des Kultursenders Ö1 treffend als *Kraftwerk der Gefühle* bezeichnet. Hier kommen sich Literatur und Musik in der Wirkung sehr nahe und wir sollten das festhalten: Gefühle werden nicht nur gezeigt, Gefühle werden erzeugt, orchestriert und entlang einer Handlungsbahn angeordnet. Es ist wohl immer eine Gefühlsmischung, man lacht über den Narren, entrüstet sich über den ruchlosen Verräter, bewundert diejenigen, die sich für andere opfern und freut sich, wenn sich die Liebenden wiederfinden. Die stärksten Gefühle hängen dabei an dem, was den Helden, den Hauptfiguren widerfährt:

Er schild're die Verliebten mit *Gefühlen*,
die Zuhörer aufs äußerste *bewegen*.
Die Selbstgespräche male er in der Art,
dass sich der Sprecher *gänzlich wandelt*, und vor
sich selbst ein and'rer, *auch den Hörer wandelt* [...][142]

Es ist doch bemerkenswert, dass die menschliche Spezies die Fähigkeit besitzt, sich in ein Geschehen, von dem sie weiß, dass es gar nicht wirklich hier und jetzt passiert, so hineinzusteigern. Die neuen Erkenntnisse der Hirnforschung zu den Spiegelneuronen werden uns da mehr Einsicht gewähren. Sie sagen uns, dass vorgespieltes Geschehen im Gehirn des Theaterkunden oder Kinobesuchers so verarbeitet werden kann, als wäre er selbst dabei gewesen.

Auch aus diesem Grund standen Historiker, die Berichte von Zeitzeugen analysierten, vor einem verblüffenden Befund: In den Erzählungen, die die Würde des Selbsterlebten und durch Leiden Verbürgten trugen, fanden sich unverkennbar Elemente aus Fiktionen, etwa aus Antikriegsfilmen. Das Erinnerte war ein Gemisch aus Dichtung und Wahrheit ... . Ob es uns passt oder nicht: Wir müssen uns damit abfinden, dass unser Hirn Erfahrungen nicht ohne den Zuschuss der umformenden Phantasie abspeichern und bewahren kann. Die Literaturwissenschaft sollte das freuen, denn ihr Rat ist heute gefragt, wenn sich die Geschichtsforschung für Prozesse der nachträglichen Interpretation und Narrativisierung interessiert.[143]

Am eindrucksvollsten kommentiert die künstliche Erzeugung von Miterleben Hamlet, Prinz von Dänemark. Am eindrucksvollsten deshalb, weil er seine eigene zerquälte Tatenlosigkeit der Erregung gegenüberstellt, in die der rezitierende Schauspieler, der vom Tod des Priamos berichtet, nach wenigen Versen hineingerät. Und dabei ist es doch so lange her, dass Priamos sterben musste, und die trojanische Königin von den Griechen als Sklavin verschleppt wurde.

> HAMLET. Nun, Gott, geleit' euch! Jetzt bin ich allein.
> Oh, welch ein Schurk' und niedrer Sklav' bin ich!
> Ist's nicht erstaunlich, dass der Spieler hier
> Bei einer bloßen Dichtung, einem Traum
> Der Leidenschaft, vermochte seine Seele
> Nach eignen Vorstellungen so zu zwingen,
> Dass sein Gesicht von ihrer Regung blasste,
> Sein Auge nass, Bestürzung in den Mienen,
> Gebrochne Stimm', und seine ganze Haltung
> Gefügt nach seinem Sinn. Und alles das um nichts!
> Um Hekuba[144]!
> Was ist ihm Hekuba, was ist er ihr,
> Dass er um sie soll weinen? Hätte er
> Das Merkwort und den Ruf zur Leidenschaft
> Wie ich: was würd' er tun: Die Bühn' in Tränen
> Ertränken [...][145]

Da ist *Theater* auf den Punkt gebracht: es ist keine wirkliche Leidenschaft, aber ein *Traum der* und ein *Traum von Leidenschaft*, ein inszenierter, absichtlich provozierter Traum, der uns ebenso heftig erschrecken oder beglücken kann, wie das nächtliche Träume tun.

Verlauf einer Handlung – noch einmal *Die Witwe von Valencia*

Noch erstaunlicher ist: Es scheint eine bestimmte emotionale Verlaufskurve zu geben, die sich durch die Epochen und in verschiedenen Kulturen wieder und wieder findet. Diese Kurve entspricht wiederum einem bestimmten Handlungsverlauf, den uns so viele Bühnenstücke und Filme vorführen.

Zeichnen wir eine solche Handlungskurve nach, und begeben wir uns noch einmal zur *Witwe von Valencia*, diesem so leichtfüßigen und doch so tiefgründigen Stück: Leonarda, eine Witwe mit üppigem Jahreseinkommen aus festem Kapital, hat beschlossen, nicht mehr zu heiraten und törichte Gedanken durch fromme Bücher auszutreiben. Das gelingt so lange, bis sie den Galan Camilo auf der Straße sieht und vom genau gezielten Pfeil des blinden Gottes getroffen wird – Amor ist allemal stärker als Bücherwissen. Wie soll sie nun aber ihre Leidenschaft ausleben, ohne im so scheinheilig sittenstrengen Spanien der Barockzeit ihren guten Ruf zu verlieren? Nun, sie beschließt, Camilo nächtens und mit verbundenen Augen in ihr Haus bringen zu lassen und empfängt ihn dort maskiert. Er muss sich also damit abfinden, eine Dame (in luxuriösem Ambiente) zu lieben, deren Namen und Adresse er nicht wissen darf – ein früher literarischer Fall eines *blind date* und ein riskanter Plan, der Verwicklungen nach sich ziehen muss. Zunächst gerät Camilo in eine nächtliche Welt der Verzauberung und in schwierige Beziehungen zu seinen Mitspielern. Denn da ist nicht nur die schöne Witwe, da sind auch die drei Freier Lisandro, Otón und Valerio, die es auf Leonardas Hand und üppige Mitgift abgesehen haben und ständig um ihr Haus herumstreichen, vor allem in der Nacht. Da ist

108

der alte, ein wenig verwirrte Onkel, der sich um die Reputation seiner Nichte sorgt und sie endlich verheiratet sehen will. Da ist der *escudero*, der Knappe Urbán, der sich zwar als diensteifriger Merkur abmüht, schließlich aber doch bei einer nächtlichen Tour von der Brücke zum Haus und wieder zurück enttarnt wird. Zudem verdächtigen ihn die lächerlich-pathetischen Nebenbuhler Lisandro, Valerio und Otón, dass er als einziger männlicher Hausgenosse eine Affäre mit der Witwe habe und lauern ihm bewaffnet auf. Einige Hindernisse müssen da also überwunden werden, nächtliche Straßen, die von Gendarmen und Maskenträgern frequentiert werden, Verleumdung, falsche Verdächtigung, Eifersucht. Vor allem müssen es die Beteiligten schaffen, das Gestrüpp der Scheinwirklichkeiten, der *engaños* zu durchhauen und zur Ent-täuschung – zum *desengaño* durchzudringen. Alles löst sich aber auf, als Camilo schließlich Licht in die Sache, oder genauer eine Laterne ins nächtliche Haus der Leonarda bringt, ihr wahres Gesicht enthüllt und in ihr jene Witwe wiedererkennt, die er ohnehin als Heiratskandidatin auch bei hellem Tageslicht im Auge hatte. Eine Doppelhochzeit zwischen den Adeligen (Camilo und Leonarda) auf der einen Seite, dem lustigen Knappen Urbán und der Kammerzofe Julia auf der anderen, ist nun unvermeidlich.

Diese Handlung ist uns in ihren großen Zügen nur zu vertraut: Kennenlernen, Troubles, Hochzeit, Happy End. Warum wird uns das immer wieder vorgesetzt? Waren die Dichter wirklich so einfallslos? Das Publikum so anspruchslos? Oder ist das Leben gar wirklich so schablonenhaft einförmig? Und warum wollen wir das immer wieder sehen, immer wieder dasselbe: Ein Fall wird vorgestellt, es kommt zu Verwicklungen und schließlich löst sich doch alles auf – tragisch oder in Wohlgefallen. Ich glaube, um die Tragweite eines solchen typischen Handlungsverlaufs zu verstehen, müssen wir uns von der Erwartung befreien, die Theaterhandlung müsse »das ganze furchtbare, erschütternde Schlingpflanzengewirr von Kleinigkeiten, in dem sich unser Leben verfängt«[146] getreu wiedergeben. Das Gegenteil ist der Fall: Das klassische Theater ist gerade deshalb so wirkmächtig, weil es die absurde Vielfalt in ein klares Schema bringt, sodass wir dort – und nur dort – eine emotionale Verlaufskurve erleben dürfen, die die Seele von schädlichen Leidenschaften und den Körper von schädlichen Substanzen reinigt – das meinte Aristoteles mit *Katharsis*. Die »Reinigung« von derartigen Erregungszuständen« passiert – und das ist wichtig bei Aristoteles – durch »Nachahmung von Handelnden« und »nicht durch Bericht« [147] – durch Vergegenwärtigung also und Mit-Leben. Im zwanzigsten Jahrhundert wurde diese Anbindung der Gefühle allerdings als verlogen angeprangert. Die Theaterrührung war manchen Kritikern, vor allem Bert Brecht, höchst verdächtig. In Wirklichkeit nämlich, so Brecht, ist dem Bürger, der in der Loge über das Schicksal der armen ledigen Mutter und Kindsmörderin Tränen weint, diese Kindsmörderin völlig gleichgültig, sowohl die im wirklichen Leben als auch die in den Dramen des Naturalismus, die Brecht anspricht. In Wahrheit entspringe die Rührung einem anderen Quell: der heimlichen Freude darüber, dass die Verhältnisse zwischen Ausbeutern und Ausgebeuteten nun einmal solche Fälle hervorbrächten.[148]

Wladimir Nabokow wiederum schreibt darüber von der Seite der Ästhetik: Das Empfinden der Zuschauer werde nicht davon bestimmt, ob es den Helden am Ende gut oder schlecht ergehe. Sie gingen auch nach dem Gemetzel in *Macbeth*, *Hamlet* oder *King Lear* befriedigt und bereichert aus dem Theater – bereichert durch und befriedigt über das Genie des Autors und die bewundernswerte Handlungsführung.

> Beispielsweise erregt der blutige Schluss der drei bedeutendsten Theaterstücke der Weltliteratur in uns weder Abscheu noch Entsetzen: Die erhängte Cordelia, Hamlets Tod und Othellos Selbstmord lassen uns schaudern, aber es ist ein Schaudern mit einem starken Element von Entzücken darin. Das bedeutet nun nicht etwa, dass wir uns am Untergang dieser Menschen weiden, sondern es drückt aus, dass wir Shakespeares überwältigendes Genie genießen.[149]

»NOCHE, OSCURA Y NEGRA MÁSCARA DEL DÍA«[150] – TAGWELT UND NACHTWELT

Der Galan Camilo unternimmt, wir haben es gesehen, eine Reise vom Tag in die Nacht und durch die Nacht, um am Ende der Nacht wieder ans Licht des Tages zurückzukehren. Vor einiger Zeit hat mir eine engagierte Studentin[151] ein Handlungsmodell vorgestellt. Es wird heute an Filmschulen gelehrt und soll die Kunst, gute Drehbücher zu schreiben, vermitteln. Dieses Modell, die sogenannte *Heldenreise*, behauptet: Der symbolische Übergang von der Tagwelt durch die Nachtwelt lässt sich im Untergrund vieler Erzählungen – seien es nun Märchen, Filme oder Theaterstücke – ausmachen. Sie gibt die Strömung vor, die alles Handeln und Geschehen auf ganz bestimmte Weise in Gang bringt und dem Ziel entgegentreibt. Wir nehmen dieses Schema zwar wahr, wir schieben diese Einsicht aber beiseite, dem Glauben zuliebe, dass die Erzählungen vom wirklichen Leben und nicht von einem immer wiederkehrenden Muster geleitet würden.

Das Modell von der Tag- und Nachtwelt hat einiges für sich und lässt sich auf ganz unterschiedliche Dramen anwenden: das vom Hobbit, der berufen ist, den unheilvollen Ring Saurons nach Mordor zu bringen und dort ins Feuer zu werfen. Oder das vom erfolgreichen jungen Werbefachmann Roger Thornhill (Cary Grant), der zwischen den amerikanischen Geheimdienst und eine mafiose Vereinigung gerät, durch die halbe USA fliehen muss, um schließlich beim Showdown am Mount Rushmore die geheimnisvolle und zunächst etwas zwielichtige Blondine (Eve Marie Saint), die abzustürzen droht, den Felsen hinaufzuziehen. Er schafft es und es folgt ein sogenannter *Match-cut*, das heißt, die Bewegung aus der einen Szene wird in einem scheinbar fließenden Übergang fortgeführt, hin zum Schlafwagen des Zuges, der in einen Tunnel einfährt. Das ist das Schlussbild des Films *North by Northwest*, den Alfred Hitchcock drehte und der im Jahr 1959 herauskam.[152] Nach dem Schema der Heldenreise passt auf einen solchen Schluss die Bezeichnung »sacred wedding«. Eine solche Vermählung winkt dem Helden als Belohnung, sobald der letzte Kampf erfolgreich bestanden ist. Weitere feste Stationen oder Phasen lassen sich auf einer solchen Heldenreise ausmachen: Am Beginn steht der Ruf oder die Berufung (*inciting incident, call to adventure*): »Du bist ausersehen, das Auenland zu retten.« Typisch ist auch, dass sich der Held, der noch keiner ist, seiner Mission nicht gewachsen fühlt. Doch er darf nicht am warmen Ofen sitzen bleiben, er muss hinaus, draußen – oder besser drüben auf der Seite, wo der Mond herrscht – warten große Gefahren und stets auch ein Punkt, an dem alles verloren scheint – wir sind am Punkt der *Nacht der Seele*, am *midpoint*, am *main reversal point*. »Sehr häufig trifft der Held [in der Nachtwelt] einen Gestaltwandler, also einen Charakter, der zuerst auf seiner Seite zu sein scheint, jedoch in Wirklichkeit eigentlich ›zu den Bösen hilft‹.«[153] Aber die Geschichte muss weitergehen. Daher erscheint Licht am Ende der Nacht, ein »magischer« Helfer – ein *Mentor* kommt dem Helden zu Hilfe, und dieser entsteigt der Krise zwar mit Mühe und oft verwundet, dafür aber tapferer, reifer und moralisch höher stehend, gewandelt also. Hier sind nun häufig Liebesszenen eingestreut, hier kann sich der Held ein wenig ausruhen, hier erfährt nun aber das Publikum oft etwas, was der Held nicht weiß, gewöhnlich, dass das Böse noch nicht bezwungen ist und seine Kräfte erneut sammelt. Der Punkt heißt *audience revelation* und wird etwa in *Godzilla* mit Geschick eingesetzt.[154] Da in der Nachtwelt alles erledigt scheint, kehrt der Held in die Tagwelt zurück, doch diese ist ihm fremd geworden. Er hat außerdem in der Nachtwelt seine Liebste gefunden. Und in der Tagwelt wartet wie gesagt der Schatten der immer noch lauernden Widersacher und es wartet der *ultimate trial*, es kommt zum großen *Showdown*. Erst wenn dieser bestanden ist, findet der Held wieder volle Aufnahme in der Tagwelt. Er hat nun eine tiefere Einsicht ins Leben gefunden und ist dadurch würdig, seine Vermählung zu feiern. Nicht immer muss das Ende ein Happy End sein, es genügt, wenn uns die Hauptperson mit dem Gefühl zurücklässt, sie hätte ihre Aufgabe wacker erfüllt und sich im nobelsten aller Fälle für andere geopfert, so in dem Film *Titanic*. Sie können das auch selbst durchspielen, anhand von *Harry Potter* (wer stirbt da eigentlich am Ende?), dem *Herrn der Ringe* und vielen anderen Film- und Theaterhandlungen.

Auch die Komödie von der *Witwe von Valencia* lässt sich auf einer sehr allgemeinen Ebene auf das Grundschema der Heldenreise oder hier Heldinnenreise zurückführen. Da ist ein Ziel, das die Handlung in Gang bringt, da ist die »Nachtwelt«, in der die Welt auf den Kopf gestellt ist, voll der Trugbilder und Gefahren, in der Camilo im Dunklen tappt. Erst wenn die Nachtwelt durchquert ist, löst sich der Knoten und die Heldin und der Held sind Gewandelte, Gereifte und können nunmehr die Rolle spielen, die ihnen bestimmt ist – das ist nun einmal in der Regel die der Eheleute, die dafür sorgen, dass das Leben weitergeht. Wie auf einer schiefen Bowlingbahn läuft also die Fülle dessen, was auf der Welt passiert und passieren könnte, im Theater immer und immer wieder auf ein paar Grundfiguren hin zusammen. Sie können nun gerne einwenden: Das ist ein stockkonservatives Konzept und es wäre traurig, wenn das Theater nichts anderes täte, als die alte Ordnung fortzuschleppen.

Das mag sein, unbestritten ist aber: Die Dinge des Lebens erhalten im Theater und im Film keineswegs gleichmäßige Aufmerksamkeit. Da gibt es bestimmte »heiße« Phasen, in denen alles Wichtige passiert. Sie werden immer wieder groß ausgebreitet: etwa die gefährliche Zeit der »Brautwerbung«, die sich bis in eine krisenhafte Hochzeitsnacht ausdehnen kann, je nachdem, wie kräftig und streitbar die Braut und wie gut ausgerüstet (mit Tarnkappen und solchen Dingen) die Werbenden sind. Fallweise legt sich dann ja nicht gleich der Bräutigam ins eheliche Bett, sondern zuerst sein stärkerer Helfer und Gefolgsmann.

Um Brautwerbung geht es nicht nur im *Nibelungenlied*, nicht nur in den vielen Verwechslungskomödien des klassischen Theaters, in der *Hochzeit des Figaro*, in Filmen, wie etwa *The Graduate/Die Reifeprüfung* (Mike Nichols 1967) und, und, und... Auch Novellen, Erzählungen und alte Balladen[155] führen die Zeit vor der Hochzeit als eine Zeit der Krise und der Gefährdung, als einen Aufenthalt im »Grenzland« vor.

Schon Zeitgenossen von Lope de Vega haben gegen den immer gleichen Handlungsverlauf rebelliert, ähnlich Schachmeistern, die es satt haben, jede Partie mit dem Bauernzug von d2-d4 oder e2-e4 einzuleiten. Cervantes schrieb Comedias, die eben nicht in eine Ehe münden und fiel damit durch. Sein *Don Quijote* gilt manchen als erster Roman, der die Zufälligkeiten des Lebens zeigt und nicht einen vorbestimmten Verlauf abspult.

Auch moderne Erzähler und Filme rennen immer wieder gegen dieses Modell an; manchmal mit einer Wut, als wollten sie alles, was nach Literatur riecht, kurz und klein hauen:

> Mi novela *La colmena*, primer libro de la serie *Caminos inciertos*, no es otra cosa que un pálido reflejo, que una humilde sombra de la cotidiana, áspera, entrañable y dolorosa realidad.
> Mienten quienes quieren disfrazar la vida con la máscara loca de la literatura. Ese mal que corroe las almas; ese mal que tiene tantos nombres como queramos darle, no puede ser combatido con los paños calientes del conformismo, con la cataplasma de la retórica y de la poética.
> Esta novela mía no aspira a ser más – ni menos, ciertamente – que un trozo de vida narrado paso a paso, sin reticencias, sin extrañas tragedias, sin caridad, como la vida discurre, exactamente como la vida discurre.[156]

> [Mein Roman *Der Bienenkorb*, erster Band der Reihe *Ungewisse Wege*, ist nur ein blasser Abglanz, ein armer Schatten der alltäglichen, rauen, innig geliebten und schmerzlichen Wirklichkeit.
> Diejenigen lügen, die das Leben mit der verrückten Maske der Literatur verkleiden wollen. Dieses Unheil, das die Seelen zerfrisst, dieses Unheil, das so viele Namen hat, wie wir ihm nur geben wollen, es kann nicht mit den heißen Tüchern des Konformismus, dem Kataplasma der Rhetorik und der Poetik bekämpft werden.
> Dieser mein Roman strebt nicht danach mehr zu sein – und gewiss nicht weniger – als ein Stück Leben, Schritt für Schritt erzählt, ohne Auslassungen, ohne merkwürdige Tragödien, ohne Barmherzigkeit, so wie das Leben abläuft, genau so wie das Leben abläuft.]

Camilo José Cela, *La colmena*, Prolog zur ersten Auflage aus dem Jahr 1950. Aus der Leidenschaft des Ausbruchs spricht die Not und die politische Konfrontation der Francozeit. Neu ist der Angriff nicht. Er greift in den alten Streit darüber ein, ob Dichter »lügen«, ob sie »lügen« dürfen, ob sie »lügen« sollen, ob ihnen gar nichts anderes übrig bleibt und das Nachdenken darüber, wie sich Wirklichkeit wirklichkeitsgetreu darstellen ließe. Wir kommen darauf in den Kapiteln über das Erzählen zurück.

Vermerken wir aber: Das alte Modell ist robust wie eh und je und springt uns Abend für Abend aus Fernsehschirmen, Bühnen und Leinwänden entgegen. Dramen sind, was die Variation der Handlung anlangt, viel weniger einfalls- und variantenreich als der Roman und die Novelle, die schon im Namen ankündigt, dass sie etwas Neues, Unerhörtes, direkt aus dem Leben Gegriffenes zu bieten hat. Im Drama wird nicht bloß ein Stück Welt präsentiert, wir nehmen an einem Ritual teil und das Letzte, was wir von Ritualen erwarten, ist, dass sie innovativ sind. Nein, wir wollen von ihnen den Trost und die Sicherheit der Wiederholung, wir wollen, dass das Chaos der Zeit für die Dauer des Rituals aufgehoben und vorhersehbar ist, was als Nächstes passieren wird. Wir wollen, dass alle, die teilnehmen, genau das tun, was der rituelle Verlauf vorsieht und dass sie es gleichzeitig tun oder in der richtigen Reihenfolge und wer nicht »Happy birthday« mitsingt, ist ein Spielverderber. Der Kern des Rituals ist die Beschwörung der Zeit und ein Hauptziel ist die Orchestrierung von Gefühlen. Vor diesem Hintergrund erhalten auch die Phasen, die ein Drama durchläuft eine ganz andere Tragweite: die Exposition, in der ein Fall vorgestellt wird; Verwicklungen (verbunden mit Spannung und Konflikt), die dann in einem oder mehreren dramatischen Höhepunkten gipfeln und schließlich eine Auflösung, die einer letzten überraschenden Wende folgt.

All das wäre zu vertiefen: Warum wird Erfahrung gerade so geordnet, welche kulturellen und psychischen Bedürfnisse bewirken das? Was passiert mit Erfahrung, wenn sie in das Schema übersetzt wird? Welche Erfahrungen gehen verloren, kommen zu kurz, weil sie in dieses Schema nicht passen? Gleichen sich die Erzählschemata in unterschiedlichen Zeiten und Kulturen, gibt es große Unterschiede oder vielleicht kleine, aber wichtige?

Trotzdem: Die *Viuda valenciana* besteht nicht nur aus dem Schema *A verliebt sich in B, durchläuft die Krise C und gelangt zur Lösung D*. Die *Viuda valenciana*, das sind 2974 Verse, die alle dazu beitragen, die Welt von Valencia um 1600 zu suggerieren, mit ihren Brücken, Kapellen,

Masken, Spiegeln und Hausierern; Verse, die voll sind mit Gedanken, Meinungen, Weisheiten, Anzüglichkeiten, Respektlosigkeiten, Witzen – vor allem Witzen – , Wortspielen und nicht wenigen Aussagen, die uns mehrdeutig und widersprüchlich anmuten. Es stellt sich die Frage: Wird dieser ganze sinnliche und sprachliche Reichtum nur aufgeboten, um das alte Schema neu einzukleiden? Ich denke, es ist nicht so. Es ist wichtig, Schemata zu erkennen und zu vergleichen, sie geben Aufschluss darüber, wie das menschliche Denken und wie bestimmte Kulturen Wirklichkeit verarbeiten und strukturieren. Ich glaube aber, dass die Trennung von Schema und sinnlicher Ausgestaltung nur für Zwecke der Analyse taugt. Im Theater wirkt immer beides zusammen, um vor und mit den Zusehern ein einmaliges und einzigartiges Werk entstehen zu lassen. Die Aussage des Werkes ist aber genau dieses Werk in seiner Gesamtheit und diese Aussage lässt sich in keine andere Sprache vollständig übersetzen. Das heißt nicht, dass wir uns nicht von verschiedenen Seiten nähern können. Im Kapitel über Bild und Symbol werden wir diesen Punkt genauer ausführen.

Theatersprache: Performanz, Ironie und Rhetorik

Wie sprechen die Figuren Im Theater? Das heißt, wenn sie überhaupt sprechen, denn es gibt ja auch Momente der Stille, etwa, wenn umgebaut wird oder vor einem Sturm.[157] In der Oper können solche sprachlosen Passagen ziemlich lang sein, vor allem bei Wagner, aber da spricht ja die Musik. Lope empfiehlt seinen Autorenkollegen, sie sollen ja nicht zu viel Stille aufkommen lassen, das mache das Publikum unruhig. Allerdings könnten sie durch kluge Verwendung der Stille auch Anmut und Geschick beweisen.[158] Ein anderer Großmeister, Anton Tschechow, erlangte wiederum durch den Gegensatz von »Dialogen, die aus nichts bestehen, von langem Schweigen und lyrischen *Tiraden*[159], die wie Detonationen sind« besondere Wirkungen.[160] Lassen Sie einmal Szenen aus dem Theater, an die Sie sich erinnern, vor Ihrem inneren Ohr passieren und hören Sie zu, wie die Schauspieler reden. Das ist ungemein spannend. Sie können meinetwegen auch zu einer Szene aus einem Film abschweifen, obwohl es da doch Unterschiede gibt.

PERFORMATIVES SPRECHEN

Theater-Menschen sprechen handlungsbegleitend. Oft verwenden sie die grammatische Zeit des Präsens, aber auch das Futurum und die Befehlsform stehen ihnen gut: »Guárdame ese fray Luis!« Und wenn die Galane zu aufdringlich werden, dann ruft die Witwe Leonarda nach ihren Knechten und die prügeln sie aus dem Haus. Das Sprechen ist handlungsgeladen, es begleitet den Körper, der handelt, treibt ihn zum Handeln an oder setzt durch handelndes Sprechen Tatsachen. Die Sprechakttheorie würde sagen: im Theater finden wir besonders häufig das performative Sprechen: »Und wenn er es will, dann werde ich seine Frau sein!« Es lohnt sich, das als Merkmal der dramatischen Gattung hervorzuheben und mit den erzählenden Genres zu vergleichen. Die Theatersprache gibt vor, mitten im Leben zu stehen und der Theatertext ist dabei nicht ein isoliertes Zeichensystem, das sich einfach zu den anderen – Kostüme, Bühnenbild … – hinzufügen lässt. Ganz im Gegenteil: Der Text entfaltet sich im Zusammenwirken mit Bildern, Farben, Bewegungen und spielenden Mienen. »[…] la teatralidad se encuentra virtualmente en el texto«/ »die Theatralik ist virtuell im Text enthalten«, lautet die prägnante These von María del Carmen Bobes Naves.[161]

Beim Roman liegen die Dinge ganz anders: Zwar bietet auch er viele und lange Dialoge. Oft aber klingen diese als dunkles Raunen aus der Ferne der Zeit, so als hörten wir die Stimmen von Menschen, die wir längst aus den Augen verloren haben. Romanerzähler stürzen sich nicht ins Getümmel des Menschenlebens, sie denken meist mit zeitlichem Abstand darüber nach, wie alles gekommen ist, und wie die Zeit alles verändert hat. Die häufigste Zeitform der *Epik* ist das Präteritum.

Wenn uns das Theater bewegen soll, dann müssten die Menschen dort genau so sprechen, wie sie es im Alltag tun. So würde man vermuten, aber das ist nicht so. Das Sprechen auf der Bühne ist immer ein künstliches und kunstfertiges, hinsichtlich der Anordnung der sprachlichen Bausteine, hinsichtlich der Art und Weise, wie die Sprachbälle hin- und her- und zurückgeworfen und in der Luft gehalten werden, hinsichtlich der Logik der Kommunikation. Diese Punkte müssen wir abarbeiten. Beginnen wir mit der Logik der Kommunikation und einer ihrer Kuriositäten, der *dramatischen Ironie*.[162]

SPRECHEN IN ZWEI RICHTUNGEN

Das Theater ist immer Kunst und künstlich, in der Sprache wie in der Präsentation von menschlichem Handeln. Wie genau? Da ist einmal die Tatsache, dass da alles auf eigentümliche Weise verdoppelt und aufgespalten ist: Die Figur auf der Bühne ist zugleich der Schauspieler und die Rolle, davon war schon die Rede. Es wird etwas vorgespielt, von dem alle wissen, dass es schon als abgeschlossenes Ganzes da und fertig ist. Trotzdem tun alle so, als würde sich alles hier und jetzt erst abspielen und als wäre der Ausgang offen.

Das »Beiseite«

Schließlich ist da eine dritte Merkwürdigkeit: Die Figuren auf der Bühne sprechen irgendwie immer zugleich zu den anderen Figuren auf der Bühne und zum Publikum auf der anderen Seite (*ad spectatores*), man spricht von der *Doppeldeutigkeit der dramatischen Figurenrede*. Ja, schlechte Dialoge, auch in schlechten Fernsehkrimis, zeichnen sich dadurch aus, dass da einer dem anderen etwas mitteilt, dabei aber offenkundig ist, dass hier eigentlich das Publikum aufgeklärt und eingeweiht werden soll und wirkliche Menschen niemals so künstlich Informationen austauschen. Das klingt so wie die guten alten Freitagabend-Krimis aus Deutschland: »Komm Hans, wir fahren jetzt nach Duisburg zu Jürgen. Der will eine Entführung vortäuschen, um Geld von seinem Schwiegervater zu erpressen und wir haben zugesagt, seine Komplizen zu sein.« Oder: »Seit drei Jahren sprichst Du nicht mehr mit Deiner Frau! Du kannst es ihr noch immer nicht verzeihen, das mit dem Unfall, bei dem Marion, eure Tochter, ums Leben kam.« Gute Filme und gutes Theater dürfen eben nicht zu viel Bericht (*Diegesis*) enthalten, ihre Eigenart ist das direkte Vorzeigen und nachahmende Vorspielen (*Mimesis*).[163] Aber wir lassen uns ja auch im Theater viel gefallen. Etwa, dass uns die Schauspieler immer wieder etwas hinter vorgehaltener Hand »zuflüstern«, was der Mitspieler oder die Mitspielerin nicht hören soll. Sie machen uns zu Eingeweihten, zu Mitwissern. Der Mitspieler auf der Bühne tun dabei auch brav so, als habe er nichts gehört, auch wenn er nur einen Meter vom Sprechenden entfernt steht. Besonders witzig kann das *Beiseite(sprechen)* – frz. *aparté*, it. *a parte*, span. *aparte* – in der Oper wirken, weil es bei Singenden noch »unechter« ist. Kommt das Beiseite eigentlich im Kino oft vor? Woody Allen wäre da zu nennen, auch der Regisseur Ventura Pons aus Barcelona verwendet es gern in seinen Komödien.

Besonders wirksam ist das *Aparte* in Wortgefechten zwischen Herren und Dienern oder zwischen Streitenden und das war schon der Antike vertraut. Besonders wirksam ist es auch, wenn es eine halbe Sache bleibt, wenn also die neben dem Sprechenden Stehenden nur partiell ertaubt sind und daher Teile dessen, was ans Publikum gerichtet ist, mithören oder noch besser: nur das Klangmuster hören, aus dem sie sich etwas Falsches zusammenreimen. (Das ist eine besondere Verwendung der Figur der *Paronomasie*, die uns im Abschnitt über Rhetorik noch beschäftigen wird.)

Es kommt auch vor, dass sie zwar nicht hören, aber sehen, dass der oder die andere spricht und Aufklärung verlangen, was dem anderen die Möglichkeit gibt, eine unschuldige zweite Version zu basteln, die aber – denn so schnell können wir ja in Gedanken nicht umschalten – doch mit dem ersten assoziativ zusammenhängt. So etwa in der *Tragicomedia de Calisto y Melibea/ Tragikomödie von Calisto und Melibea* (1502), kurz *La Celestina* von Fernando de Rojas, der als Vater der spanischen Komödie gilt:

> CALISTO. [er schwärmt von der schönen Melibea] Comienço por los cabellos. ¿Vees tú las madexas del oro delgado, que hilan en Aravia? Más lindos son y no resplandeçen menos; su longura hasta el postrero assiento de sus pies; después crinados y atados con la delgada cuerda, como ella se los pone, no ha más menester para convertir los hombres en piedras.
> SEMPRONIO. (¡Mas en asnos!)
> CAL. ¿Qué dizes?
> SEMP. Dixe que essos tales no serían cerdas de asno.
> CAL. ¡ Veed qué torpe y qué comparación!
> SEMPRONIO. ¿Tú cuerdo?

Der Witz kommt wieder dadurch zustande, dass der Klang ähnlich bleibt, der Sinn ganz woanders herkommt. Entscheidend sind die Klangspiegelungen – Paronomasien – von *cuerda* – *cerdas* – *cuerdo* und *asnos* – *asno*. Die Übersetzung kann diese Wirkung der Klangähnlichkeit nicht bewahren:

> CALISTO. Bei den Haaren fange ich an. Kennst du die Stränge hauchzarten Goldgespinstes aus Arabien? Nun, noch feiner sind ihre Strähnen, und sie strahlen mit nicht geringerem Glanz. Lang wallen sie herab, bis zu den Fersen. Sind sie aber erst gekämmt, geflochten und hochgebunden mit dem niedlichen Bändelchen, das all die Fülle zu fassen pflegt, so braucht es nichts weiter, um die Männer augenblicklich in Steine zu verwandeln.
> SEMPRONIO. Eher in Esel.
> CAL. Was sagst du?
> SEMP. Ich sagte, so struppig wie eine Eselsmähne werden sie schon nicht sein.
> CAL. Mein Gott, was für ein grober Klotz! Welch ein Vergleich!
> SEMP. Und du klug?[164]

Das Beiseitesprechen ist eine ganz merkwürdige Art, sich aus der Kommunikation auf der Bühne, nicht aber aus der Handlung auszuklinken. Aber eigentlich müssen wir zugeben: Kein Schauspieler spricht je auf der Bühne, ohne dabei auf die Seite zu schielen, wie denn die Menschen auf den Rängen gerade »drauf sind«. Oder nein, vielleicht sind das die Stümper, die auf die Lacher warten, so wie Streithähne an einer Theke in einer spanischen Bar oder in Kärntner Gebirgstälern, die nichts von sich geben, was nicht auch »für die Galerie«, also die versammelte Wirtshausgemeinde, bestimmt ist. Vielleicht muss ein begabter Schauspieler so im Rausch des Spiels aufgehen, dass er gar nichts anderes mehr wahrnimmt, als das, was im Spiel Gegenwart und Wirklichkeit ist. Trotzdem stimmt: Alles was gesagt wird, ist auch ans Publikum gerichtet, das Publikum ist so immer einbezogen und genau genommen Teil des Spiels. Umgekehrt ist das Spiel durch diese merkwürdige Verdoppelung der Sprechrichtung immer verfremdet.

Die Apostrophe

Als ob das alles nicht schon verwirrend genug wäre, gibt es da noch andere unsichtbare Zuhörer, die nicht selten von den Spielern auf der Bühne direkt angesprochen und noch häufiger angerufen werden. Das sind die höheren Mächte, die Götter, die zu Hilfe gerufen oder eben nur angerufen werden. Diese Figur der Hinwendung zu höheren Mächten heißt *Invocatio*. Die Invocatio wiederum ist der *Apostrophe* untergeordnet, das heißt »Abwendung«, denn vor griechischen Gerichten sprach man von Apostrophe, wenn sich der Redner vom Richter wegwandte und zum Kläger hinwandte. So unterschiedlich ist das Theater hier vom Leben nicht. Auch da müssen wir ja öfter mehrere Sprechziele gleichzeitig oder kurz hintereinander bedienen. So im Sinn: »Und nun zu Dir!« Die Bühne zeigt uns aber, wie kompliziert Kommunikation ist und wieviele da gleichzeitig teilhaben können. In der Rhetorik können wir immer von Apostrophe sprechen, wenn sich der Dichter (oder der Schauspieler) direkt dem (Lese-) oder Theaterpublikum zuwendet oder wenn er Abwesendes, Dinge (Waffen etwa) oder Naturgewalten anspricht.[165] Wenn Sie mit dem Bein gegen einen Stuhl rennen, dem Stuhl einen Fußtritt geben und ihn mit einem Schimpfwort bedenken, dann haben Sie eine Apostrophe verwendet und wie die Dichter für einen Moment vernachlässigt, dass wir wenig Indizien dafür haben, dass nichtmenschliche Phänomene Sprachkompetenz besitzen (jetzt einmal abgesehen von Hunden, Papageien und dem Berg Sesam).

MITWISSERSCHAFT UND DRAMATISCHE IRONIE[166]

Wir haben vom Schein gesprochen und immer wieder von den Gefühlen, die das Theater auslösen soll. Da gibt es nun die eine Ebene, die Aristoteles, Shakespeare, Lope de Vega und Hitchcock ansprechen: Das Publikum fühlt mit, weil es um das Leben des Helden oder der Heldin bangt, sich über deren Liebesglück freut oder entrüstet ist über Betrug und Verrat. Es gibt aber da noch einen Gefühlsbereich, der mehr von Eitelkeit und Besserwisserei gespeist wird als von kindlichem, unbefangenem Mitfühlen und Einfühlen. Autoren wecken diesen dadurch, dass sie uns absichtlich zu Mitwissern machen. Das heißt, sie sagen und zeigen uns mehr, als die handelnden Figuren auf der Bühne sehen und wissen: Im Schrank ist der Liebhaber versteckt, aber der Ehegatte, der spricht, weiß das nicht, wir wissen es aber, und die Dame, die mit ihm verhandelt, weiß es auch. Und so interagieren ständig Menschen miteinander, die in geglaubten Wirklichkeiten leben, die sich drastisch voneinander unterscheiden. A glaubt, dass B ihm untreu ist, während B nur so tut, als wäre sie untreu, um A auf die Probe zu stellen, woraufhin A sich an C heranmacht, um B eifersüchtig zu machen, was nun wieder B dazu bringt ... Allerdings ist B gar nicht B, sondern in Wirklichkeit C, denn sie hat sich als diese verkleidet, um A zurückzuerobern, was aber B herausfindet, denn sie hat sich hinter dem Sofa versteckt usw. usw. Eigentlich wie im wirklichen Leben – oder fast. Und wir sitzen daneben und schauen amüsiert zu oder können es kaum noch ertragen, wenn da wieder eine Figur in die Irre geht, im Glauben, alles zu durchschauen und recht klug und zielstrebig zu handeln.

Im Film ist dieses Stilmittel allgegenwärtig. Ohne Zweifel, gerade dieses Mehrwissen und Besserwissen oder scheinbar Besserwissen führt dazu, dass wir das Spiel intensiver erleben und genießen. Es wird dann auch zum Vergnügen für den Verstand. Wir werden das eine Mal zu Komplizen des Autors, wenn wir ihm dazu gratulieren, wie geschickt er Verwirrung stiftet. Wir werden aber auch zu seinen Herausforderern: Na, ob du das wieder auflösen kannst? So viel Verwirrung kann nur durch ein Ende gelöst werden, das an den Haaren herbeigezogen ist…

Gewiss kann diese Ironie auch den Schauder und den Jammer[167] steigern und damit die Reaktionen hervorrufen, die Aristoteles verlangte. Das passiert, wenn wir zusehen müssen, wie ein Held sich blind ins Verderben redet und in dieses rennt: König Ödipus verflucht bei Sophokles den Mörder seines Vorgängers, der er doch, schrecklich zu sagen, selbst ist. Das heißt *tragische Ironie*.[168]

Mit Genuss geben wir uns dem Mehr-Sehen und Mehr-Wissen hin, wenn es um harmlose Komplikationen in Liebesgeschichten geht. Eine solche Szene schenkt uns die *Viuda valenciana*. Camilo trifft irgendwann in der Mitte der Handlung im Park durch Zufall seine nächtliche Geliebte. Er weiß aber nicht, dass sie das ist, wenn er sich auch merkwürdig zu ihr hingezogen fühlt. Und so beginnt er ihr recht treuherzig von eben dieser nächtlichen Geliebten zu erzählen und jammert darüber, dass er sie noch nie sehen durfte, just in dem Augenblick, wo sie leibhaftig aber unerkannt vor ihm steht. Ausgesprochen charmant! So ähnlich wie bei *E-Mail für Dich* oder wie heißt die Komödie mit Meg Ryan? Wenn wir all das mit der Erkenntnis Aristoteles' verknüpfen, dass es dem Menschen Freude bereite, Nachahmungen des Lebens zu sehen,[169] dann könnten wir präzisieren: Die Nachahmungen befriedigen uns auch deshalb, weil sie bisweilen überschaubarer sind als das wirkliche Leben. Oder müsste man noch genauer formulieren: Das Theater treibt einerseits die Verwirrungen und Konfusionen des Lebens auf die Spitze. Im Gegenzug und quasi als Ausgleich lädt es den Zuseher aber bisweilen ein, neben dem Autor auf dem Feldherrnhügel des besseren Verstehens Platz zu nehmen und die Schlachtfelder des Lebens aus der privilegierten Position zu überblicken und zu studieren. Allerdings muss er jederzeit damit rechnen, von dort wieder hinuntergestoßen zu werden und am Schluss als der eigentlich Gefoppte dazustehen.

Hier sollten wir noch eine feine Technik ansprechen, die wir nicht nur im Theater, sondern auch im Roman und im Leben finden: Das Täuschen mit der Wahrheit – »el engañar con la verdad«[170], nach Ansicht Lopes ein Mittel, das großes Vergnügen auslöst. Der Trick ist einfach: Man sagt: »Du, ich werde dir jetzt eine Lüge erzählen«, um dann in die Lüge hinein die Wahrheit zu legen, die der andere aber nun für gelogen hält und daher nicht so reagiert, wie er es täte, wenn er wüsste, dass die Lüge wahr ist.[171] Der (saubere) Cop zum New Yorker Mafioso (der ihn für korrupt hält und einen Deal einfädeln möchte): »Natürlich trage ich unter dem Hemd ein Mikro! Los, durchsucht mich doch!« So arbeiten ja auch die Schelme der Literatur, die ganz dreist und frei heraus die unverschämtesten Wahrheiten sagen: Till Eulenspiegel, Klimka, der Dieb im Russischen Märchen, der Küchenjunge Leon in Grillparzers Komödie *Weh dem, der lügt* (1838). Das Täuschen mit der Wahrheit ist eigentlich das Gegenstück zur Ironie, die ja absichtlich lügt und davon ausgeht, dass der andere das Gegenteil für wahr hält.

Im *Malade imaginaire* von Molière dürfen Angélique und Cléante nicht heiraten, denn der alte Hypochonder Argan will partout, dass seine Tochter einen angehenden Arzt heiraten soll. In Anwesenheit des Vaters und dieses unliebsamen Freiers singen sie nun ein Liebesduett, in dem sich der Schäfer Tircis und die schöne Schäferin Philis ihre Liebe versichern, über den Rivalen und über den tyrannischen Vater klagen. Argan muss sie singen lassen, denn es ist ja schließlich nur eine »Szene aus einer kleinen Oper«. Schließlich verärgert ihn aber die allzu große Ähnlichkeit der Fälle und er bricht das Singen ab.[172] Das ist auch ein treffliches Beispiel für die sogenannte *Mise en abyme*, die dann vorliegt, wenn in eine Handlung ein kleinformatiges (und oft verfremdetes) Spiegelbild dieser Handlung eingefügt ist.[173]

Wir haben bei Molière genau genommen eine Fiktion zweiten Grades, die in eine Fiktion ersten Grades eingefügt ist. Es gibt dafür viele Beispiele, auch im Film – etwa in den Komödien von Ernst Lubitsch (*Design for Living/Serenade zu dritt* 1933, *To be or not to be*

1942). Turgenjew verwendet das Mittel in der Erzählung *Erste Liebe* auf meisterhafte Weise, um die Liebesverwirrung zum Höhepunkt zu treiben.

Dichter sagen hinter der Maske der Dichtung die Wahrheit. Wie passt das zu ihrer alten Rechtfertigung, die sie seit der Antike dem Vorwurf, sie würden lügen, entgegenhalten: Da wir ja gar nicht behaupten die Wahrheit zu sagen, kann man uns auch nicht der Lüge zeihen.[174] Bedenken wir nun, dass die Sache eine andere Seite hat und bedenken wir ihre Bedeutung in Zeiten, in denen es verboten war, die Wahrheit zu sagen: Wer sagt (oder auch nur glauben macht), dass das, was er sagt, erfunden ist, der kann bisweilen ungescholten unangenehme Wahrheit verbreiten.

DIE KUNST DER SKIZZE UND DER VERDICHTUNG

Es ist wohl eine Eigenart der Stücke von Lope de Vega: Bei einer ersten Lektüre hinterlassen sie einen Eindruck des Blassen, Unausgegorenen, ja man fragt sich: Und das ist der berühmteste Komödienschreiber Spaniens und einer der berühmtesten der Welt!?

Wie Lope Alltagssprache ganz unmerklich in Kunstsprache verwandelte, das wird erst deutlich im Spiel. Eine dürre Szene beginnt da plötzlich zu vibrieren und zu glänzen. Erst in Bewegung und in der Spannung mit denen der anderen Bühnenfiguren erhalten die Textstellen ihre ganze Bedeutung und Kraft. Und dann stellt plötzlich eine so triviale Sache wie eine Begrüßung eine Herausforderung an den Interpreten dar: Denn bereits die Begrüßungsformel deutet an, was sich zwischen zwei Figuren weiter abspielen wird. Und nur ganz bestimmte Sätze, Satzfolgen und Dialogfolgen taugen dazu, ein Netz der Gefühle und der gespannten Beziehungen zwischen den Figuren entstehen zu lassen und die Handlung weiter zu bringen. Dabei ist die Länge der einzelnen Aussagen, der Wechsel und Rhythmus zwischen Rede und Gegenrede wichtig. Die oben zitierte erste Szene aus der *Witwe von Valencia* von Lope ist nicht die beste, die der Autor zu bieten hat, aber sie macht deutlich, was gemeint ist. Es geht um die Kunst des Theatertextes als keimfähiger und entfaltbarer Vorlage, um die Kunst der »auffüllbaren« Sprache, spielbaren inszenierbaren, aber nicht »aufgeblasenen« Sprache.[175] Theatersprache heißt, dass der Autor einerseits präzise und kraftvoll andeutet, was er in die Figuren legen will. Diese Anlage aber darf sprachlich nicht schon in einer Weise übergestaltet sein, dass den Spielenden nichts mehr zu tun bleibt. Der Autor soll seinen sprachlichen Kindern starke Gene mitgeben, die Ausbildung aber den Aufführenden überlassen; er liefert nur die Skizze, der Schauspieler macht daraus das Gemälde. Er muss starke Karten austeilen, der Schauspieler muss damit sein Spiel gewinnen. Denn die Schauspieler müssen entscheiden oder mit entscheiden, wann sie lächeln, grinsen oder ein finsteres Gesicht ziehen, wann sie die Nase rümpfen oder »mit den Händen durch die Luft sägen«[176], wann sie flüstern oder »zwischen den Zähnen« sprechen, wie es die Kupplerin Celestina in der Tragikomödie so oft tut; wann sie stocken und innehalten, wann sie vor ein Brüllen einen umso effektvolleren Moment der Stille setzen. Lope de Vega fasste es kurz:

Hör' gut – und streit' nicht um die Lehre – an;
verhält es sich beim Drama doch derart,
dass sich *beim Hören* alles offenbart.[177]

Das Allgemeine im Besonderen

Eine zweite Tugend der Theatersprache hängt mit der ersten eng zusammen, es ist die Kunst der Verdichtung. Lesen wir eine beliebige Szene aus *Die Witwe von Valencia* und überlesen wir einmal alles, was rhetorischer Schmuck ist. Es wird uns auffallen, mit welcher Genauigkeit die Dialoge gebaut sind. Die Schauspieler haben wenig Zeit, ihr Wesen zu zeigen und ist eine Replik cholerisch angelegt, so kann derselbe Charakter nicht zwanzig Verse weiter als Phlegmatiker auftreten. Denn von der ersten Szene an würde das Publikum seinen Charakter in Richtung cholerisches Handeln gedanklich ausgestalten und vorauseilend ergänzen. Wer den Theaterdichter am meisten bedrängt, das ist Gott Chronos, und daher kann er nicht zwanzig Szenen aufbieten, um Sanftmut, Schläue, Eitelkeit, Jähzorn oder Rachsucht einer Figur deutlich zu machen.[178]

Es sei hier noch eine Szene aus dem Theaterschaffen von Lope de Vega genannt, die zugleich eine seiner besten ist: Es ist die erste Begegnung zwischen Cassandra und dem Grafen Federico in dem Stück *El castigo sin venganza/ Richter..., nicht Rächer* (1631/32). Federico ist der uneheliche Sohn des Herzogs von Ferrara. Dieser hat ihn ausgesandt, er soll Cassandra, der künftigen Fürstin von Ferrara entgegen reiten und sie zur Hochzeit mit dem Vater geleiten. Doch, so bangt der Vater, wird der Sohn eine Stiefmutter, deren Kinder ihm das Erbe streitig machen werden, annehmen können? Das Schicksal will es nun, dass die beiden an einem Fluss aufeinander treffen; die Kutsche der Herzogin hat sich im Sand des Flussbettes festgefahren. Federico trägt die junge und schöne zukünftige Schwiegermutter auf seinen Armen aus dem Fluss, dabei der erste Wortwechsel der beiden, die noch nicht wissen, wer ihr Gegenüber ist. Wir sehen also einen Klassiker unter den spannungsvollen Szenen: Zwei Menschen begegnen sich und ahnen dunkel und oft unter falschen Vorzeichen, dass sich ihre Schicksale heftig miteinander verschlingen werden. Wir begnügen uns mit der deutschen Fassung:

(Federico kommt zurück; er trägt Cassandra auf den Armen)
F. Erlaubt mir, edle Frau, dass meine Arme
Euch noch bis dort zu jenem Felsblock tragen.
C. Ihr seid sehr ritterlich; ich danke Euch.
F. Ich aber preise meinen guten Stern,
dass er von meinem Weg mich abseits führte
in diesen Wald.
C. Wer sind die Männer, Ritter?
F. Seid unbesorgt, es sind nur meine Diener;
seit dieser Stunde sind's die Euren auch
[...]
FEDERICO: Darf ich nun, edle Frau, in aller Ehrfurcht
Euch bitten, mir zu sagen, wer Ihr seid,
damit ich Euch, wie's Euch gebührt, begrüße?
C. Was Ihr erbittet, will ich gern gewähren:
Mein Vater ist der Fürst von Mantua,

ich bin Cassandra, seine einzige Tochter,
und werde bald Ferraras Fürstin sein.
F. Und ganz allein reist Ihr durch dieses Land?
C. Ihr irrt; das könnte eine Frau nicht wagen.
Nein! Der Marchese Carlo von Gonzaga
geleitet mich auf meiner Fahrt. Er blieb
nicht weit von hier zurück mit dem Gefolge.
Ich zog mich nur auf kurze Zeit zurück;
mir schien, dass an des Wassers andrem Ufer
das Blätterdach der Bäume dichter schlösse,
und mir zu kurzer Rast noch bessern Schatten
von dieser Sommersonne spenden würde.
Jedoch des Flusses Ufer war versandet;
kaum waren wir hindurch, so neigte sich
im weichen Grund der Wagen und fiel um;
da nahtet ihr als Retter in der Not.-
Nun aber will ich wissen, wer Ihr seid;
Ihr scheint mir tapfer und von guten Sitten
ich seh Euch an, Ihr stammt aus edlem Haus.
Nicht ich allein bin Euch zu Dank verpflichtet,
auch der Marchese und mein edler Vater,
sie stehen gleicherweis in Eurer Schuld.
F. Reicht Eure schöne Hand mir erst zum Kusse,
dann sollt ihr wissen, wer mein Vater ist.
C. Ihr kniet? Das ist zuviel! Ich muss Euch danken…
F. Der Euch zu Füßen liegt, ist… Euer Sohn!
C. Wie war es möglich, dass ich das nicht ahnte?
Wer anders sonst mit glänzendem Gefolge
wär' auf dem Wege wohl nach Mantua?
Umarmt mich, Federico![179]

Beobachten Sie den doppelten und dreifachen Boden der Szene:
Federico ist noch harmloser Retter, noch braver Stiefsohn, doch in
der Vorahnung dessen, was kommen wird, sind die scheinbar
unschuldigen Formen: er trägt sie in den Armen, er fällt vor ihr auf
die Knie, er küsst ihre Hand, schon von der verbotenen Leidenschaft infiziert, von der das Sprechen noch nichts wissen will und
darf.
Ich komme noch einmal auf dieses außergewöhnliche Stück zurück.
Behalten Sie einstweilen auch die Schlüsselfrage im Gedächtnis, ich

glaube, es ist überhaupt die wichtigste Frage oder Aufforderung, die im Drama gestellt wird: Sag mir, wer du bist!

Viele Szenen bei Lope erscheinen in der Genauigkeit der Anordnung der Figuren und Objekte, der Bewegungen und Sätze so präzis komponiert wie die Gemälde großer Maler der Epoche, Tizians etwa. Wie dieser verdichtet er Motive und Handlungen so sehr, dass sie unter ästhetischem Hochdruck stehen.

Dialog für ein Drehbuch

In einem meiner Kurse sollten Studenten Szenen für ein mögliches Drehbuch schreiben. Einer der Vorschläge sei hier vorgestellt.

Diálogo para un guión:
Una fiesta. Un cuarto pequeño, la ventana está abierta: hay una cama, una silla, una lámpara. En el fondo [invisible] la gente está riendo, charlando, bailando. La radio toca una samba.
Inés, sentada en la cama, está leyendo un libro. Maurice está arrimado a la puerta.

MAURICE ¿Qué estás leyendo?
INES. Nada especial. *Echa un vistazo corto a Maurice.*
M ¿Qué autor es?
I. *No reacciona.*
M. ¿Qué autor es?
I. Marcel Proust.
M. Ah ... *Va a la ventana* ¡Qué bellísima noche! ¡Mira las estrellas!
I. *Sigue leyendo, no presta ninguna atención a Maurice.*
M. Adoro las noches como ésta. El ruído del día cesa, se oye el murmullo de los árboles – toda la naturaleza respira. Es una atmósfera mágica, ¿verdad?
Se oye el ruido de la fiesta. Una voz aguda ríe. Unas copas tintinean.
I. A mí, esta noche me parece bastante ruidosa. *Fija su atención de nuevo en el libro.*
M. *Parece un poco decepcionado, se vuelve hacia la ventana. Respira profundamente.*
El olor de las flores, todo huele a primavera, ¡se siente la libertad! ¡Es pura poesía!
I. Marcel Proust es pura poesía. Es increíble como compacta e intensifica la vida, las sensaciones – Esto sólo se puede sentir a través de la literatura. Nada puede ser tan intenso.

M. Esto depende de si tu eres abierta, ¿no?

I. Pienso que una sensación intensa es sólo posible recordando algo.Recordando se perfecciona la experiencia, se enriquece con la memoria de todo aquello que podría haber sucedido.

M ¡Qué locura! ¡Nunca vas a vivir, a sentirte viva! ¡Qué desperdicio de vida!

Una chica viene a la puerta. Su pelo y su ropa están desordenados. Parece borracha, tira besos a los dos.

Maurice mira a Inés durante un momento, como si estuviera esperando algo. Ella responde sólo con una mirada. Luego, él comienza a seguir a la chica de antes. Inés sonríe ligeramente, pone el libro delante de sí, reclina su cabeza y respira profundamente. Se queda así un rato, seguidamente el telón baja.

[*Dialog für ein Drehbuch.*

Eine Party. Ein Zimmer. Das Fenster ist offen. Im Zimmer befinden sich ein Bett, ein Sessel und eine Lampe. Aus dem (unsichtbaren) Hintergrund dringt Lachen, Geplauder, das Geräusch von Tanzenden. Das Radio spielt eine Samba. Inés sitzt auf dem Bett und liest ein Buch. Maurice lehnt an der Tür.

M.: Was liest du da?

I.: Nichts Besonderes. *Wirft Maurice einen kurzen Blick zu.*

M.: Von wem?

I.: *reagiert nicht.*

M.: Von wem ist es?

I.: Von Marcel Proust.

M.: Ah… *geht zum Fenster.* Wahnsinnig schön, die Nacht heute. Gib dir mal die Sterne!

I.: *liest weiter, schenkt Maurice keine Aufmerksamkeit.*

M.: Ich stehe auf Nächte wie diese. Wenn alles ruhig wird, der ganze Lärm weg ist, und man das Rauschen der Blätter hören kann – die Natur atmet. Magisch, oder?

Man hört im Hintergrund den Partylärm. Schrilles Lachen, Gläser klingen.

I.: Mir scheint der Abend ziemlich lärmig. *Konzentriert sich wieder auf ihr Buch.*

M.: *wirkt ein wenig enttäuscht, wendet sich wieder zum Fenster. Er atmet tief ein.* Unfassbar, der Blumenduft, alles riecht nach Frühling! Man spürt die Freiheit! Pure Poesie!

I.: Marcel Proust, das ist Poesie! Es ist unglaublich, wie er das Leben, die Empfindungen verdichtet – das kann man nur in der Literatur spüren. Nichts anderes ist so intensiv.

M.: Das kommt darauf an, ob du dafür offen bist, nicht?

I.: Ich glaube, dass eine so starke Wahrnehmung nur in der Erinnerung möglich ist. In der Erinnerung vervollkommnet sich das Geschehene, erlebst du alles, was hätte sein können.

M.: Aber das ist verrückt! So wirst du nie wirklich leben, spüren, dass du lebst! Das ist eine totale Verschwendung deines Lebens!

In der Tür erscheint ein Mädchen mit zerrauften Haaren und verrutschter Kleidung. Sie ist offensichtlich betrunken und wirft den beiden Kusshändchen zu. Maurice sieht Inés einen Augenblick lang an, als erwarte er etwas. Sie erwidert regungslos seinen Blick, bis er sich ruckartig umdreht und dem Mädchen nachgeht. Inés lächelt leicht, legt das Buch neben sich, lehnt den Kopf gegen die Wand und atmet tief durch. In dieser Stellung verharrt sie, bis der Vorhang fällt.[180]]

RITUALISIERTE SPRACHE: SENTENZ UND FIGUR

Jeder Satz auf der Bühne ist ein besonderer Satz. Das ist auch der Grund dafür, dass so viele Textstellen aus dem Theater zu geflügelten Worten wurden, gewiss viel mehr als Sätze aus Romanen: In der Kunst der Verknappung auf das Wesentliche ähneln sie *Epigrammen*, *Aphorismen*[181] und *Sprichwörtern*. Vielleicht sind das eben die Sätze, bei denen Theaterdichter die Kunst der Präzision in besonderer Weise verwirklichten. Man könnte nicht genau sagen, wie und warum, aber man weiß, dass »Franz heißt die Canaille« eine besondere Aussage ist, oder »Durch diese hohle Gasse muss er kommen« oder »Marie, du bist schön wie die Sünde« oder »Der Mond ist wie ein blutig' Eisen«.

DER SCHLUSSAKKORD

Berühmt geworden sind Verse, die das ganze Stück krönen und womöglich in einem Satz seine Botschaft komprimieren, zugleich aber den Horizont für das Danach öffnen, nicht immer ist ja der Rest Schweigen. Dazu gehört das »Was sollen wir tun, wir müssen leben!« der Sonja aus Tschechows *Onkel Wanja*. Dazu gehört der Diener aus dem Stück *Der Kirschgarten*, der von den Abreisenden einfach vergessen wird und einen erstaunlichen Satz spricht: »So ist das Leben vorübergegangen, als ob man es gar nicht gelebt hätte.«[182] Oder in einer anderen Übersetzung: »Das Leben ist vergangen, als hätte ich nie gelebt.«[183] Besonders beachten sollten wir auch die Sätze, die eine Szene im Stück abschließen und in den Ohren nachklingen und so die Brücke zur nächsten Szene schlagen. Sie sollen auch ein unruhiges Publikum bis zum nächsten Auftritt bei Laune halten. Das war die Sorge Lopes:

> Die Szenen schließe man mit einem Sinnspruch,
> mit witz'gem Wort, mit eleganten Versen,
> derart, dass der, der spricht, beim Abgeh'n nicht in
> Missstimmung die Zuhörerschaft zurücklässt.[184]

Keine Szene soll *disgusto* zurücklassen. Gewiss gelingt das Finea, der *Klugen Närrin* des gleichnamigen Stückes, wenn sie vor einem Abtritt ein *Polyptoton*[185] aufwendet, um mitzuteilen, dass sie wohl doch nicht von ihrem Liebsten lassen könne:

> Harto me pesa de amalle;
> pero a ver mi daño vengo
> aunque sospecho que tengo
> de *olvidarme* de *olvidalle*.
>
> > [Es drückt mich schwer, dass ich Laurencio liebe,
> > doch weil's nicht gut ist, will ich ihn vergessen;
> > nur fürcht ich, dann vergesse ich mich selbst!][186]

Das Thema wäre eine Studie wert: *Irse sin dejar disgusto – Abtreten ohne Unmut zu hinterlassen – Szenenabschlüsse und Übergänge bei Lope de Vega.* Dabei könnte man auch wirklich fürs Leben etwas mitnehmen und würde nie mehr türknallend abtreten. (Jetzt frage ich mich, ob es solche Abtritte bei Lope auch gibt? War es damals üblich, Türen zuzuknallen?) Aus Zeitgründen schweifen wir nicht zu Shakespeare ab, obwohl auch der szenenkrönende Ausruf der Juliet, die sich soeben Hals über Kopf verliebt hat, sehr schön ist: »Prodigious birth of love it is to me/ that I must love a loathed enemy«[187]. Und folgenden Schlusspunkt kann sich nur ein Narr leisten: »Wenn eine Jungfrau über diesen Abgang lacht, wird sie sogleich von mir zur

Frau gemacht.«[188] Es fragt sich, bei wem dieser Vers aus dem *King Lear* zur Zeit Shakespeares *gusto* oder *disgusto* hinterließ.

STREITEN UND LIEBEN IN VERSEN

Im Theater der Frühen Neuzeit reden die Menschen in gebundener Sprache.[189] Ich halte das für keine Nebensache, wie Verssprache und Metrik überhaupt keine Nebensachen sein sollten und es traurig ist, dass sie es heute sind. Rhythmische Sprache leistet im Theater all das, was sie auch sonst leistet und was ich in dem Kapitel, das davon handelt, dargestellt habe. Sie lässt etwa eine Spannung zwischen »natürlichem« Satzbau und metrischer Form entstehen. Das trägt zur Verfremdung der Sprache bei, zur Intensivierung, dazu, dass sie uns ästhetisch anspricht.
Vielleicht kommt im Theater noch etwas dazu. Und hier stoßen wir wieder auf die Frage, die uns schon ein paar Mal beschäftigt hat: Wie wirkt das Theater auf die Gefühle der Zuseher? Wir präzisieren diese Frage jetzt: Wie wirkt eine in festen Rhythmen swingende Sprache auf das Theaterpublikum? Was trägt der Rhythmus dazu bei, wenn es darum geht, dass sie ihre mitgebrachten Gefühle vergessen und sich in die Scheingefühle der Spielenden hineinversetzen? Für mich war wieder unsere Aufführung lehrreich. Dort hatte ich immer wieder den Eindruck, dass es der Rhythmus war, der Spieler und Zuschauer in eine gemeinsame Welle hineinzog – und mit dieser forttrug. Wir sollten eine oft zitierte Passage von Lope de Vega noch einmal lesen und in diesem Licht sehen. Es geht darin um die Übereinstimmung zwischen Thema und Strophe:

> Dass er die Versart klug verpasse mit
> den Gegenständen, die er grade vorhat.
> Die Zehnerzeilen passen gut zur Klage,
> Und das Sonett ist recht für Wartende.
> Berichte muss man als Romanzen geben,
> doch in Oktaven glänzen sie besonders.
> Für ernste Sachen brauche man Terzinen,
> in Liebessachen eher Redondilen,
> Rhetorische Figuren sind auch wichtig[190]

Der herrschende Rhythmus

Genau genommen geht es hier ja nicht nur um Themen, sondern um Phasen im Handlungsverlauf: Warten und Hoffen, Lieben, Klagen, es geht also um die emotionale Färbung einer Rede. Es lässt sich sagen, dass hier mit einer bestimmten Form ein bestimmter Gefühlston erzeugt wird, so wie heute ein Blues zu Nostalgie und Liebesschmerz passt oder die Erinnerung daran wachruft, ein Rap zu aggressivem Aufbegehren und ein Walzer in der Oper oder Operette erotisch gefärbt war. Der Theaterbesucher, der 1000 Mal ein Liebesgeplänkel im Rhythmus der Redondilla[191] hört und sieht – wer weiß, vielleicht trat bei dem dann auch der umgekehrte Effekt ein und allein schon der Rhythmus dieser Strophe rief die Erinnerung an solche Dinge wach, so wie ein bestimmtes Lied eine bestimmte Erinnerung wachrufen kann. Lope gab der Musik im Theater und der Musikalität der Theatersprache große Aufmerksamkeit:

> Sie wird, wie jede Nachahmung durch Dichtung,
> verfertigt aus drei Dingen, nämlich: Sprache,
> Verswohlklang, Harmonie – oder »Musik« auch [192]

Theater bedeutete für ihn Erziehung zum richtigen Rhythmus. Er meinte sogar, dass die Verse mithülfen, das Volk zur Tugend zu erziehen. Allerdings galt es zur Zeit Lopes als tugendhaft, Juden zu denunzieren. Kritisch können Sie sagen: Erziehung dazu, im Rhythmus der Masse mitzuschwingen. Aber damit müssen wir uns abfinden, wenn wir über eine öffentliche Veranstaltung wie das Theater reden. Sie braucht den engen Kontakt zu den Mächtigen und ist durchdrungen von dem, was die *thought technicians*[193] einer Zeit als Gut und Böse definieren. Im Theater finden sie die Schlüsselkonzepte einer Kultur und es trägt auch dazu bei, den herrschenden Rhythmus zu stärken. Umso wichtiger ist es, dass wir uns auch für diese feinen Mechanismen der Macht sensibilisieren. Das heißt nicht, dass Sie im Dickicht der gut 2000 Verse, die eine Comedia ausmachen, nicht auch viele merkwürdige, dem ideologischen Hauptstrom gegenläufige Gedanken finden werden. Die Komödie will ja auch lachen machen. Gelacht wurde im siebzehnten Jahrhundert, wenn Minderheiten und Randgruppen verspottet wurden. Gelacht wurde aber auch, wenn für ein paar Momente die herrschende Ordnung in Frage gestellt wurde, oder sich einfach eine befreiende Anarchie breit machte. Diese ist in den Verwechslungen und Verwirrungen immer ein wenig enthalten, die uns eine *Comedia de enredo* (*Verwechslungskomödie*) vorführt, und dem Chaos, das sie auf der Bühne entstehen lassen.

Noch einmal rauschende Abgänge und die drei Einheiten

Wir haben vor ein paar Seiten über rauschende Abgänge gesprochen und ein paar launige Beispiele gelesen. Geben wir der Sache noch mehr Tiefe: Szenenschlüsse sind Problemzonen, weil sie Übergänge markieren. Nicht zuletzt deshalb, weil wir oft zwischen Szene und Szene von einem Ort zum anderen teleportiert werden und oft die Zeiger auf der imaginierten Bühnenuhr zu rotieren beginnen wie im Roman *Die Zeitmaschine* von H. G. Wells und dort fünf, zehn, zwanzig Jahre vergehen, während es auf den Zuschauerrängen gerade ein paar Minuten sind. Wir werden vom festen Boden eines festen Zeitpunktes ins Bodenlose gestoßen, in einen Bereich, wo die Zeit scheinbar verstreicht, wir dieses Verstreichen aber nicht miterleben können, weil es diese Zeit ja eigentlich gar nicht gibt. Das Theater des spanischen Siglo de Oro verfuhr recht frei mit Zeit und Ort, Cervantes kritisiert das scharf – »denn welche größere Ungereimtheit ist denkbar […], als dass in der ersten Szene des ersten Aufzugs ein Kind in Windeln erscheint und in der zweiten als ein bereits bärtiger Mann auftritt.«[194] Lope de Vega und seine Schüler, etwa Tirso de Molina dagegen, empfahlen zwar eine geschlossene Handlung ohne Nebenstränge. Sie wollten sich aber nicht auf »einen einzigen Sonnenumlauf«[195] beschränken bei der Entfaltung des »Falles«. Lope macht dafür die Gier des spanischen

Publikums verantwortlich. Achten Sie darauf, dass er hier wieder den Haushalt und die Reinigung der Affekte anspricht:

> Man muss in Betracht ziehen, dass die Galle
> eines sitzenden Spaniers sich nicht besänftigt,
> wenn man ihm nicht in zwei Stunden alles
> vorspielt von der Genesis bis zum Jüngsten Gericht.[196]

Bei der jahrhundertelangen Debatte um die drei Einheiten geht es vielleicht um eine grundsätzliche Entscheidung oder so etwas wie das bekannte Durchsegeln zwischen Skylla und Charybdis. Der Stückeschreiber kann sich auf die tyrannischen 24 Stunden beschränken. Aber welche 24 Stunden soll man da auswählen, um die Entfaltung der Figuren glaubwürdig zu machen! Gewöhnlich wandeln sich Menschen und ihre Beziehungen in einem Tag und einer Nacht nicht allzu sehr, gleich, welche Begegnungen und wilde Überraschungen in diese Zeit fallen. Wenn, dann muss das schon ein »toller Tag« sein, wie das Beaumarchais und Lorenzo da Ponte[197] vorführen. Ein solcher also, an dem viele Fäden zusammenlaufen und Entwicklungen, die sich schon länger abzeichneten, zu ihrem Höhepunkt und ihrer Lösung gelangen: Der Graf begehrt Susanna schon seit längerem, schreitet nun aber zur Tat. Figaro erfährt eben erst davon und entwirft einen Gegenplan. Eine ältere Dame taucht auf und behauptet, Figaro hätte ihr bereits die Heirat versprochen. Zum Glück stellt sich heraus, dass das nicht möglich wäre, denn sie ist Figaros leibliche Mutter und er ihr verlorener Sohn, also können Figaro und Susanna doch Hochzeit halten, aber erst im nächtlichen Park lösen sich alle Verwirrungen auf (fürs Erste zumindest). Oft ist ein solcher Tag der Tag der Hochzeit oder der Tag davor oder die Nacht davor, auch noch in Hollywood, davon war ja schon die Rede.
Weitet der Theaterautor die Zeit aber aus, dann entsteht das Problem der Übergänge und Zwischenzeiten, das wir angesprochen haben; das Problem eben, dass die Zeit auf der Bühne nun zwei deutlich verschiedene Geschwindigkeiten annimmt: Sie läuft gleich schnell wie im Zuschauerraum während der Szenen, viel schneller

aber dazwischen. Der Zuschauer wird immer wieder aus einer kontinuierlichen Entwicklung gestoßen und von Neuem hineingeholt. Er muss also bereit sein, diesen zeitlichen Zwischenraum mit Phantasie auszufüllen. Das verlangen übrigens Erzählungen und Romane dem Leser genauso ab. Erneut stehen wir vor der Frage: Wie wird der nichtbeteiligte Zuschauer zum gefühlsmäßig Beteiligten? Wie wird er dazu gebracht, seine Gefühlen mit den gespielten Scheingefühle der Bühne zu orchestrieren?

Figuren

Spannung besteht zwischen allen Menschen und Konflikte können auch zwischen allen ausbrechen, wie das heutige Verhalten von Autofahrern beweist. Bestimmte Arten von Spannung eignen sich aber besser für die Bühne als andere und bestimmte Konflikte ebenfalls. So gibt es wenige Stücke ohne die faszinierende Anziehung und Abstoßung zwischen den Geschlechtern. Schauen wir uns das für das spanische Theater an, manches davon wird sich verallgemeinern lassen: Die Spannungen sind meist die zwischen Heiratswilligen und denen, die eine Hochzeit fördern oder verhindern wollen; oder aber Spannungen und Konflikte, die entstehen, wenn persönliche Neigungen und Leidenschaften gegen das anrennen, was Kirche, Gesetz und der gute Ruf zulassen. Das sind dann die *casos de la honra*[198], die Lope seinen Kollegen als die empfiehlt, die das Publikum am meisten bewegen. Erst an zweiter Stelle kommen dann die *acciones virtuosas* – die tugendhaften Handlungen. Auch in der *Viuda valenciana* geht es um *eine Frage der Ehre* – eine Frage der Ehre recht eigener Art: Wie kann man schwimmen ohne dabei die Kleider abzulegen, das heißt, wie kann eine ehrbare Witwe lieben, ohne heiraten zu müssen und ohne auch die Ehre zu verlieren? Wenn es um Ehre geht, dann geht es um *Sein* und Schein und wer könnte das besser darstellen als das Theater, wo alles Sein bloß *Schein* ist! Das wäre also ein *Fall* und der Beginn eines Stückes dient dazu, den *Fall* auf elegante Weise vorzustellen und dann rasch eine Intrige, die glaubwürdig daraus entstehen kann, anzuzetteln.

Nehmen Sie an, sie könnten zehn Personen aus der Geschichte zu einem gemeinsamen Abendessen an einen Tisch einladen. Wen würden Sie aussuchen? Schwierig? Gut, begnügen wir uns mit Schriftstellern: Dann sollten Sie Lope de Vega nicht neben Luis de Góngora setzen und auch nicht neben Cervantes. Ob sich Racine und Molière vertragen würden oder Dostojewskij und Turgenjew, ist auch fraglich. Shakespeare und Lope würden, denke ich, gut auskommen. Aber sollen sie überhaupt gut auskommen? Vielleicht sollten sie gerade Góngora neben Quevedo setzen und boshaft darauf warten, dass die beiden beginnen, über Literatur und Stil zu streiten.

Oder Sie planen eine Party: Dann ist es nicht sinnvoll, wenn Sie etwa nur intelligente aber zurückhaltende Menschen einladen. Aber auch eine Gruppe, in der nur Extrovertierte herumschreien, taugt nicht. Es geht vielmehr um die richtige Mischung unterschiedlicher Temperamente und Talente. Denn es sollen ja zwischen den Gästen (mehr oder weniger) dramatische Verwicklungen entstehen.

Was sind die explosivsten Mischungen von Menschen? Die brisantesten, die, in denen die stärksten möglichen Spannungen und Konflikte stecken? Und woher kommt die Manie des spanischen Theaters, immer wieder ganz bestimmte Figuren aufeinander loszulassen und zuzuschauen, wie sie sich streiten, lieben, hinters Licht führen? Warum haben wir immer einen Galan, einen oder mehrere Gegenspieler, zwei Damen, dazu Diener und Dienerin, einen alten Vater oder Onkel (oder eine alte Mutter oder Tante), dazu Intriganten oder Verräter? Stellen sie vielleicht ein Destillat der wesentlichen Spannungen dieser Epoche dar? Ist es der Figurenmix, der sich am besten dazu eignet, Verwicklungen anzuzetteln, möglichst starke Spannungsfelder zwischen Menschen aufzubauen – so wie sich herausstellte, dass sich mit König, Turm, Dame, Läufer, Springer, und Bauern und ihren besonderen Temperamenten und Handlungsmöglichkeiten die wildesten Dramen auf 64 weißen und schwarzen Quadraten in Gang bringen lassen. Wie die Mischung von chemischen Elementen mehr oder weniger heftige Reaktionen auslöst, so ist es auch beim Mischen der Figuren und ihrer Leidenschaften im Theater.

Wir sollten das nicht unhistorisch sehen. Denn zu jeder Zeit verkörpern bestimmte Figuren aus bestimmten Schichten geteilte Werte. Das trifft etwa auf den christlichen Ritter im Mittelalter zu, der so sehr mit Idealen, mit sozialer Energie also, besetzt wurde, dass es für den Historiker heute schier unmöglich ist, zwischen der historischen Wirklichkeit und der Wirklichkeit der Ritterromane zu unterscheiden und klar zu entscheiden, ob Ritter nun raubende, blutrünstige Rohlinge oder edelmütige Schirmherren der Schwachen und Verfolgten waren.[199] So gesehen sind die alten Debatten, ob Könige auf der Bühne erscheinen sollen, ob es angebracht ist, über Adelige zu lachen, ob Bauern oder Bürger in Tragödien passen, nicht uninteressant. Denn wenn uns das Theater auch nicht die Wahrheit der Lebensverhältnisse mitteilt – denn im wirklichen Leben konnten Fürsten immer auch zum Lachen sein und Bauern konnten Tragisches erleben – so sagen sie doch sehr viel darüber aus, wie in dieser Zeit über einen Stand oder eine soziale Klasse gedacht wurde und *gedacht werden sollte*. Überlegen Sie, was im heutigen Hollywoodfilm der brisanteste Figuren-Cocktail ist. Und warum sich dort so viele FBI- und CIA-Männer, Vietnam-Veteranen, Spitzenathleten, Stararchitekten oder Staranwälte auf den Kinoleinwänden zusammendrängen.

TYPEN UND INDIVIDUEN

Figuren sind nicht wahllos aus dem Leben gegriffen, sondern sie führen uns eine wesentliche Rolle ihrer Zeit und Kultur im Konzentrat vor. Sie können dabei auch Verkörperungen einer menschlichen Leidenschaft oder »Todsünde« sein: Geiz, Verschlagenheit, Opfermut, Eifersucht. Sind solche Charaktere platter als die im Roman? Lassen wir die Frage offen, bedenken wir aber mit Aristoteles, dass das Theater das Wesen der Menschen durch seine *Handlungen* offenbare[200] und dass ja etwa die Charaktere Shakespeares keineswegs eindimensional sind. Auch hier ist das Theater aber ganz künstlich und zeigt eine eigenartige Doppelung: ein Individuum tritt auf, mit Namen, Wohnort, Doppelkinn oder Sonnenbrille, mit unverwechselbarer Eigenart also. Doch dieses Individuum zeigt etwas, das nicht nur für diese, seine Wenigkeit gilt, sondern, das eine Gültigkeit hat, die dieses Einzelwesen übersteigt. Daher kommt, dass die einmalige Figur aus dem einmaligen Stück mit der einmaligen Handlung zum Sprecher aller anderen wird, die dasselbe erleiden. Daher kommt wohl auch, dass uns die Theaterkunst so viele *Antonomasien* geschenkt hat. Das sind *Tropen*, welche eine »Gattungsbezeichnung« durch den Eigennamen eines ihrer typischen Vertreter ersetzen.[201] Sie nennen also jeden Verräter einen *Judas*, rufen jeden Delfin *Flipper*. Und wenn ein zweiter Steirer in den USA Karriere als Schauspieler und Gouverneur machte, würde wohl mancher ihn als neuen … ja, genau! bezeichnen. Es sind also Eigennamen, die sich von der Figur, die sie zum ersten Mal trug, gelöst haben und nun für jeden anderen in ähnlicher Verstrickung der Gefühle und Leidenschaften verwendet werden. Don Juan, Elektra, Tartuffe, Celestina und wie oft rufen die von Eifersucht Gequälten den unglücklichen Othello an und setzen sich mit ihm gleich: bei Turgenjew, bei Isaac Bashevis Singer und sicher bei vielen anderen. Ja, solche *Antonomasien* locken bereits im Titel mancher Erzählungen und prägen Erwartungen an den Handlungslauf: *Ein König Lear der Steppe* heißt eine Novelle von Turgenjew. Auch sie handelt von einem Vater, der töricht sein Erbe zu früh an die Töchter verteilt.

Ich glaube, das Paradoxon lässt sich verallgemeinern: Große Literatur entspringt der geglückten Verschmelzung des Besonderen mit dem Allgemeinen. Ihre besten Figuren, ihre besten Handlungen müssen einmalig sein und unverwechselbar und scheinbar voll mit dem Reichtum des konkreten, sinnlichen Lebens. Sie müssen gleichzeitig auf etwas deuten, dass über den Einzelfall hinausgeht. Wie diese Synthese zustande kommt, das wussten Autoren wie Lope de Vega oder Tolstoi oder Tschechow.

Menschen haben nicht nur in der Stadt, im Dorf oder im Königreich eine Rolle inne, sondern auch in dieser merkwürdigen Keimzelle des Sozialen, die *Familie* heißt: Sie sind Mütter, Väter, Töchter, Brüder, Nichten, Neffen – Erstgeborene, jüngste Lieblingstöchter oder Lieblingssöhne und benachteiligte Stiefkinder. Und sie verlassen irgendwann die Gruppe der ersten Bezugspersonen – oder werden aus dieser hinausgeworfen – und lassen sich auf das riskante Unterfangen ein, mit einem Nichtverwandten eine neue Familie zu gründen und dabei mit dessen Mutter, Vater, Brüdern, Schwestern etc. in engen Kontakt zu treten. Sie werden also zu Schwiegertöchtern, Schwiegersöhnen, Schwägerinnen und Schwagern. Dann gibt es auch noch Stiefväter und Stiefmütter, von denen das Märchen bekanntlich besonders schlecht redet. Und damit sind ja noch gar nicht alle historisch möglichen Verwandtschaften erschöpft: Wurden zwei Säuglinge von derselben Amme gestillt, dann wurden sie zu *Milchgeschwistern*, auch wenn sie von verschiedenen Vätern gezeugt und von verschiedenen Müttern geboren wurden. Blutsbruderschaft gibt es nicht nur bei Karl May, sie war im vormodernen Südosteuropa verbreitet.[202] Und wer das Kind einer Freundin, eines Freundes oder eines Gefolgsmannes aus der Taufe hob, dem erwuchs daraus manche Pflicht und Bindung. Er wurde in Spanien zum *padrino*, zum *compadre*, zur *madrina*, zur *comadre* oder *madrina*.

Verwandtschaft und alles, was daran an Gefühlen und Interessen hängt, das ist die zweite Quelle, aus der das Drama seine soziale Energie bezieht. »Sooft sich aber das schwere Leid innerhalb von Naheverhältnissen ereignet (z.B.: ein Bruder steht gegen den Bruder oder ein Sohn gegen den Vater oder eine Mutter gegen den Sohn oder ein Sohn gegen die Mutter; der eine tötet den anderen oder er beabsichtigt, ihn zu töten, oder er tut ihm etwas anderes derartiges an) – nach diesen Fällen muss man Ausschau halten«,[203] schrieb der Philosoph Aristoteles. Und das Cover der DVD *Prince of the City* (Sidney Lumet, 1981) stellt 2300 Jahre später dieselbe Frage, bezieht aber Nahverhältnisse ein, die über Blutsbande hinausgehen:

»Was ist die stärkste menschliche Beziehung? Zwischen Mutter und Kind? Zwischen Liebenden? Zwischen Freunden aus Kindertagen? Es gibt vielleicht eine, die noch stärker ist: die Verbindung zwischen einem Polizisten und seinen Kollegen – eine Verbindung, die einen Code des Stillschweigens voraussetzt, wenn die Vertreter des Gesetzes selbst gegen dieses verstoßen.«[204]

Historiker arbeiten seit Jahren daran, die Vielfalt von möglichen Familien in der Geschichte und in verschiedenen Kulturen ans Licht zu bringen.[205] Sie haben uns gezeigt, dass zwar vieles über sehr lange Zeit gleich bleibt, vieles aber auch im Flusse ist. Vieles kann folglich variieren, je nachdem, mit welchem Alter geheiratet und wo Brautschau gehalten wird, wer heiraten darf, ob Blutsverwandte in Frage kommen, wie groß die Familien sind, wie sie zusammenwohnen, wann das Erbe verteilt wird und zu welchen Teilen und dergleichen mehr.

Literatur bildet die soziale Welt nicht einfach ab, »so wie sie ist«. Das heißt aber nicht, dass sie nichts mit ihr zu tun hätte. So haben wir auch hier eine eigenartige Mischung aus Wandel und Dauer. Die Tragödie des Ödipus behandelt eine so elementare Ebene des Menschlichen, dass sie uns allein dadurch berührt und wir nicht genau fragen, wie denn in der Antike Mütter und Söhne genau miteinander umgingen und in welcher Weise sich der Umgang vom heutigen unterscheidet. Die Frage der Wiederverheiratung von Verwitweten hingegen ist uns heute eher fremd. Ganz gewiss hat sie aber das Publikum des siebzehnten Jahrhunderts interessiert, denn dieses kannte das Schicksal junger Witwen und junger Witwer sehr gut. Den Ausgangspunkt für Lopes Stücke bildeten so Fälle, die den Menschen der Zeit aus ihrem Leben vertraut waren, den Ausgangspunkt bildeten »heiße« Fragen der Zeit. Die Welt der Fiktion spinnt sie aus und zeigt Lösungen, die im wirklichen Leben möglich wären, ebenso wie solche, die dort unmöglich oder kaum möglich wären.[206] Sie zeigt uns die Kräfte, die im wirklichen Leben wirken, und sie wird wohl auch nicht selten mithelfen, die wirklichen Zusammenhänge zu vernebeln. Auch der Fall der *Viuda valenciana* entwickelt sich ja aus einer experimentellen Anordnung im Labor der Fiktion und einer hypothetischen, wenn auch brisanten Frage:

Wie kann eine Frau lieben ohne zu heiraten und ohne ihre Ehre zu verlieren? Mit dem wirklichen Leben wirklicher Witwen der Zeit hat das nur vermittelt zu tun, aber es ist eben auch kein Zufall, dass gerade eine solche Frage aufgeworfen wurde.

Dazu kommt aber: Figuren, die sich platt so verhalten, wie es ihre Rolle in einem System verlangt, sie sind keine großen Dramenfiguren. Wirklich beeindruckend sind die, die lieben, wo sie eigentlich hassen sollten. Ja gewiss, Romeo und Juliet sind die berühmtesten Beispiele. Da haben wir zwei gegenläufige Kraftfelder: das der Rolle innerhalb eines Familienverbands, die dazu verpflichten würde, den Sohn des feindlichen Clans zu hassen, aber auch das der wundersamen Anziehung zwischen zwei Menschen, die sich nicht darum kümmern will. Auch in der Romania haben wir schöne Beispiele für solche spannungsvolle Konstellationen: *Phèdre* von Racine etwa. Phèdre liebt ihren Stiefsohn Hippolyte, dieser wiederum die Prinzessin Aricie, die einem feindlichen Geschlecht angehört und daher ohne Nachkommen bleiben soll. Besonders interessant ist, dass die Dienerinnen und Begleiter solche Leidenschaften zu Beginn für ganz ausgeschlossen halten und die trivialen, die erwartbaren Regungen bei Herrin und Herrn vermuten. So meint Théramène, Hippolyte würde vor Aricie fliehen, weil er die Folgen der Feindschaft zu ihrem Geschlecht fürchte. Er erhält eine Replik von denen, nach denen nichts mehr so ist wie zuvor und die den Glanz des Theaters ausmachen: »Si je la haïssais, je ne la fuirais pas«[207]/ »Würde ich sie hassen, dann würde ich nicht vor ihr fliehen.« Maßloses Erstaunen des Erziehers, die tragische Verstrickung nimmt ihren Lauf. Wie wir gesehen haben, ist der Konflikt in *El castigo sin venganza/ Richter nicht Rächer* von Lope de Vega ähnlich angelegt.

Das Heiraten war nie Privatsache; an den Ehebanden, hing alles andere, gleich ob diese zwei Familien im Dorf mit fünf Schafen und drei Weingärten verknüpften oder große Fürstenhäuser: nicht nur die Weitergabe der Macht und des Erbes und die Sorge für Nachwuchs, sondern auch politische Bündnisse, geopolitische Strategien, im weiteren Krieg oder Frieden. All das schwingt mit, wenn wieder und wieder Heiratssachen auf die Bühne gebracht werden. So ist die Heirat der Komödie und der Geschwister- oder Generationenzwist der Tragödie[208], was der neueren Sozialgeschichte die Familie ist: Kristallisationspunkt der Verhältnisse und sozialer Bereich mit der stärksten emotionalen Ladung – oder in der Formulierung des berühmten französischen Sozialhistorikers Fernand Braudel: »schmerzvolle Keimzelle jeder Gesellschaft. Denn alles geht von ihr aus; denn fast alles erklärt sich aus ihr. Was würde aus der Ordnung in einem gehorsamen Bienenstock, wenn die Arbeiterinnen anfingen zu heiraten und Kinder zu bekommen. All das wussten wir Historiker, schon vor den Anthropologen, sogar vor den Psychoanalytikern. Aber heute wissen wir es dank ihnen besser als gestern.«[209] Auch die Literaturgeschichte kann zu diesem Feld einiges beitragen.

NOCH EINE BEMERKUNG ZUR STELLUNG DER FIGUREN AUF DER BÜHNE

Den Magnetismus zwischen den Figuren können Zuseher nicht nur dem abhören, was sie einander sagen. Das Spannungsnetz wird auch durch Positionen und Positionsänderungen auf der Bühne aufgespannt – oder durch die Komposition der filmischen Einstellung. Also: Wo stehen die Figuren, in welchem Abstand, wann und mit welcher Heftigkeit nähern sie sich einander. Sprache und Denken bereiten den Theaterraum vor, wenn sie so tun, als wären Beziehungen geometrische Anordnungen, also etwa von *Dreiecks-Geschichten* die Rede ist. Der große Regisseur Akira Kurosawa lässt die drei Hauptfiguren seines Klassikers *Rashomon* (1950) – den Samurai, die Frau des Samurai, den Räuber – immer wieder aus Triangulationen heraus agieren, auf höchst dramatische Weise. Wieder wird der Inhalt also von der Form mitgetragen und die Form vom Inhalt erzeugt. Für die Verwendung des Raums auf der Bühne oder im Film, um Beziehungen zu verdeutlichen, interessiert sich die *Proxemik*.[210] (Damit hätten wir jetzt alle drei Hilfswissenschaften, die der Semiotiker Umberto Eco anruft, aufgezählt: *Kinesik, Paralinguistik, Proxemik*. Nicht so schwierig: *Kinesik* > Bewegung (auf der Landschaft des Gesichts oder des ganzen Körpers); *Paralinguistik* > Sprache minus Bedeutung, also etwa das, was wir verstehen, wenn uns ein bulgarischer Bahnschaffner anspricht; *Proxemik* > Beziehungen im Raum. Die drei Felder umfassen alles, woran eine Inszenierung arbeiten kann, solange der Text noch nicht »sitzt« und das Bühnenbild fehlt.)

DAS VERKLEIDEN VON VERKLEIDETEN – ROLLENTAUSCH UND »UMFÄRBUNG«

Das Theater ist der Ort, der uns die meisten Verkleideten vorführt, wenn wir jetzt einmal vom Karneval und vom Barrio Chueca in Madrid absehen. Die Feststellung klingt reichlich banal, jeder weiß, dass Schauspieler in Kostümen oder in Kostüm und Maske auftreten. Aber da ist noch mehr: Wenn wir uns die alten Stücke ansehen, dann merken wir, dass sich das Theater ständig selbst spielt. Es macht Verkleidung, Rollenwechsel und Rollentausch zum Teil der Bühnenhandlung, zeigt also so etwas wie ein Theater im Theater, ein Theater zweiter Ordnung vor. Sehen wir uns dazu nur die Mozartopern mit Libretto von Lorenzo da Ponte an. *Così fan tutte* (1790): Guglielmo und Ferrando verkleiden sich zuerst als Soldaten, die angeblich in den Krieg müssen und kehren dann im Kleide albanischer Edelmänner wieder, um die Treue ihrer Damen auf die Probe zu stellen. Die Dienerin Despina verkleidet sich zuerst als Arzt, um die vorgeblich Liebeskranken zu heilen und dann als Advokat, um eine falsche Ehe zwischen Italienerinnen und Albanern durch Ehekontrakt abzusegnen und damit den Betrug der Damen aktenkundig zu machen.

Le nozze di Figaro (1786): Susanna verkleidet sich als Gräfin und die Gräfin als Susanna. Auf diese Weise wird das falsche Spiel des Grafen bloßgestellt. Auch in *Don Giovanni* (1787) tauschen der Herr und sein Diener Leporello eine Weile die Rollen und die Gegenspieler dringen als anonyme Masken ins Haus des skrupellosen Verführers ein.[211]

Das ist nicht nur ein gewagtes Spiel, das dazu dient, noch mehr Verwirrung zu stiften. Es macht, wie ich glaube, deutlich, worum es im Theater auch geht: Es geht um Verwandlungen und Transformationen, darum, dass im Durchlaufen verschiedener Rollen die inneren Konflikte und die Entwicklung einer Figur verdeutlicht werden. Es geht darum, das Rollenrepertoire einer Zeit oder Kultur vorzuführen und »aufzumischen«. In der experimentellen Verwirrung der Ordnung werden die Rollen entfaltet, in Frage gestellt, zeitweilig aufgehoben. So kann das Theater fragen: Was passiert, wenn der arme Fischer für einen Tag König sein darf?[212] Was passiert, wenn Dame und Zofe ihre Rollen tauschen, wird auch die »neue« Zofe noch von ihrem adeligen Galan begehrt werden? Das ist die Frage, die Pierre Carlet de Marivaux in *Le jeu de l'amour et du hazard/ Ein Spiel von Liebe und Zufall* im Jahr 1730 aufwirft. Was passiert vor allem, wenn Frauen die Hosen anhaben? (Das kommt, wie Lope weiß, beim Publikum besonders gut an.[213])

In der Kunstwelt wird ein Ungleichgewicht dadurch hergestellt, dass jemand eine Rolle spielt, die ihm eigentlich nicht zukommt. Im Grunde ist das auch die Ausgangssituation des Don Quijote. Der Autor führt den hypothetischen Fall vor: Was passiert, wenn wir einen Ritter alten Stils in das Kastilien »unserer« Zeit verpflanzen, wenn wir also eine Situation erfinden, in der ein *Ungleichgewicht* besteht – ein Konzept, das wir für das Kapitel *Erzählen* im Ärmel behalten sollten? Ob auch die wirkliche Ordnung und die Rollen, die außerhalb des Theaters gelten, durch ein solches Spiel gefährdet sind? Oder ist es eher so, dass soziale Spannungen dadurch abgebaut werden, dass Menschen im Theater erleben dürfen, was außerhalb des Theaters nicht möglich wäre?

Zum Spiel der Rollentäusche gehört auch, dass Merkmale der einen Figur für eine Zeit auf eine andere Figur überspringen wie ansteckende Krankheiten. Auch das lässt sich weiter fassen: Umpolungen sind Teil der Interaktionen, die sich im Verlauf einer Handlung entspinnen: Die Dummen sind am Ende die Schlauen, die Betrogenen die Betrüger und so fort. Auch wenn zwei Figuren gemeinsam und verbündet durch die Wechselfälle einer Handlung laufen, oft gegen den Rest der Welt, dann können wir solche Umfärbungen beobachten: Verzagte Ehefrauen werden zu selbstbewussten Revolverheldinnen und *Louise* ist am Ende mehr *Thelma* als *Louise* – in dem Film *Thelma and Louise* von Ridley Scott (1991) –

und genau wegen dieser Spannung ist der Titel ein guter Titel. Der ganze Film tut ja nichts anderes, als die beiden Figuren in ihren Möglichkeiten zu entfalten. Erst am Ende wissen wir, wer Louise wirklich ist (oder sein kann). Ein letztes Beispiel: In dem Klassiker von Milos Forman aus dem Jahr 1975 vollendet »der Indianer« am Ende das, was der Scheinverrückte McMurphy von Beginn an plante, nun aber nicht mehr ausführen kann, da er erstarrt und stumm ist, so wie es der Indianer am Beginn war. Ja, die Rede ist von *One flew over the cuckoo's net/ Einer flog über das Kuckucksnest* (1975) und es gibt wohl kein trauriges Ende, das glücklicher sein könnte.

Handlungselemente: Wiedererkennen und plötzlicher Umschwung – Anagnorisis und Peripetie

DIE SCHLAUE SUSANNE

Gewappnet mit all diesen Beobachtungen, können wir noch ein Stück begutachten und dann zwei Schlüsselmomente der Handlung einführen. Das Stück heißt *La discreta enamorada*, auf Deutsch *Die schlaue Susanne*, Posse in drei Aufzügen. Der Kasus ist dort folgender: Susanne ist verliebt in Lucindo, soll aber dessen Vater, den reichen Capitán Hernando heiraten. Nach allerlei Verwicklungen – ein Diener muss nächtens in Damenkleider steigen, um eine Dame zu spielen, die es gar nicht gibt, die aber erfunden werden muss, um eine weitere eifersüchtig zu machen – fädelt die schlaue Susanne (die Liebe macht klug, das will uns Lope immer wieder einreden) eine brisante doppelte Liebesnacht ein: Und zwar dirigiert sie den Vater ihres Liebsten, Hernando also, den sie heiraten soll, aber nicht will, ins Schlafgemach der Mutter, Belisa, wobei dieser glauben soll, es sei Susanne selbst, die er in Armen halte. Sie selbst findet sich in einem anderen Schlafzimmer im selben Haus mit dem Sohn des Capitán, Lucindo eben, zusammen. Vor dem Haus sind aber schon die üblichen Eifersüchtigen aufgestellt, die Intriganten und Ex-Geliebten. Sie sind nicht wenig verblüfft über den nächtlichen Zulauf, den das ehrenwerte Haus verzeichnet und geben schließlich, um das Liebesnest auffliegen zu lassen, Feueralarm. Darauf erscheinen die Inwohner halbbekleidet auf der Straße und die beiden Elternteile müssen erkennen, dass sie nicht übers Kreuz mit den Jungen, sondern mit der/ dem Gleichalten geschlafen haben. Sie fügen sich darein und finden sich mit der folgenden Hochzeit zweier Generationen ab. Reichlich albern und wenig glaubhaft? Mir gefällt der Schluss. Erstens, weil Lope wirklich nicht der Erste und Einzige ist, der uns glauben machen will, dass sich Männer und Frauen im Dunkel des Schlafgemachs einen falschen Beischläfer unterjubeln lassen. Zweitens, weil er auf sehr launige Weise abgründige ödipale Verstrickungen andeutet und auflöst. Drittens ist das ein beredtes Beispiel dafür, dass es zwischen der weihrauchwürdigen Nationalliteratur und der Massenkultur des zwanzigsten Jahrhunderts viele Ähnlichkeiten gibt. Enden nicht auch Laurel & Hardy-Komödien mit dem Schlussgag des falschen Alarms, der bewirkt, dass aus allen Fenstern im Mezzanin Liebhaber halbbekleidet auf die Straße springen?

DAS WIEDERERKENNEN – DIE ANAGNORISIS

Viertens wird hier ein Wunsch von Aristoteles auf eigene Weise erfüllt: Der wollte nämlich, dass die Handlung gegen Ende des Stückes hin plötzlich und dramatisch ihren Verlauf ändern müsse. Daran hielt sich Lope, das ist der Moment, in dem die Halbbekleideten auf die Straße stürzen, wobei auch ihre »Glücksumstände« »umschlagen«[214]. In diesem Moment erleben Lucindos Vater und Susannes Mutter zudem einen »Umschlag von Unwissenheit in Erkenntnis« durch »plötzliches Durchschauen eines Tatbestandes«. Diese Verbindung von überraschender Wende und plötzlicher gleich einem Blitzschlag niederfahrender Einsicht empfahl Aristoteles den Theaterdichtern ausdrücklich. Für die Wende verwendete er den Namen *Peripetie*, für das Erkennen die Bezeichnung *Anagnorisis*. Das Erkennen ist keines von abstrakten Zusammenhängen, sondern das Wiedererkennen vertrauter Züge und Menschen. So erkennt Ödipus, dass seine Frau seine Mutter ist, Penelope erkennt Odysseus wieder, nachdem ihn vorher der Hund und der Sauhirt erkannt haben.[215] Marcelina erkennt, dass Figaro ihr Sohn ist, Siegmund und Sieglinde (später, als zu erwarten wäre), dass sie Zwillinge sind.

Unzählige Stücke (oder einzelne Akte) enden damit, dass Narbe oder Muttermal den Fremden eindeutig als Sohn, Tochter, Mutter, Vater ausweisen. Den Studierenden des Wintersemesters 2007 danke ich dafür, dass sie mich endlich auf die offenbar wichtigste *Anagnorisis* der Filmgeschichte aufmerksam gemacht haben: »Darth Vader zu Luke Skywalker: ›Röchel röchel ... ich bin dein Vater, Luke!‹«[216]

Angeblich genießen die Andalusier deshalb die nicht enden wollenden Umzüge von vermummten Kapuzenträgern in der Karwoche, weil sie sich als Zuschauer mit der Frage unterhalten: Welcher Mitbewohner unseres Dorfes, unseres Stadtviertels, unserer Pfarre steckt da eigentlich unter welcher Verkleidung? Ähnlich steckt im Konzept der *Anagnorisis* die große Frage, die nicht nur Menschen stellen, die auf einen Maskenball gehen, sondern die vielleicht die tiefste ist, die ein Mensch an einen anderen richten kann: Wer bist du? Das zielt nicht auf die Erkundung von Namen und Adresse, sondern auf weitere Antworten: Was ist dein eigentliches Wesen? Was steckt in dir? Wozu bist du imstande? Was kann ich von dir erwarten, was habe ich zu befürchten? Oder auch: Wer würdest du sein, wenn alles ganz anders wäre und du nicht die Rolle spielen müsstest, die du spielen musst? ... Eigenartig genug, dass diese Frage an Menschen gestellt wird, die Masken tragen, also an solche, die eigentlich ihr Wesen verhüllen. Die Kulturanthropologie würde sagen: Der Wiedererkennende ist der Initiierte, der Krise, Sinnesverwirrung und Entfremdung von den Seinigen überstanden hat und sich seiner sozialen und kulturellen Zugehörigkeit voll bewusst wird oder aber seines tragischen Irrtums und Scheiterns wie im Falle des Ödipus.

Was muss in einem Film passieren, damit wir dem Regisseur und dem Autor gratulieren: Bravo, dass hätte ich nicht erwartet? Die Hauptfigur fährt mit dem Auto gegen einen LKW oder eine Mauer und ist damit aus dem Verkehr gezogen – wenig befriedigend, wenn auch realistisch. Die Hauptfigur mutiert zum Zombie und metzelt alle nieder, die sie eben noch liebte: Überraschend, aber völlig unglaubwürdig und daher ebenso unbefriedigend. Eine Zauberfee tritt auf, erlöst die Heldin oder den Helden und vernichtet seine Gegner. Allzu einfach, außerdem nur für Kleinkinder.

Und was ist davon zu halten: Eine Statue neigt sich von ihrem Sockel und erschlägt den, der unter ihr steht. Die Statue ist die eines Ermordeten und der Erschlagene ist der Mörder, auf den sich das Standbild nun rächend stürzt.[217] Das überzeugt auch nicht, weil so viel Initiative einem Abbild nicht zuzutrauen ist. Da dachten Aristoteles und seine Zeit aber anders, der Philosoph beruft sich auf die »Mitys-Anekdote« als Musterbeispiel für eine überraschende Wende. Im neunten Kapitel der Poetik:

> […] auch von den zufälligen Ereignissen wirken diejenigen am wunderbarsten, die sich nach einer Absicht vollzogen zu haben scheinen – wie es bei der Mitys-Statue in Argos der Fall war, die den Mörder des Mitys tötete, indem sie auf ihn stürzte, während er sie betrachtete; solche Dinge scheinen sich ja nicht blindlings zu ereignen […].[218]

Und an anderer Stelle zu derselben Frage:

> Die Nachahmung hat nicht nur eine in sich geschlossene Handlung zum Gegenstand, sondern auch Schaudererregendes und Jammervolles. Diese Wirkungen kommen vor allem dann zustande, wenn die Ereignisse wider Erwarten eintreten und gleichwohl folgerichtig auseinander hervorgehen. So haben sie nämlich mehr den Charakter des Wunderbaren […][219]

Das Folgerichtige mit dem Wunderbaren in Einklang bringen: Die Beschäftigung mit der Peripetie führt unweigerlich zur Frage: Welche Kräfte lenken das Schicksal der Menschen? Genauer:

Welche Kräfte sieht eine bestimmte Kultur als die, die das Schicksal der Menschen lenken? Im wirklichen Leben gehen solche Richtungswechsel ja meist langsam und allmählich vonstatten, das Drama braucht die plötzliche Wende. Warum ist dieser Effekt, dieser Moment in der Handlungskurve des Dramas so bedeutend? Weil Überraschung, so eine populärwissenschaftliche Zeitschrift, die Basis aller Gefühle ist? Weil uns Überraschungen seelisch stärker erregen und daher länger im Gedächtnis bleiben? Weil ein kunstvoll geknüpfter und gespannter Knoten, der sich wieder lösen lässt, intellektuell vergnügt und herausfordert.[220] Es ist ein Vergnügen, wie es die Schausteller auf Jahrmärkten hervorriefen, die eben solche Knotenkunststücke vorführten. Diese Knotenkünstler haben die Theoretiker der Renaissancezeit vor Augen, wenn sie über das Theater nachdenken.[221] So geht es uns ja auch, wenn uns beim Schachspiel mit einem Schlag der eine Zug sichtbar wird, der den Sieg verspricht. Auch die Hirnforschung hat herausgefunden, dass uns Erkenntnis oft als Blitzschlag, als plötzliche Erleuchtung, als das bekannte Heureka widerfährt. Und zwei feine Subgenres könnten ohne überraschende Wende gar nichts ausrichten: Das Rätsel und der Witz, beide verdanken ihre Popularität unserer Freude an einem überraschenden Aha-Erlebnis.

Weil uns solche Wendepunkte dann mit Genugtuung erfüllen, wenn dabei David gegen Goliath siegt, wenn die Täter zu Opfern werden und die Betrüger zu Betrogenen oder – wie bei Kleist – der Richter selbst der Täter ist. Oder wenn Manchester United in der Nachspielzeit den Ball zweimal im Tor von Oliver Kahn versenkt und damit doch noch, und keiner hätte mehr einen Pfennig darauf gewettet, nicht einmal Robert Seeger, Sieger der Champions League ist.

Nur starke Mächte können das bewirken. Daher ist für die Kulturgeschichte auch eine plumpe Peripetie aufschlussreich. Sie gibt uns Auskunft über die Kräfte, die im Glauben einer Zeit einen Knoten lösen oder durchhauen können: in der Antike eben der *Deus ex machina*[222], der Gott, der auftritt und die Ordnung wiederherstellt, so wie bewunderte ältere Brüder damals bei den Kämpfen mit verfeindeten Kinderbanden im Park. Das spanische Theater will aber keine Götter mehr auf der Bühne sehen, jedenfalls Lope nicht.[223] Quasi Gottes Stellvertreter auf Erden ist aber nur einer, und zwar der König. Und das ist wohl der tiefere Grund dafür, dass es bei Lope und seinen Zeitgenossen so oft der König sein muss, der eine Lösung herbeiführt, die Verräter bestraft, die Reumütigen begnadigt. Nur der König ist würdig, Schicksal zu spielen. Welche Kräfte sind es im modernen Drama und im modernen Kino, die eine plötzliche Wende hervorrufen?

Peripetie und Erzähltechnik

Peripetie hat nicht nur mit Dramentechnik zu tun, sondern mit dem Weltbild einer Zeit und Kultur. Aber auch vom erzähltechnischen Standpunkt ist sie ein reiches Thema. Nicht nur Theaterdichter haben über die überzeugende und überraschende Wende nachgesonnen, sondern auch Erzähler und Romanciers, Autoren von Detektivgeschichten können an ihr sowieso nicht vorbei. Nicht immer war das von Erfolg gekrönt, denn wie viele Erzählungen (und Kinofilme) gleichen dem Sohn aus der Erzählung von Kafka, »der bewundernswert abspringt, schwalbengleich die Luft teilt, dann aber doch trostlos im öden Staube endet, ein Nichts.«[224] Wende und Auflösung sind die Achillesfersen jeder Erzählung. Aber es gibt auch Erzählungen, deren Wendepunkte man ein Leben lang nicht mehr vergessen wird: *An Incident at Owl Creek Bridge* von Ambrose Bierce hat einen solchen, und Leo Perutz hat sich daran für seinen Roman *Zwischen Neun und Neun* inspiriert. Zugrunde liegt ihnen der alte Trick, dass jemand in einen anderen Bewusstseinszustand gelangt, womit sich alles auflöst, denn »es war ja nur ein Traum«. Filme mit unvergesslichen Peripetien? *Der Clou, Zeugin der Anklage, Jackie Brown,* meinetwegen *The Others. Der sechste Sinn* soll auch in diese Reihe gehören, aber den habe ich noch nicht gesehen. Aristoteles ist uns mit seinem Statuen-Beispiel fremd, nicht aber mit seiner Forderung; bis heute erwarten viele Folgendes von Kinofilmen: Der Ausgang soll einerseits überzeugend sein und nicht an den Haaren herbeigezogen. Andererseits soll dieser Ausgang nicht auf einfachem Wege, sondern über Umwege und vor allem mit einem Überraschungseffekt – einem *coup de théâtre* – kurz vor dem Ende erreicht werden. Auch das, »was ohnehin feststeht«, muss uns als Überraschung ereilen:

> Die Peripetie ist, wie schon gesagt wurde, der Umschlag dessen, was erreicht werden soll, in das Gegenteil [...] So tritt im *Ödipus* jemand auf, um Ödipus zu erfreuen und ihm die Furcht hinsichtlich seiner Mutter zu nehmen, indem er ihm mitteilt, wer er sei und er erreicht damit das Gegenteil. Und im *Lynkeus* wird der eine abgeführt, um zu sterben, während der andere – Danaos – ihn begleitet, um zu töten; doch die Ereignisse führen dazu, dass dieser stirbt und jener gerettet wird. [226]

Peripetie und *Anagnorisis* bezeichnen die großen Momente des Lebens in der Fiktion, die Momente, wo den Spielern die Schuppen von den Augen fallen und sie sehen, wie sich alles wirklich verhält. Es sind die Momente, wo sich der Knoten der Handlung, den der Autor geschürzt, geschlungen und fester und fester gezogen und gespannt hat, aufzulösen beginnt.[227] Gibt es solche Wendepunkte auch im wirklichen Leben?

Peripetie und *Anagnorisis* erinnern uns ein weiteres Mal: Mit *Mimesis* ist keineswegs ein banales Abschreiben von Wirklichkeit gemeint. Die wirkmächtige Handlung entsteht erst dadurch, dass der Dichter Handlungsteile nach bestimmten Regeln und nach einem bestimmten Bauplan »zusammenfügt«. Er schafft also aus Elementen von Wirklichkeit die neue, modellhafte Wirklichkeit der Literatur, das Chaos des Lebens wird zur Gestalt: »Ferner müssen die *Teile* der *Geschehnisse* so *zusammengefügt* sein, dass sich das Ganze verändert und durcheinander gerät, wenn irgendein Teil umgestellt oder vorweggenommen wird.«[228]

Spiegel des Lebens? – noch einmal zu den »casos de la honra«

Am Beispiel der Ehre lässt sich ein großer Unterschied zwischen Leben und Leben auf der Bühne zeigen. Es stimmt, dass die Spanier des siebzehnten Jahrhunderts hitzköpfig waren und sehr rasch den Degen zogen, wenn es um ihre Ehre ging, wenn also zum Beispiel einer, der im Range tiefer stand, vergaß, auf der Straße den Hut zu ziehen. Dennoch dürfen wir nicht einfach glauben, dass es in den Gassen Madrids und Valencias so zuging wie in den Stücken, die das Leben auf diesen Gassen nachahmten und nachspielten.

In seinen Stücken und Novellen führt Lope de Vega häufig Männer vor, die blutige Rache nehmen, wenn ihre Ehre durch Untreue der Ehefrau verletzt wird. Sie töten also die Ehefrau und den Nebenbuhler oder lassen sie töten. Doch wie verhielt es sich im Leben von Lope selbst? Er lebte jahrelang eine wilde Affäre mit einer verheirateten Frau, Marta de Nevares, und später, als ihr Mann verstorben war, widmete er ihr voll Freude das Stück *La viuda valenciana*. Dieser offenkundige *caso de honra* führte zu keiner Bluttat (wenn wir davon absehen, dass Lope irgendwann glaubte, der Ehemann Roque Hernández habe ein Giftattentat verüben wollen).[229] Und in einer Novelle fügt er dem gattungstauglichen Mord aus Rachgier eine *Evaluation* zur Kluft zwischen dem im Leben Angebrachten und dem in der Literatur Üblichen an:

> Ich war immer der Auffassung, dass sich die befleckte Ehre des Beleidigten nicht mit dem Blut desjenigen, der sie verletzte, rein waschen lässt, denn das, was passiert ist, kann nicht ungeschehen gemacht werden, und es ist ein Unfug zu glauben, dass dadurch, dass der Beleidiger getötet wird, die Beleidigung des Beleidigten beseitigt sei.[230]

Die Stelle ist wichtig, denn allzu oft sind wir verleitet, den Autoren auf den Leim zu gehen, die behaupten, das Theater wäre *Spiegel des Lebens* und dabei nicht bedenken, dass Spiegel nie genau das wiedergeben, was sie sehen, denn es gibt auch Hohlspiegel, Zerrspiegel, Rückspiegel, blinde Spiegel, die bewegten Linien von Bäumen, die sich in vom Wind leicht bewegtem Wasser spiegeln, zerbrochene Spiegel[231] oder solche, die die Schönste im Lande kiesen. Wir vergessen, dass sie sich dazu gebrauchen lassen, andere mit Licht zu blenden oder dass man hinter ihnen Spione verstecken kann, dass sie ein Paar verraten können, das sich unbeobachtet wähnt (das Motiv findet sich in *El castigo sin venganza/ Richter..., nicht Rächer*) , und dass wir im Spiegel nur die Vorderseite der Dinge sehen und die Rückseite erst, wenn wir durch den Spiegel durchgestiegen sind. Sie kommen in den Komödien so oft vor wie in der Malerei der Zeit, die »kristallenen Spiegel aus Venedig« und aus Murano.[232]

Das Theater ist Fiktion und ein Hauptmerkmal von Fiktion ist, dass die Dinge, die sie vorführt, ohne direkte Folgen im wirklichen Leben bleiben: Ein Mord auf der Bühne bleibt ein Mord auf der Bühne und wenn der Vorhang fällt, ist der mordende Schauspieler wieder unbescholten. Aus dem Grund kann es sich Fiktion leisten, Konflikte und schwierige Fälle bis in ihre extremsten Folgen auszuspinnen. Sie kann im Grunde (und sofern es die guten Sitten und die Zensur erlauben) alles durchprobieren, was möglich wäre. – So ist auch Literatur, und das ist nicht ihre geringste Tugend, das Laboratorium der möglichen Handlungsverknüpfungen.

Koda

Allerdings ist es ungenau, zu behaupten, die Handlung auf der Bühne hätte keine Folgen: Lope selbst stellte fest, dass die Bühnen-Bösewichter verhasst seien, von den Leuten gemieden und in den Läden nicht bedient würden, während die Treuen überall gern zu Gast geladen würden und problemlos Geld leihen können – im wirklichen Leben.[233] In einem Passionsspiel der Frühen Neuzeit die Rolle des Judas zu übernehmen, das war oft gar nicht ratsam. Es soll vorgekommen sein, im Späten Mittelalter und in der Frühen Neuzeit, dass die Menschen, die den Verrat und das Leiden Christi vor Augen hatten, so sehr in Rage gerieten, dass sie über diesen Darsteller herfielen und ihn töteten.[234] In die Richtung deutet auch der

Fall, den Antonio Torquemada im *Jardín de flores curiosas/ Garten wun-
dersamer Blumen* aus dem sechzehnten Jahrhundert berichtet. Er zeigt:
In der Phantasie der Menschen kann das Theater Monster gebären.

> En una ciudad de Alemania representaron ciertos autos y comedias, en las
> cuales un hombre del pueblo representó un demonio, yendo vestido con
> unos aderezos e insignias feas y espantables, y acabada de hacer la repre-
> sentación, se volvió a su casa, tomándole codicia de tener acceso con su
> mujer sin mudar el hábito ni quitarse los vestidos, y dejándola preñada de
> este ayuntamiento, teniendo ella en la imaginación lo que representaba la
> figura y hábito en que su marido estaba vestido, vino a parir una criatura
> que representaba la misma imagen de demonio, tan espantable y con
> tanta fealdad, que ningún diablo del infierno se podía pintar más feo ni
> abominable.[235]

> [In einer Stadt in Deutschland führte man gewisse Stücke und Komö-
> dien auf, in denen ein Mann aus dem Volk einen Dämon spielte und
> dabei ein hässliches und erschreckendes Kostüm trug. Als die Vor-
> stellung zu Ende war, kehrte er nach Hause zurück und es überfiel ihn
> das Verlangen, mit seiner Frau zu verkehren ohne die Tracht zu
> wechseln oder das Kostüm auszuziehen. Sie wurde von dieser Verei-
> nigung schwanger und da sie in ihrer Vorstellung behielt, was die
> Figur darstellte und auch das Kostüm, das ihr Mann getragen hatte,
> gebar sie ein Kind, welches dasselbe Aussehen wie der Dämon
> zeigte, so furchtbar und von solcher Hässlichkeit, dass man keinen
> Teufel aus der Hölle scheußlicher malen könnte.]

Inhalt und Sprache

Finden wir heute alles gut, schön und wahr, was frühere Zeiten gut, schön und wahr fanden? Wahrscheinlich nicht. Unwandelbar dürfte aber der Gedanke sein, dass manche Texte eine besondere Intensität besitzen und dass es diesen Texten gelingt, uns besonders zu berühren.

STARKE BILDER

Was die literarische Qualität eines Textes ausmacht, das lässt sich nicht so leicht ergründen. Sind es der Inhalt und die Bilder, die alles entscheiden? Es scheint, dass manche Erzählungen ihre ganze Kraft aus diesen ziehen, die sprachliche Gestaltung scheint Nebensache zu sein. Denken wir an die Ausdruckskraft der Symbole des *Rolandslieds* (um 1100): das Wunderhorn *Olifant*, das die Adern des Helden platzen lässt; der Felsen, an dem er sein Schwert, das keinem mehr dienen soll, zerschlägt. Oder an den Perceval-Roman: die geheimnisvolle Burg in einem Tal jenseits des Flusses; der Gral, der vor den staunenden Augen des unbesonnenen oder allzu besonnenen Helden vorbei getragen wird; die drei Blutstropfen im Schnee, die das Gesicht der Geliebten in der Erinnerung wachrufen. Diese Inhalte leiden keinen übermäßigen Schaden, wenn sie von der Versform in Prosa übertragen oder ins Medium Film übersetzt werden. Die Bilder sind immer stark genug, um zu wirken. Sie reichen in tiefe Bereiche unserer Seele.

MAGIE DES TRIVIALEN

Doch wie verhält es sich mit Autoren, die ganz Alltägliches vor uns ausbreiten? Wie gelingt es ihnen, uns in die Welt ihrer Texte zu ziehen? Nehmen wir Anton Tschechow (1860-1904), die Erzählung *Das Duell* (1891) und die Schlichtheit der folgenden Szene: Zwei Freunde, ein Militärarzt und ein Finanzbeamter, nehmen ein morgendliches Bad am Strand einer verschlafenen Kleinstadt am Schwarzen Meer.

Es war acht Uhr morgens – die Zeit, da Offiziere, Beamte und Zugereiste nach der heißen, schwülen Nacht gewöhnlich im Meer badeten und darauf in den Pavillon gingen, um Kaffee oder Tee zu trinken. Iwan Andrejitsch Lajewski, ein junger Mann von etwa achtundzwanzig Jahren, blond und hager, die Mütze des Finanzministeriums auf dem Kopf und Pantoffeln an den Füßen, traf, als er zum Baden kam, am Strand viele seiner Bekannten an, darunter auch seinen Freund, den Militärarzt Samoilenko. [...] »Beantworte mir eine Frage, Alexander Dawidytsch«, begann Lajewski, als sie beide, er und Samoilenko, bis zu den Schultern im Wasser standen. »Angenommen, du hast dich in eine Frau verliebt und ihr lebt miteinander; angenommen, du hast über zwei Jahre mit ihr gelebt, und dann, wie das so vorkommt, ist deine Liebe erkaltet, und du fühlst, die Frau ist dir fremd geworden. Wie würdest du dich in solch einem Fall verhalten?«[...]
Samoilenko wollte etwas erwidern, aber da wurden sie beide von einer großen Welle überspült, die gegen das Ufer brandete und lärmend über die kleinen Steine zurückrollte. Die Freunde gingen wieder ans Ufer und begannen sich anzukleiden. [...]
Die Freunde waren fertig angekleidet und gingen zum Pavillon. Dort war Samoilenko Stammgast, und er hatte sogar sein besonderes Geschirr. Jeden Morgen servierte man ihm auf einem Tablett eine Tasse Kaffee, ein hohes geschliffenes Glas mit Eiswasser und ein Gläschen Kognak; zuerst trank er den Kognak, dann den heißen Kaffee und schließlich das Eiswasser, und das schmeckte offenbar sehr gut, denn seine Augen bekamen nach dem Trinken einen öligen Glanz; er strich sich mit beiden Händen über den Backenbart und sprach, den Blick auf das Meer gerichtet: »Ein wundervoller Anblick!«[236]

Tschechow stellt wirklich keine mitreißende Welt dar – was interessieren uns die russischen Funktionäre einer Provinzstadt beim Morgenkaffee, vor mehr als hundert Jahren, auch wenn die Aussicht übers Meer noch so schön ist! Und doch hat der Text von der ersten Zeile an eine besondere Qualität. Um das zu erreichen, muss die Sprache mithelfen: mit ihren Wörtern, ihren Wortverbindungen und Sätzen, ihrem Rhythmus. So hat man etwa in den Erzählungen Tschechows eine Sprachmelodie festgestellt, die aus dreistufigen Abfolgen entsteht: »Sie kannte bereits seine Augen, seine Hände, sein Lachen«; »in einem fremden Bett sterben, in Angst, in völliger Einsamkeit«; »Diese Feuer, die Stille der Nacht, das traurige Lied des Telegraphen«. Man erkannte im Rhythmus des Dichters, der vom Vater gezwungen wurde, im Kirchenchor mitzusingen, Anklänge an die Gesänge der orthodoxen Liturgie.[237] Es ist wohl die Kunst der Übersetzung, diese Eigenarten nicht verloren gehen zu lassen.

Doch ich sehe, schon während ich das schreibe, muss ich es zurücknehmen, zumindest einschränken. Auch bei Tschechow ist es nicht egal, wovon er schreibt und auch seine Stilmagie entsteht nur dadurch, dass wir hinter dem scheinbar Trivialen von der ersten Zeile an Abgründiges erahnen: Die Unfähigkeit zu lieben, den Verlust der Liebe durch das Zerstörungswerk der Zeit, den Zweifel am Nutzen menschlicher Bemühungen, die geheimnisvolle Verbundenheit mancher Schicksale. Allein die plastischen Beschreibungen würden nicht genügen, um den eigentümlichen Sog zu erzeugen, der von den Novellen des Autors ausgeht. Das zeigt auch das zitierte Beispiel. Schon im dritten Absatz kommt da eine Frage von nicht geringer Tragweite auf: Was tun, wenn du die Frau, die du einmal geliebt hast, nicht mehr liebst?

Wie die Psychologie und die Objektwelt bei Tschechow zusammenwirken, das ist schwer zu fassen, wie genau die Tiefe der menschlichen Verstrickungen mit der Oberfläche der banalen Gegenstände zusammenhängt. Doch keine der Alltagsimpressionen, in die Tschechow die Schlüsselfrage der Novelle hineinstellt, kein Bild, Klang, Geruch oder Geschmack scheint überflüssig. Alles trägt bei, das Drama zu verdeutlichen, das sich in den Figuren ereignet und zwischen ihnen. In unserem Beispiel könnte es das Zusammenspiel des Nahen und des Fernen, der großen Natur und der kleinen Menschenwelt sein, welche die besondere Wirkung erzeugt: Auf der einen Seite der Pavillon, die Kaffeetasse, das kleine Glas Kognak, auf der anderen, die heranrollende Welle, die die beiden Männer bedeckt (eine Anspielung auf die heranrollenden

dramatischen Ereignisse, von denen beide bald umspült werden?),
der Blick über die Weite des Meeres – »Ein wundervoller Anblick!«.
Ja und freilich ist das Meer ein gewichtiges Symbol, und wir müssen
wohl endgültig zurücknehmen, was wir oben über die langweilige
Welt des Russen sagten. Wir werden bei der Lektüre der Novelle
auch bemerken, dass die Schlüsselszenen der Geschichte alle an
besonderen Orten spielen und von der Natur begleitet werden: das
Picknick am Zusammenfluss des gelben und des schwarzen Flusses,
das Duell nach der Gewitternacht, die Abschiedsszene wieder am
nun grauen Meer, auf das ein sanfter Regen fällt.

BEDEUTSAMKEIT UND INTENSITÄT

Julio Cortázar (1914-1984) beruft sich auf Tschechow als großen
Lehrmeister, wenn es darum gehe, eine Erzählung mit der Qualität
auszustatten, die er *significación* nennt. Significación – Bedeutsamkeit – besitzt eine Erzählung, die sich nicht »mit sich selbst zufrieden gibt«, sondern eine »fabulosa apertura« – eine »wundersame
Öffnung« erzeugt, und durch diese Öffnung füllt sich der Erzähl-
raum mit etwas anderem, mit menschlichen Erfahrungen, Ängsten,
Träumen, Leiden, die eigentlich außerhalb des tatsächlich Erzählten
liegen und die auch Menschen erschüttern, die nicht Samoilenko
oder Lajewskij heißen und nicht in einer kleinen Stadt am
Schwarzen Meer am Ende des neunzehnten Jahrhunderts zerrissen
sind zwischen Bindung und Überdruss, Mitleid und Gerechtigkeits-
sinn, Verständnis mit den Charakterschwachen und Empörung über
den Egoismus derselben. Bedeutsam Erzählen heißt also, wenige
Bilder, Gesten und Handlungen so zu verknüpfen, dass die wenigen
Gesten, Handlungen und Bilder eine Fülle anderer Bilder herbeirufen. Bei Tschechow, so Cortázar, werden »unscheinbare Pro-
vinzdramen mit ihrer Angst und ihrem Kummer im Format eines
Wohnzimmers, eines Pianos, eines Tees mit Gebäck [...], unerbittliches Resumée einer bestimmten menschlichen Bedingung oder ein
brennendes Symbol einer sozialen oder historischen Ordnung. [238]

Zwei weitere Stilqualitäten in der Poetik der Erzählung von Cortázar sind *tensión* und *intensidad*: *Intensidad* heißt, dass alles ausgeschieden werden muss, was nicht dazu beiträgt, Bedeutsamkeit zu erzeugen – damit sind wir wieder bei dem Problem, das wir oben behandelt haben, nämlich, warum bei Tschechow selbst Kaffeetassen und Weingläser ausdrucksstark sind. *Tensión* heißt, dass es gelingen muss, den Leser davon abzuhalten, die Erzählung – genauer gesagt das Buch, das sie enthält – nach den ersten Sätzen in die Ecke zu werfen. *Tensión* ist also die Spannung im allgemein bekannten Sinn.[239]

ERFAHRUNG UND VERMITTLUNG VON ERFAHRUNG

Wir haben vielleicht umständlich um eine einfache Sache herumgeredet, und zwar: Gut schreiben kann nur, wer etwas zu sagen hat und wer es versteht, dieses Erzählenswerte entsprechend sprachlich zu gestalten.

> Works of art and literature are, in my opinion, to be valued by the depth and quality of the experience they convey, and by the immediacy and clarity with which they convey it, rather than by their moral or ideological rightness.[240]

Lassen wir die Sache mit der *moral rightness* einmal beiseite, und konzentrieren wir uns auf den zweiten Teil des Zitats: Ein Autor muss also besonders tiefe Erfahrungen gemacht haben oder imstande sein, solche einfühlend nachzuvollziehen. Und er muss die Fähigkeit besitzen, diese Erfahrungen mit treffenden sprachlichen Mitteln zu vermitteln. Gelingt es ihm, ein Höchstmaß an Wirkung mit einem minimalen Aufwand an Mitteln zu erzielen, dann besitzt er das, was Tschechow *Grazie* nennt.[241]
Aber was sind tiefe Erfahrungen? Müssen Schriftsteller viel erlebt und durchgemacht haben, um Lesenswertes zu schreiben? Müssen sie Krieg, Gewalt und Gefahren durchlitten haben wie Tolstoi, Leo Perutz oder Augusto Roa Bastos? Müssen sie ein Abenteurerleben führen wie Jack London oder Horacio Quiroga? Müssen sie in den

»Universitäten des Lebens« – Bordelle, Krankenhäuser, Gefängnisse[242] – studiert haben so wie Charles Bukowsky? Mystische Entrückung erleben wie San Juan de la Cruz oder Santa Teresa de Jesús? Oder müssen sie, so wie Kafka, eine Welt der Träume und Traumgestalten in sich tragen, die mit der scheinbar grauen Ereignislosigkeit eines Alltags als Versicherungsjurist zu einer einzigartigen literarischen Welt verschmilzt? »Natürlich ist es angebracht, den Zauber einer unendlich starken Phantasie in Betracht zu ziehen, einer menschlichen Begabung, die nicht von einem ›interessanten‹ Leben abhängig ist.« Von Stephen Greenblatt stammt dieser gute Satz, er spricht allerdings nicht über Kafka, sondern über einen nicht viel Geringeren, William Shakespeare. »Nichts [...] ist erhalten, was ein eindeutiges Bindeglied zwischen dem Werk mit seiner universellen Anziehungskraft und einem konkreten Leben liefert, das in den eintönigen bürokratischen Urkunden der damaligen Zeit seine zahlreichen Federstriche hinterließ.«[243]

Stimmen wir dem zu, dann ist es auch noch nicht damit getan, das Gepäck alter Geschichten und Mythen mit sich zu tragen so wie es Jorge Luis Borges, Alejo Carpentier, Julio Cortázar oder Marguerite Yourcenar getan haben. Es geht um Sensibilität und Einfühlung: »Der Dichter, welcher wahrnahm, dass der gehetzte, zitternde Hase ›taubesprengt‹ ist [...] oder der einen Prinzen sich erinnern lässt, dass sein armer Gefährte nur zwei Paar Seidenstrümpfe besitzt, von denen das eine pfirsichfarben ist – dieser Künstler war ungewöhnlich offen für die Welt und entdeckte die Mittel, mit denen er diese Welt in seine Werke eingehen lassen konnte.«[244] Er besaß wohl die Fähigkeit - auch Anton Tschechow besaß sie - beobachtend das Wesentliche vom Unwesentlichen zu unterscheiden.[245] Er besaß die Fähigkeit, an einem Lebensmittelhändler oder einem Fiakerpferd genau das eine Merkmal zu sehen, das ihn von allen Lebensmittelhändlern und das Pferd von allen Fiakerpferden der Welt unterschied. Genau das forderte Guy de Maupassant von originellem Schreiben.[246]
Hier müssten wir wohl genau nach Epochen und Kulturen unterscheiden und auch betonen, dass nicht jede Zeit jedem Autor

erlaubt, seine Erfahrungen überhaupt aufzuschreiben und dem Pergament oder der Druckerpresse anzuvertrauen. Bestimmte Gattungen verlangten nach bestimmten Themen und schlossen andere von vornherein aus. Und schließlich hat sich auch die Vorstellung davon, welche Erfahrungen es überhaupt wert sind, in Literatur verwandelt zu werden, gewandelt.

Das Aptum: die richtige Sprache für einen Gegenstand

Jetzt geht es aber darum, wie das *Was?* mit dem *Wie?* zusammenhängt, also um die Mittel, mit denen ein Inhalt in Sprache verwandelt wird. Es geht um die Frage: Wie wird etwas, das es gibt, durch Sprache ein zweites Mal erschaffen? Welche Bedeutung hat die sprachliche Gestaltung für die Wirkung des Inhaltes? Die Antike prägte hierfür den Begriff des *Aptum*. Diese Stilqualität galt dann als erfüllt, wenn Harmonie zwischen Inhalt und Sprache herrschte. Am einfachen Beispiel erläutert: Eine Trauerrede verträgt keine derben Späße, ein Schwank für den Karneval kann ohne sie nicht leben. Das ›innere‹ *Aptum* ist erfüllt, wenn Thema und Sprache zusammenpassen, das ›äußere‹ *Aptum*, wenn die Rede oder der Text auf die Hörer und Leser abgestimmt ist.[247]

Was aber, wenn der Inhalt überhaupt erst durch die formende Kraft der Sprache erschaffen wird? Und was wird dann noch geformt? Das Nichts? Das Unsagbare? Das, was es nur gibt, weil es die Phantasie und die Sprache irgendwo jenseits des banal Wahrnehmbaren erahnen?[248] Dieser Gedanke muss hier Andeutung bleiben, denn wir wollen gewiss nicht mit Ludwig Wittgenstein konkurrieren.

Große Autoren gaben dem Stil größte Bedeutung. Flaubert wollte ein Buch schreiben, das von nichts handle und nur »vom Stil getragen werde«[249]. Henry James meinte, es komme nur darauf an, gut zu schreiben, der Rest stelle sich von selbst ein.[250] Und was wäre Joseph Conrads Albtraumreise ins *Herz der Finsternis* (1902) – den afrikanischen Kongo hinauf auf einem müde dahinschlingernden Dampfer – ohne das feine Gewebe der Wörter, die seine Fieberimpressionen vermitteln? Aber ist es nur der Stil? Oder doch die einzigartige Verbindung zwischen den »Dingen«, die erzählt werden, und den sprachlichen Mitteln?

Durch die Zeiten begegnen wir einem Glauben, der wohl ebenso illusorisch ist wie der an den idealen Partner (die ideale Partnerin), der (die) irgendwo auf uns lauert: Eine bestimmte »Sache« verlange genau ein und nur dieses Wort, und nur diese eine Vermählung zwischen Welt und Sprache könne den Ausdruckswunsch des Autors stillen. Daran glaubte Juan de Valdés, wie wir seinem *Diálogo de la lengua* (1535) entnehmen; daran glaubte Guy de Maupassant[251]; daran glaubte Horacio Quiroga (1878-1937) in seinen *Zehn Geboten für den perfekten Erzähler*, sechster und siebenter Artikel:

> VI Si quieres expresar con exactitud esta circunstancia: »Desde el río soplaba el viento frío«, no hay en lengua humana más palabras que las apuntadas para expresarla. Una vez dueño de tus palabras, no te preocupes de observar si son entre sí consonantes o asonantes.
> VII No adjetives sin necesidad. Inútiles serán cuantas colas de color adhieras a un sustantivo débil. Si hallas él que es preciso, él solo tendrá un color incomparable. Pero hay que hallarlo.[252]

> > [VI Wenn du den Umstand »vom Fluss wehte der kalte Wind« präzis ausdrücken möchtest, dann gibt es in der menschlichen Sprache keine anderen Worte als die angeführten, um ihn auszudrücken. Wenn du einmal Herr über deine Wörter bist, sorge dich nicht mehr darum zu beobachten, ob sie miteinander harmonieren oder nicht.
> > VII Setze keine unnötigen Adjektive. Unnütz werden all die bunten Schwänze sein, die du einem schwachen Substantiv anheftest. Wenn du dasjenige findest, das du brauchst, dann wird es allein eine unvergleichliche Farbe haben. Aber man muss es finden.]

Haben Valdés, Maupassant und Quiroga wirklich daran geglaubt, dass es nur eine einzige Art gäbe, einen Gegenstand passend auszudrücken? Vermutlich war ihnen bewusst, dass eine solche vollkommene Harmonie von Wort und »Ding« nur im Kopf des jeweiligen Autors entstehen konnte, und dieser dabei auch den Konventionen seiner Zeit folgte. Als Übung in stilistischer Disziplin und Gegengift gegen die völlig achtlose Nachahmung der weitgehend achtlo-

sen Mediensprache, die heute vorherrscht, sind solche Illusionen in
jedem Fall nützlich.

Erfinden – Ordnen – Ausdrücken

Wir betreten aber die Werkstatt der Dichter, um zu sehen, was sie
eigentlich tun, wenn sie die Ärmel hochkrempeln und beginnen,
Wörter zusammenzunageln; nein, das Bild passt nicht, sagen wir
lieber: wenn sie ihre Webstühle in Gang setzen, um Textgewebe
hervorzubringen. Wir sind also in der Phase, in der der Schreibende
geduldig, euphorisch, zerstreut, inspiriert, zerquält oder verzweifelt
Wort an Wort fügt. In der klassischen Rhetorik kommt diese Phase
der sprachlichen Gestaltung als sogenannte *Elocutio* an dritter Stelle
nach der *Inventio* und der *Dispositio*. Die vierte Stufe wäre die *Memoria*, das Auswendiglernen. Die fünfte dann die *Actio*, also der
Moment, wo der Redner vor das Publikum tritt und alles umsonst
war, wenn die Stimme und die Gesten nicht mitspielen, oder einfach nur die Zuhörer nicht in Laune sind, oder gerade Neumond
herrscht. Memoria und Actio sind heute im Hintergrund, wenn es
um geschriebene Texte geht. Die ersten drei Schritte können wir
nach wie vor bei jeder produktiven oder kreativen Textarbeit ausmachen, handle es sich nun um eine Kurzgeschichte oder ein SMS,
in dem wir das Treffen für heute Abend absagen. Immer müssen wir
erstens etwas erfinden und im zweiten Schritt gilt es, das Erfundene klar und wirkungsvoll anzuordnen und zu einer klaren Gestalt
zu formen. Schließlich muss die Gestalt mit Sprachmaterial gefüllt
werden, Wort für Wort, Satz für Satz. Freilich lässt sich ein kreati-
ver Vorgang nicht immer so klar in drei Phasen zerteilen und mit
Recht wurde angemerkt, dass jede Erfindung schon eine Gliede-
rung enthält; dass wir, indem wir anordnen, auch erfinden, und dass
sich ein Inhalt erst vollständig verwirklicht, indem er zu Sprache
wird. Dennoch hatte die Antike nicht unrecht: Es handelt sich um
drei geistige Leistungen, die zwar ineinander greifen, trotzdem aber
unterschieden werden können. Das alles erklärt Wolfram Groddeck
in seinen *Reden über Rhetorik* mit schönen Beispielen aus der Litera-

tur.[253] Wir können es daher bei dem Verweis belassen. Sehr lesenswert und keineswegs veraltet ist die Anleitung zu gutem Schreiben, die Gustave Lanson 1903 publizierte. Er übernimmt dabei die Arbeitsschritte, die *Rhetorices partes*, der antiken Rhetorik, die wir eben vorgestellt haben.[254]

Die Wahl des Wortes

Was ist das, ein Wort? Auch so eine Frage, die zunächst geradezu überflüssig erscheint. Schauen wir genauer hin, dann erweisen sich Wörter als schlüpfrige Gebilde, die man nicht so leicht zu fassen bekommt. Je länger man über sie nachdenkt, desto mehr wundert man sich darüber, dass wir mit ihnen nicht nur den Alltag (»Ein Croissant, bitte!«), sondern auch so schwierige Angelegenheiten wie eine Liebeserklärung bewältigen können.

Sagen wir einmal, Wörter sind Fenster. Wenn wir sie öffnen, eröffnet sich eine bestimmte Aussicht auf die Welt. Öffnen wir alle Fenster eines Textes, dann sehen wir die ganze Landschaft. Eine dürftige Idee, denn dann gäbe es aus jedem Fenster nur eine Aussicht und es gäbe für jeden Weltausschnitt nur genau ein Fenster; und die einzelnen Fenster müssten nur zusammengezählt werden, um das Ganze zu ergeben. Alle drei Sachverhalte treffen auf Sprache nicht zu. Eher ähneln Wörter vielleicht Instrumenten, die jedes Mal, wenn wir sie spielen, neu und anders klingen und Anderes hervorbringen. Sehen wir uns das genauer an:

BILDKETTEN, KONNOTATIONEN, GEFÜHLSWERTE

Tun wir dabei einen Moment lang so, als wären Wörter Fensterläden, die sich auf bestimmte Vorstellungen hin öffnen. Schreibt der Autor gut, dann fügen sich die Einzelteile bruchlos aneinander. So ist das etwa bei einer Beschreibung sommerlicher Mittagsträumerei in einem Roman Turgenjews oder bei der Morgenstimmung am Schwarzen Meer bei Tschechow. Klassische Texte bauen also eine abgerundete Welt. Wie leicht das Kartenhaus der inneren Bilder zusammenbrechen kann, dafür bringt Gustave Lanson ein schönes Beispiel, indem er einen Text des Philologen Hippolyte Taine (1828-1893) kommentiert. Achten wir darauf, wie sich beim Lesen der Passage Bild an Bild reiht und welches Wort den inneren Film des Lesers zum Reißen bringt:

J'étais hier vers cinq heures du soir sur le quai qui longe l'Arsenal, et je regardais en face de moi, de l'autre côté de la Seine, le ciel rougi por le soleil couchant. Un demi-dôme de nuages floconneux montait en se courbant au-dessus des arbres du Jardin des plantes. Toute cette voûte semblait incrustée d'écailles de cuivre; des bosselures innombrables, les unes presque ardentes, les autres presque sombres, s'étageaient par rangées avec un étrange éclat métallique jusqu'au plus haut du ciel, et, tout en bas, une longue bande verdâtre qui touchait l'horizon était rayée et déchiquetée par le treillis noir des branches. Çà et là, des demi-clartés roses se posaient sur les pavés; la rivière luisait doucement dans une brume naissante; on apercevait de grands bateaux qui se laissaient couler au fil du courant, deux ou trois attelages sur la plage nue, une grue qui profilait son mât oblique sur l'air gris de l'orient. Une demi-heure après tout s'éteignait; il ne restait plus qu'un pan du ciel clair derrière le Panthéon. [...]²⁵⁵

[Ich war gestern gegen fünf Uhr Nachmittag auf dem Quai, der entlang des Arsenals führt und ich betrachtete vor mir auf der anderen Seite der Seine den Himmel, der von der untergehenden Sonne gerötet war. Eine Halbkuppel aus flockigen Wolken stieg in einem Bogen über den Bäumen des *Jardin des plantes* auf. Dieses ganze Gewölbe schien mit kupfernen Schuppen besetzt zu sein; unzählige Ausbeulungen, die einen fast feurig leuchtend, die anderen fast dunkel, türmten sich in Reihen mit eigenartigem metallischen Glanz bis in den höchsten Himmel und ganz unten war ein langes grünliches Band, das den Horizont berührte, durchzogen und zerstückelt vom schwarzen Gitterwerk der Zweige. Hier und dort ließ sich ein rosiges Zwielicht auf dem Pflaster nieder; der Fluss leuchtete sanft im aufsteigenden Nebel; man sah große Schiffe, die sich von der Strömung treiben ließen, zwei oder drei Gespanne auf dem nackten Strand, einen Kran, dessen schräger Mast sich vor der grauen Luft des Ostens abzeichnete. Eine halbe Stunde später erlosch alles; es blieb nur noch eine Fläche hellen Himmels hinter dem Pantheon.]

Es ist das Wort *plage*, das Lansons Bilderfluss stört, das wirkt wie ein Stein, den man in ein schönes Spiegelbild wirft: Der *Strand* weckt bei Lanson Vorstellungen von flämischen Häfen mit schweren Segelschiffen, Holzkarren, Windmühlen und einem spitzen Kirchturm im Hintergrund. Dieses neue, ungebetene Bild drängte sich so aufdringlich zu, dass es ihm schwer fiel, das eigentliche Pariser Bild weiter zu entfalten.[256]

Gut, wir dürfen auch nicht davon ausgehen, dass jeder Text will, dass wir uns in ihm so behaglich niederlassen wie Lajewski und Samoilenko im Pavillon am Schwarzen Meer. Adolfo Bioy Casares (1914-1999) etwa, ein argentinischer Erzähler, springt in seinen Erzählungen nervös von einer Vorstellung zur nächsten und lässt den Leser nicht in seinen Bildern schwelgen. Das ist aber nicht nur eine Eigenheit der modernen Literatur. Auch Shakespeare wird ein oft recht abrupter Wechsel zwischen den Bildern nachgesagt: Gerade noch möchte Juliet ihren Romeo in kleine Sternlein zerschneiden und an das Himmelszelt kleben, dann wird sie – die auf die Liebesnacht wartet – schon mit einem Kind verglichen, das es nicht erwarten kann, ein neues Spielzeug auszuprobieren. Hier sind wir allerdings bereits bei den Bildern, die eigentlich für etwas anderes stehen, den sogenannten Metaphern. Ihnen wird ein eigener Abschnitt gewidmet sein.

Doch begeben wir uns noch einmal an den Strand von Paris, soll heißen von Flandern oder die durch unachtsame Begriffswahl erzeugte Mischung aus beiden. Das Beispiel zeigt, wie wenig unser Versuch, Wörter als Fenster zu beschreiben taugt, und dass Fenster eher einfache, Wörter dagegen sehr komplizierte Dinge sind. Dies hat einen Grund: Wörter öffnen sich nicht auf ein Bild hin. Nein, sie treten vielmehr ganze Bildfolgen los: auf Strand folgt Flandern, auf Flandern Hafenstimmung im siebzehnten Jahrhundert, Schiffe, Windmühlen, gotische Kirchtürme. Es ist, als öffne sich hinter einem Fenster noch eines und dahinter noch eines und so fort. Stellte die Wissenschaft dafür nicht den Begriff *Konnotation* bereit, es könnte einem schwindlig werden. Mit Konnotation ist alles gemeint, was die Flüsse der Wörter an Treibgut mitführen. Oder anders ausgedrückt: sie sind die Aura, die ein Wort umgibt. Konnotationen sind Nebenbedeutungen, meinen manche, was die Frage provoziert, wer über Haupt- und Nebenbedeutung bestimmen darf. Das Wörterbuch kann es nicht, denn Konnotationen entstehen dort, wo Wörter zirkulieren und sich ständig wie ein Chamäleon an sich wandelnde Umstände anpassen oder von diesen verändert werden. Sie entstehen in der täglichen Schlacht des Redens und Schreibens. In dieser Schlacht werden Wörter immer wieder ein wenig anders verwendet, bekommen stets einen neuen Gefühlston und neue Bedeutungsnuancen. Es ist eigentlich unglaublich: Jede Katze, die mir über den Weg läuft, verändert meine persönliche Vorstellung davon, was eine Katze ist (Aussehen, Bewegung, Beziehung zur Umwelt) – wenn auch unsere Bereitschaft, einmal aus Erfahrungen geformte Ideen aufgrund neuer Eindrücke wieder zu verändern, vermutlich abnimmt, je älter wir werden.

Betrachten wir noch eines der anschaulichen Beispiele aus Gustave Lansons *Conseils sur l'art d'écrire/ Ratschläge zur Kunst des Schreibens* aus dem Jahre 1903. Es geht um das Meer, um Kornfelder und um die Gefühle, die diese Begriffe bei verschiedenen sozialen Gruppen wecken können.

> La diversité des tempéraments, des classes, des occupations, des habitudes, l'inégale connaissance de la langue et du sens précis des mots font qu'ils n'ont pas pour tous la même puissance d'évocation et qu'ils n'évoquent pas les mêmes choses. Le mot *mer* évoque pour un jeune Parisien l'idée de la saison joyeuse et du grand soleil, de la libre vie en air plein, de l'expansion irréfrénée de l'énergie musculaire, des jeux d'après-midi sur la plage et des danses du soir au casino, des bruyantes parties de bain ou de pêche aux crevettes: pour le pêcheur, la *mer*, c'est le mystérieux ami et le terrible ennemi, le pain d'aujourd'hui et la mort de demain: toute la destinée roule dans ces vagues. Un champ de blé met une vision dorée dans les yeux du peintre: le paysan y voit tant de sacs que valent tant sur le marché.[257]

> [Die Verschiedenheit der Temperamente, der Klassen, Berufe und Gewohnheiten, die ungleiche Kenntnis der Sprache und der genauen Bedeutung der Wörter bewirken, dass sie nicht bei allen dieselbe

Macht haben, Dinge wachzurufen, und dass sie nicht dasselbe wachrufen. Das Wort *Meer* evoziert beim jungen Pariser Gedanken an die
fröhliche Jahreszeit und strahlende Sonne, an ein Leben im Freien
und die ungehinderte Entfaltung der Muskelkraft; an nachmittägliche
Spiele am Strand, Tanzabende im Casino, lärmende Badeausflüge und
das Krabbenfischen. Dem Fischer dagegen ist das *Meer* geheimnisvoller Freund und furchtbarer Feind, heute noch Brotgeber, morgen
schon nasses Grab; das ganze Schicksal rollt in seinen Wellen. Ein
Kornfeld gibt dem Auge des Malers eine goldene Vision ein; ein
Bauer dagegen sieht darin so und so viele Säcke Korn, die er am
Markt um einen gewissen Preis verkaufen kann.]

Es ist eine noble Aufgabe der Literaturwissenschaft, möglichst
genau herauszufinden, welche Vorstellungen und Gefühlswerte zu
einer bestimmten Zeit und an bestimmten Orten bestimmten Wörtern anhafteten. Allein die Farben sind hier ein reiches Feld: das
Blau der Madonna, das Blau der Kornblume, das Blau des Mondes
usw. Die Besonderheit eines literarischen Textes entsteht nicht
zuletzt durch die Wahl der richtigen Wörter und diese richtige
Wahl hängt von den Konnotationen ab. Das eine Mal kann *Pferd*
passen, das andere Mal *Ross*, ein drittes Mal *Klepper* oder *Schind-
mähre*, ein viertes Mal *Schimmel* oder *Fuchs* oder *Rappe*.
Nur so ist es möglich, dass ein Autor über eine Landschaft schreiben kann und zugleich darüber, was in seiner Psyche vor sich geht,
ohne dass er überhaupt sagen müsste, dass er auch von diesem
seinem Innenleben spricht. Landschaft wird von Gefühlen durchdrungen, wird zur Projektionsfläche für Gefühle und Ideen. Joseph
Conrad schildert im oben bereits erwähnten *Herz der Finsternis* den
Dschungel und *gleichzeitig* den Verlust der üblichen Orientierungen
und Maßstäbe und die Bedrohung durch dumpf sinnierende Natur-
kräfte. Er kann ein Gefühl der Verlangsamung, des Stillstands der
Zeit schaffen, indem er die Wörter *Zeit, Rückkehr, Vergangenheit* verwendet. Das ist ein einfaches Verfahren. Er kann aber auch die träge
am Ufer wiederkäuenden Flusspferde ins Bild nehmen, die sich
müde verzweigenden morastigen Wasser des Kongoflusses oder das
mühsam stromaufwärts dampfende Schiff. Auch so wird das Gefühl
eines anderen Zeitflusses transportiert, aber auf viel subtilere Weise.

170

Staunen wir über das Vermögen der Sprache: Wir können mit ihr einen »objektiven« Sachverhalt mitteilen und gleichzeitig – ja, gleichzeitig und mit demselben Wort oder Satz! – sagen, was wir von dieser Sache halten, wie wir darüber denken. Stets laden wir den Wörtern, die wir verwenden, unsere Gefühle und Urteile auf und teilen nicht nur Dinge von der Welt mit, sondern auch unsere Stellung in der Welt und zur Welt und geben damit Stücke unserer Persönlichkeit preis.

Warum können uns Wörter ganz unterschiedlich berühren? Einmal natürlich deshalb, weil sie sich auf ganz unterschiedliche Dinge beziehen: Herbstwörter riechen nach Laub und Abendrot, Sommerwörter nach Licht und salzigem Meer, Kriegswörter nach Blut und Leichen.

Euphemismus und Periphrase

Aber damit ist wieder nicht alles gesagt. Wir alle kennen das eigenartige Phänomen, dass wir zwar genau wissen, was wir sagen wollen und uns trotzdem das Wort verkneifen, das uns über die Lippen will, weil es gerade nicht passt, weil es zu direkt ist, vulgär, grob und unverschämt wirken könnte. Wir wählen andere, die beschönigen, umschreiben, andeuten. Wörter also, die sich geradezu gegen die Dinge, denen sie angeheftet werden, sträuben, so tun, als hätten sie mit all dem nicht das Geringste zu tun, als wüssten sie von nichts. Für das Beschönigen verwendet die Rhetorik den Ausdruck *Euphemismus*, zur Umschreibung sagt sie *Periphrase*. Oft kommen die beiden Hand in Hand daher und tun ihr Bestes, damit wir eine wackelige Brücke spannen können zwischen dem Tabu, dem Bemäntelten und dem, was ruhig gesagt werden darf. Den Abgang von der Welt erleichtern wir aber niemandem dadurch, dass wir ihn »in Frieden ruhen« lassen, und wir erheitern ihn auch nicht dadurch, dass wir sagen, er oder sie hätte sich »den Holzpyjama« angezogen. Gehobenes Register im ersten Fall, nicht ganz respektvolle Umschreibung im zweiten. Es gibt diskrete Wörter und indiskrete, feierliche und unverschämte, schwache Wörter und Kraftausdrücke. Unabhängig von der Bedeutung wirken Wörter auch durch den Ruf, der ihnen selbst anhängt und den Ruf der Menschen, die sie am meisten verwenden. [258]

Das Prestige der Wörter

Konnotationen hängen also mit dem Prestige des Wortes zusammen. Nun sind manche Wörter ja recht neutral – Apfel, Haus, Wasserwaage – andere aber deuten klar auf die Münder, aus denen sie gekommen sind; da gibt es solche, die riechen nach feinen Leuten und parfümierten Handschuhen und andere, die riechen nach Armut, die einen tragen Patina, die anderen kommen aus der Fremde und werden als unwillkommene Eindringlinge, verhasste Kolonialisatoren oder aber exotische Schönheiten angesehen. Manche verbreiten den Anschein von Wissen und Kompetenz und so warf der Müller Menocchio den Herren der Kirche am Beginn des sechzehnten Jahrhunderts vor, sie würden Latein sprechen, um die Armen zu betrügen.[259] Angeblich konnte damals ein Bettelprediger allein dadurch eine Aura des Sakralen und Wundersamen verbreiten, dass er am Beginn ein paar lateinische Formeln murmelte. Auch heute lässt sich mit entsprechendem Geschick Unwissen gut verbergen, wenn nur ein paar Fremdwörter zur Hand sind, die so viel Geheimnis zu bergen scheinen und so viel Ehrfurcht gebieten, dass es eingeschüchterte Zuhörer nicht wagen, weiter nachzufragen.

Elitäre Dichtkunst hebt sich durch ihren Wortschatz von den Bauerntölpeln ab. Für Dante (1265-1321) war es ganz selbstverständlich, dass nur Auserwählte das *volgare illustre*, die mit der Macht und dem Prestige der Städte assoziierte Variante des Italienischen in ihren Dichtungen verwenden durften. So wie Purpur nur den Kardinälen zusteht, so gebührt die glanzvolle Sprache nur den Dichterfürsten.[260]
Zu den Wörtern, die Góngora im siebzehnten Jahrhundert ins Spanische einführte, gehörte *ceruleo / blau*. Das ist als Farbbezeichnung klangvoller als das bedeutungsgleiche *azul*. Der Poet kastilisierte

aber lateinische und griechische Wörter nicht nur, weil das seinem Gefühl für Sprachmusik gefiel. Er wollte sich bewusst von den Plebejern abgrenzen und seine verrätselten Verse einer kleinen, eingeweihten Gruppe vorbehalten. Das Französisch, dem wir in der großen russischen Literatur des neunzehnten Jahrhunderts immer wieder begegnen, bringt nicht nur manche Passage besonders zum Glänzen, sondern ist auch ein charakteristisches Sprachmerkmal der Fürsten und Grafen.

Demokratische Strömungen wollten stets auch die literarische Sprache öffnen und alles in sie aufnehmen, was das bunte und vielfältige Leben der Armen und Reichen, der Bürger, Bauern und Bettler zu bieten hatte. Der Romantiker Victor Hugo (1802-1885) versuchte das für die französische Dichtung zu leisten.[261]

SPRACHRAUSCH UND VERZWEIFELN AN SPRACHGRENZEN

Wortwahl ist auch eine Frage des Temperaments und ich sehe unter den Dichtern drei Grundtypen. Zu den ersten gehören William Shakespeare (1564-1616), François Rabelais (um 1494-1553) oder Honoré de Balzac (1799-1850). Sie hegen eine grundlose, selbstvergessene und kindliche Leidenschaft für die Sprache und lieben alles, was ihr Füllhorn ausschüttet. Sie verfügen wohl über eine Art absolutes Sprachgehör und Sprachgedächtnis. Wer Balzac liest, dem fällt auf, mit welcher Lust er seine Wörter setzt und wie sehr er sie auskostet. Rabelais scheint beseelt von dem Verlangen, alles, was an Wörtern durch die Luft schwirrte und als Wort in Büchern zirkulierte, auch durch seine Feder fließen zu lassen: Die Wörter, die er auf den Marktplätzen verschiedener Gegenden Frankreichs mit ihren verschiedenen Dialekten hörte, die Begriffe aus medizinischen, juridischen, philosophischen Abhandlungen, Antiquiertes und Neues, Literarisches und Populäres. Er schüttelte die Wörter durch, verdrehte und verzerrte sie, versah sie mit verschiedenen Endungen und damit nicht genug; er erfand auch noch selbst neue Wörter (*Neologismen*). Dazu kommen die ständigen, selten ernst

173

gemeinten Gedanken zur Herkunft von Namen und Begriffen und das Spiel mit ähnlich klingenden Wörtern (*Paronomasien*).

Keine geringere Liebe zur Sprache dürfen wir bei der zweiten Gruppe vermuten, doch ihr Zugang ist ein ganz anderer. Sie tragen als Puritaner und Puristen schlichte Kleider, legen aber größten Wert auf die Art der Kleidung, die Zusammenstellung der einzelnen Stücke und die Wirkung des Details. Sie verabscheuen allzu Auffälliges und Grelles. Zu diesem Typ zählen wohl die Renaissancedichter Garcilaso de la Vega oder Fray Luis de León, denn die Ästhetik der Zeit will keine Primadonnen und meinte, jedes Wort solle wirksam, aber unauffällig zum Ganzen beitragen. Kunstfertigkeit besteht darin, die Kunst zu verbergen – *ars est celare artem* – oder wie eine Studentin einmal betonte: Es ist viel schwieriger sich unauffällig zu schminken als auffällig. Zu den Puristen zählen in der zweiten Hälfte des neunzehnten Jahrhunderts Guy de Maupassant und sein Lehrer Gustave Flaubert.

Zur dritten Gruppe zähle ich die Sprachskeptiker, diejenigen, die daran zweifeln, ob die Wörter für das, was gesagt werden soll, ausreichen. Dieser Zweifel berührt dann besonders, wenn er von Autoren geäußert wird, die Elend, Krieg und Leiden darzustellen versuchten. Samuel Beckett klagte in einem Brief, den er zwischen den Weltkriegen schrieb, die Ausdrücke und Metaphern der überkommenen Literatursprache kämen ihm angesichts des Zustandes der Welt vor wie lächerlich altmodische Biedermeieranzüge.[262]

Drei Auswege bieten sich dem Sprachskeptiker an. Erstens: Die Dichter versprechen, sie würden (im Traum etwa) ganz neue Wörter finden, die endlich all das sagen würden, was die gewohnten Wörter nicht (mehr) sagen können: »Je t'inventerai/ Des mots insensés/ Que tu comprendras« / »Ich werde für dich sinnlose Wörter erfinden, die du verstehen wirst«, singt Jacques Brel in *Ne me quitte pas* und hofft damit seine Liebste vom Fortgehen abzuhalten. Zweitens: Sie ahmen einfach die verbrauchten Wörter und Sätze nach, aber auf eine Art und Weise, die diese lächerlich macht. Die Technik ist alt und wirksam, sie heißt *Parodie*.[263] Dass es sich um Parodie handelt, wird oft erst durch Kontext und Vermittlung deutlich, etwa wenn ein scheinbar ernsthafter Text mit einer komischen Melodie unterlegt wird. Drittens: Und/ oder – die Verfahren schließen sich ja nicht aus – sie machen sich daran, die alten Wörter zu zertrümmern, verschreiben sich dem Sprach- und Klangexperiment, was manchmal bis zur vollkommenen Unverständlichkeit führt und deshalb nicht unbedingt die Leserzahlen erhöht. In abgemilderter Form fällt das Verfremden und Neuordnen in die Zuständigkeit der ehrwürdigen Wissenschaft, die den Namen *Rhetorik* trägt. Davon wird noch ausführlicher zu sprechen sein.

Ganz unterschiedliche Wünsche können Schreibende bei der Wahl der Wörter leiten: Die Lust an der Sprache, das Bedürfnis nach einer wahrhaftigeren Darstellung der Welt oder der Wunsch nach höherer ästhetischer Wirkung. Immer führt das dazu, dass sie den Wörtern des Alltags, die sich wie abgegriffene Münzen für jedes schmutzige Anliegen hergeben, verächtlich den Rücken kehren. Den altmodischen Ausdruck, den fremdartigen, den, der von einem Dialekt gefärbt ist, den wählen sie also nicht nur aus Gründen der Nostalgie oder der sozialen Zugehörigkeit. Radikale Autoren wollen die Sprache ganz grundlegend erneuern, moderate wollen sie zumindest ein wenig auffrischen. Literatur ist Sprachpflege, Literaturwissenschaft nicht zuletzt die nützliche Beschäftigung mit Menschen, die die Sprache pflegen. Der Nutzen der Literatur liegt auch darin, dass sie uns den Reichtum der sprachlichen Ausdrucksmöglichkeiten vorführt. Das könnte helfen, im alltäglichen Sprechen und Schreiben achtsamer mit den Wörtern umzugehen.

FREMDE WÖRTER

Doch bei Literatur geht es auch um die Beziehung zwischen Schreibendem und Leser. Und da Dichter um Leser buhlen müssen, hat ihr Trachten nach sprachlicher Originalität auch einen handfesten Grund: Es geht darum, Aufmerksamkeit zu erheischen und Interesse wachzuhalten. Erreichen lässt sich das zum Beispiel durch *Verfremdung,* und eine Möglichkeit zu verfremden besteht darin, einen fremdartigen Ausdruck zu Hilfe zu rufen oder eine ganze Passage in eine fremde Sprache zu setzen: Hans Castorp führt den Schlüsseldialog mit Clawdia Chauchat in der Walpurgisnacht oben am Zauberberg auf Französisch und nicht auf Deutsch. Horacio Quiroga charakterisiert einen höchst eigenwilligen Landarbeiter, Held der Erzählung *Un peón/ Ein Landarbeiter* durch sein Grenzlandkauderwelsch aus Spanisch und Portugiesisch.[264] Jede der Aussagen dieser Figur erhält dadurch eine ganz eigentümliche Wirkung. Bei Quiroga erlangt der Charakter dadurch große Würde. Wenn allerdings im 16. Jahrhundert eine Sklavin in der Komödie durch fremde Sprechweise und ihr Mischmasch der Sprachen charakterisiert und lächerlich gemacht wird, dann können wir das heute nicht mehr lustig finden. Die Zeitgenossen klopften sich, es ist zu fürchten, auf die Schenkel.[265] Aristoteles lehrte um das Jahr 335 vor Christus:

> Die vollkommene sprachliche Form ist klar und zugleich nicht banal. Die sprachliche Form ist am klarsten, wenn sie aus lauter üblichen Wörtern besteht; aber dann ist sie banal. Beispiele sind die Dichtungen des Kleophon und Sthenelos. Die sprachliche Form ist erhaben und vermeidet das Gewöhnliche, wenn sie fremdartige Ausdrücke verwendet. Als fremdartig bezeichne ich die Glosse[266], die Metapher, die Erweiterung und überhaupt alles, was nicht üblicher Ausdruck ist. Doch wenn jemand nur derartige Wörter verwenden wollte, dann wäre das Ergebnis entweder ein Rätsel oder ein Barbarismus: wenn das Erzeugnis aus Metaphern besteht, ein Rätsel, wenn es aus Glossen besteht, ein Barbarismus. Denn das Wesen des Rätsels besteht darin, unvereinbare Wörter miteinander zu verknüpfen und hiermit gleichwohl etwas wirklich Vorhandenes zu bezeichnen. Dies lässt sich nicht erreichen, wenn man andere Arten von Wörtern zusammenfügt, wohl aber, wenn es Metaphern sind [...]. Man muss also die verschiedenen Arten irgendwie mischen. Denn die eine Gruppe bewirkt das Ungewöhnliche und Nicht-Banale, nämlich die Glosse, die Metapher, das Schmuckwort und alle übrigen genannten Arten; der übliche Ausdruck hingegen bewirkt Klarheit.[267]

Das soll hier in keine Debatte über Nutzen und Schaden der Fremdwörter münden[268] und es wäre zu fragen, wie die Schlüsselbegriffe zur Zeit Aristoteles' konnotiert waren. Wir müssen jetzt aber nicht gleich zu Kleophon und Sthenelos greifen. Zeigen wollte ich, dass die Kernfragen der Stilistik schon zur Zeit des Aristoteles gestellt wurden, und dass diese Fragen bis heute aktuell sind. Zeigen wollte ich auch, wie vielfältig die sprachlichen und damit dichterischen Wirkungen sind, die sich allein durch die Wahl des einen oder des anderen Wortes, das sich für dieselbe Sache anbietet, erreichen lassen. So können wir hier eine zweite Stilqualität vermerken: die *Perspicuitas*. (Zur Erinnerung: die andere bereits genannte Stilqualität war das *Aptum*, also die Harmonie zwischen Sprache und Inhalt.) Mit *Perspicuitas* ist das Streben nach Klarheit des Ausdrucks gemeint. Nicht alle wollen das, und sie huldigen dann dem gegenteiligen Ideal, der *Obscuritas*.[269] Ein dunkler Dichter wäre etwa der schon mehrmals genannte Barockpoet Góngora. Zu den klaren zählt Lope de Vega, der meinte, dem Poeten müsse die Arbeit Mühe bereiten, nicht aber dem Leser das Verstehen.[270]

Wir haben also festgestellt, dass Wörter große Elastizität besitzen. Umso mehr muss es uns dann wundern, dass es für ein und dasselbe meist auch noch mehrere Wörter oder Wendungen gibt und wir die Qual der Wahl haben. Für die Literatur ist es wichtig zu betonen: Schriftsteller wählen Wörter immer auch wegen ihres Mehrwerts aus. Sie interessieren sich besonders für das Feingewicht der Wörter. Studierende der Literatur sollten ein eben solches Gespür für die Schattierungen der Sprache entwickeln wie Maler für Farbtöne und Musiker für die Klangnuancen ihrer Instrumente.

RHETORIK I: FIGUREN DER WIEDERHOLUNG

> *Die Liebe der Wiederholung ist in Wahrheit die einzig glückliche. Sie hat wie die Erinnerung nicht die Unruhe der Hoffnung, nicht die beängstigende Abenteuerlichkeit der Entdeckung, aber auch nicht die Wehmut der Erinnerung, sie hat die selige Sicherheit des Augenblicks. (Søren Kierkegaard)*[271]

Zum Phänomen der Wiederholung

Im Alltag müssen wir vieles zweimal sagen, etwa, wenn wir mit Kindern im Trotzalter zu tun haben oder mit Freunden, deren Muttersprache nicht die unsere ist. Es geht um Erhöhung der Verständlichkeit oder des Nachdrucks. Mephisto belehrt Faust: »Du musst es dreimal sagen«, »herein« nämlich, erst dann kann der wunderliche Sohn des Chaos die Schwelle zu des Doktors Stube überschreiten. Dabei ist die Einladung weiterzukommen schon das erste Mal deutlich an sein Ohr gelangt. Warum also noch zweimal? Es hat etwas Merkwürdiges auf sich mit der Wiederholung. Kein Ziel kann im Märchen erreicht werden, ohne dass der scheindumme jüngste Sohn dreimal am Grabe des Vaters gewacht hätte, Ivan Zarewitsch dreimal die wilden Pferde der Baba Jaga gehütet hätte, erst der dritten Orange entsteigt das Mädchen, das dem Helden treu sein wird,[272] drei Rätsel muss die Kluge dem König auflösen, bevor er ihren zu Unrecht gefangenen Vater freilässt und sie heiratet. Und von dem Film *Ground hog day / Und täglich grüßt das Murmeltier* will ich gar nicht erst reden. Wie oft wird da der arme Phil durch denselben Albtraum gehetzt! Apropos Traum: Auch dieser hat einen Hang uns immer wieder mit denselben Bildern und Episoden heimzusuchen.

Figuren der Wiederholung

Poesie liebt das Wiederholte, und auch Prosa mehr, als wir zulassen wollen, die Poesie aber besonders: Sie wiederholt dieselben oder ähnliche Klänge, sie wiederholt Klangmuster und Abfolgen von Betonungen und Pausen. Diese Neigung wurde wohl zuerst in Musik und Tanz offenbar, man kann ja nicht ständig neue Schritte erfinden und das Herz schlägt auch nicht immer auf neue Weise. Die Poesie will uns aber auch das, was ihr wichtig ist, immer wieder sagen, ganze Sätze werden im Refrain wiederholt und dabei nur wenig variiert – oder erst am Ende aus Gründen der Pointe. Bestimmte Formen der Wiederholung sind typisch für die Verssprache, erhöhen den Nachdruck und tragen zum Rhythmus bei. Dazu San Juan de la Cruz (1542-1591) und seine *Noche oscura / Dunkle Nacht*:

[…]
¡O noche, que guiaste!,
¡o noche, amable más que el alborada!

178

¡oh noche que juntaste
Amado con amada,
amada en el Amado transformada!

[Nacht, du leitest uns!
Nacht, lieblicher als Morgenröte!
Nacht, vereinst
Liebenden und Geliebte,
Geliebte in Liebenden verwandelt.][273]
[...]

Die Wiederholung am Beginn eines Satzes oder Verses heißt *Anapher*. Will die Musik Wiederholung und der Sinn auch, dann treffen sich Rhetorik und Rhythmus, Inhalt und Form; die Wiederholung wirkt sich auf den Klang aus, und daher werden manche Figuren unter den Begriff *Klangfiguren* geordnet, was aus genannten Gründen begrüßenswert ist. Es führt aber auch in die Irre, wenn damit gesagt ist, dass alle anderen Figuren stumm und klangfrei ins Textgefüge einbrechen. Auch eine, sagen wir einmal *Periphrase*, kann aus rhythmisch-klanglichen Gründen zum Einsatz kommen, sie wird aber gewöhnlich unter der Kategorie *Gedankenfiguren* geführt. Nein, eine solche Unterscheidung zwischen dem reinen Klang auf der einen Seite und dem reinen Gedanken auf der anderen ist genau das, was wir bei der Beschäftigung mit Literatur vermeiden sollten. Auch der Name *Wortfiguren* für Wiederholungen scheint nicht hilfreich, denn gerade bei den Wiederholungen geht es ja nicht ums Wort, sondern um das, was jeweils um das Wort herum gesagt wird. Oder genauer: Es geht um verschiedene Entfaltungsmöglichkeiten in verschiedenen Umfeldern. Der Protagonist der *Westside Story* singt: »Maria, Maria, Maria, … Maria! I've just met a girl named Maria. And suddenly that name will never be the same to me [...].« Mit jedem neuen Aufrufen des Namens entfaltet er sich ein wenig mehr. Mit jeder Wiederholung erweitert sich das heraufbeschworene Bild und füllt immer mehr den Vorstellungsraum des Sängers aus. Das Wort wächst im Umfang seiner Bedeutung. Wiederholen heißt also nie genau dasselbe sagen. Jede Wiederholung erweitert, beschränkt, variiert, kontrastiert. Somit zeigen die Figuren der Wiederholung besonders grell, was wir weiter unten über Wortverbindungen sagen werden. Besonders grell deshalb, weil sie das scheinbar immer sich selbst Gleiche als ein sich ständig Wandelndes entlarven. Auf engem Raum zeigen sie, dass ein und dasselbe Wort an verschiedenem Ort ein ganz unterschiedliches Potential einbringen kann, bei jedem Gebrauch in anderen Farben schillert. Wenn literarische Texte die Farbe, das Gewicht, die Reichweite der Wörter bestimmen, dann sind Wiederholungen ein gutes Mittel, um das besonders deutlich vorzuführen. *Anadiplose, Geminatio, Anapher, Epipher, Diaphora, Epanalepse, Polyptoton, Figura etymologica*, für all diese Figuren trifft das zu, wieder kann auf Wolfram Groddecks unterhaltsame Einführung verwiesen werden.[274]

»El *Madrid* es mucho *Madrid*«/ »Der (Club Real) Madrid ist ›viel‹ Madrid«, sagen die Fußballfans aus Madrid und sprechen dabei nicht von ihrer Stadt sondern von deren bekannterem Fußballclub. Damit nicht genug, das erste Madrid ist ein anderes als das zweite, denn erst die Wiederholung mit dem Zusatz *mucho* macht die entscheidende Aussage über die dem Club durch lange Tradition und Geschichte wesensmäßig eigene und in Fleisch und Blut übergegangene Klasse in der Kunst des Fußballspiels. Diese Figur heißt *Diaphora* (griech. = *Unterschied*). »A *man* is still a *man*«, dichtet Leonard Cohen und meint das erste Mal den Menschen in seiner Grundausstattung, das zweite Mal als Wesen mit moralischen Qualitäten und Ansprüchen. Das ist auch so bei der variierten Wiederholung *Polyptoton* (selbes Wort anders gebeugt) und *Figura etymologica* (zwei Triebe aus demselben Stamm). »Esta vez yo *quería quererla querer* y ella no«/ »Diesmal wollte ich sie lieben wollen und sie mich nicht«, singt Joaquín Sabinas in einem großen Aufgebot des Liebens und Wollens. Das Lateinische kann mit sehr wenigen Wörtern sehr viel sagen, so kommen solche Kontrastwirkungen besonders zur Geltung: Zeus schleudert seinen Blitz auf Phaeton, den Sohn des Apoll, der einen Tag lang den feurigen Sonnenwagen über die Himmelsbahn lenken will, die Rosse aber nicht beherrschen kann und kurz davor ist, Erde und Himmel in Brand zu stecken, »schleudert ihn […] auf den Lenker des Wagens, stürzt ihn entseelt herunter und

dämpft durch wütendes *Feuer* das *Feuer*«/ »fulmen [...]/ misit in auri-
gam pariterque animaque rotisque/ expulit et saevis conpescuit *igni-
bus ignes.*«[275]

Paronomasie

Eine besondere Art der Wiederholung ist die *Paronomasie*, enge Verwandte des Reims. Sie wiederholt nicht Sinn, sondern Klang und
nutzt den Umstand, dass manche Wörter ganz gleich (*Homophonie*)
oder sehr ähnlich klingen, aber ganz etwas anderes heißen. Groddeck nennt sie die rhetorischste aller Figuren[276], weil sie eine Verbindung vortäuscht, wo gar keine da ist. Reine Manipulation mittels
Sprache also? Wenn wir uns den Gebrauch der Paronomasie in der
Politik ansehen – *Gusenbauer-Gruselbauer* – dann könnten wir zustimmen. Mittelalter und Barock sahen es anders. Sie meinten, dass
hinter jeder Paronomasie eine geheime Verwandtschaft zwischen
den Dingen stecke. In der Komödie des siebzehnten Jahrhunderts
begegnen wir keinem klingenden Namen, der nicht für Wortspiele
genutzt würde. Bei Tirso de Molina (1583-1648) heißt etwa eine
Dame *Serafina*, ein gewisser Antonio verliebt sich in sie, und es ist
unvermeidlich: Er muss am Ende einer Szene ausrufen: »Sospecho,
prima querida, que de mi contento y vida *Serafina será fin.*«/ »Ich
fürchte, liebe Cousine, dass Serafina das Ende meiner Zufriedenheit
und meines Lebens sein wird.«[277]

Im Bereich der Wörter und Wortgruppen ist ein ähnliches Spiel im
Gange wie im Gesamtaufbau einer Erzählung. Auch dort werden
die Handlungselemente nicht einfach hingeschüttet, sondern Spiegelungen, Wiederholungen und Analogien sind ganz wesentlich für
die Wirkung des Erzählten. Das Leitmotiv ist das hervorstechendste
Beispiel dafür.
Fragt man, wofür Wiederholungen gut sind, dann wird die erste
Antwort stets sein: Verstärkung der Aussage. Ich hoffe, ich konnte
zeigen, dass es um mehr geht: Wiederholen heißt auch Sinn entfalten. Oft heißt es auch Kontraste offenlegen, die in ein und demselben Wort oder Klang stecken.

Tropen: Vergleich und Metapher

> *»Nein, Pfänderspiel ist langweilig, lassen Sie uns das Vergleichsspiel spielen.« Dieses Spiel hatte Sinaida selber ausgedacht: es wurde ein Gegenstand genannt, und ein jeder musste sich Mühe geben, diesen mit etwas zu vergleichen, und wer den besten Vergleich fand, erhielt einen Preis. Sie trat ans Fenster. Die Sonne ging eben unter; hoch am Himmel schwebten lange rote Wolken.*
> *»Wem gleichen diese Wolken?« fragte Sinaida, und antwortete, ohne erst auf unsere Antworten zu warten. »Ich finde, sie sehen den purpurnen Segeln gleich, die sich auf dem goldenen Schiff Kleopatras befanden, als sie Antonius entgegenfuhr. Erinnern Sie sich, Maidanow, Sie haben mir kürzlich davon erzählt?«*
> *Gleich Polonius im Hamlet entschieden wir alle, dass die Wolken eben diesen Segeln glichen und dass keiner von uns einen besseren Vergleich zu finden vermöchte.*[278]

Vergleich und Metapher sind die Primadonnen der Literaturwissenschaft und auch Dichter sprachen ihnen immer wieder den Vorrang unter den Stilfiguren zu. Ja es gibt nicht wenige, die davon fasziniert sind, dass sich ein Wort anstelle eines anderen verwenden lässt, der Leser aber trotzdem versteht, dass nicht das erste sondern das zweite gemeint ist, dabei aber irgendwie sowohl das erste als auch das zweite vorhanden sind, also ungefähr so, wie wenn jemand eine Maske trägt, ein Schauspieler etwa, und wir in unserer Wahrnehmung zwischen der Wirklichkeit der Maske und der Wirklichkeit der Person hinter der Maske hin- und herpendeln. Andere allerdings prangern die Taschenspielertricks und falschen Künste der Metaphoriker an. Beiden Parteien, den Freunden und den Feinden, ist bewusst, welch feines Gift die Metapher sein kann, wie stark sie auf unser Handeln wirken kann, wie sehr sie unser Denken gleich einer schleichenden Krankheit infizieren kann.

VERGLEICH UND ANALOGIE

Wir werden übrigens hier nicht viel Aufhebens um den Unterschied zwischen Metapher und Vergleich machen und die Frage, ob ein Vergleich eine entfaltete Metapher ist – meiner Meinung nach die richtige Auffassung – oder eine Metapher ein verkürzter Vergleich

– meiner Meinung nach die falsche Auffassung – strengeren Analytikern überlassen.

Die Metapher zählt zu den *Tropen*. Eine *Trope* (auch *Tropus*) liegt dann vor, wenn ein Wort an Stelle eines anderen verwendet wird. Wir wollen hier nicht lange darüber debattieren, ob es angebracht ist, die Tropen von den Figuren (die nicht ersetzen, sondern umstellen) zu unterscheiden, eine gute Darstellung bietet Wolfram Groddeck.[279] Wir führen, wenn wir nun die Metaphern und ihre Verwandten studieren, das Thema der Wortwahl weiter. Eine Metapher zu verwenden, heißt einen Ausdruck auswählen.

In einer Hinsicht sollten wir aber genauer sein als die meisten Handbücher: Dort steht, dass Metaphern auf Ähnlichkeit oder Analogie beruhen. Ähnlichkeit muss nicht erklärt werden, jeder weiß, was es heißt, wenn sich Eltern und Kinder ähnlich sehen oder Hunde und ihre Herren oder ein Baum in der Nacht einem Bären, wie Shakespeare im *Sommernachtstraum* beobachtet. Die Analogie sollten wir kurz erklären: Analogie bedeutet, dass Dinge oder Sachverhalte zwar keine Ähnlichkeiten zeigen, aber sich in bestimmten Hinsichten gleich verhalten oder gleich funktionieren: Eine Kerze brennt langsam herunter und ihr Wachs schmilzt, so wie unsere Lebenszeit langsam verrinnt – daher fehlt das Motiv der herunterbrennenden Kerze nicht auf Darstellungen von der Vergänglichkeit alles Irdischen, wie sie Shakespeare und besonders dem Barock lieb waren. Der Punkt an der Ähnlichkeit und auch der Analogie ist aber: Ähnlichkeiten springen uns nicht immer von selbst an, vielmehr stellen wir diese kraft des Denkens her. Steuernd wirken dabei die Konzepte, die uns unsere Kultur mitgibt: Dass Wangen Rosen gleichen, das beobachten wir im wirklichen Leben nur selten, in der Poesie sind wir gewohnt, es zu akzeptieren, es ist aber eigentlich pure Konvention. Wirklich deutlich wird uns das, wenn wir in Zeiten reisen, deren Lebensumstände sich von den unseren stark unterscheiden: So setzt das *Hohe Lied der Liebe* im Alten Testament das Haar der Geliebten mit Ziegen gleich und die Zähne mit frisch geschorenen Schafen, die aus der Schwemme steigen. Die Hirtenkultur nimmt also das, was ihr am meisten wert ist, also die Herden, zu Hilfe, um die Schönheit der Braut zu preisen.[280] Viele Metaphern arbeiten so: Die offensichtliche Gemeinsamkeit fungiert als Tapetentür, um zwei Welten miteinander zu verbinden. Oft sind das etwa Gemeinsamkeiten in der Form oder der Farbe. Sind sie aber erst einmal verbunden, dann beginnen erst die wirklichen, die tiefgründigen, die geheimnisvollen Übertragungen. Warum nennt der persische Dichter den Mond einen »Spiegel der Zeit«[281]? Weil damals runde Spiegel gebräuchlich waren? Weil beide, Mond und Spiegel, fremdes Licht zurückwerfen? Weil der Mond schon seit so langer Zeit und völlig ungerührt das nächtliche Elend der Welt bestrahlt und sich dabei gefallen lässt, dass ihn die Poeten golden, silbern, blau (blue) oder blutig rot nennen. Das wird wohl alles zutreffen, aber wir werden das Gefühl nicht los: da ist mehr dahinter; die Wirkung der metaphorischen Verwandlung geht tiefer und weiter.

Der Strom der Metaphern begleitet jeden Roman, jede Erzählung, jedes Theaterstück. Meist halten wir uns nicht damit auf, jede einzelne auszukosten. Wir lesen durch die Bilder, aber nicht in den Bildern. Wenn Turgenjew einen Specht, der hinter einem Baumstamm hervorlugt, mit einem Cellisten vergleicht, dessen Gesicht hinter dem Hals seines Instruments erscheint, dann werden wir beifällig nicken; wenn Nikolaj Gogol die Effekte von Völlerei damit vergleicht, dass tausend Hähne in den Mägen krähten, dann ist das ein weiteres Zeichen für den Witz des großen Dichters. Anhalten werden wir vielleicht auch, wenn Charles Dickens über die allererste Kindheitserinnerung an die Haushälterin schreibt, ihre Wangen wären so apfelrot gewesen, dass die Vögel sie hätten anpicken können; wenn Juan Rulfo (1917-1986) das Herz eines verängstigten Mädchens springen lässt wie eine Kröte und bei Turgenjew das Herz eines Verliebten nächtens so leise schlägt »wie die Flügel eines an einer betauten Blume hängenden, von den Strahlen der Sommersonne überfluteten Schmetterlings.«[282] (Ab und zu erfreuen uns auch die Medien mit nicht ganz abgenutzten Vergleichen: »Die beiden Koalitionsparteien nähern sich in der Frage der Gesamtschule mit der Bedächtigkeit zweier paarungsfreudiger Igel an«, hieß es vor Kurzem im Mittagsjournal des Kultursenders Ö1.

Barocke Metaphern

Den Barockdichter Luis de Góngora y Argote (1561-1627) zu verstehen, heißt seine Metaphern auflösen: Was glauben Sie, was ist
ein »fürchterliches Gähnen der Erde« (»formidable de la tierra
bostezo«)?[283] Natürlich, es ist die Höhle, in der der finstere einäu-
gige Riese und Kyklop Polyphem wohnt. Vögel sind bei Góngora
Lyren aus Gefieder oder *Federorgeln* oder *bemalte Stimmen*, Blumen sind *stumme
Sterne* und Flussinseln *dichtbelaubte Parenthesen in der Strömung*.[284]
Übertriebener Hang zum Gekünstelten? Wir wollen das nicht entscheiden, in jedem Fall führt Góngora die Metapher an eine ihrer
Quellen zurück, das Rätsel nämlich. In der alten Zeit war das Rät-
selraten ja kein harmloser Zeitvertreib. Jedenfalls dann nicht, wenn
das Rätsel von einem Ungeheuer oder einem Tyrannen gestellt
wurde. Große Dinge standen auf dem Spiel: Ödipus erringt die
Stadt Theben, die Königswürde und die Hand seiner eigenen
Mutter, nicht aber sein Glück, indem er das Rätsel der Sphinx löst.
Das Orakel von Delphi und andere Institutionen, die in alten Kulturen für die Deutung von Vergangenheit, Gegenwart und Zukunft
zuständig waren, gaben ihre Botschaft nur in verschlüsselter Form
preis. Und nur wer den Orakelspruch richtig deutet, die Metaphern
also richtig auflöst, der kann sein Schicksal bewältigen.

Die Kluge

Begabt im Lösen von Rätseln ist die kluge Bauerstochter, der wir in
Märchen des Morgen- und Abendlandes begegnen. Carl Orff
machte sie zur Hauptfigur seiner Oper *Die Kluge* (1943) und inspirierte sich dabei an einer Fassung der nordafrikanischen Kabylen.[285]
Drei Rätsel sind es, welche das Mädchen knacken muss. Warum?
Ihr Vater sitzt im Kerker; er hat einen goldenen Mörser auf Königs-
land gefunden und diesen auch brav im Schloss abgeliefert. Doch
die Welt ist undankbar, und so wird er dafür nicht nur nicht

belohnt, sondern beschuldigt, er habe den Stößel auch gefunden, aber unterschlagen, denn ein Mörser ohne Stößel, das komme nicht vor. An der Tochter liegt es nun, den Vater auszulösen. Es lohnt sich, die drei Rätsel genauer zu betrachten, in ihnen steckt vieles, was uns an Metaphern interessieren könnte. Im Libretto klingen sie folgendermaßen:

> DER KÖNIG. Es kam ein Gast von ungefähr,
>   nit geritten, nit gegangen,
>   nit geflogen daher,
>   und als er kam in das Wirtshaus
>   da fiel das Haus zum Fenster hinaus.
> DIE KLUGE. Der Gast, der konnt nit anders kommen,
>   ein Fisch ist immer nur geschwommen,
>   des Fischers Netz, das war das Haus,
>   der Fischer zog das Netz heraus,
>   da fiel das Wasser zum Garne hinaus.
>   […]
> DER KÖNIG. Der Fisch im Netz!
>   das hast du gut getroffen.
>   Von Dreien bleiben zwei noch;
>   zwei Rätsel, Kluge,
>   zwei bleiben offen.
>   Es ist ein Vogel aus Elfenbein,
>   der springt landab, landauf, landein,
>   er frisst den Müller samt Mühlenstein,
>   Haus, Hof und den Bauern noch obendrein.
> DIE KLUGE. Ich kenn den Vogel aus Elfenbein,
>   der springt landab, landauf, landein.
>   Der Würfel ist's,
>   das Würfelspiel
>   hat manchen schon betrogen,
>   und mancher Mann
>   hat all's vertan,
>   hat ihn das Glück belogen.
> DER KÖNIG. Die klügste Henne holt am Ende doch der Fuchs;
>   zweimal tätst du mir entschlüpfen,
>   das letzte Netz, das will ich besser knüpfen.
>   Es floss ein Mühlenstein auf dem Wasser,
>   da saßen drei Männer drauf.

Der eine war blind,
der andere lahm,
der dritte, der dritte war nackt,
so nackt, dass es knackt.
Der blinde Blinde sah einen Hasen,
der Lahme, der lief ihm nach und packt ihn,
der Nackte steckt ihn in die Tasche.
DIE KLUGE. Der Taube, der hört es,
der Stumme sagts weiter …
Was nit sein kann,
nit wird noch war,
… ist eine Lüge.
DER KÖNIG. Auf das Haar
hast du's getroffen, sonnenklar,
erraten hast du alle drei.
DIE KLUGE. Mit dreien löste ich mich frei. […][286]

Die Analyse der Metaphorik im ersten Rätsel überspringe ich und beginne mit dem zweiten. Wir vermuten, dass hinter dem »Vogel aus Elfenbein« etwas anderes stecken muss, dass wir ihn nicht wörtlich nehmen können. Wir werden also unsere gedanklichen Wasserläufe nach einer Brücke absuchen, die uns über den Fluss des Nichtverstehens in eine Region führt, in die das Bild irgendwie passen könnte. Jedes Rätsel hat zwei Seiten, zwei Teile, das Rätsel selbst und die Auflösung. Das Rätsel sagt also das, was es sagen will (das ist der eine Teil), mit anderen Worten (das ist der zweite Teil). Aber irgendetwas müssen die Wörter auf der einen Seite der Brücke mit den Wörtern auf der anderen Seite zu tun haben. Was hat aber ein Vogel mit einem Würfel zu tun? Richtig, nicht viel, außer dass beide durch die Luft hüpfen und fliegen, dass beide klein sind, zu klein eigentlich, um Haus und Hof »aufzufressen«. Genau das sind aber die dünnen, die sehr dünnen Bande, welche die beiden Wortfelder verbinden: die Welt der Vögel und die Welt des Glücksspiels. (Möglicherweise vermittelt das Bild des Vogels auch, dass Spieler leichtfertig, flatterhaft handeln oder dass das Glück so rasch weiterfliegt, wie es gekommen ist, wir sind im weiten Feld der Konnotationen.) Gäbe es diese Bande nicht, dann wären wir nicht bereit, das Rätsel für gelungen zu halten und die Auflösung mit Überraschung zu akzeptieren. Das allein reicht für ein gutes Rätsel aber noch nicht aus. In der kleinen Geschichte, die das Rätsel erzählt, lassen sich weitere überraschende Analogien und Ähnlichkeiten finden: In der Tat, der Verlust von Haus und Hof beim Würfelspiel könnte naiven Augen erscheinen, als hätte der Würfel sie »aufgefressen«. Die Auflösung des Rätsels lässt uns darüber staunen, dass sich zwischen so Verschiedenem doch so viel Gemeinsames finden lässt. Der Vogel ähnelt dem Würfel in mancherlei Hinsicht und daher kann er in verrätselter Sprache die Stelle des Würfels einnehmen. Orakel, Sphinxen, Hexen, Erfinder von Rätseln und Künstler sehen verborgene Verbindungen, die andere nicht sehen. Nehmen wir das sehr ernst, nicht nur, wenn wir uns im Haus der Literatur aufhalten. Dem Funkenflug zwischen scheinbar weit auseinander liegendem verdankten Einstein und andere die Geistesblitze, auf denen sie ihre Theorien aufbauten.

FOLGEN DER ÜBERTRAGUNG

Metaphern entstehen aus Übertragung, deshalb auch ihre Bezeichnung: Metaphora bedeutet im Griechischen einfach Übertragung. Daher steht auf attischen Möbeltransportern, die etwa durch das moderne Athen kurven, die Aufschrift *metaphorein* (*übertragen* und wohl auch: *übersiedeln*);[287] beneidenswert, wie nahe da die Rhetorik noch dem wirklichen Leben ist. Die Übertragung findet statt zwischen einem Bildspender (auch *source domain* oder *Sekundärgegenstand* genannt) und einen Bildempfänger (auch *target domain* oder *Primärgegenstand* genannt).-Das Bild von der reinen Übertragung verstellt aber den Blick auf die volle Wirkung des Stilmittels; nämlich dann, wenn es uns verleitet zu glauben, hier werde einfach ein Ausdruck durch einen anderen ersetzt. Das trifft ja zu, der Würfel wird zum Vogel, das Wort Würfel ist gelöscht, jedenfalls bis zur Auflösung; Achill wird bei Homer zum Löwen. Aber wenn wir elfenbeinerner Vogel sagen und nicht Würfel, dann ist der Würfel zwar von der Textoberfläche verbannt, das hindert ihn aber nicht daran, im Hintergrund und Untergrund weiter zu poltern und zu rumoren. In unserem Denken ist er bei der Interpretation der Metapher ständig präsent. Die Verwandlung Achills zum Löwen ist keine vollständige. Er springt wohl einem Löwen gleich in den Kampf, dennoch nicht als haariger Vierbeiner mit Mähne und buschigem Schweif über das Schlachtfeld. Der Löwe bleibt zugleich Krieger. Beide Vorstellungen sind in der Metapher gleichzeitig aktiv. Aber wir sehen ihn als Löwen und durch den Löwen, wir denken über ihn, als wäre er ein Löwe, genauer: als wäre er das, was unsere Kultur uns beigebracht hat, über den Löwen zu denken – und Achtung, das macht einen großen Unterschied, denn »in Wirklichkeit« liegen doch Löwen, männliche vor allem, hauptsächlich träg in der Sonne, wenn sie nicht gerade verzehren, was die Weibchen erjagt haben.

Das Gesagte hat Folgen, auf einige davon möchte ich hinweisen: Zwei Stärken bringen mehr zuwege als eine, ein Held, der Heldenkraft *und* Löwenkraft ausstrahlt, beeindruckt mehr als ein anderer. Spazieren Sie einmal durch den Tiergarten Schönbrunn und denken Sie dabei nicht zoologisch sondern metaphorologisch. Nein, das ist gar nicht nötig. Kein Tier werden Sie wohl länger betrachten können, ohne dass Sie in ihm die Eigenschaften und Gefühlsnoten sehen, die unsere geläufigen Metaphern in ihnen sehen wollen: Flamingos sind eitel, Kamele hochnäsig, Gänse albern, Spinnen hinterhältig. Pinguine stehen zusammen und watscheln herum wie Mitglieder einer merkwürdigen, befrackten Bruderschaft.
Gut die Hälfte aller Kinderbücher handelt von Tieren. Kinder hören fasziniert Geschichten von Tieren, denen sie noch nie über den Weg gelaufen sind, und viele ihrer Träume werden von Tieren heimgesucht.[288] Das wirft die Frage auf, wie denn solche Urbilder in unsere Seele gelangen. Die kann hier nicht beantwortet werden. Es fragt sich aber auch, warum Tiere unsere Phantasie so sehr in den Bann nehmen. Eine mögliche Antwort wäre: sie haben Merkmale (Augen, Ohren, Nasen…) die unseren ähnlich, aber nie ganz gleich sind. Sie tun so vieles, was wir auch tun – geboren werden, Unterschlüpfe bauen, Nahrung suchen, kämpfen, sich paaren, in der Sonne liegen, sterben; sie erinnern uns an eine dunkle gemeinsame Vergangenheit; sie verleiten uns ständig dazu, unsere Kultur und unsere sozialen Verhältnisse durch den Hinweis zu rechtfertigen,

das wäre ja »bei den Tieren auch so« (wobei wir leichtfertig vergessen, dass es nichts gibt, was sich im Tierreich nicht findet: Polygamie, Monogamie, Aggression gegen die Eigenen und gegen die Fremden…). Wir bewundern Tiere, weil sie stärker sind, weil sie besser hören und feiner riechen können, weil sie sich behände von Baum zu Baum schwingen, sich in schwindelerregende Höhen erheben oder im Wasser nicht Luft holen müssen. Vielleicht ist das der Grund, warum so viele Kulturen ihren Göttern die Gestalt von Tieren geben. Tiere überraschen und ängstigen uns aber auch – mit ihrem merkwürdigen Verhalten, ihren oft nicht vorhersehbaren Reaktionen. Sie bleiben uns immer ein wenig un-*heim*-lich im ursprünglichsten Sinne. Diese Spannung zwischen Vertrautheit und Fremdheit ist wohl auch ein Grund dafür, dass die Literatur eine solche Liebe zum Tierischen hat. Tiere scheinen also immer Menschliches widerzuspiegeln, aber in verzerrter Form. Wenn nun Verfremdung ein wesentliches Verfahren von Literatur ist, dann lässt sich das mit Hilfe von Tieren besonders leicht bewerkstelligen. Viele Geschichten schreiben über Tiere als wären sie Menschen (die Märchen etwa), über Menschen, als wären sie Tiere (George Orwells *Animal farm*, 1945) oder sie schauen auf die Welt aus der Zwangsjacke eines Tierkörpers, so wie der Käfer in Kafkas *Verwandlung* (1912) und der Esel im *Goldenen Esel* von Lucius Apulejus, entstanden um 170 n. Chr.
Metaphorisch ertragreich sind diejenigen Tiere, die sogar in Gestik und Mimik Menschliches erkennen lassen, etwa die Menschenaffen oder der treue Hund, denn hier lässt sich vieles vergleichen. Besonders wirkungsvoll sind aber diejenigen Tiere, die uns einerseits in Vielem sehr fern sind und uns andererseits in einem, vielleicht in zwei Hauptmerkmalen erschreckend nahe kommen oder nahe zu kommen scheinen: Spinnen, Schlangen, Würmer, Skorpione, Blutegel. Wenig haben wir mit Spinnen genetisch gemeinsam, aber wir können wie sie »Netze spannen« und unsere Opfer »umgarnen«. Bleiben wir bei den Spinnen und stellen wir sie uns besonders schwarz und pelzig und abstoßend vor. Wenn Sie das tun, dann werden Sie im folgenden Punkt zustimmen und der ist wesentlich, um die Zauberkunst der Metapher zu verstehen: Die Metapher

beeindruckt nicht nur, weil sie Gemeinsamkeiten zwischen zwei Dingen hervorhebt, sondern weil sie Ungleiches einschleppt. Anders gesagt: Wir verstehen die Metapher, weil Menschen und Spinnen Netze spinnen (angeblich haben es die Menschen diesen Tieren abgeschaut und das ist der Grund, dass die Meisterweberin Arachne von der neidischen Göttin in eine Spinne verwandelt wird.) Wir *verstehen* sie wegen der Ähnlichkeit, sie *beeindruckt* uns aber nicht wegen der Ähnlichkeit, sondern wegen der dunklen Andersartigkeit der Spinne insgesamt, die mit dem Primärgegenstand (heimtückischer Mensch) gleichgesetzt wird und nun mit ihrer ganzen Gestalt und ihrem ganzen Gefühlswert auf diesen einwirkt: Bei einer erfolgreichen Metaphorisierung »durchdringt die emotionale Aura der einen Seite auch die andere« [289]. Darin besteht die wesentliche Wirkung der Trope.

Ein Beispiel aus der Boulevardpresse mag noch mehr Klarheit schaffen: dort fand sich vor Jahren die Schlagzeile: »Heroin überschwemmt unser Land.« Wenn wir in das Bild eintreten, dann neigen wir dazu, über Drogen nicht mehr als soziales, ökonomisches, geopolitisches Problem nachzudenken, sondern so, als wären Drogen Naturkatastrophen, übermächtig, unbeherrschbar wie reißende Fluten von Gewässern. Eine Metapher akzeptieren, heißt sich auf ein Bild und seine möglichen inneren Bezüge einlassen. Die Macht des Bildes tritt an die Stelle kühler Analyse und so eignet sich die Metapher für die Zwecke der Manipulation ganz hervorragend.

Metaphern können uns manipulieren, sie helfen aber auch dabei, die Welt als weniger fremd und den Himmel als weniger fern erscheinen zu lassen: Das Himmels*zelt* enthält ein vertrautes Objekt der kleinen Lebenswelt, der Berg*rücken* ist weniger bedrohlich, wenn wir in ihm einen Teil von uns selbst sehen können. Die Poeten genießen es, mit der Metapher die Welt und ihre Logik zu verwandeln und meinen, das Denken in Metaphern, also in Bildern, befreie uns von den Zwängen des rationalen Denkens mit seinem Entweder-Oder, seinem Etwas-ist-etwas oder Etwas-ist-etwas-nicht. In der Metapher lösen sich die scharfen Grenzen von Identität und Nicht-Identität auf.

Metaphern können aus einem Wort oder einem Ausdruck bestehen, sie können aber auch über eine ganze Passage »fortwuchern« und wirken dann geradezu als Text- und damit als Bedeutungsgeneratoren. Mir gefällt hier ein Beispiel aus Shakespeares *Macbeth* (entstanden um 1603-1606) besonders. Macbeth hat gerade vom Tod seiner ihm im Verbrechen verschworenen Gemahlin erfahren und daher einiges zur Kürze und zum Wert des Lebens zu sagen.

> All of our yesterdays have lighted fools
> The way to dusty death. Out, out, brief candle!
> Life's but a walking shadow; a poor player
> That struts and frets his hour upon the stage
> And then is heard no more; it is a tale
> Told by an idiot, full of sound and fury,
> Signifying nothing.

> > [Und alle unsre Gestern führten Narrn
> > Den Weg des stäub'gen Tods. – Aus! kleines Licht! –
> > Das Leben ist nur ein wandelnd Schattenbild;
> > Ein armer Komödiant, der spreizt und knirscht
> > Sein Stündchen auf der Bühn', und dann nicht mehr
> > Vernommen wird; ein Märchen ist's, erzählt
> > Von einem Blöden, voller Klang und Wut,
> > Das nichts bedeutet. -][290]

Vier Anläufe nimmt Macbeth: Die ersten beiden Verse entfalten das Bild vom Leben als Kerze, die unerbittlich herunterbrennt und mit dem Tode verlöscht, Sie finden das auch in manchen Sagen, in denen der Tod als Knochenmann selbst die Kerze ausblasen darf. Verfremdet wird es bei Shakespeare durch die Personifikation der *yesterdays*, die uns den Weg zum staubigen Tod erleuchten, substanzlos wie ein wandelnder Schatten ist so das Leben, das Bild holte der Dichter wohl aus den Psalmen des Königs David im alten Testament.[291] Die nächsten Verse schöpfen aus der Literatur, die nun das Leben nicht mehr spiegelt, sondern selbst zum Bild für das Leben insgesamt wird. Als »Komödiant« »spreizt und knirscht« es »sein Stündchen auf der Bühn'«, um schließlich nicht mehr gehört zu werden. Eine Geschichte, ein Märchen ist es. Das ist eine recht allgemeine Feststellung und wird auch wenig Widerspruch wecken. Erzählungen werden oft vom Leben selbst geschrieben, und umgekehrt hat das eigene Leben manchmal die seltsame Eigenschaft, sich anzufühlen wie ein Film oder Roman. Shakespeare hätte es bei der Feststellung belassen können. Aber er verweilt bei der Metapher Leben=Erzählung und ist nun doch bis zu einem gewissen Grade schon vorgeprägt, denn nicht alles lässt sich der Erzählung als Submetapher anhängen. »Das Leben ist eine Erzählung, die aus einem Ei geschlüpft ist«, wäre zum Beispiel fragwürdig. Wie setzt Shakespeare fort? Ganz folgerichtig: Eine Erzählung braucht einen Erzähler, sie braucht einen Inhalt und sie soll sinnvoll sein und uns etwas vermitteln. All das berücksichtigt Shakespeare, aber was für eine Metaphernkette macht er daraus! »Life is a tale/ Told by an idiot, full of sound and fury/ signifying nothing.« Es bleibt die Frage, wer nun eigentlich die Idioten sind, die dieses Leben erzählen.

METAPHER UND KULTUR

Jede Kultur hat Regionen, aus denen die zur Metaphorisierung verwendeten Bilder üppig hervorquellen. Welche Bereiche das sind, das sagt viel über eine Zeit, eine Kultur aus und darüber, was ihr lieb und teuer ist und was nicht: Das alte Testament sieht, wie wir gesehen haben, die Zähne der Geliebten als Schafherde, die aus der Schwemme steigen. Shakespeares Metapher vom Leben als Schauspieler auf der Bühne passt zu einer Zeit, die das Theater neu entdeckte, daraus Profit zu ziehen begann und damit Arm und Reich in den wachsenden Städten unterhielt. Wenige Jahrzehnte später macht auch der Spanier Pedro Calderón de la Barca die ganze Welt zur Bühne und bringt das Stück *El gran teatro del mundo/ Das große Welttheater* (1655) auf diese. Wer sich heute in Spanien aufhält, dem wird auffallen, wie viele Metaphern dort mit dem Fußball zu tun haben: »Ein Politiker muss verfahren wie ein guter Fußballtrainer ...« Spanier reden außerdem nicht selten so, als würde Stierkampf nicht nur in der Arena stattfinden, sondern an allen möglichen anderen Orten und im Umgang der Menschen miteinander. »Me están toreando«/ »Sie führen eine Stierkampf mit mir auf«, erklärte mir ein Zimmerwirt in Córdoba mit Bezug auf die Zumutungen, die er seitens der Baubehörde der Stadt zu ertragen habe. Ein letztes Beispiel: Für Gustavo Martín Garzo, Erzähler unserer Tage, klingt der Gewitterregen, der unverhofft auf ein Dorf in Nordkastilien niederprasselt, wie heißes Öl beim Ausbacken – eine Metapher, die den ganzen Dampf und Dunst spanischer Küchen und *fondas*, den Duft von *churros*, *croquetas* und *gambas rebozadas* mit sich schleppt.[292] Lassen Sie sich das ruhig auf der Zunge zergehen und überlegen Sie, wieviel das dazu beiträgt, bestimmte Themen in den Menschen, die spanische Kultur im Kopf und Herzen tragen (wollen), zu verankern. Sie finden das heiße Olivenöl dann eben nicht nur in den Bratpfannen vor, sondern denken auch daran, wenn sie den Regen prasseln hören, was wiederum den Appetit auf bestimmte Speisen weckt, was dazu führt, dass sie sich mit anderen Menschen der gleichen Kultur gerne an einen Tisch setzen, um diese Speisen zu verzehren, was dazu beiträgt, dass sie brave Bewohner der Dörfer und Städte bleiben. Also gut, ich gebe zu, das ist eine sehr vereinfachte Sicht von »Kultur«, für ganz falsch halte ich sie trotzdem nicht. Metaphern schaffen Verbindungslinien zwischen Phänomenen – Fußball und Politik, Stierkampf und menschliche Verbundenheit – und sind ganz wesentlich daran beteiligt, dass wir Kultur als ein geschlossenes Ganzes erleben. Die Metaphernkritiker werden sagen: Die geläufigen Metaphern verleiten uns dazu, in den ausgetretenen Bahnen unserer Schlüsselmetaphern zu denken. Metaphernfreunde werden einwenden: Die Metaphern sind unersetzlich, da sie uns überhaupt erst das Rohmaterial für Bedeutungsarbeit liefern.

POETISCHE METAPHERN

Metaphern verraten auch etwas über die persönliche Gefühlswelt eines Künstlers. Sie verraten, wohin er seine Fühler ausstreckt, wohin er schnuppert und tastet und wie seine Hände und Zunge die Welt befühlen und schmecken. Schlagen wir Balzacs Roman auf, der den Titel *Le père Goriot/ Vater Goriot* trägt. Der Romantiker und Realist hat, wenn er Metaphern baut, eine ausgesprochene Vorliebe für Metaphern des Taktilen, des Klebrigen, für Straßenschmutz und Kanalisation, für alles Tierhafte und Kulinarische. Daher kommt wohl die sinnliche Intensität und Wirklichkeitsillusion seiner Prosa. Die Pensionswirtin Madame Vauquer wirft ein Auge auf den noch wohlhabenden Ex-Nudelfabrikanten Goriot und ihre Nächte füllen sich mit schwülen Hochzeitsplänen. Wie drückt Balzac das aus?

> Quoique un peu rustaud il était si bien tiré à quatre épingles, il prenait si richement son tabac, il le humait en homme si sûr de toujours avoir sa tabatière pleine de macouba, que le jour où monsieur Goriot s'installa chez elle, madame Vauquer se coucha le soir en rôtissant, comme une perdrix dans sa barde, au feu du désir qui la saisit de quitter le suaire de Vauquer pour renaître en Goriot.

> > [Obwohl von etwas bäurischem Aussehen, hielt er [der Vater Goriot] sich doch immer sehr adrett; die Prisen, die er schnupfte, waren so reichlich, und er vollzog diese genüssliche Handlung mit so viel augenscheinlicher Sicherheit eines Mannes, dem der feine Macouba in der Dose niemals ausgeht, dass Madame Vauquer an dem Tag, da Monsieur Goriot bei ihr seine Zelte aufschlug, als sie sich abends zu Bett legte, im Feuer heimlicher Sehnsucht schmorte, wie ein Rebhuhn im Speck, und keinen anderen Wunsch hatte, als das Grabtuch Vauquer'scher Witwenschaft abzustreifen, um in einem Goriot'schen Himmel Auferstehung zu feiern.][293]

Der Leser soll wohl dazudenken, sie möchte dem Grab entsteigen so wie der Phönix aus der Asche und der komische Effekt liegt darin, dass das deftig kulinarische Bild mit dem Mythos vom unsterblichen Vogel aus Ägypten, der seiner eigenen Asche entsteigt, zusammenstößt. Komik lebt ja von solchen Kontrastwirkungen. Versuchen Sie einmal, aus Brathuhn und Phönix ein inneres Bild zu bauen. Sinnlos, sagen Sie, das ist ein abstruses Bildragout. Dagegen wäre zu halten, dass die berühmtesten Poeten Bildfolgen ersannen, die eben nicht visualisiert werden können: Meister darin

war Góngora. Und auch Balzac liebte verschlungene Mehrfachme-
taphern wie die vom Rebhuhn im Speckmantel und dem Phönix
aus der Asche.

Das Beispiel zeigt auch, wie fragwürdig das Etikett »Realismus« ist.
Denn gewiss enthält der Roman viele Fakten aus dem Paris des
beginnenden 19. Jahrhunderts. Durch den Tanz der Metaphern ist
die dargestellte Welt in jedem Detail zugleich von den Leidenschaften des Autors und seinen mentalen Bildern und Gleichsetzungen durchdrungen. Die Metaphernfolgen bilden geradezu eine
höchst irreale und phantastische Parallelwirklichkeit, so als würde
alles, was Balzac beobachtet, sogleich mit seinen Traumbildern verschmelzen.

METAPHER UND HYPERBEL [294]

Manche Epochen verwenden bestimmte Bilder bis zum Überdruss:
So die Barockzeit, in der die Haare allzu oft golden, die Lippen
Korallen, die Zähne Perlen sind und die Haut weiß wie Schnee.
Francisco de Quevedo (1580-1645) spottete entsprechend: Die
Dichter seiner Zeit würden in der Poesie so viel Gold verschwenden, dass sich damit die Staatskassen wieder füllen ließen.[295] Die
Haut ihrer Damen hätte so viel Schnee an sich, dass sie sich in
Gebirgspässe verwandelten, die nur mit Stiefeln überquert werden
könnten. Der Vorwurf ist nicht ganz gerecht, besonders, wenn er
sich gegen Góngora richtet. Denn dieser glänzt nicht nur dadurch,
dass viele seiner Vergleiche neu und ungewohnt sind. Er glänzt
auch durch die Art, in der er altbekannte Bilder gestaltet. Etwa in
dem Sonett von einer Dame, die sich mit einer Nadel in den Finger
stach: *De una dama que, quitándose una sortija, se picó con un alfiler* (1620) –
eines jener Barockgedichte, das auf den ersten Blick banale Galan-
terie, auf den zweiten aber Abgründiges enthält. Die bildreiche
Beschreibung der Dame, die sich an einer metallenen Spitze sticht,
als sie ihren schönen Diamantring vom Finger streift, endet mit der
Vorstellung der Morgenröte, die neidvoll, aber vergeblich Nelken
auf Schnee entblätterte: »[…] invidiosa, sobre nieve,/ claveles des-

hojó la Aurora en vano.«[296] Wer Barocklyrik ein wenig kennt, dem ist klar, was hier wofür steht: die Nelken für die aus dem gestochenen Finger quellenden Blutstropfen, der Schnee für die Blässe der Haut, die damals so hoch geschätzt wurde. Was uns hier interessiert, ist der Umgang mit den Größenverhältnissen, typisch für Góngora und ein Grund, warum seine Poesie immer wieder ins Traumartige gleitet. Die Metapher sprengt ihr Format, sie geht einher mit einer Übertreibung, ein kleines Bild wird in einen großen Raum geworfen. Dabei wird auch eine Naturerscheinung personifiziert und ein ganz eigenartiges Gefühl vom Wirken der Göttin Aurora hervorgerufen, die Blätter auf Schnee wirft. Es handelt sich also nicht mehr nur um einen Blutstropfen aus einem weißen Finger, sondern auch um Lichtstrahlen eines anbrechenden Tages. Damit ist aber auch die alltägliche Szene plötzlich ins Licht der Morgenröte getaucht und übertragen und die drei Rottöne des Blutes, der Nelken und der Morgenröte fügen sich zu einem surrealen Gemälde. Ein solches rein assoziatives, verzauberndes Verschmelzen von Mikro und Makro ist eine Eigenart Góngoras und anderer Visionäre in anderen Epochen. Victor Hugo schuf im Frankreich der Romantik Bilder, die eine ähnliche Logik besitzen. Die Wirkung solcher Metaphern liegt im eigenwilligen Umgang mit Proportionen und in der Ausdruckskraft dessen, was um eine Kernmetapher herum gebaut wird.

Zur originellen Neufassung alter Metaphern hat auch Jorge Luis Borges (1899-1986) Wichtiges zu sagen. In seinen Vorlesungen zur Literatur nennt er sogenannte »Mustermetaphern«, die ganz unterschiedlich gestaltet sein können und je nach Gestaltung unterschiedliche Ausdruckskraft besitzen:[297] die Gleichsetzung von *Frauen* mit *Blumen* (klingt alberner als die Beispiele, die er dann aus dem Hut zaubert), von *Sternen* mit *Augen*, vom *Tod* mit dem *Schlaf*, von der *Zeit* mit einem *Fluss*, von einer *Schlacht* mit einem rasenden *Feuer* und ... ja, vom *Leben* mit dem *Traum*:

> Lassen Sie uns nun zu einer weiteren wesentlichen Mustermetapher kommen: dass das Leben ein Traum ist – die Empfindung, die uns überkommt, dass das Leben ein Traum sei. Das nächstliegende Beispiel, das

uns einfällt, ist: »*We are such stuff as dreams are made on.*« [Wir sind ein Stoff, aus dem man auch Träume macht]. Nun könnte dies wie Blasphemie klingen – ich liebe Shakespeare zu sehr, als dass mich das kümmern könnte –, aber ich glaube, wenn wir das Beispiel betrachten [...], dann sehen wir dort einen ganz kleinen Widerspruch zwischen der Tatsache, dass unsere Leben traumartig sind oder etwas Traumartiges haben, und der recht weit reichenden Behauptung: »*We are such stuff as dreams are made on.*« Denn wenn wir in Träumen real oder auch bloße Erträumer von Träumen sind, frage ich mich, ob wir solche weitreichenden Behauptungen aufstellen können. Dieser Satz von Shakespeare gehört eher in die Philosophie oder Metaphysik als in die Dichtung – wenngleich er natürlich durch den Kontext zu Dichtung gemacht, erhoben wird.

Ein weiteres Beispiel für dasselbe Muster kommt von einem großen deutschen Dichter [...] Es ist ein sehr berühmtes Stück von Walther von der Vogelweide. [...] »Ist mir mîn leben getroumet, oder ist ez wâr« Ich glaube, das kommt dem, was der Dichter sagen möchte, näher, denn statt einer weit reichenden Behauptung haben wir hier eine Frage. Der Dichter grübelt. Das ist uns allen schon vorgekommen, aber wir haben es nicht so in Worte gefasst wie Walther von der Vogelweide. Er fragt sich: »Ist mir mîn leben getroumet, oder ist ez wâr?« und gerade dieses Schwanken vermittelt uns die Traumartigkeit des Lebens, glaube ich.

Da der folgende Satz einer ist, den ich immer wieder zitiere und mein ganzes Leben lang zitiert habe, weiß ich nicht, ob ich Ihnen in meinem vorigen Vortrag das Zitat des chinesischen Philosophen Tschuang-Tse mitgeteilt habe. Er träumte, er sei ein Schmetterling, und als er erwachte, wusste er nicht, ob er ein Mensch sei, der geträumt hatte, ein Schmetterling zu sein, oder ein Schmetterling, der nun gerade träumte, er sei sein Mensch. Diese Metapher ist, glaube ich, die beste von allen. Erstens deshalb, weil sie mit einem Traum beginnt, sodass später, nach dem Erwachen, sein Leben noch immer etwas Traumartiges hat. Und zweitens, weil er mit einer beinahe wunderbaren Glückhaftigkeit das richtige Tier gewählt hat. Wenn er gesagt hätte: ›Tschuang-Tse hat geträumt, er sei ein Tiger‹, wäre nichts dabei. Ein Schmetterling hat etwas Feines und Flüchtiges. Wenn wir Träume sind, lässt sich dies viel besser mit einem Schmetterling andeuten als mit einem Tiger. Hätte Tschuang-Tse geträumt, er sei eine Schreibmaschine, wäre das überhaupt nicht gut. Oder ein Wal – auch das hätte ihm nicht geholfen. Ich glaube, er hat für das, was er sagen wollte, genau das richtige Wort gewählt.[298]

Borges bringt nicht nur schöne Beispiele, er zeigt auch, dass die *Elocutio*, also die sprachliche Ausgestaltung der Metapher, ebenso wichtig ist wie die Erfindung, die *Inventio*.

Bevor wir aber in den Bilderfluten, die uns die Werke der Literatur bescheren, untergehen, fassen wir zusammen: Originalität und Strahlkraft lässt sich in der Schöpfung von Metaphern auf zwei Arten erreichen: Entweder durch die Extravaganz der metaphorischen Verbindung: Cellospieler=Specht hinter einem Baumstamm, Würfel=Vogel; oder aber durch die neuartige, überraschende Präsentation und sprachliche Gestaltung einer bekannten Metapher. Wir können Metaphern nicht verstehen, wenn wir mit dem Lineal vermessen und etwa im Fall von Achill und dem Löwen genau festlegen wollen, welche Bedeutungsaspekte nun übertragen werden und welche nicht: Kraft schon, Tierhaftigkeit nicht, Mut schon, Fellträger nicht (oder?). Der Zauber der Metapher besteht gerade darin, dass sie Bedeutungen nicht festlegt, sondern einen Raum schafft, in dem diese in der Schwebe sind. Die Bildelemente fliegen hierhin, fliegen dorthin, haften dem einen wie dem anderen an, wir kennen das aus dem Wirrwarr und den Fließbildern des Traumes: Unsere Vorstellung pendelt zwischen Achill und dem Löwen, zwischen dem Vogel und dem Würfel und aus diesem Gedankenflug, diesem Durchschütteln der Bedeutungen kann etwas ganz Neues hervorgehen, im besten Fall eine tiefere Sicht der Welt.

ÜBERTRAGUNG UND SYMBOL

Symbole sind oft Ergebnis von Übertragungen und Verdichtungen, wie sie *Metapher, Metonymie* und *Synekdoche* zuwege bringen: Das Brot steht für die Nahrung insgesamt, die Erdbeere für alles, was der Frühling schenkt. Der tosende Zug bei D.H. Lawrence ist Ursache und Auswirkung der Industrialisierung (eine *Metonymie*) oder Teil davon (eine *Synekdoche*). Die widerspenstigen, sich ängstlich bäumenden oder abgehetzten Pferde bei Federico García Lorca, D.H. Lawrence oder Turgenjew spiegeln immer etwas vom Wesen des Reiters oder sie sollen ein Verhältnis zwischen den Liebenden ausdrücken – wir haben also eine metaphorische Beziehung.[299] Worin unterscheiden sich dann *Symbol* und *Metapher*? Halten wir uns an Umberto Eco und sein Beispiel, das Sonett *Onde dorate, e l'onde eran capelli* [...] von Giovan Battista Marino. Die Übersetzer der deutschen Eco-Ausgabe haben es leider gestrichen und ihren Lesern damit ein schönes Stück barocker Sinnlichkeit vorenthalten. Marino beschreibt eine Dame, die ihr blondes Haar kämmt und drückt diese Beobachtung in poetischen Bildern aus. Es spricht von goldenen Fluten, durch die ein Schiffchen aus Elfenbein fährt. Die metaphorische Beziehung, die so hergestellt wird, ist klar und wird auch nicht verheimlicht: »Onde dorate, e l'onde eran capelli [...]«– die »goldenen« Haare sind Meereswellen. Dahinter oder darunter lässt sich aber eine weitere Ebene vermuten, die nur angedeutet wird: Der Dichter phantasiert davon, schiffbrüchig zu sein, unterzugehen, zu sterben und sich in den Abgründen, die sich unter den Wellen öffnen, zu verlieren. Eine Interpretation könnte nun vorschlagen, dass der Text eine erotische Erfahrung andeutet, die über den Voyeurismus des Bildes an der Oberfläche hinausgeht. Das wäre die symbolische Ebene, oder mit Eco: die Ebene, zu der eine Lektüre im symbolischen Modus gelangen könnte – aber nicht müsste, denn nichts im Inhalt des Gedichts »zwingt« dazu und es steht uns frei, uns mit der metaphernreichen Darstellung von Haar, das gekämmt wird, zufrieden zu geben.[300]

Weitere Tropen: Nachbarn und Teile - Metonymie und Synekdoche

DIE METONYMIE

Vergiss nicht Herr, ich bin es, der die Sonne aufgehen lässt!
(Gespräch des Hahns mit Gott)[301]

Das Fluidum der Dinge

Alles, was uns begegnet, befragen wir auch danach, was es uns anhaben könnte. Wir joggen durch den Wald, da vorne ist ein gefährlich großer Hund, wird er uns anspringen? Auf einem Stein sonnt sich eine Schlange, ist sie giftig? Ein lästiger Nachbar kommt uns im Stiegenhaus entgegen, wird er uns ansprechen? An allen Dingen interessiert uns, wie sie auf ihre Umgebung ausstrahlen, was von ihnen in ihrer Umgebung enthalten ist, welche Wirkungen sie hervorbringen, vielleicht auch, warum sie da sind, woraus sie hervorgegangen sind. Wie interessieren uns für ihre Entstehung, für den Stoff, aus dem sie sind und für die in ihnen schlummernden Anlagen. Wenn wir das sprachlich konsequent fortführen, dann könnten wir sagen *Ein Biss kommt auf mich zu* statt *Ein Hund kommt auf mich zu* oder: *Ein lästiges Gespräch nähert sich im Hausflur.* Ja, und dann haben wir Metonymien gebildet. Das ist die Figur der Nachbarschaft und sie treibt die nachbarschaftliche Verbundenheit so weit, dass sie eine Sache gleich durch die ersetzt, die sich neben ihr befindet oder von ihr berührt wird: Die Metonymie sagt also nicht: »Der Cellist verpasste beim Konzert seinen Einsatz«, sondern »das Cello verpasste den Einsatz«. Es ist uns klar, warum wir das tun können und jeder es auch versteht: Das einzige, was uns in diesem Moment an dem Cellisten interessiert, ist sein musikerzeugender Umgang mit dem Instrument.

Dieser sympathische oder manchmal auch lästige Tropus hat, je nach dem ‚erkannt, dass kein Mensch eine Insel und kein Ding von seiner Umwelt abgekapselt ist, sondern dass ein ständiges Fließen, ein Durchdringen und Verfließen, ein Austausch von Energie und damit ein Werden und Vergehen im Gange ist; dass in jedem Moment in jedem Ding das Vorher als Ursache und das Nachher als Möglichkeit enthalten ist. Das wird uns bewusst, wenn wir das Zimmer, sagen wir, das Zimmer, das von Irma bewohnt wird, betreten und in allen Gegenständen darin ein wenig ihren Geist wiederfinden. Damit wären wir bei einem Beispiel, das Tolstoi verwendet oder sein Übersetzer: *Frauenzimmer* für *Frau*. Zugegeben heute nicht mehr sehr gebräuchlich und eher unsympathisch, dennoch aufschlussreich, das *Gefäß* steht für seinen *Inhalt*, ja, so lauten nun einmal die Handbuchdefinitionen. Die Ersetzung funktioniert, weil der Zusammenhang geläufig ist und wir wissen, dass viele Frauen ihr Zimmer mit ihrem besonderen Flair erfüllen, in ihrem Zimmer präsent sind, auch wenn sie nicht zu Hause sind.

Spurensuche

Joachim Ringelnatz (1883-1934) baut seine Erzählung *Durch das Schlüsselloch eines Lebens* (1913) ganz auf metonymischen Relationen auf. Es geht darin um ein Mädchen, das wir nie zu sehen bekommen. Dennoch erfahren wir einiges über sie, denn der Erzähler lässt sie durch Spuren lebendig werden: durch ihre Fußspuren im frisch gefallenen Schnee, das Notizbuch, das sie auf dem Weg zum Friedhof im Schnee verloren hat, ihre Wohnung, zu der das Notizbuch führt – der Ich-Erzähler wird dort eingelassen, obwohl die Bewohnerin nicht zu Hause ist; schließlich die Möbel, die Fotos an der Wand, die Wäsche, die nachlässig über einen Stuhl geworfen ist. Der Effekt von Ringelnatz' Erzählung liegt gerade darin, dass er es bei den Spuren belässt.[302] Die Metonymie ist der Tropus der Spurenleser und der Detektive. Aber auch Autoren, die uns eine Figur irgendwann persönlich vorstellen, beginnen gerne mit dem Ort, in dem diese leben, Émile Zola tut das oder Edgar Allen Poe mit der schaurigen Beschreibung des Hauses Usher in der Kurzgeschichte *Der Untergang des Hauses Usher*, (1839).

Mit Recht wurde darauf hingewiesen, dass die Metonymie die Figur des Fetischismus ist, also auf unsere psychische Eigenheit hinweist, uns mit Objekten über die Abwesenheit von Personen hinwegtrösten zu lassen. Metonymisches Denken beginnt, wenn das Kleinkind auf die Schuhe der Eltern zeigt und »Papa« oder »Mama« ruft. Es gibt viel mehr Metonymien als das bis zum Überdruss abgenutzte Glas, das für den Wein (Bier, Cognac ...) steht, der darin ist, weshalb wir sagen *Ich trinke ein Glas*, ohne an zerschnittene Lippen zu denken. Hier mutet die Metonymie wie eine Auslassung an: das, was ohnehin unweigerlich folgen würde, wird gleich weggelassen, der Leser darf es sich dazu denken. Ein Wort »verschluckt« seinen Nachbarn, überzeugt davon, ihn vollwertig vertreten zu können und ohnehin alles zu sagen, was über diesen Nachbarn gesagt werden könnte.

Es gibt auch kompliziertere Metonymien: Das sind solche, die Wirkungen an die Stelle von Ursachen setzen. »Aus den Brunnen tranken sie Krankheit und Tod«[303], heißt es in einer Erzählung von Borges, die schlimmen Folgen stehen für das verseuchte Wasser. Beachten sie, welch interessanter zeitlicher Verschiebungseffekt mit der Trope einhergeht, die Unausweichlichkeit künftiger Folgen wird schon mit dem Trinken miterzählt. Ein Zeitsprung in die Zukunft (*Prolepse*) auf der Ebene des Satzes. Zugleich rückt die in diesem Zusammenhang wesentliche Qualität des Wassers in den Vordergrund.

Besonders literarisch sind Metonymien, die bloßes räumliches Nebeneinander in Scheinkausalität übersetzen: »Beim ersten Hahnenschrei« kann für »beim Anbruch des Morgens« stehen. Dagegen ist nichts einzuwenden, aber irgendwie enthält die Wendung doch den magischen Irrglauben, es sei tatsächlich der Schrei des Hahnes, der das Ende der Nacht herbeiführe. Im Ritual ist so die Metonymie allgegenwärtig. Archaische Praktiken – etwa die Blutrache – bedienen sich der Metonymie und Sigmund Freud erkannte in der *Verschiebung* und der *Verdichtung* die beiden Werkmeister, die den Traum hervorbrächten.

Als Stilmittel kann die Metonymie eine Verzerrung herbeiführen, so etwas wie ein verzogenes Gitarrenriff, einen sogenannten »dreckigen« Akkord, der dadurch entsteht, dass der Musiker absichtlich ein wenig daneben greift. Deutlich ist dieser Effekt etwa in den Romanen von Juan Carlos Onetti (1909-1994).[304] Verwendet wird die Metonymie von Autoren, die nicht alles vor Augen führen. Sie arbeiten mit der vielsagenden Andeutung, und das, was nicht sichtbar wird, strahlt umso stärker durch die Wegweiser, die um das dunkle Zentrum aufgestellt sind.

DIE SYNEKDOCHE

Von der Synekdoche war schon die Rede. Es ist der Tropus des Sündenbocks und der Kollektivschuld. Einer steht für alle, alle für einen; einer hat es getan, alle werden bestraft; einige wenige sind Verbrecher, alle, die mit ihnen zu tun haben, werden auch zu Verbrechern. Eine Synekdoche liegt also vor, wenn ein Exempel vollzogen und einer hingerichtet wird, um alle anderen Betroffenen zu erschrecken. Eine Synekdoche liegt vor, wenn etwas gesagt wird, was angeblich für »die Engländer«, »die Serben«, »die Ausländer« zutrifft. Die Synekdoche eignet sich für die Pflege des Vorurteils und für Manipulation in ihren schlimmsten Formen.

Doch ist ein Leben ohne Synekdochen gar nicht möglich. Wenn es stimmt, dass wir in jedem Augenblick so an die Millionen Sinneseindrücke zu verarbeiten haben, dann geht es nicht anders, wir müssen auswählen, das Wichtige vom Unwichtigen trennen und das Unwichtige ausscheiden. Auge und Ohr nehmen uns einen Großteil der Arbeit ab und filtern alles, was unsere Aufmerksamkeit nicht verdient, noch bevor das Bewusstsein eingreifen muss oder die Dame bei den *Simpsons*, die warnend ruft: »Schaut nicht dort hin, wo ich hinzeige!« Dasselbe gilt für das Gedächtnis. Wir würden rasch den Verstand verlieren, wenn wir uns an alles erinnern müssten, was wir je erlebt und erfahren haben. Ohne Synekdoche gäbe es auch keine Literatur, denn eine literarische Welt kann nur entstehen, indem der Schaffende eine Wahl trifft und so wird das Drama zum »Leben ohne langweilige Augenblicke« (Alfred Hitchcock).[305] Den Leser muss der Autor aber davon überzeugen, dass die Teile des Lebens, die er wählt und damit hervorhebt und auszeichnet, das Ganze stellvertreten können. Die Synekdoche ist also auch die Figur des Akzentuierens und des Gewichtens: Wir beten nicht *Unser täglich Brot gib uns heute* und nennen das erstbeste Nahrungsmittel, das uns einfallen würde, wir wissen, warum wir das Brot nennen und privilegieren. Wir wissen, warum wir sagen, dass wir jemandem *unser Herz zu Füßen legen*. Aber warum sagt man *Um die Hand anhalten*? Weil man schon mit der Arbeitskraft der Hände spekuliert? Weil man jemandem einen Ring an die Hand stecken will? Wie dem auch sei. Wann immer wir die Welt gedanklich gestalten und interpretieren, also Kultur schaffen, müssen wir in Synekdochen wahrnehmen, denken und auch handeln. Viele Symbole sind aus Synekdochen hervorgegangen. Das *Blut* steht als Teil für den Körper und sein Leben und wird in Bildern, Texten und Ritualen zum Symbol für das Leben schlechthin, für Lebenskraft oder Gefährdung des Lebens, auch die Bereitschaft es zu opfern: »Wenn nötig, werde ich all mein Blut vergießen«, singt Don Ottavio im *Don Giovanni* von Da Ponte und Mozart. So mag es nicht wundern, dass manche Theoretiker der Synekdoche unter allen Tropen den ersten Platz einräumen, sie gar über die Metapher stellen. Das gilt etwa für Kenneth Burke, der in seinem Buch *Dichtung als symbolische Handlung* (1966) wichtige Gedanken zu dem Thema vorträgt.[306]

Wortverbindungen

Guy de Maupassant tadelt jene Dichterkollegen, die in den Antiquitätenläden der Sprache Kostbarkeiten der Vergangenheit aufstöberten, um damit ihre Sätze zu veredeln. Merkt ihr denn nicht, ruft er ihnen zu, dass die ganz gewöhnlichen Wörter, die, die wir täglich sagen und hören, ausreichen, um alles auszudrücken?[307] Woher diese Zuversicht? Waren die Wirklichkeiten, die Maupassant ausdrückte, innere und äußere, so banal? Die Lektüre seiner phantastischen Erzählungen verbietet dieses Urteil. Nein, der Grund lag anderswo: Maupassant erkannte das enorme Fassungsvermögen der Wörter. Er erkannte vor allem, dass sie fähig sind, einem Dichter genau das zu geben, was er von ihnen begehrt – sofern, ja sofern er die Kunst der richtigen Verbindung beherrscht.

Das ist die zweite Aufgabe, der sich jeder Mensch mit Willen zum Stil zu stellen hat. Die erste war die Wortwahl, die zweite besteht nun darin, die gewählten Wörter wirksam zu verbinden.[308]

CHEMISCHE REAKTIONEN

Es ist sinnvoll, sich Wortverbindungen wie chemische Verbindungen vorzustellen und nicht als Reihe von Bausteinen: Denn Wörter reiben sich aneinander, färben ab, feuern sich an, treiben sich an oder schwächen sich ab, stellen sich gegenseitig in den Schatten, übertrumpfen einander; kurz es findet ein reger Austausch sprachlicher Energie statt; I.A. Richards spricht von der *interanimation of words*.[309] Je nach Umfeld, in dem sie stehen, geben Wörter bestimmte Eigenschaften preis und sind in der Hinsicht Menschen nicht unähnlich. Sie können das auch mit Stilfragen in der Mode vergleichen: Wollen Sie stilvoll auftreten, dann müssen Sie gute Stücke wählen. Das allein genügt nicht, denn Hose und Bluse kommen nur zur Geltung, wenn sie mit Halstuch und Ohrring richtig kombiniert sind. Die strukturale Semantik hat diese Beobachtungen in ein System gebracht und ihnen einen komplizierten Apparat von Begriffen gegeben.[310]

Das Wesentliche steht aber auch bei Gustave Lanson, als Beispiel dient ihm der scheinbar recht harmlose Begriff *Holzfäller* in Texten von Jean de La Fontaine (1621-1695) und Victor Hugo. Die beiden entwerfen ganz verschiedene Bilder von der Berufsgruppe. La Fontaine: »Un pauvre bûcheron, tout couvert de ramée«/ »Ein armer Holzfäller, ganz mit Reisig bedeckt«. Der Mann tut uns leid, er ist ärmlich gekleidet, sein Gesicht zerfurcht von Falten, erdrückt von der Last des Holzes. Geheimnisvoll und ein wenig bedrohlich dagegen die Silhouetten der Hugo'schen Waldmänner, die im Dunkel der Nacht ihre Äxte schwingen: »D'étranges bûcherons qui travaillent la nuit«/ »seltsame Holzfäller, die in der Nacht arbeiten«.[311] Es sind zuerst die Adjektive, welche die *bûcherons* so verschieden kleiden: *arm* im ersten Fall, *seltsam* im zweiten. Es ist schließlich die ganze Umgebung von Satz und Text, die es erlaubt, dass das Wort manche Anlagen entfalten kann und andere zurückhält. Man könnte sich Wörter auch wie Objekte vorstellen, die in einer anderen Farbe leuchten, je nachdem, mit welchen Nachbarobjekten sie zu tun haben. Indem bestimmte Bedeutungsaspekte aktiviert werden, werden andere wiederum abgedämpft oder ganz blockiert.

Simple is not easy

Beide Tugenden - gekonnte Wortwahl und kunstvolle Verbindung - heben diejenigen hervor, die gesuchte Bilder und Metaphern ablehnen. Antonio Machado (1875-1939) gehörte zu ihnen.[312] Er behauptete: Gelingt es uns, die Dinge in ihrem Wesen und ihrer Einzigartigkeit zu erfassen, dann brauchen wir keine gesuchten Vergleiche, die Dinge stehen für sich, werden mit den subtilen Mitteln des Rhythmus zum Klingen gebracht. Die Wörter erhalten durch die chemischen Reaktionen, die zwischen ihnen ablaufen, höchste Ausdruckskraft. Die Renaissancedichter beherrschten diese Kunst, Antonio Machado strebte sie im zwanzigsten Jahrhundert wieder an. Lesen Sie die Strophen aus der Ode *Vida solitaria/ Leben in Beschaulichkeit* von Fray Luis de León (1527-1591). Keine einzige (auffällige) Metapher gebraucht er, um das klare Glück eines Lebens fern weltlicher Gier darzustellen: einen Garten am Abhang des Berges, den er selbst angelegt hat, einen Bach, der sich zwischen Bäumen schlängelt und den Garten zum Blühen bringt, das sanfte Geräusch des Wassers, das Gold und Zepter vergessen lässt. Stellen Sie sich beim Lesen einen diaphanen kastilischen Himmel an Frühlingstagen und die kristallene Luft des kastilischen Berglandes vor.

> [...]
> Del monte en la ladera,
> por mi mano plantado, tengo un huerto,
> que con la primavera
> de bella flor cubierto
> ya muestra en esperanza el fruto cierto.
>
> Y como codiciosa
> por ver y acrecentar su hermosura,
> desde la cumbre airosa

una fontana pura
hasta llegar corriendo se apresura.

Y luego, sosegada,
el paso entre los árboles torciendo,
el suelo de pasada
de verdura vistiendo
y con diversas flores va esparciendo.

El aire del huerto orea
y ofrece mil olores al sentido;
los árboles menea
con un manso ruïdo
que del oro y del cetro pone olvido. […]

    [Am Bergeshang hab ich
    einen Garten mir geschaffen,
    im Frühling übervoll von Blumen,
    Früchte trägt er mir gewiss;

    aus Lust allein,
    die Pracht zu sehen und zu mehren,
    aus luft'ger Höh
    ergießt sich eilends
    sprudelnd reiner Quell.

    Und leis und sacht,
    schlängelt er sich um Bäume,
    das Erdreich im Vorüberziehn
    kleidet er in Grünes,
    streut Blumen vieler Art.

    Wind erfrischt den Garten,
    bietet Sinnen tausend Düfte,
    Bäume wiegen sich
    mit sanftem Rauschen:
    Ich vergesse Gold und Zepter.][313]

Das klingt so einfach, dass mancher enttäuscht fragen wird, wo denn da die Dichtkunst liege. Bedenken wir jedoch, wie vieles Fray Luis de León nicht sagen durfte, wie vieles er ausscheiden musste, damit er genau das sagen konnte, was er eben sagt. »Qu'est-ce qu'il y de plus mystérieux que la clarté?«/ »Was gibt es Geheimnisvolleres als die Klarheit?«[314] schrieb Paul Valéry.

Das Oxymoron

Ästhetische Wirkung braucht Kontraste, davon war schon mehrmals die Rede. Das lässt sich auch bei den Wortverbindungen bewerkstelligen. Dichter tun hier manches Mal etwas höchst Eigenartiges: Sie kombinieren nicht Wörter, die sich gegenseitig stärken. Das wäre etwa der Fall, wenn sie von *wilden Pferden* schreiben, das *wild* holt etwas hervor, was im Pferd schon angelegt war. Im Gegenteil, sie lassen Begriffe zusammenkommen, die sich in allem, aber wirklich in allem ausschließen; Feuer und Eis wären solche. *Eisiges Feuer* findet sich in der alten Liebesdichtung nicht selten, um die Eigenart der gleichzeitig anziehenden und abweisenden Dame darzustellen. Aber auch in moderne Drehbücher schleicht sich das Stilmittel bisweilen ein; Woody Allen lässt eine seiner Figuren sagen, *gorgeous dentist/ wunderbarer Zahnarzt* sei ein Oxymoron.

Oder nehmen wir den Dichter Fernando de Rojas, der mit seiner *Tragicomedia de Calisto y Melibea* (1502) vom Mittelalter zur Renaissance überleitete. Seine alte Kupplerin Celestina, die in Liebessachen bei dem Humanisten Petrarca in die Schule geht, hält einen ganzen Katalog von Unvereinbarkeiten bereit, um das Wesen der Liebe zu beschreiben: Die Liebe sei eine »angenehme Wunde«, ein »köstliches Gift«, eine »süße Bitternis«, eine »freudvolle Krankheit«, eine »fröhliche Folter«, eine »süße Wunde«, ein »weicher Tod«. Es geht Fernando de Rojas nicht darum zu beweisen, dass *Gift köstlich* sein kann, dass der *Tod weich* ist und dass *Eis* vielleicht doch etwas *Feuriges* enthält oder umgekehrt. Vielmehr soll durch die Verbindung etwas Neues entstehen, was über die Grundbedeutung beider Wörter hinausgeht. Die beiden Wörter setzen sich wechselseitig außer Kraft und katapultieren sich damit in eine Bedeutungsebene, die jenseits des alltäglichen Denkens liegt. Es könnte uns dabei helfen, die Widersprüchlichkeiten des menschlichen Lebens besser zu erfassen – oder gibt uns die Illusion, wir könnten es, indem wir zumindest irgendeine Sprachform dafür haben. Es gibt aber auch eine Art von Oxymoron, deren Widersprüchlichkeit schlicht äußerster poetischer Verdichtung geschuldet ist. *Eyes wide shut* heißt der Film von Stanley Kubrick, der Arthur Schnitzlers *Traumnovelle* aufgreift: Je mehr die Augen für die äußere Welt geschlossen sind, desto weiter können sie sich dem Traum und der Phantasie öffnen. Wir verstehen das intuitiv und: it makes sense.

Privilegierte Positionen

Wir haben bislang so getan, als würden die Wörter auf freiem Feld miteinander tanzen. Das trifft aber nur auf wenige Stücke der Literatur zu, Klanggedichte etwa. Doch sobald der Dichter einen Text verfasst, der etwa eine Geschichte erzählt, dann geht das Verbinden der Wörter immer mit einer Platzzuweisung einher. Es geht nicht mehr nur darum, welche Gäste sich in einem Text tummeln, sondern auch darum, welche Plätze sie belegen dürfen. Dem Dichter geht es so wie jemandem, der Platzkarten für seine Hochzeitstafel verteilt. Er muss entscheiden, wohin er die Geladenen setzt und wen er wem als Nachbarn zumutet, beides heikle Angelegenheiten. Die Bedeutung des Platzes wird durch den Rhythmus angezeigt, durch die Pausen und Betonungen, die einen Satz oder einen Vers regieren. Schon das Mittelalter wusste, dass die Positionen in einem Vers unterschiedlich bedeutsam sind, ähnlich den Feldern eines Schachbretts. Jeder der drei Teile der *Göttlichen Komödie* (1321) endet auf das Wort *Sterne*, auf Italienisch *stelle*, diese strahlen nicht zuletzt, weil sie dort stehen, wo sie stehen, am Zenit des Textes, wo angesichts der versagenden Bildkraft des Dichters Dante einzig der unbewegte Beweger der Gestirne übrig bleibt.

> All'alta fantasia qui mancò possa;
> Ma già volgeva il mio disio e il velle,
> Sì como rota ch'egualmente è mossa,
> L'Amor che muove il sole e l'altre stelle.

> [Die hohe Bildkraft musste hier versagen,

Doch schon bewegte meinen Wunsch und Willen,
So wie ein Rad in gleichender Bewegung
Die Liebe, die beweget Sonn' und Sterne.][315]

Ob Victor Hugo sich daran inspirierte, als er in seinem Gedicht *Booz endormi/ Boas' Schlaf*, das eine Geschichte des Alten Testaments aufgreift, die Schlussakkorde setzte? Der Blick öffnet sich in den Kosmos, Ruth, die nach der Erntearbeit bei ihrem neuen Gemahl, dem gottesfürchtigen *Booz* schläft, sieht in den Sternen das großartige Bild eines Erntegottes, der seine Sichel ins Sternenfeld geworfen hat. Der Text verlässt die Erzählung und kippt in den Bereich von *Assoziation*, *Metapher* und *Symbol*, ein weiterer geheimnisvoller Zusammenhang wird nicht ausgesprochen, aber angedeutet. Und am Ende stehen die Sterne.

> Tout reposait dans Ur et dans Jérimadeth;
> Les astres émaillaient le ciel profond et sombre;
> Le croissant fin et clair parmi ces fleurs de l'ombre
> Brillait à l'occident, et Ruth se demandait,
>
> Immobile, ouvrant l'oeil à moitié sous ses voiles,
> Quel dieu, quel moissonneur de l'éternel été,
> Avait, en s'en allant, négligemment jeté
> Cette faucille d'or dans le champ des étoiles.

> [Und alles ruhte in Jerimadeth und Ur;
> Am Himmel wölbte sich das sternenreiche Dunkel;
> Der junge, schmale Mond mit lieblichem Gefunkel
> Stand klar im Okzident, und Ruth, sie fragte nur,
>
> Mit schlummermüdem Aug', halb träumend, regungslos,
> Was für ein Erntegott ewiger Sommergabe
> Mit leichter Hand sie achtlos hingeworfen habe,
> Die goldne Sichel dort im weiten Sternenschoß.][316]

Auch zu ersten und letzten Wörtern in Sätzen von Prosatexten ließe sich viel sagen und dazu, wie in gelungenen Erzählungen die Spannung im Satz die Spannung der Aussage bis zum Ende aufrecht erhält. Jorge Luis Borges schrieb Erzählungen von dieser Art und befolgte dabei den Rat von Edgar Allan Poe: Eine Erzählung muss von Beginn an auf den letzten Satz hinsteuern, alles, was der Erzähler sagt, muss mit Blick auf den Schluss gesagt werden.[317] In einigen Fällen hebt sich Borges die große Wende sogar bis zum letzten Wort auf. Wir werden dazu noch Beispiele anführen.

Wir sollten den Wörtern, ihren Farben, ihrem Gewicht und den Bauplänen, nach denen sie zusammengesetzt sind, größte Aufmerksamkeit schenken – den Kräften der Anziehung, Abstoßung, Steigerung, Ersetzbarkeit, der Art und Weise, wie sie sich gegenseitig Unterschiedliches entlocken, aufeinander abfärben, sich steigern, ermuntern, anspornen, beschleunigen, oder schwächen und dämpfen, sich gemeinsam höheren Zielen unterwerfen. Die Frage ist schlicht: Was tun Wörter miteinander? Das ist eines der erstaunlichsten Spektakel, das kulturelle Formen bieten; schade, dass wir es für gewöhnlich in so trockene Begriffe fassen.

RHETORISCHE FIGUREN II: STÖRUNG DER ORDNUNG UND NEUORDNUNG

Das Hyperbaton und das Erhabene

Spannung ist ein Merkmal von Dichtung. Eine Möglichkeit, Spannung zu erzeugen, ist es, Wörter anders anzuordnen, als das gewöhnlich der Fall ist. Schon die Antike gab dem Dichter die Freiheit dazu. Longinus, antiker Begründer der Stilforschung, meinte, der Dichter könne gar nicht anders, er müsse die Regeln brechen, sofern er von Leidenschaft getrieben sei. Ohne Leidenschaft ist es aber nicht möglich, das Gefühl des *Erhabenen* zu vermitteln.

> Denn nur Leidenschaft kennt ein Ziel und nur ein Ziel macht, dass sich alles Wahrgenommene auf es zu anordnet und so als bewertet zueinander ordnet wie die Eisenfeilspäne um das Ziel des Magnetkerns.[318]

212

Fehle die Leidenschaft, dann verkomme Rhetorik zur kalten Technik. Wenn der Dichter aber hohe Gedanken ausdrücke, und wenn er von wirklicher Leidenschaft ergriffen sei, dann gälten im Bereich der Stilistik andere Maßstäbe von richtig und falsch, erlaubt und verboten.

> Erhabenheit und Pathos sind deshalb Mittel gegen den Argwohn beim Gebrauch von Redefiguren. [...] Denn so ungefähr, wie schwaches Licht verschwindet, wenn die Sonne es umstrahlt, so verdunkelt die alles umleuchtende Größe die Kunstgriffe der Rhetorik.[319]

Eine »von der natürlichen Ordnung abweichende Ordnung der Worte und Gedanken« ist Longinus zufolge der »treueste Ausdruck erregter Leidenschaft«[320]. In der spanischen Dichtung gebührt Luis de Góngora der Ehrentitel, das meiste Chaos unter den Wörtern verursacht zu haben. Davon war im Kapitel über Rhythmus die Rede, vielleicht erinnern Sie sich an die Verse, die kein Mensch versteht: »Estas que me dictó rimas sonoras« ... So beginnt er seine *Fábula de Polifemo y Galatea /Polyphem und Galatea* (1612) und es liegt nicht an Ihren Spanischkenntnissen, wenn Sie eine Weile brauchen, das zu entschlüsseln. Hier stehen drei Ebenen in Spannung zueinander: das Versmaß der elfsilbigen *Octava real* erstens; zweitens der Satzbau: Der hinweisende Artikel *estas* muss sich auf die Zehenspitzen stellen, um überhaupt noch irgendwo hindeuten zu können, nämlich auf die Muse, die neue Verse für die alte Dreiecksgeschichte zwischen dem bäurischen, finsteren, dennoch verliebten Polyphem, dem schönen Faun Acis und der Nymphe Galatea eingeben soll. Drittens der Ausdruckswille Góngoras. *Hyperbaton* heißt dieses Zerreißen üblicher Verbindungen.

Handelt es sich um Satzglieder, die umgestellt werden, mag das noch angehen. Góngora jedoch lässt nicht einmal fest verschweißte Verbindungen stehen. Warum verwendete Góngora Hyperbata? – Nun, es entsprach seiner Zeit, dem manierierten Barock, und Góngora selbst trieb solche Tendenzen auf die Spitze; er wollte eine dunkle Dichtung schaffen, eine Dichtung, deren *rimas sonoras* nur für die Ohren Eingeweihter bestimmt waren; und weil ihm Klang und Rhythmus teurer waren als die klare lineare Erzeugung von Sinn,

213

ordnete er Klangfolgen nach dem Ohr. Ganz geht der Sinn dabei nicht verloren, und vielleicht liegen wir falsch, wenn wir sagen, das *Hyperbaton* störe den Sinn. Denn wagt es nicht vielmehr den Versuch, eine Welt zu schaffen, die nicht mehr die Zusammenhänge unserer Welt nachahmt, sondern neue Zusammenhänge herstellt?

Zuerst sagen, was nachher kommt: Das Hysteron proteron

Werden im Satz Teile umgestellt, dann kann diese Umordnung der Wörter auch die dargestellte Welt in Unordnung bringen. Das *Hysteron proteron* (griech. = das Spätere als Früheres). tut das für das Nacheinander in der Zeit. Dialog Mephisto - Marthe Schwerdtlein:

> MARTHE. Was bringt er denn? Verlange sehr –
> MEPHISTOPHELES. Ich wollt, ich hätt eine frohere Mär!
> Ich hoffe, Sie lässt mich's drum nicht büßen:
> Ihr Mann ist tot und lässt sie grüßen.[321]

Mit solchen trüben Nachrichten vom verschollenen Ehemann verschaffen sich Faust und Mephisto Zutritt bei den Frauen. Das Beispiel ist auch deshalb etwas verbraucht, weil es wenige gibt. Wir finden es noch in treffenden Redewendungen, die den Kabarettisten lieb sind: »Du willst die Torte backen, bevor du das Ei aufschlägst.« – Eigentlich eine Zeitvergeudung! Wir lernen komplizierte Namen für literarische Erscheinungen, die wir dann in der Literatur so häufig antreffen wie ein Einhorn im Wald. Doch es gibt Gründe, das *Hysteron proteron* genauer zu studieren: Es macht deutlich, dass es uns nicht weiterbringt, wenn wir stur zwischen *Inventio* und *Elocutio* unterscheiden, und dass wir Rhetorik auch im Gesamtbau einer Erzählung finden können. Sehen wir uns eine ganze Handlungsfolge an, so wie sie uns Autoren oder Regisseure präsentieren, dann wird uns oft genug auffallen, dass die übliche Abfolge in der Zeit nicht mehr gilt und dass etwas zuerst erzählt wird, was erst danach passiert ist. Ich komme später darauf zurück.

Besonders deutlich wird die Bedeutung der Position beim Witz und beim Rätsel. Da ist die Form alles. Ein falsch platziertes Wort und die Pointe ist beim vertan. Umgekehrt kann eine kleine Veränderung der gewohnten Wortfolge genau den komischen Effekt erzeugen, den der Erzähler anbringen möchte. Das *Hysteron proteron* führt also im Brennglas vor, was Erzählungen so oft tun: Sie ordnen Zeit und Welt neu und erschaffen sie damit auch neu.

Zeugma, Hendiadyoin, Enallage und Hypallage

Vier weitere Figuren tragen dazu bei, die klaren Wasser des reinen – genauer: des alltäglichen – Sinns zu trüben: *Zeugma, Hendiadyoin, Enallage* und *Hypallage*. Die erste ist zurückhaltender als *Hyperbaton* und *Hysteron proteron*, betreibt aber das – in Spanien, wo Kupplerinnen zu den wichtigsten literarischen Figuren der Frühen Neuzeit gehören – ohnehin nicht ehrenrührige Gewerbe der Kuppelei. Das Resultat sind meist merkwürdige Dreiecksbeziehungen. Ein Zeugma liegt vor, wenn von einem Satzglied zwei weitere abhängen und dadurch bedeutungsmäßig eine merkwürdige Kontrastwirkung entsteht. Es ist, als würde ein Ochse gleichzeitig einen Heuwagen und eine Kutsche mit Cinderella darin ziehen. Lope de Vega, *La dama boba/ Die kluge Närrin* (1613):

> TURÍN. ¿Quieres quitarte las botas?
> LISEO. No, Turín, sino la vida. ¿Hay boba tan espantosa?[322]

> > [Wörtlich: TURIN: Möchtest du dir die Stiefel ausziehen?
> > LISEO. Nein, Turin, lieber das Leben. Gibt es eine schrecklichere Törin?]

Das ist schwer zu übersetzen, die deutsche Fassung opfert daher die Stiefel und lautet wie folgt: »TURIN. Du musst Dir von dem guten Schinken nehmen. LISEO. Viel lieber nehm ich mir das Leben, Freund!«[323] Der Witz des Zeugmas bleibt so erhalten. Er kommt dadurch zustande, dass vom »wegnehmen« zwei sehr verschiedene Ergänzungen abhängen. Je größer der Abstand in der

Bedeutung, desto größer kann die komische Wirkung sein. Komik entsteht aus dem zufälligen und doch nicht zufälligen Zusammenprallen von Gegensätzen. Lope steigert die Wirkung noch dadurch, dass er *botas* mit *boba* und *espantosa* assonant reimt.[324]

Dramatischer ist der Zeugma-Kontext in Ovids Metamorphosen. Myrrha entbrennt in Leidenschaft zu ihrem Vater Kinyras, es gelingt ihr, diesem mit Hilfe der List einer »unselig geschäftigen Amme« beizuschlafen; in mehreren Nächten, bis der Vater schließlich neugierig eine Lampe entzündet – »und zugleich Schuld und Tochter erkennt.«[325] Aus der Verbindung wird der schöne Adonis hervorgehen, in den sich wiederum die Liebesgöttin Venus selbst Hals über Kopf verliebt ... Aber bleiben wir bei der Beziehung zwischen Kinyras und Myrrha. Es entsteht hier eine Gabelung für den Leser. Liest er *Schuld und Tochter* als Zeugma, dann ist nicht festgelegt, wen die Schuld trifft. Lesen wir die Wendung aber als *Hendiadyoin* – damit haben wir den vierten Begriff angesprochen – dann liegt die Schuld ausschließlich bei der Tochter, denn das Hendiadyoin wäre aufzulösen in den Normalausdruck: *die schuldige Tochter*. Es ist zum Staunen, was die Sprache alles mit unseren Gedanken anstellen kann! Beschließen wir, dass wir in der Fügung ein Hendiadyoin sehen, dann gilt: Tritt ein Wort aus dem Schatten syntaktischer Unterordnung heraus, wandelt es sich dabei vom Adjektiv- oder Genitivattribut zum eigenständigen Hauptwort, dann strahlt es stärker im Satz und ist besonders ausgezeichnet, so bei Goethe, der nicht schreibt: »Mir leuchtet der Stern des Glücks« und auch nicht »mir leuchtet der Glücksstern«, sondern: »Mir leuchtet Glück und Stern«.[326] »Eins durch zwei«[327] bedeutet das griechische Wort *Hendiadyoin*.

Es gibt zwei Figuren, die sich noch weniger um wirkliche Beziehungen in der Welt kümmern. Das sind *Hypallage* (griech. *Umgestelltes*) und *Enallage* (griech. *Vertauschung*).[328] (Die Betonung liegt auf dem letzten, offen auszusprechenden *e* und nennen wir beide am besten im selben Atemzug, nur geübte Rhetoriker wissen, worin sie sich unterscheiden.) Es geht darum, dass beim Rangieren der Waggons scheinbar ein Fehler passiert und die Wörter falsch zusammenhängen, jedenfalls, was ihren Sinn anbelangt. Die Syntax dagegen versucht das zu kaschieren und uns vorzumachen, es wäre alles in bester Ordnung. Wieder entsteht Spannung, wieder entsteht der Effekt des Befremdens, wieder können daraus Zufallstreffer des Denkens hervorgehen, wenn der Unsinn vielleicht tiefere Wahrheit enthüllt. Paolo Conte führt das in dem Chanson *Un piano a coda lunga in alto mare/ Ein Konzertflügel auf hoher See* vor; da *sprechen Lippen* miteinander und *Augen suchen sich*, wir sind Zeugen einer Szene, bei der die klaren Umrisse der Dinge und Personen zu verschwimmen pflegen; Longinus würde sagen: Die Leidenschaft diktiert den Satzbau.

> Ci sono occhi che si cercano
> ci sono labbra che si guardano [...][329]

Auch an einem Morgen im Mai kann das passieren, bei dem Poeten Pedro de Espinosa (1578-1650):

> En tan dulce amanecer
> hasta los árboles cantan
> los ruiseñores florecen
> y las mismas piedras bailan.[330]

> [An einem so süßen Morgen
> singen sogar die Bäume
> die Nachtigallen blühen
> und selbst die Steine tanzen.]

Können wir hier ein Grundprinzip der Rhetorik und der Figuren festhalten? Sie wenden alle Mittel auf, um Effekte zu erzeugen, die über die einfache Bedeutung hinausgehen und schrecken dabei vor keinem »Unfug« zurück. *Zeugma, Enallage* und *Hypallage* tun im Felde der Syntax das, was die *Paronomasie* im Klangbereich tut. Sie schaffen eine Pseudologik, einen Pseudozusammenhang oder sie führen uns weg von alltäglichen Verknüpfungen und Zusammenhängen zu tieferen, in die Sphäre von Mystik und Spiritualität, dort hin, wo sich die Gegensätze treffen, ja sogar auflösen.

Bei Henry Troyat gibt es eine ländliche Frühstücksszene, und da steht der behagliche Satz: »[Ma tante] soufflait sur la vapeur blonde du café, remuait le sucre, beurrait les tartines avec un détachement suave.« / »Meine Tante blies über den blonden Dampf des Kaffees, rührte den Zucker um, strich mit sanfter Gleichgültigkeit Butter auf die Brötchen.«[331] Blonder Dampf?! – Synästhesie ist die Figur oder Trope, die so tut, als wüsste sie nicht, wofür Auge, Ohr, Nase, Haut und Zunge zuständig sind: Sie lässt daher Farben knallen – *knallrot* – , gibt einem Klang einen Geschmack, eine Farbe oder sagt, wie er sich anfühlt: *ein dunkler Ton, ein süßer Ton, ein weicher Ton*. Ein schönes Mittel ist die Synästhesie, das die Welt mit den Augen des Kindes betrachtet und die Wahrnehmungen verschmelzen lässt. Sie erinnert an die Fragen, die Kinder stellen: »Welche Farbe hat die Zeit?«[332] (Übrigens eigenartig, dass uns diese Frage belustigt, wir aber nichts dabei finden, von *finsteren Zeiten*, einem *schwarzen Tag* oder dem *dunklen Mittelalter* zu sprechen.) Die Synästhesie ist das Mittel für Poeten, die unsere Wahrnehmung für Neues und Anderes sensibilisieren, ihre Grenzen erweitern wollen und dabei auch Rauschmittel zu Hilfe nehmen. Charles Baudelaire und die Symbolisten gehören zu diesen oder die Expressionisten, Georg Trakl etwa. Die Synästhesie gefällt den Poeten, die ein »long, immense et raisonné déreglement de tous les sens«[333], eine »lange, immense und durchdachte Entregelung aller Sinne« zum dichterischen Programm erklärten, wie das Arthur Rimbaud in der zweiten Hälfte des neunzehnten Jahrhunderts tat. Rimbaud schuf auch das berühmte Gedicht *Voyelles*, in dem er dem Klang eines jeden Vokals eine Farbe zuordnete.[334]

Oder hören wir seine schmerzlich-betörende poetische Phantasie *Les Chercheuses de poux/ Die Läusesucherinnen*: Ein Knabe phantasiert, geplagt von den Läusen in seinem Haar, zwei große Schwestern herbei, dass sie ihn von diesen befreien mögen. (Dieses Entlausen war in der Neuzeit durchaus üblich, meistens als Service von Frauen an Männern. Es findet sich als Motiv in nicht wenigen literarischen Texten.) Hier interessiert uns aber nicht der kulturhistorische

Aspekt, sondern wie sich bei Rimbaud verschiedene sinnliche Erfahrungen und dazu die Wahrnehmung des eigenen Körpers durchdringen: »rote Qualen von Bissen« der Läuse, ein »weißer Schwarm von Träumen«, »ein blaues Luftbad«, durch das »Blumenwirrnis« weht, »bange Atemzüge«, die »nach Rosen duften und nach Honigseim«, »duftschwere Stille«, »elektrische Finger« mit »königlichen Nägeln«, »Wein der Schlaffheit«, »Harmonikageseufze« und »endloser Tränen Drang«. Das ist ein außergewöhnliches Gedicht, es wird vom Chansonier Léo Ferré in seinen Alliterationen und Lautmalereien schön interpretiert:

Les Chercheuses de poux

Quand le front de l'enfant, plein de rouges tourmentes,
Implore l'essaim blanc des rêves indistincts,
Il vient près de son lit deux grandes sœurs charmantes
Avec de frêles doigts aux ongles argentins.

Elles assoient l'enfant devant d'une croisée
Grande ouverte où l'air bleu baigne un fouillis de fleurs,
Et, dans ses lourds cheveux où tombe la rosée,
Promènent leurs doigts fins, terribles et charmeurs.

Il écoute chanter leurs haleines craintives
Qui fleurent de longs miels végétaux et rosés
Et qu'interrompt parfois un sifflement, salives
Reprises sur la lèvre ou désirs de baisers.

Il entend leurs cils noirs battant sous les silences
Parfumés, et leurs doigts électriques et doux
Font crépiter, parmi ses grises indolences,
Sous leurs ongles royaux la mort des petits poux.

Voilà que monte en lui le vin de la Paresse,
Soupir d'harmonica, qui pourrait délirer.
L'enfant se sent, selon la lenteur des caresses,
Sourdre et mourir sans cesse un désir de pleurer.

Wenn, heiß die junge Stirn voll roter Qualen Bissen,
Das Kind erfleht der vagen Träume weißen Tanz,
Dann nah'n zwei große Zauberschwestern seinen Kissen,
Mit zarten Fingern in der Silbernägel Glanz.

Ans offne Fenster setzen sie das Kind hernieder,
Wo blaues Luftbad weit durch Blumenwirrnis weht,
Und durch sein schweres Haar, drin Tau fällt hin und wieder,
Der Zauber ihrer feinen Finger schrecklich geht.

Es horcht dem Singen ihrer bangen Atemzüge,
Die lang nach Rosen duften und nach Honigseim,
Und die ein Zischen manchmal unterbricht, als trüge
Ihr Mund nach Küssen Gier, in feuchter Lippen Feim.

Es hört die schweren Wimpern schlagen in der Stille,
Duftschwer; und ihre sanften Finger, funkenumloht,
Zerknistern, während grau und lässig wird sein Wille,
Mit Nägeln, königlich, die kleinen Läuse tot.

Da will empor in ihm der Wein der Schlaffheit steigen,
Harmonikageseufze, voll von wirrem Klang;
Das Kind, in ihrer Zärtlichkeiten trägem Neigen,
Fühlt quellen und vergehn, endloser Tränen Drang.][335]

Notieren wir, dass mit Baudelaire und Rimbaud und ihren Synästhesien auch wieder mehr Gerüche und Berührungen in die Literatur kamen. Diese »niederen« Sinne wurden in der Geschichte des Abendlands vom »noblen« Sehen und Hören immer mehr zurückgedrängt. Es wäre ein interessantes Projekt, literarische Epochen und Strömungen einmal danach zu befragen, welche Sinneseindrücke sie vornehmlich sprachlich wiedergeben, ob nur Bilder, Wörter und Klänge, oder eben auch das, was Nase, Haut und Zunge von der Welt berichten können.[336]

Die Synästhesie wirkt exotisch. Dabei ist sie von unserer Wahrnehmung im Alltag gar nicht so weit entfernt. Sie macht eigentlich etwas deutlich, was wir ständig tun, wenn wir eine Sache über einen Sinneskanal wahrnehmen und diese Wahrnehmung mit Hilfe von Erinnerungsstücken zum Gesamtbild ergänzen: Wir hören die Stimme eines vertrauten Menschen, dabei taucht vor unserem inneren Auge sein Bild auf, vielleicht auch seine Bewegungen, sein Geruch oder gar, wie er sich anfühlt. Im Alltag scheint es eine Hierarchie der Sinne und der synästhetischen Übertragungen zu geben: Geschmack kann auf Klang übertragen werden, aber nicht umgekehrt: Wir akzeptieren *einen süßen Glockenton*, aber nicht eine *klingende Süße*. Tasterfahrung kann auf Gesehenes projiziert werden, aber nicht ein Bild auf ein Fühlen: ein *warmes Blau* geht durch, eine *blaue Wärme* befremdet. Das hat wohl mit der frühkindlichen Entwicklung zu tun und damit, dass das Tasten und Schmecken elementarer sind als das Hören und Sehen. Es zeichnet die Poesie aus, dass sie sich darum nicht kümmert und gerade solche Synästhesien schafft, mit denen sie überraschen kann. Wieder wäre Charles Baudelaire ein Beispiel.

Polysyndeton und Asyndeton

Nach soviel Verwirrung muss betont werden, dass Dichter nicht immer Dynamit zwischen den Satzgliedern anbringen. Sie tragen fallweise auch bei, die Bindung zwischen den Satzgliedern zu verstärken, etwa indem sie möglichst viele Bindewörter, der Name sagt es schon, zwischen sie setzen, im Schulaufsatz gilt das als unschön und ein Übermaß an »und« erzeugt Stirnrunzeln. Die rhetorische Figur heißt *Polysyndeton*. Heißt das, dass umgekehrt das *Asyndeton* die Satzteile einsam in der Landschaft stehen lässt? Nicht unbedingt, gut gehauene Blöcke können sich auch ohne Mörtel nahtlos aneinander fügen. Eher ist der Effekt also mit *Legato* und *Staccato* in der Musik zu vergleichen. Außerdem geht es bei der Entfaltung von Sprache in der Zeit nicht nur um Klebstoff, sondern vor allem um Spannung, Tempo und Dynamik: *Asyndeta* beschleunigen das Tempo, daher kommt die Figur genau richtig, wenn es wirklich schnell gehen muss: »Alles rennet, rettet, flüchtet, Taghell ist die Nacht gelichtet.« (Schiller, *Das Lied von der Glocke*). Oder auch, wenn

Schönheit und Jugend allzu rasch dem Nichts entgegenstürzen und daher ein Carpe diem überzeugend vorgebracht werden soll. Bald wird sich die Schönheit, so Góngoras berühmtes Sonett aus dem späten sechzehnten Jahrhundert verwandeln »en tierra, en humo, en polvo, en sombra, en nada.«[337] / »in Erde, in Rauch, in Staub, in Schatten, in Nichts.« (Beachten sie, dass hier wieder ein gewichtiges Wort dort steht, wo der Spannungsbogen des Verses seine Auflösung findet.)

(Ist das Asyndeton wirklich die Figur unserer Konsumwelt, wie ein französischer Historiker meinte? Unverbundene Akte des Kaufens, unverbundene Handygespräche, unverbundene Teile von Fernsehprogrammen, die sich dem zappenden Auge darbieten.[338])

Das Design des Satzes

Zeugma und *Hysteron proteron* treiben ihr Spiel im Satz, indem sie Bedeutungen an die falsche Stelle setzen oder genauer: an eine ungewohnte Stelle, oder vielleicht ließe sich auch sagen: Sinn und Satzbau gegeneinander aufbringen. Wenn das zutrifft, dann wären sie die Gegenspieler von *Parallelismus, Kreuzstellung (Chiasmus), Kreis (Kyklos), Klimax* und *Accumulatio*. Denn hier wird der *Sinn* gerade durch eine bestimmte Ordnung im Satz, durch ein bestimmtes Design der *Syntax* gekräftigt.

Der Parallelismus will gleiche Anordnung der Satzglieder über zwei oder mehrere Bedeutungseinheiten hinweg. Beim Kyklos (Kreis) dreht sich der Sinn um sich selbst, genauer, das Ende kehrt an den Anfang zurück. Der Chiasmus bringt eine spiegelverkehrte Wiederholung:

> ¡oh noche que juntaste
> *Amado* con *amada*,
> *amada* en el *amado* transformada!

> [Nacht, vereint
> Liebenden und Geliebte,
> Geliebte in Liebenden verwandelt.][339]

Der heilige Johannes vom Kreuz Cruz steigert die Wirkung noch durch den Binnenreim *amada – transformada*. Die *Klimax* treibt eine Aussage zu einem Höhepunkt – veni, vidi, vici; die *Suspensio* achtet darauf, dass sich die Spannung erst am Ende auflöst.

> »Et là, dans cette nuit qu'aucun rayon n'étoile,
> L'âme, en un repli sombre où tout semble finir,
> Sent quelque chose encor palpiter sous un voile …
> C'est toi qui dors dans l'ombre, ô sacré *souvenir*!«

> [und dort, in der von keinem Sternenstrahl erhellten Nacht,
> in einer tief verborgenen Falte, wo das Ende schon gekommen scheint,
> verspürt die Seele noch ein Pochen unter einem Schleier …
> Du bist es, die im Schatten schläft, o heilige Erinnerung!«][340]

Es ist kein Zufall, dass sich die Verssprache, die ja auch auf genaue Ordnung – des Rhythmus, nicht des herkömmlichen Sinns – Wert legt, häufig mit Parallelismus, Kyklos, Chiasmus und Klimax schmückt.

Warum Stil keine Nebensache ist

Wir haben gesehen, dass die Begriffe der Rhetorik kompliziert und abstoßend klingen, dass sie übersetzt aber schon einiges an ihrem Schrecken verlieren. Ach, könnten wir sie mit der unverbildeten Naivität betrachten, mit der wohl die Griechen daran gingen, sprachliche Mittel zu sortieren und das eine Verfahren schlicht Zeugma – »Joch, Fessel«[341] – nannten, das andere »Eins durch Zwei« – *Hendiadyoin* – und das dritte »das Spätere als Früheres« – Hysteron proteron. Die Griechen hatten einen unbeschwerten Zugang zur Rhetorik und beschrieben das, was sie im Leben beobachteten. Auf uns lasten nun aber Jahrtausende der rhetorischen Gelehrsamkeit. Vielleicht sollte man Studierenden einfach vorschlagen und erlauben, neue Namen für die Figuren zu erfinden.

Andererseits: Klangvoll sind die alten ja, und zum Prahlen mit Bücherwissen eignen sie sich hervorragend.

DAS ZIEL DER STILANALYSE

Also, lassen wir uns nicht entmutigen, wenn bellende Fremdwörter das Haus der Rhetorik bewachen. Vor allem, vergessen wir nicht, worum es letztlich geht: um Spiele mit der Sprache. Jedes Kleinkind schlägt Sprachfiguren, ohne sich um die Namen zu kümmern. Vergessen wir auch nicht, dass die Verfahren, aus denen die für uns schwerfälligen griechischen Namen hervorgingen, eigentlich simpel sind: *Wiederholen* und *Hinzufügen*, *Weglassen*, *Umstellen* und *Ersetzen*. Dabei ist das mit dem Ersetzen nur die halbe Wahrheit, ich erinnere an die Thesen im Abschnitt zur Metapher. Ausdrucksmittel, die etwas *ersetzen*, werden von manchen nicht unter der Bezeichnung *Figuren* geduldet und tragen dann den Namen *Tropus* oder *Trope*: Metapher, Metonymie, Synekdoche, Ironie und einige mehr, die sich diesen großen Namen unterordnen ließen (*Antonomasie, Emphase, Litotes, Hyperbel, Katachrese*).[342] Die Grenze zu den Gedankenfiguren lässt sich nicht eindeutig ziehen.

Wenn wir Stilmittel untersuchen wollen, dann können wir immer fragen: Welches Mittel verwenden der Poet oder die Poetin? An diese erste Frage nach der Technik sollte die zweite anknüpfen: Was leistet das Mittel für den Text? Welche Wirkung bringt es hervor? Und das ist die bedeutende Frage.

Da wäre zum einen das, was eine Metapher, eine Umstellung, eine Steigleiter unmittelbar bei Lesern auslöst. Es könnte sein, dass sie die Spannung erhöht, dass sie überrascht, dass sie Verwirrung stiftet, oder zum Lachen reizt. Das wäre der unmittelbare Effekt, die Kurzzeitwirkung. Dazu kommt dann das, was jeder kleine stilistische Baustein für das gesamte Textgebäude zuliefert, was er also zur Aussage eines Werkes insgesamt beiträgt. Das kann ja ganz Unterschiedliches sein: Ein Stück Welt soll genauer erfasst werden, eine Phantasiewelt soll glaubwürdig erstehen, eine tröstliche oder aufrüttelnde Sicht der Welt angeboten werden. Oder es soll schlicht das Gefühl für Sprache und Textgewebe geschärft werden.

Oder aber: Die Bürger von Rom sollen in solche Erregung geraten, dass sie losstürmen, um die Häuser der Mörder Cäsars in Brand zu stecken. Die klassische Rhetorik wollte nicht bloß überzeugen, sie wollte zum Handeln anstiften. Das ist das Ziel des Mark Anton, nur dafür bietet er den ganzen Vorrat an Stilmitteln auf, allerdings in kaum zu überbietender Meisterschaft.[343] Die Literatur will, folgen wir Longinus, mehr, sie will im besten Falle das Gefühl des Erhabenen wecken. Erhabenes schafft der Dichter, der hohe Gedanken denkt und der aus Leidenschaft heraus schafft. Die edlen Gedanken und das Pathos, mit dem sie vorgetragen sein wollen, bringen erst die Sprache hervor, die dem Inhalt gemäß ist.[344]

VERNEINEN, WEGLASSEN, DUMMSTELLEN

Nun will ich auch noch sagen, welchen Stilmitteln meine Vorliebe gilt. Es sind drei: erstens die *Verneinung*, zweitens die *Leerstelle*, drittens das *Dummstellen*.

Die Verneinung

Mit Hilfe der Verneinung schafft Ovid die beste Beschreibung der Stille, die ich kenne. Er braucht sie dort, wo in der Geschichte von *Keyx und Alkyone* die Botin Iris das Haus des Schlafgottes betritt:

> Nahe bei den Kimmeriern liegt der hohle Berg, mit der unermesslichen Grotte, Hof und Haus des trägen Schlafs, wohin mit seinen Strahlen *weder* morgens noch mittags *noch* abends Phöbus zu dringen vermag. Graue Nebel steigen hier aus der Erde und verbreiten *un*gewisse Dämmerung. *Nicht* der wachsame Vogel, dessen Haupt ein Kamm ziert, ruft hier mit seinem Krähen Aurora herbei, das Schweigen stören *nicht* wachsame Hunde und, wachsamer noch als Hunde, die Gänse. *Kein* Wild, *kein* zahmes Tier, *kein* Zweig, der den Wind bewegt, *keine* zankende menschliche Zunge ist da zu vernehmen. *Lautlose* Stille herrscht hier. Nur unten am Felsen entspringt ein Bach mit Wasser des *Ver*gessens und lädt durch das Gemurmel seiner über Kiesel hinrieselnden Wellen zum Schlaf ein. Vor dem Eingang der Höhle blühen überreich der Mohn und zahllose Kräuter, aus deren Milchsaft die Nacht den Schlummer sammelt und im

Dunkel wie Tau über die Lande sprengt. *Keine* Tür, die sich knarrend in der Angel dreht, gibt es im ganzen Haus, *kein* Wächter hütet die Schwelle. Aber inmitten der Höhle erhebt sich ein Bett von Ebenholz, mit dunklen Daunen gefüllt, bedeckt mit schwärzlichen Laken. Dort ruht der Gott selbst, und Mattigkeit lähmt seine Glieder. [...][345]

Das ist sprachliche Suggestivkraft auf einem ihrer Höhepunkte. Wie kommt diese Wirkung zustande? Der Poet steht vor dem Problem, dass sich über die Stille an sich nicht viel sagen lässt, außer dass es eben still ist. Na gut, ich muss auf die Gedankenfigur der *Correctio* zurückgreifen, und das zurücknehmen. Denn es stimmt nicht. Es gibt in der Literatur wunderbare Versuche, Stille zu beschreiben: mit Hilfe eines Oxymorons, das tut San Juan de la Cruz, er spricht von der *música callada/ schweigenden Musik* und der *soledad sonora/ klingenden Einsamkeit*. Turgenjew lässt das Gefühl einer heimlichen, stillen und verzauberten Sommernacht dadurch entstehen, dass er ganz sachte Laute beschwört, die eben diese vollkommene Stille – nicht – stören: das »unerwartete Summen eines irrenden Käfers«, »das leichte Klatschen der kleinen Fische im Teich hinter den Linden am Ende des Gartens«, das Beben des Wassers, »aufgeweckt von einem fallenden Zweige«.[346]

Wie aber geht Ovid an das Stilproblem heran? Zum einen durch Verwendung eines *Pleonasmus*: »lautlose Stille«, er fügt dem Nomen also ein Adjektiv hinzu, das dieses zwar stärkt, aber eigentlich nichts Neues an Information beiträgt. (Wir können den *Pleonasmus*, Sonderfall des *Epithetons*[347], also zu den Figuren zählen, die sich dadurch bilden, dass etwas – auf ungewöhnliche Weise – hinzugefügt wird.) Wirklich still wird es aber – und das ist merkwürdig genug – dadurch, dass Ovid einige Lärmerzeuger aus seiner Zeit aufzählt und sagt, dass all diese im Hause des Schlafgottes eben nicht am Werke seien und fehlten.

Die Stille ist eines der Konzepte, die sich am Besten ex negativo fassen lassen, also dadurch, dass gesagt wird, was etwas nicht ist. Es gibt weitere, vielleicht noch bedeutendere, die dieses Stilmittel anziehen: Pascal versucht mit Hilfe der Verneinung die Unermesslichkeit des Universums zu fassen[348], das *Wessobruner Gebet* (um 800) den Zustand vor der Schöpfung[349] und die Mystiker Gott selbst:

»Gott ist ein lautes Nichts, ihn rührt kein Nun noch Hier.«[350] Die Negation geht hier als Möglichkeit sprachlichen Ausdrucks weit über ihren Gebrauch im Alltag hinaus.[351]

Ellipse und Aposiopese

Die Leerstelle wird in der Rhetorik unter *Ellipse* oder *Aposiopese* geführt[352], Ellipse – Auslassung von Unwesentlichem, Aposiopese – Auslassung von Wesentlichem. Wie so viele Unterscheidungen dieser Art ist auch diese problematisch und die Erzählforschung verwendet den Begriff *Ellipse* denn auch für jede Lücke, die in einer Erzählung klafft. Wir haben schon mehrmals betont: Wenn etwas weggelassen wird, dann heißt das lange nicht, dass es unbedeutend wäre, denn genau hier soll ja die Phantasie einspringen und zu arbeiten beginnen. Es gibt ja überhaupt keinen Film und keine Erzählung, die nicht aus Fragmenten bestünden, welche der Zuseher im Kopf zu einem Ganzen verbinden müsste, so wie es Alfred Hitchcock in dem zu Recht berühmten Film *Rear Window/ Fenster zum Hof* (1954) vorführt.[353] Die *Aposiopese* bildet das Gegenstück zur *Synekdoche*. Die Synekdoche stellt einen wesentlichen Teil für das Ganze. Die eine *Szene am Strand* steht für die ganze Liebesaffäre. Die Aposiopese verschweigt solche Schlüsselszenen. Sie muss daher in einem Text stehen, der uns bis zu der Straßenecke bringt, hinter der wir das Wesentliche erahnen können.

Da nun schon mehrmals von Happy End und Hochzeit als probatem Schluss die Rede war, darf hier noch ein letztes Beispiel angeführt werden. Es zeigt, dass Hochzeiten zwar nur in der *Comedia* des *Siglo de Oro* unvermeidlich sind, aber auch in einem Klassiker der Moderne auftreten können. Da es sich gleichzeitig auch um eine interessante Wortmeldung zum Thema Leerstelle handelt und da sie am Ende eines der berühmten Romane des zwanzigsten Jahrhunderts steht, sei sie hier zitiert:

Es erscheint meines Erachtens unter den angegebenen Umständen (m.E.u.a.U.) mindestens erstaunlich, dass so viele bessere Romane, wenn

227

sie gut ausgehen, mit dem Einander-Kriegen der betr. Parteien schließen. Man scheint das also für einen Schluss zu halten und nicht für einen Anfang (des Romans nämlich, was diesfällig in die Sprache der Paula Pichler übersetzt »des Ölends« heißen müsste). In Wahrheit ist es und bleibt es nichts anderes als eine ausgemacht gute, ja ganz großartige Gelegenheit zur Wiederherstellung der Leere, durch Erfüllung, Entspannung und meinetwegen dadurch, dass irgendeiner Gerechtigkeit genug getan worden ist: jedenfalls wurde der chancenreichste Zustand überhaupt herbeigeführt (die Stille in der Schießbude, wenn nach dem Treffer das Geklingel und das Gezappel von Figuren und das Ratschen der ausgelösten Musik-Automaten aufgehört hat), ein Zustand, der die Möglichkeit gibt, jene ruhige Grundierung hinter das Dasein zu spannen, welche die Voraussetzung bildet, um überhaupt irgendetwas deutlich ausnehmen zu können, […] Hier wird also ein legitimer Grund sichtbar, warum die Romane am Punkte des »happy-end« schließen: um dem lieben Leser die kostbare Erbschaft der Leere, mag sie gleich nur einen idealen Augenblick lang dauern, gleichsam in jungfräulichem Zustande zu hinterlassen; und deshalb macht sich gerade hier der Autor davon und behauptet dem Verleger gegenüber, sein Manuskript sei abgeschlossen.[354]

Ironie und Verfremdung

Der Ausschnitt kann zum zweiten Mittel überleiten, dem *Dummstellen*. Der Grieche Sokrates stellte Fragen, die töricht anmuteten, schließlich aber Scheingewissheiten offenlegten und damit bewirkten, dass am Ende die Gegner des Philosophen so dumm dastanden[355] wie der Dekan in dem Film *A chump at Oxford* (1940) mit Stan Laurel und Oliver Hardy. Es ist hier von *Sokratischer Ironie* die Rede, eine der Wurzeln der *Ironie*, jenem bedeutenden Stilmittel, das zu den Tropen gezählt wird. Sie ist leicht erklärt: Man sagt das Gegenteil von dem, was man sagen will und der Tonfall, der Gesamttext und die Sprechsituation machen dem Leser klar, was wirklich gemeint ist. Im Stil von Oliver Hardy: »Da hast du mir ja wieder eine schöne Suppe eingebrockt!« Die Bücher lehren, dass Ironie nur klappt, wenn der andere mitmacht, also versteht, was der eine eigentlich sagen möchte. Ich frage mich, ob das zutrifft. Sucht Ironie wirklich immer die Kooperation des Kommunikationspartners? Kann es nicht besonderes Vergnügen bereiten, jemanden mit Ironie auf die

Schaufel zu nehmen, *ohne dass* er es bemerkt? Ist das nicht eine Waffe der Schwachen – eine Waffe, die Schüler gegen Lehrer, Soldaten gegen Offiziere, Untergebene gegen Vorgesetzte einsetzen können? Oder Schalterbeamte gegen lästige Kunden. Ein ehemaliger Bankbeamter, der unter dem täglichen Ansturm von Kunden litt, erzählte mir, dass zu diesen eine ältere Dame gehörte, die giftgrüne Hüte trug. Einer der Schalterbeamten spielte sich nun als Experte für Modefragen auf und machte der Dame wortreich Komplimente die Eleganz des Hütchens und die hervorragende Auswahl betreffend, die Dame hing an seinen Lippen und fühlte sich geschmeichelt: »Meinen Sie wirklich, ja?«. Ein Fall von Ironie »quae diversum ei, quod dicit, intellectum petit«; von »Ironie, die als das Gegenteil von dem, was ausgesprochen wird, verstanden werden will«[356].

Ironie kann als Merkmal einen ganzen Roman durchziehen und dann ist es nicht leicht zu sagen, wie diese Wirkung entsteht, denn natürlich sagt der Autor nicht immer *schwarz* statt *weiß*, *hoch* statt *tief* und *schön* statt *hässlich*. Aus der Art, wie der Text insgesamt gewoben ist, spüren wir aber, dass nicht genau das gemeint ist, was wörtlich gesagt wird. Es ist ein Grundton, den wir wahrnehmen. Dieser verrät melancholische Distanz zu allen Dingen, die uns auf der Welt wichtig erscheinen, leisen Spott und ein nachsichtig resigniertes Lächeln über das Narrenschiff namens Welt. Das trifft etwa für die Romane von Thomas Mann zu, auf Gogols *Tote Seelen* (1842), den *Quijote* des Cervantes, auf den ersten Schelmenroman, den *Lazarillo de Tormes* (1554), und wohl auch für (manche Passagen der) Meisterwerke des Mittelalters: den *Perceval* oder *Roman du Graal* von Chrétien de Troyes (Ende des 12. Jh.), das *Libro de buen amor* (1330) von Juan Ruiz, die *Canterbury Tales* (um 1400) von Chaucer. Liebevoll bis boshaft ironisch ist der Blick, mit dem Eduardo Mendoza seine Heimatstadt Barcelona und ihr Treiben in den Jahren vor den Olympischen Spielen betrachtet. Und auch Doderers Anmerkungen zum Happy End sind von Ironie durchtränkt, daher war die Überleitung oben angebracht. Nicht alle Autoren und Autorinnen mögen allerdings diese Art zu schreiben, Sibilla Aleramo nennt sie »eine bittere Frucht schrecklicher Enttäuschungen«[357]. Wo die

Ironie überwiegt, dort kann auch nicht so leicht Begeisterung aufkommen.

Ironie und Dummstellen sind Spielarten der *Verfremdung*, so wie es
auch die Metapher und die Metonomie sind – und die *Hyperbel*, die
Übertreibung, die dadurch verzerrt, dass sie sich an kein Maß hält.
Viktor Schklovskij sah in der Verfremdung und Verrätselung ein
Grundmerkmal der Literatur.[358] Ihr Ziel sei es, den routinierten
Gebrauch von Sprache absichtlich zu verändern und so den Wörtern ihre verlorene Frische und den Dingen der Welt ihren wahren
Geschmack zurückzugeben. Als Meister dieser Technik gilt ihm
Leo Tolstoi. Beschreibt der einen alten, ein wenig trägen Wolf, der
verfolgt von einer Jagdgesellschaft aus dem Wald läuft, dann entsteht in der Tat das Gefühl, das wäre der erste Wolf, dem wir je in
der Literatur begegneten. (Das liegt wohl auch daran, dass Tolstoi
das konnte, was Maupassant empfahl: Er sah an einem Wolf genau
das Merkmal, das ihn von allen anderen Wölfen abhob.) Tolstoi
verfremdet auch durch absichtliche Trübung der Wahrnehmung, so
in *Krieg und Frieden*: Nikolaj schiebt Wache, kämpft gegen den Schlaf,
sein Blick bleibt an einem Fleck (Französisch: *tache*), einem
schwarzen Fleck auf einem schneebedeckten Abhang haften:
»Wahrscheinlich ist es Schnee, dieser Fleck, une tache … tasche …
Natascha, meine Schwester mit den schwarzen Augen. Natascha–
«[359] Die Stelle macht sich auch die Möglichkeiten der Paronomasie
zunutze.

An anderer Stelle im selben Roman tut Tolstoi so, als wüsste er
nicht, wie die Dinge zusammenhängen. Er beschreibt, was in der
Oper auf der Bühne passiert, aber so, als wäre er ein Außerirdischer,
der noch nie zuvor ein Schauspiel und seine Handlungsfolgen
erlebt hat. Sie finden diese Passage aus *Krieg und Frieden* im Kapitel
zum Theater.[360]

Abgenutzte Sehgewohnheiten können Autoren dadurch aufbre-
chen, dass sie sich an einem ungewöhnlichen Platze aufstellen und
von dort aus beobachten oder sich in ein Wesen versetzen, das
gewöhnlich nicht den Erzähler spielt. Sie wechseln also die
gewohnte Perspektive. So zeigt Tolstoi in *Der Leinwandmesser* (1885)
die Welt so, wie sie ein Pferd sieht (oder wie er meint, dass sie ein

Pferd sehen könnte, das dabei zwangsläufig vermenschlicht werden muss, denn was wissen wir schon von Pferden.)[361] Es geht der Verfremdung also immer darum, absichtlich den Blickwinkel zu verändern und dadurch versteckte und verhüllte Merkmale an einer Sache offenzulegen und verborgene Eigenschaften freizulegen: »Um die Dinge zu *sehen*, müssen wir sie zuallererst so betrachten, als ob sie keinerlei Sinn hätten: als ob sie ein Rätsel wären.«[362]
Carlo Ginzburg untersucht die Vorgeschichte dieser bemerkenswerten Technik bis in die Antike, bis zu den Stoikern und dem philosophierenden Kaiser Mark Aurel. Er zeigt, wie sie durch die Jahrhunderte großen Autoren diente: La Bruyère, Voltaire oder Marcel Proust, der die Dinge »von einer anderen Seite her«[363] sehen wollte. Lesen wir, was Voltaire über die Lebensart der »Wilden« zu sagen hatte:

Entendez-vous par *sauvages* des rustres vivant dans des cabanes avec leurs femelles et quelques animaux, exposés sans cesse à toute l'intemperie des saisons; ne connaissant que la terre qui les nourrit, et le marché où ils vont quelquefois vendre leurs denrées pour y acheter quelques habillements grossiers; parlant un jargon qu'on n'entend pas dans les villes; ayant peu d'idées, et par conséquent peu d'expressions; soumis, sans qu'ils sachent pourquoy, à un homme de plume, auquel ils portent tous les ans la moitié de ce qu'ils ont gagné à la sueur de leur front; se rassemblant, certains jours, dans une espèce de grange pour célébrer des cérémonies où ils ne comprennent rien; écoutant un homme vêtu autrement qu'eux et qu'ils n'entendent point; quittant quelques fois leur chaumière lorsqu'on bat le tambour, et s'engageant à s'aller faire tuer dans une terre étrangère, et à tuer leurs semblables, pour le quart de ce qu'ils peuvent gagner chez eux en travaillant? Il y a de ces sauvages-là dans toute l'Europe.

[Verstehn wir unter den *Wilden* solche Landsleute, welche in Hütten leben in Gesellschaft ihrer Weiblein und einiger häuslicher Thiere; der abwechselnden strengen Witterung ohn' Unterlass ausgesetzt sind; die nichts weiter kennen als den Erdboden, der sie ernährt, und den Markt, wo sie zuweilen ihre Erzeugnisse verkaufen, um daselbst einige grobe Kleidungsstücke einzuhandeln; welche eine in Städten unbekannte Sprache reden; wenige Begriffe, und also wenig Ausdrücke haben; welche, ohne zu wissen warum, einem Mann mit einem Federhut unterthan sind, dem sie alle Jahre die Hälfte von demjenigen hingeben, was sie im Schweiß ihres Angesichts verdient haben; welche sich an gewissen Tagen in einer Art von Scheune versammeln, um Ceremonien mitzumachen, die sie nicht begreifen, und einem Manne in andrer Kleidung, als die ihrige ist, zuzuhören, den sie nicht verstehn; welche zuweilen ihre Hütte verlassen, wenn man die Trommel rührt, und sich verdingen, um sich in einem fremden Lande, für den vierten Theil dessen, was sie daheim durch ihre Arbeit erwerben können, totschlagen zu lassen, und andre ihres Gleichen totzuschlagen. … So gibt es dergleichen Wilde in Europa.[364]

Wie verfährt der Autor? Er schildert eigentlich das elende Leben am Lande im Frankreich des achtzehnten Jahrhunderts. Dabei ersetzt er jedoch kurzerhand den Begriff *Bauer* durch den Begriff *Wilder* und erzielt eine erstaunliche Wirkung.

Lohnend erschiene eine Studie über die Darstellung der Wahrnehmung von Kindern in der Literatur. Der Blick von Kindern ist ja immer ein frischer und ungewohnter und nur Kinder können gewisse Fragen stellen, gewisse Dinge auf den Punkt bringen und damit unsere Denkgewohnheiten herausfordern. Von Teresa de la Parra und ihrem Roman *Las Memorias de Mamá Blanca* war schon die Rede, die venezolanische Schriftstellerin führt das auf wunderbare Weise vor. Hier soll auch der Beginn von *David Copperfield* (1850) nicht fehlen und Dickens' Lobpreis des kindlichen Blickes:

The first objects that assume a distinct presence before me, as I look far back, into the blank of my infancy, are my mother with her pretty hair and youthful shape, and Peggotty with no shape at all, and eyes so dark that they seemed to darken their whole neighborhood in her face, and cheeks and arms so hard and red that I wondered the birds didn't peck her in preference to apples. [...]
This may be fancy, though I think the memory of most of us can go further back into such times than many of us suppose; just as I believe the power of observation in numbers of very young children to be quite wonderful for its closeness and accuracy. Indeed, I think that most grown men who are remarkable in this respect, may with greater propriety be said not to have lost the faculty, than to have acquired it; [...][365]

Ich beende den Rundgang durch die Stilmittel, mürrisch und unzu-
frieden. Denn einerseits wäre da noch viel mehr zu sagen und andererseits würde es nichts helfen, wenn noch viel mehr gesagt würde.
Dem Geheimnis des Stils kämen wir ja doch nicht auf die Spur.
Andererseits, warum soll ich Ihnen die Arbeit abnehmen und wie
sollen Sie sich für Literatur begeistern, wenn ohnehin schon alle
Fragen gelöst sind? Gott sei Dank ist es nicht so. Es wird sie wohl
geben, diese Qualität, welche die Franzosen das *Je ne sais quoi*, das *Ich
weiß nicht was* oder auch *le sublime* nennen.[366] Gemeint ist eine geheimnisvolle Qualität, die manche Texte besitzen, die sich aber hartnäckig dagegen sträubt, vollständig entschlüsselt zu werden. Das
heißt nicht, dass Stilanalyse sinnlos wäre, ich glaube sie kann
ebenso bereichern wie eine Analyse metrischer Formen. Sinnlos ist
sie allerdings dann, wenn Sie sich damit zufrieden gibt, fünf oder
sechs rhetorische Figuren aufzuspüren und zu benennen. Damit ist
gar nichts gewonnen. Ein Text, der höchst wirkungsvoll ist, kann
sich gerade durch sparsamen Einsatz von Metaphern und Figuren
auszeichnen.[367]

(Pseudo-)Longinus, aus dessen Schrift *Über das Erhabene* wir ja bereits
zitiert haben, schrieb im ersten Jahrhundert nach Christus und
seine Grundgedanken sind bis heute gültig. Umberto Eco
beschreibt die ganzheitliche Methode des antiken Stilforschers so:

> So zählt Longinus, sei er auch Pseudo, die fünf Quellen des Erhabenen
> auf, als da sind die Fähigkeit, *edle Gedanken zu fassen*, die Fähigkeit, *ein star-
> kes begeistertes Pathos zu manifestieren und zu wecken*, die Kunst, *die passenden
> rhetorischen Figuren zu bilden*, die Erfindungskraft beim Erzeugen einer
> edlen Ausdrucksweise durch *die Wahl der Worte und den korrekten Gebrauch
> der Figuren* und schließlich die *allgemeine Anlage des Textes*, aus der ein wür-
> devoll-hoher Stil resultiert. [...]
> Unter diesen Prämissen begibt sich Longinus auf seine Suche nach der
> erhabenen Photosynthese, die das Gefühl des Erhabenen produziert: Er
> zeigt, wie Homer, um dem Göttlichen Größe zu verleihen, durch eine
> wunderbare *Hypotypose*[368] das Gefühl einer kosmischen Ferne erzeugt
> und wie er dieses Gefühl der kosmischen Ferne durch eine in die Länge

gezogene Beschreibung physischer Distanzen wiedergibt; er beobachtet, wie für Sappho das innere Pathos nur dargestellt werden kann, indem sie eine Schlacht der Augen, der Ohren, der Zunge und der Haut in Szene setzt; er konfrontiert einen Schiffbruch bei Homer mit einem bei Arat von Soloi, wobei im zweiten Fall die Nähe des Todes durch die bloße Wahl einer Metapher (»Nur eine dünne Planke trennt sie vom Hades«) gleichsam anästhesiert wird, während bei Homer der Hades ungenannt und dadurch um so drohender bleibt. Er studiert die Strategien der Erweiterung und der Hypotypose, er untersucht das Theater der rhetorischen Figuren, der Asyndeta, der Sorites[369], der Hyperbata, und wie Konjunktionen die Rede ermatten lassen und Polyptata sie stärken und Tempuswechsel sie dramatisieren.

Man denke nun aber nicht nur an eine Reihe von Stilanalysen. Longinus beschäftigt sich auch mit der Gegenüberstellung und der Vertauschung von Personen, mit dem Übergang von einer Person zur anderen, mit der Art, wie der Autor sich an den Leser wendet oder wie er sich mit einer Person identifiziert, und mit der Grammatik der narrativen Verfahren. Er vernachlässigt weder Umschreibungen noch sprachliche Idiotismen[370], noch Metaphern, Hyperbeln und Analogien. Es ist eine ganze rhetorisch-stilistische Maschinerie mit Erzählstrukturen, Stimmen, Blickwinkeln und Tempora, die er bei der Arbeit besichtigt, indem er Texte analysiert und vergleicht, um die Strategie des Erhabenen freizulegen und sie unserer Bewunderung zu überlassen.[371]

Worum geht es also der Stilistik?

Worum geht es also bei Stil? Im Grunde doch um das, was schon zu Beginn gesagt wurde: um die Verbindung zwischen Welt und Sprache, zwischen Ausdrucksbedürfnis und Ausdrucksvermögen. Das Problem, mit dem wir uns bei der Analyse von Stil herumschlagen, liegt im Doppelcharakter der Sprache: Sie verwandelt Welt in Wörter, zugleich ist die Welt in den Wörtern immer als Vorstellung enthalten und so lassen sich Welt und Sprache nicht einfach getrennt beobachten. In unserem Denken bilden sie eine Einheit.

Wer sich mit Malerei befasst, hat es da leichter, er kann die *Farbe Blau* klar vom *Meer* unterscheiden, wir können, sobald wir unsere Sprache beherrschen, gar nicht anders: Wir müssen an ein *Meer* denken, wenn wir die Lautfolge [meaː] hören. So sind denn im sprachlichen Kunstwerk Sprache und Inhalt immer untrennbar miteinander verbunden. Trotzdem wissen wir, – oder meinen zu wissen – dass sich derselbe Sachverhalt auf viele verschiedene Arten sagen und schreiben lässt. Wir kennen die unangenehme Lage, genau im Kopf zu haben, *was* wir sagen wollen, nicht jedoch, *wie* wir es sagen wollen. Es gibt offenbar so etwas wie ein noch sprachloses Gedankenmagma, das erst mühsam zu Sprache geformt werden muss. Die alte Unterscheidung zwischen *Inventio* (Erfindung) und *Elocutio* (sprachlicher Gestaltung) kommt so von einer Erfahrung, die jeder macht, der sich beim Denken und Formulieren beobachtet. Folglich können wir doch wieder die Frage stellen:

Wie lässt sich ein bestimmtes Thema am besten sprachlich gestalten? Das kann einfach anmuten: die Beschreibung einer Landschaft, eines Kampfes, einer Folge von Handlungen, eines Gesichts. Schon schwieriger ist es Gefühle und innere Prozesse in Menschen sprachlich zu gestalten. Zustände und Ereignisse, die dem Autor fremd sind, die er also nur mittels Phantasie und Einfühlung in Sprache fassen kann: die Welt in 1000 Jahren, die Atmosphäre auf einem Marktplatz in Paris vor 1000 Jahren, das Gespräch zwischen einem Franziskanertheologen und seinem Schüler in einer Benediktinerabtei im vierzehnten Jahrhundert. Keine Kleinigkeit ist es auch, eine literarische Welt zu schaffen, in der die Toten lebendig und die Lebenden tot sind. Der Mexikaner Juan Rulfo schafft eine solche beunruhigende »Wirklichkeit« in dem berühmten Roman *Pedro Páramo*, der 1955 erschien.

Hier könnten wir nun die interessante Debatte darüber anschließen, ob Männer literarische Frauenfiguren schaffen können; auch darüber, ob es angebracht ist, mit schönen Wörtern über grauenhafte Ereignisse zu schreiben, und wie eine Sprache aussehen müsste, die menschliches Leiden passend wiedergibt.[372]

Ich persönlich würde gerne eine Stilstudie über die literarische Darstellung des Innenlebens von *Menschen im Angesicht des Todes* machen, vom *Rolandslied* bis Robert Merle, mit Zwischenstation bei Tschechow, der in *Krankenzimmer Nr. 6* den alten Arzt, den man kurzerhand zu den »Irren« gesteckt hat, am Ende sterben lässt und die letzten Bilder zeigt, die durch den Kopf des Sterbenden gehen: ein Rudel schlanker Hirsche, eine Frau, die ihm einen eingeschriebenen Brief überreicht…

> Gegen Abend starb Andrej Jefimytsch an einem Gehirnschlag. Zuerst verspürte er einen furchtbaren Schüttelfrost; etwas Widerliches schien in seinen Körper einzudringen, sogar in die Finger, es zog vom Magen zum Kopf und überflutete Augen und Ohren. Vor den Augen schimmerte es grün. Andrej Jefimytsch begriff, dass dies das Ende war, und er entsann sich, dass Iwan Dmitritsch, Michail Awerjanytsch und Millionen Menschen an die Unsterblichkeit glaubten. Und wenn es sie nun gab? Aber er wollte keine Unsterblichkeit und dachte nur einen Augenblick daran. Ein Rudel Hirsche, ungewöhnlich schön und graziös, von denen er gestern gelesen hatte, lief an ihm vorbei; dann streckte ihm eine Frau die Hand entgegen, mit einem Einschreibebrief… Michail Awerjanytsch sagte etwas. Dann verschwand alles, und Andrej Jefimytsch schlummerte für immer. […][373]

Woher weiß Tschechow das so genau? Woher will er es wissen? Gut, er war Arzt und eindringlich ist die Passage in jedem Fall. Tschechow begnügt sich mit einem Absatz und zwei starken Symbolen. Ein anderes stilistisches Glanzstück ist die Erzählung *An Occurrence at Owl Creek Bridge/ Zwischenfall auf der Eulenfluss-Brücke* von Ambrose Bierce (1842-1914?). Die Arbeitsaufgabe: Man beschreibe das Körpergefühl und die Wahrnehmung eines Mannes, der zur Zeit des amerikanischen Bürgerkriegs auf einer Brücke gehenkt wird, sich aber, das Seil ist gerissen, schwimmend ans Ufer rettet, mit heftigem Schmerz im Genick und Feuer im Kopf auf den Weg nach Hause zu seiner Farm und seiner Familie macht und dabei immer tiefer in Traum und Wahn zu waten beginnt. Denn in Wahrheit beschreibt die Erzählung… aber das soll nicht verraten werden. Die Darstellung lebt von der Abfolge dramatischer Szenen und statischer Bilder, vom Wechsel des Tempos und der »Kameraeinstellung«, vom Hin und Her zwischen Innenleben und Außenwelt, vor allem aber von der langsamen Zersetzung der Wirklichkeit. So kann sich die volle Wirkung nur entfalten, wenn man die ganze Erzählung liest. Ein kurzer Ausschnitt mag darauf Lust machen:

> Er fühlte, wie sein Kopf auftauchte. Seine Augen waren vom Sonnenlicht geblendet, seine Brust dehnte sich krampfhaft, und mit äußerster und letzter Pein nahmen seine Lungen einen großen Strom von Luft auf, die er augenblicklich als Schrei wieder ausstieß.
> Er war nun völlig seiner Sinne mächtig. Sie waren sogar übernatürlich klar und wach, ja, durch die schreckliche Störung seines Lebenssystems so geschärft und verfeinert, dass sie Dinge wahrnahmen, die sie früher nicht wahrgenommen hatten. Er spürte die kleinen Wellen an seinem Gesicht und hörte jede einzeln anschlagen. Er blickte auf den Wald am Flussufer, sah die einzelnen Bäume, die Blätter und ihr Geäder, sah selbst die Insekten auf den Blättern: Heuschrecken, Fliegen mit schillernden Körpern, graue Spinnen, die ihr Netz von Zweig zu Zweig spannten. Es sah die Regenbogenfarben in all den Tautropfen auf Millionen von Grashalmen funkeln. [...][374]

Stil im Gedicht ist nicht von Form und Rhythmus zu trennen und Stil in der Erzählung nicht von der Erzähltechnik und dem Gesamtbau der Erzählung. So sieht das Umberto Eco, der in einem lesenswerten Text zum Thema für einen »semiotischen« Stilbegriff eintritt;[375] für eine Untersuchung von Stil also, welche die gesamte Mach-Art, die ganze *Formbildungsweise* des Textes erfasst und alle Ebenen des Textes einschließt: beginnend bei der Wahl der Laute und der Wörter, der Wortarten und Satzarten bis zur Entfaltung eines Themas, einer Handlung mit ihrer Spannung, ihren Richtungswechseln und Überraschungseffekten. Sie würde beobachten, wie die Motive aufeinander folgen, wie sie zusammenwirken und welche Kontraste sie bilden, sie umfasste die gesamte Bewegung und Dynamik eines Stücks Literatur, das gesamte Zusammenspiel von Form und Inhalt. Zu lernen wäre bei den großen Stilstudien, bei Leo Spitzer, Amado und Dámaso Alonso, bei Wladimir Nabokow oder bei Marcel Proust, der meinte, dass »Flaubert durch die neue Art, wie er die Tempora der französischen Sprache gebrauchte, das *passé simple*, das Perfekt, das Imperfekt und das Partizip Präsens, unsere Sicht der Welt fast so gründlich erneuert hat wie

Immanuel Kant.«[376] Ich wollte hier ein Unterkapitel anfügen mit dem Titel: *Sollen Literaturwissenschaftler etwas von Grammatik verstehen?*, habe mich aber aus Platzgründen dagegen entschieden. Mit Proust wäre die Frage klar mit Ja zu beantworten, auch die Verwendung bestimmter Grammatikformen kann Teil der Eigenart des Textes und der Welt, die er vermittelt, sein.

Das Interessanteste, was es über Stil zu sagen gibt, steht bei den Autorinnen und Autoren selbst. Ihnen verdanken wir auch bewegende Zeugnisse dafür, wie schwer es ist, Ausdruckswunsch und Sprachvermögen zu versöhnen. Hier sei wieder Flaubert genannt, als Beispiel für einen Stilbesessenen, auch zum Troste aller, die Stunden und Tage vor dem leeren Blatt verbringen und nicht schreiben können und dann das Wenige, was sie hervorgebracht haben, für ungenießbar befinden. Ich zitiere aus William Somerset Maughams (1874-1965) Studie über *Zehn Romane und ihre Autoren*:

> Wenn er schrieb, skizzierte Flaubert zunächst in groben Zügen, was er sagen wollte, und ging dann daran, das Geschriebene zu überarbeiten, zu kürzen, umzuformulieren, bis das gewünschte Resultat erzielt war. Dann trat er auf seine Terrasse und rief die Worte hinaus, die er niedergeschrieben hatte, da er der Überzeugung war, dass sie nicht stimmten, wenn sie nicht gut klangen. In diesem Fall machte er sich wieder an die Arbeit, bis er zufrieden war. [...] Gautier neigte dazu, sich über Flauberts Pingeligkeit lustig zu machen: »Wissen Sie«, sagte er, »der arme Kerl leidet an Gewissensqualen, die ihm das Leben vergällen. Sie wissen nicht, warum? Weil er in Madame Bovary zwei Genitive nebeneinander gestellt hat: *une couronne de fleurs d'oranger*. Das peinigt ihn, aber wie sehr er sich auch anstrengte, er konnte es nicht verhindern.« Wir haben Glück, dass wir mit dem englischen Genitiv dieses Problem umgehen können. Wir können sagen: »Where is the bag of the doctor's wife?«, aber im Französischen müsste man sagen: »Wo ist die Tasche der Frau des Doktors?« Man muss zugeben, dass das nicht besonders schön klingt.[377]

Stilforschung kann auch dann nützlich sein, wenn sie nicht für die Analyse von Literatur verwendet wird. Im Grunde ist es die Beschäftigung mit den Möglichkeiten der Sprache und mit Möglichkeiten der Intensivierung von Sprache. In einer Zeit, wo Rhetorikseminare boomen und kein Politiker sich in eine Wahlkampfdebatte traut, ohne vorher von einem Kommunikationstrainer rhetorisch vorbereitet zu werden, ist das aktuell und brisant. Wofür man erhöhte Sprachsensibilität verwendet, ist eine andere Sache. Rhetorik kann nützlich sein, um politische Manifeste zu verfassen, um in Einkaufszentren Parfüms oder Saftpressen anzupreisen oder um die feinsten Schwingungen der Seele poetisch zu vermitteln. A vous de choisir!

6. BILD, SYMBOL, ALLEGORIE, MYTHOS, INTERPRETATION

Das menschliche Bewusstsein scheint im Schlaf in tiefere Schichten hinunterzusteigen, in denen das Leben nicht durch abstrakte Begriffe, sondern durch bedeutsame Bilder beschrieben wird. Wir müssen diese schöpferische Vorstellungskraft bewundern, die der Schlaf in uns erweckt. Aus dieser Kraft der Bildersprache erhält auch der Künstler seine Gedanken.[378]

Der Schriftsteller hat versucht, die unzusammenhängende, aber scheinbar logische Form des Traumes nachzuahmen. Alles kann geschehen, alles ist möglich und wahrscheinlich. Zeit und Raum sind nicht vorhanden, auf einem unbedeutenden wirklichen Boden spinnt die Einbildung weiter und webt neue Muster: eine Mischung von Erinnerungen, Erlebnissen, freien Einfällen, Unwahrscheinlichkeiten und Gelegenheitsdichtungen.[379]

Die Menschheit hat außer dem künstlerischen Bild nichts uneigennützig erfunden, und vielleicht besteht tatsächlich der Sinn der menschlichen Existenz in der Erschaffung von Werken der Kunst, im künstlerischen Akt, der zweckfrei und uneigennützig ist. Vielleicht zeigt sich gerade darin, dass wir nach Gottes Ebenbild erschaffen wurden.[380]

Emotion und Bild

»Die Literatur ist nichts anderes als ein gelenkter Traum«[381], schrieb Jorge Luis Borges. Ähnliches sagte der französische Lyriker Jules Supervielle[382]. Was heißt das: Ein gelenkter Traum? Es könnte heißen, dass Literatur dieselbe Sprache spricht wie Träume. Aber sprechen Träume in der geordneten Folge von Subjekt, Verb und Ergänzung? In gewisser Weise wohl schon, denn auch in Träumen verfügen wir über die Gabe zu sprechen und zu kommunizieren. Das was uns an ihnen erstaunt, erschreckt, bewegt, das, was in der Erinnerung zurückbleibt, sind aber nicht die Wörter. Es sind vielmehr Bilder – oder wenn Sie wollen, die starke sinnliche Vorstellung. (Denn es gibt sie ja: die Träume, die Krawall schlagen, uns Duft oder Gestank vorgaukeln, Geschmack auf der Zunge oder in denen wir Lust oder Schmerz spüren.) Bleiben wir aber einmal beim Bild als einer vielfältigen, detailreichen, um Genauigkeit der Wiedergabe bemühten Darstellung von etwas, das wir aus dem wirklichen Leben kennen; einer Repräsentation also. Sie ist aber nicht statisch, vielmehr setzt sie der Traum auf ganz eigensinnige Art in Bewegung. Traumbilder sind ja bewegte Bilder.[383] Hinter den Bildern verbergen sich Gefühle. Und Borges notiert in seinem *Buch der Träume* (1976) treffend, dass sich im Traum das Verhältnis von Gefühl und Bild umdreht.

> Coleridge dejó escrito que las imágenes de la vigilia inspiran sentimientos, en tanto que en el sueño los sentimientos inspiran las imágenes (¿Qué sentimiento misterioso y complejo le habrá dictado el Kubla Khan, que fue don de un sueño?) Si un tigre entrara en este cuarto, sentiríamos miedo; si sentimos miedo en un sueño, engendramos un tigre.[384]

> > [Coleridge hat geschrieben, dass im Wachen die Bilder die Empfindungen einflößen, während im Traum die Empfindungen die Bilder einflößen. (Welch geheimnisvolle und verwickelte Empfindung wird ihm Kubla Khan, der Geschenk eines Traums war, diktiert haben?) Beträte ein Tiger dieses Zimmer, wir würden Angst empfinden; wenn wir Angst im Traum empfinden, erzeugen wir einen Tiger.][385]

Es wäre nun alles leicht zu durchschauen, wenn einfach Bilder aus dem Alltag zu Traumbildern würden – hervorgerufen durch Gefühle, die im Schlaf weiterbrodeln, oder durch Körperreize. In Shakespeares *Romeo und Julia* ist es Queen Mab aus dem Feenland, eine der geheimnisvollsten Figuren der Literatur, die solche Träume bringt, oder besser: auslöst – durch Kitzeln an bestimmten Körperstellen, indem sie mit ihrem »Gespann von kleinen Atomen über die Nasen der Schlafenden« fährt.[386]
Da erzeugt ein Reiz, ein Stimulus einen Wunsch, eine Begierde, und das Begehren provoziert Bilder in der Seele, im Kopf, im Bewusstsein, wo auch immer Träume entstehen. Und es ist kein Zufall, dass ein jeder gerade diese Bilder erzeugt. Sie sind entnom-

men aus dem, was er oder sie im wirklichen Leben sieht, erlebt, erhofft, fürchtet: Soldaten träumen vom Hälse durchschneiden, Hofleute von Aufwartungen, Pfarrer von Zehent-Schweinen und Liebende von Liebe. Aber das Rohmaterial ist nicht einfach in den Traum übertragen, es ist gesteigert zur Wunsch- oder Angstphantasie.

Diese Fähigkeit unseres Bewusstseins, Gefühle in Bilder zu transponieren, ist bemerkenswert, und ich glaube, hier sind wir schon bei einer wichtigen Gemeinsamkeit von Traum und Literatur. Literarische Bilder sind immer mit Gefühlen geladene Bilder. Das gilt auch für Bildfolgen, für die Gesamtheit einer Erzählung, für Theaterhandlungen, für Filme, für Gemälde.

Nehmen wir einen der Klassiker von Alfred Hitchcock: *Die Vögel* oder *North by Northwest* oder *Vertigo* oder *Rear Window*. Da werden uns Bilderfluten aus dem »ganz gewöhnlichen« amerikanischen Alltag vorgeführt, realistisch bis ins Detail. Aber jeder Satz, jeder Dialog, jede Szene ist in die Sphäre des Traumartigen übertragen. Denn alles, was gezeigt wird, ist von den typischen Hitchcock-Gefühlen durchtränkt und führt zu den Themen, die mit diesen zusammenhängen: das Gefühl einer ständig lauernden Bedrohung, das sich zum Verfolgungswahn steigert, Höhenangst, versteckter Sadismus, groteske Belustigung, Verlust des Zeitgefühls und Verschmelzung der Welt der Lebenden und der Welt der Toten. Deutlich gemacht wird das durch das eigenartige Tempo der Handlung, die sich immer wieder beschleunigt und in den Albtraum kippt. Deutlich wird es auch durch die kleinen, oft ganz unauffälligen Verfremdungen, die den Hitchcock-Touch erzeugen: Kamerawinkel, Beleuchtung, vielsagende Pausen, die ständigen kleinen Verzerrungen in den Gesten, Bewegungen und der Sprechweise und natürlich – die Musik. Die Erzählung entspringt hier nicht mehr einem Bedürfnis nach Nachahmung. Vielmehr dienen die Elemente der Wirklichkeit dazu, psychische Verknotungen und die ambivalenten Ängste und Begierden des Regisseurs zu Bilderreihen zu entfalten. Ein solches Werk ist also durchaus nicht realistisch und wird auch dadurch nicht realistischer, dass wir darin eine Menge von Elementen aus unserer Wirklichkeit wiederfinden. Dennoch kann es sehr viel über die realen Beschädigungen aussagen, die eine Art zu leben, zu lieben, zu wirtschaften, Kinder aufzuziehen oder Krieg zu führen in der Seele eines Menschen anrichtet.

IST ES SINNVOLL, ZWISCHEN REALISTISCHER UND PHANTASTISCHER LITERATUR ZU UNTERSCHEIDEN?

Vom Realismus in der Kunst zu sprechen ist daher vielleicht ebenso fragwürdig wie vom Realismus im Traum. Hitchcock erklärte immer wieder, dass seine Filme sich aus einzelnen obsessiven Bildern heraus entwickelten. In der modernen Literatur kommen selten Götter, Feen, die Mutter Gottes, Zauberringe oder Tarnkappen vor. Ja, ich weiß, Harry Potter, der Herr der Ringe und alles drum herum. Aber der Einwand ist gar nicht notwendig, ich stimme ohnehin zu. Ich stimme – mit Borges – sogar in viel höherem Maße zu, als der Leser von Fantasy vermuten wird.[387] Ich glaube, dass das Wunderbare auch dort webt und wirkt, wo Autoren Nymphen und Feen und Halbgötter aus ihrer literarischen Welt verbannt haben, wir also meinen könnten, es handle sich um eine entzauberte; eine Welt, deren soziale und psychische Mechanismen sich mit derselben wissenschaftlichen Exaktheit darstellen ließen wie die Gesetze der Natur.

Exkurs: Der Realismus des neunzehnten Jahrhunderts

Das war ja das Programm der Realisten und Naturalisten des neunzehnten Jahrhunderts. Wir verdanken ihnen bemerkenswerte Modelle von den Wirkkräften und kausalen Zusammenhängen ihrer Epoche: Den Aufstieg eines Eugène de Rastignac mittels klug geknüpfter Bekanntschaften und Liebschaften mit einflussreichen Damen; die Art von Geschäftemachen und Investition – die Logik des Kapitals also –, die aus einem Außenseiter aus dem Elsass, dem Baron de Nucingen, einen Großbankier macht;[388] Erklärungen dafür, warum überhaupt eine Familie zu Macht und großem Reichtum gelangt und ein anderes Haus dem Niedergang geweiht ist.

244

Die Realisten zeigen die Kräfte des Psychischen und des Sozialen auch an Einzelschicksalen, die Auswirkungen der blinden Liebe eines Vaters zu seinen Töchtern, oder den Einfluss von Umwelt und Vererbung, die Weitergabe von krankhaftem Verhalten von einer Generation zur nächsten. Wir dürfen aber auch diese Modelle nicht als objektive Bilder der Zeit nehmen und müssen beachten, dass solche Analysen immer auf bestimmten Vorannahmen beruhen und in den Mythen ihrer Zeit wurzeln. Kurz: Das Wunderbare fehlt bei Balzac oder Zola, weil es in ihrer Weltdeutung und ihrem Gesell-schaftsmodell keinen Platz hatte.

Die poetische Wirklichkeit

Ganz anders liegt der Fall aber bei Joseph Conrad. Auch er lässt das Übernatürliche nicht zu, denn der ganze Alltag war für ihn vom Wunderbaren durchwirkt: »Joseph Conrad pudo escribir que excluía de su obra lo sobrenatural, porque admitirlo parecía negar que lo cotidiano fuera maravilloso. [...] Joseph Conrad y Henry James novelaron la realidad porque la juzgaron poética;«[389]/ »Joseph Conrad konnte schreiben, dass er das Übernatürliche aus seinem Werk ausschloss, denn es zuzulassen, würde den Anschein wecken, dass er leugne, dass das Alltägliche wunderbar sei. (...) Joseph Conrad und Henry James schrieben Romane über die Wirk-lichkeit, weil sie diese als poetisch sahen.«
Bei Kafka haben wir beides: merkwürdige Fabelwesen (»Odradek«) und Verwandlungen, forschende Hunde und singende Mäuse, einen Frierenden, der auf dem Kübel zum Kohlenhändler reitet, um so dessen Herz und vor allem das seiner hartherzigen Frau zu erwei-chen, die »wohlig im Rücken gewärmt« im Keller der Kohlenhand-lung sitzt; wir versuchen auf verschneiten Wegen zum Schloss zu gelangen, aber der Weg zum Schloss kommt nie beim Schloss an. Wir fahren im Wagen eines Landarztes durch die Schneewüste und der Landarzt wird nie wieder in sein Haus zurückgelangen, nur weil er einmal dem Fehlläuten der Nachtglocke gefolgt ist. Dazwischen finden wir bei Kafka längere Passagen, in denen niemand gezwun-gen wird, sein Bild davon, wie die Welt funktioniert, zu korrigieren

und meinen könnte, durch Prag zu laufen oder durch irgendein abgelegenes Bauerndorf in Böhmen, das von einer hohen Burg überragt ist. Das Gefühl des Traumartigen werden wir trotzdem in keinem Augenblick los.

KOMPOSITION UND VERDICHTUNG

Vermutlich sind Sie nicht von den Bildern verfolgt, die Hitchcock bedrängten. Aber Sie kennen die Erfahrung, dass im Alltag bestimmte Personen, Gegenstände, Naturerscheinungen vielleicht ganz zufällig zusammentreffen, und sich dann zu einem visuellen Eindruck fügen, der uns mit großer Intensität anspricht. (Fotografen sind Menschen mit einem professionellen Auge dafür und mit der Kamera bei der Hand, um das festzuhalten; Poeten versuchen es in Worte zu fassen.) Auch vielschichtige Erinnerungen an die gemeinsame Zeit mit dem *einen* Menschen kann sich in der Erinnerung in einem Bild oder zwei oder drei starken Bildern zusammendrängen. Es sind komponierte Bilder, verdichtet und zusammengesetzt aus Elementen, die eigentlich zu verschiedenen Zeiten und Orten gehören, in der Erinnerung aber zu einem Ganzen verbunden sind. Ich glaube, so ist auch Edgar Allen Poes unheimliche Beschreibung des Hauses Usher und seiner Umgebung entstanden.[390]

Rashomon

Es gibt auch Erzählungen, deren Handlung wir vergessen haben oder nur sehr ungenau wiedergeben könnten. Doch gab es da ein Bild, das uns für immer im Gedächtnis bleibt:
Eine Alte, gebeugt, mit weißem Haar und dem Aussehen einer Nonne, hockt auf der Galerie des halb verfallenen Buddha-Tempels Rashomon am Stadttor von Kyoto; draußen strömender Regen. Sie sitzt inmitten von toten Körpern, genauer, beugt sich mit ihrem Kienspan in der Hand über das Gesicht einer Toten mit langem schwarzem Haar. Es ist eine der Pestleichen, die man aus Achtlosigkeit oder Platzmangel in einer Zeit von Erdbeben, Bränden, Stür-

men, Hunger und Seuchen auf die hölzerne Galerie des entweihten Tempels geworfen hat. Diese Alte ist damit beschäftigt, die Haare der Toten auszureißen, eines nach dem anderen, so wie eine Äffin ihre Jungen entlaust. Dieses Bild ist in der Erzählung *Rashomon* von Ryûnosuke Akutagawa aus dem Jahr 1915 enthalten, es ist wohl das Schlüsselbild dieser schwarzen Erzählung. Ich las die Geschichte vor dem Einschlafen und wurde prompt von der Alten im Traum besucht.[391] Darauf erzählte ich sie meinen Kindern, vielleicht pädagogisch leichtfertig handelnd. Die waren ebenso betroffen, erkundigten sich aber nach einer Weile, ob es in dem Buch auch eine Illustration von eben der Szene gäbe. Was ist an einer Alten, die Toten die Haare ausreißt, so entsetzlich? Gewiss, das Todesthema und der allzu vertraute Umgang mit Toten. Aber es scheint etwas in dem Bild enthalten zu sein, was über eine einfache Erklärung hinausgeht. Und seine ganze Wirkung entfaltet es überhaupt nur im finsteren Umfeld der ganzen Erzählung des japanischen Autors.

Und was ist schaurig an einem ein wenig in der Ferne singenden Chor heller Kinderstimmen, wie ihn Horrorfilme subtil einsetzen und damit Gänsehaut auslösen? Ein Schüler aus Spanien erklärte mir einmal, das sei für ihn der Gipfel des Unheimlichen und ich finde, das ist bedenkenswert.[392] Damit sind wir noch ein wenig tiefer ins Dickicht geraten, denn hier haben wir ein Bild, dem im gewöhnlichen Leben ganz andere Gefühle anhaften als im Traum oder im Horrorfilm. Für gewöhnlich freuen wir uns doch, wenn unsere Kinder oder Neffen oder Nichten mit ihrem Chor auftreten. Wir müssen also zugeben, dass es gar nicht ausgemacht ist, welches Gefühl ein bestimmtes Bild hervorruft. Seelische Triebkräfte, Spannungen und Komplexe können sich recht frei an Bilder anheften.[393] Noch einmal Borges:

[...] como el miedo precede a la aparición improvisada, para entenderlo podemos proyectar el horror sobre una figura cualquiera, que en la vigilia no es necesariamente horrorosa. Un busto de mármol, un sótano, la otra cara de una moneda, un espejo.[394]

[…] da aber die Angst der improvisierten Erscheinung vorausgeht, können wir das Entsetzen, um es zu begreifen, auf jedwede Gestalt projizieren, die im Wachsein nicht notgedrungen schreckenserregend ist. Eine Marmorbüste, ein Kellergelass, die Kehrseite einer Münze, ein Spiegel. Es gibt keine einzige Form im Weltall, die sich nicht vom Entsetzen verseuchen ließe.][395]

Oder mit Freude, Lust, Begehren. Es müssen auch nicht so grausige Bilder sein wie das in *Rashomon*. Fritz Lang meinte, am wirksamsten sei das Bild, das mit dem geringsten sinnlichen Input am meisten im Kopf auslöse – etwa ein dunkler Gang, denn was lässt sich da nicht alles hineinphantasieren …[396]

ASSOZIATIONSKOMPLEXE UND ENTFALTETE IDEEN

Was bringt das für ein besseres Verstehen von Literatur? Wir könnten untersuchen – bei Kafka, bei Horacio Quiroga, bei Isabel Allende – welche Bilder und Bildkomplexe in ihren Werken immer wieder auftauchen. Wir könnten uns anschauen, wie die Bilder miteinander »kommunizieren«, sich gegenseitig einfärben, steigern, abschwächen. Wir könnten untersuchen, welche Handlungsfolgen sie bilden, schließlich, wie sie emotional gefärbt sind, und welche Erfahrungen, Spannungen und Konflikte die Bildwelt eines Autors hervorgebracht haben. Kenneth Burke schlägt dieses Verfahren vor. Er nennt es das Auffinden von *Assoziationskomplexen*. Wir könnten also solche Assoziationskomplexe freischaufeln, Bilder und Bildnetze, die typisch für einen Schriftsteller sind. Solche wiederkehrenden Bilder können eine eigene Textschicht unterhalb der Ebene der Handlung und der Figuren bilden, sind aber gewöhnlich mit diesen verbunden. Ich selbst bin dabei, einen solchen Bildkomplex in den Komödien von Lope de Vega genauer zu untersuchen: *Nacht, Mond, Maske, Spiegel*. Diese Bilder sind verbunden mit Themen und Figuren der Mythologie: mit der Mondgöttin Diana, mit dem Liebesgott Amor und seiner übermenschlich schönen menschlichen Geliebten Psyche, welche die Göttin Venus zur Eifersucht reizt. Psyche darf nicht wissen, dass jede Nacht der Liebesgott selbst bei ihr schläft, bis dann die boshaften Schwestern … aber davon wird noch die Rede sein.

Wir müssen uns übrigens nicht auf Gefühle beschränken: Bildkomplexe können auch für Ideen, für philosophische Konzepte, für eine Weltsicht stehen: [397] »der Zauberberg« bei Thomas Mann mit seinem Lungensanatorium und seinem endlosen Schnee für eine bestimmte Philosophie der Zeit, das Dublin von James Joyce für, ja ich weiß wirklich nicht wofür. Das Meer bei Homer für die »Idee der Heimkehr, die Idee, dass wir verbannt sind, dass unsere wahre Heimat in der Vergangenheit liegt oder im Himmel oder sonstwo, dass wir nie zu Hause sind.«[398]

GELADENE BILDER

Dann ist Literatur aber gar nicht mehr Wiedergabe von Wirklichkeit, oder nur in einem sehr vermittelten Sinn, sondern entfaltetes und in Bilder übersetztes Denken. Wir betreten das Reich der *Allegorie* und des *Symbols*. Bevor wir es betreten, fassen wir zusammen und behalten dabei den Satz von Borges über die gelenkten Träume im Kopf: jedes Bild, das in einem Roman, einer Erzählung, einem Theaterstück vorkommt, ist nicht mehr triviales Element aus der Wirklichkeit; so wie ein Stier in der Stierkampfarena kein gewöhnlicher Stier mehr ist und ein Lichtstrahl, der durch das bemalte Fenster einer Kathedrale bricht, kein alltäglicher Lichtstrahl mehr, oder das Trikot von Ronaldo kein triviales Kleidungsstück ist. Das ist auch der Grund, warum ein vulgär sozialhistorischer Zugang zu Literatur immer am Eigentlichen vorbeiläuft. Ein Sozialhistoriker künftiger Generationen könnte aus den Filmen Hitchcocks, dessen Drehbuchautoren hervorragend recherchierten, viel über Bahnhöfe und Züge in den Jahrzehnten nach dem Zweiten Weltkrieg erfahren. Sie werden zustimmen, dass er damit noch nicht sehr viel über die Aussage der Filme, herausgefunden hat.

Wir könnten sagen: Literatur ist eine Komposition von Wirklichkeitselementen, durch die anschließend eine bestimmte psychische und kulturelle Energie »durchgejagt« wird. Oder: Literatur machen heißt Elemente der Welt auswählen, zusammensetzen und mit psychischer und kultureller Energie aufladen.[399] Literatur, das sind emotional geladene Bilder, die der Autor in Sprachform übersetzt, in Bewegung bringt, und so zu Handlungsfolgen entfaltet. Jedes Element in einem Stück Literatur ist durchtränkt mit der psychischen Energie des Autors, mit seiner Art, die Welt zu erleben und zu deuten. Gerade das macht sie ja so interessant. *Die Vögel* bei Hitchcock sind immer noch Vögel, aber es sind doch Vögel, wie sie nur dem Hirn des nicht ganz angstfreien Filmemachers entspringen konnten.

Literatur kann in dieser Sicht *Ausdruck*, *Handeln* und *Therapie* sein: Ausdruck verdrängter Wünsche, Sehnsüchte, Gefühle und damit Ausdruck der Konflikte und sozialen Verstrickungen, durch die bestimmte Gefühlskomplexe entstanden sind. Handeln im Sinn von Ersatzhandeln. Autoren leben in Sprachbildern etwas aus, dessen Kraftquelle außerhalb der Sprache liegt. Therapie, weil das Niederschreiben von Begehren, Ängsten und Obsessionen als ein Sich-Freischreiben erlebt werden kann. Es gibt ja viele Zeugnisse dafür, mit welcher Intensität Autorinnen oder Autoren am Schreiben hängen, wie stark es emotional geladen ist. Schließen wir diese Überlegungen mit einem Vergleich von Kenneth Burke:

> Wenn ich ein rautenartiges Muster auf einer Torte schön nenne, dann meine ich mit diesem Epitheton eine Art des Schönen, die in die Nähe von »hübsch«› »angenehm«, »reizend« gehört. Gewahre ich jedoch das gleiche Rautenmuster auf dem Rücken einer Klapperschlange, so würde ich – natürlich vorausgesetzt, es gelingt mir, meinen Schrecken so weit zu überwinden, dass ich zu einem ästhetischen Urteil fähig bin – es auch hier schön nennen, aber das Attribut würde diesmal in die Nähe von düster, dämonisch, gefährlich, faszinierend gehören.[400]

Bildquellen und Bildbedeutungen

Warum übersetzen wir psychische Kräfte in Bilder? Freud meinte, weil nur auf diesem Wege verdrängte, weil verbotene Wünsche an die Oberfläche des Bewusstseins gelangen können. Das zeigen die

Symbole die Traumes: Weil wir uns nicht »getrauen«, von Sex und Inzest zu träumen, träumen wir zum Beispiel von finsteren Schächten. Ich glaube mit Gilbert Durand, dass diese Sicht zu eng ist.[401] Viel spannender wird die Frage, wenn wir davon ausgehen, dass die Sprache der Symbole eine eigene Sprache ist, vielleicht die ursprüngliche Sprache und Ausdrucksform der Seele. Wir treten in diese Sprache ein, noch bevor wir lernen in Wörtern und Sätzen zu sprechen, es ist die Sprache des Traumes, des Märchens, des Mythos – eine Sprache, die uns das ganze Leben begleitet und die nicht vollständig in die Sprache der Wörter übersetzbar ist; gar nicht übersetzt werden muss, da wir sie auf einer tieferen psychischen Ebene ohnehin verstehen.[402] In den Bildern der Symbolsprache ist etwas enthalten, das in die Tiefe der Psyche reicht und zugleich mit den Kraftfeldern einer Kultur verbunden ist. Die Kunst ist der Bereich, in dem sich die Bilder am stärksten und gesteuert von der Kreativität und Inspiration des Künstlers entfalten können. Wie im Traum gibt es in jedem Stück Literatur Bilder, die stärker wirken als andere und ihre Umgebung im Text mit poetischer Energie versorgen.

ANNÄHERUNGEN AN BEDEUTUNGEN: WILDE ERDBEEREN

Sehen wir uns das an einem poetischen Film an, *Wilde Erdbeeren* (1957) von Ingmar Bergman. Das Schlüsselsymbol ist schon im Titel enthalten: Erdbeeren, die wild wachsen. Auf Schwedisch hat dieser Film einen anderen Titel und das Cover der DVD informiert dazu: »›Wilde Erdbeeren‹ – das klingt nach Sommer, ungezähmter Natur, nach Verlangen und Sünde. Das schwedische ›Smultronstället‹ hingegen ist der Ort, an dem man diese Erdbeeren findet, irgendwo versteckt im Wald. Man verrät die Stelle niemandem, denn die Früchte sind klein und selten.«[403] An einem solchen Ort spielt die Kernszene des Films: Ein junger Mann gesellt sich zu einem jungen Mädchen in weißem Kleid, das Erdbeeren sammelt. Das Mädchen weist den Zudringlichen ab, hält ihm seine Arroganz vor, und dass sein Bruder viel feiner und sensibler wäre. Sie lässt sich aber schließlich doch küssen, verschüttet dabei die Erdbeeren, befleckt ihre Schürze und wird später den Aufdringlichen heiraten. Beobachtet wird die Szene von dem alten und menschenscheuen Professor Borg, der nach Jahrzehnten dem Sommerhaus seiner Jugend einen Besuch abstattet und dabei seine Erinnerung in die Landschaft hineinsieht. Im Filmbild sind zwei verschiedene Zeiten zugleich präsent. Es ist eine schmerzliche Erinnerung für den alten Borg, denn er selbst war der jüngere Bruder Isak, dem in dem Moment seine Jugendliebe Sara entglitt.

Wir haben also eine Szene, die im Wald spielt, wo wilde Erdbeeren gesammelt werden, verschüttet werden usw. Aber ist das der *eigentliche* Inhalt der Szene? Wir werden das verneinen, das wäre zu wenig, zu alltäglich, wir ahnen, spüren, dass sich hinter dem Alltäglichen mehr verbirgt. Die Szene lädt uns also dazu ein, ihre Elemente als Symbole aufzufassen. Sie lädt dazu ein, sie im »symbolischen Modus« zu lesen, wie es Umberto Eco ausdrückt.[404] Wir spüren, dass in ihr etwas enthalten ist, das nicht ausdrücklich gesagt wird oder genauer: nur in der Sprache der Bilder gesagt wird.

Wir können uns nun daran machen, diesen Bedeutungsüberschuss in Worte zu fassen. Das können wir auf ungeordnete Weise tun und jeder würde beitragen, was denn die Szene auf ihn für einen Eindruck machte und was ihm dazu einfällt. Das kann sehr interessant sein, es kann aber auch in das abrutschen, was zu meinen Schulzeiten unter dem Titel »Was will uns der Autor damit sagen?« geführt wurde. Die Ergebnisse waren oft betrüblich.

Ko-Text und Parallelstellen

Wir können geordneter und mit Methode vorgehen. Dann werden wir die Szene, in die die Erdbeeren eingefügt sind, genau betrachten mit all ihren Objekten, Farben, Worten und Bewegungen. Wir untersuchen also den *Ko-Text* des Symbols.[405]

Wir können in den Wäldern der Bergman-Filme nach weiteren Stellen mit Erdbeeren suchen und dann vielleicht Gemeinsamkeiten feststellen, die uns dazu ermutigen, sie mit bestimmten festen Bedeutungsaspekten zu markieren. Das tut etwa die Autorin der

Internet-Seite, die feststellt: »Wilde Erdbeeren haben in mehreren Filmen von Bergman die Bedeutung des glücklichen einfachen Lebens, nicht zuletzt in dem knapp ein Jahr zuvor entstandenen Siebenten Siegel.«[406] Diese Methode heißt Parallelstellenvergleich und eine solche Suche kann sich auch auf Interviews mit dem Regisseur oder auf autobiographische Schriften erstrecken; ja, es könnte jemand auf die Idee kommen, Menschen auszuforschen, die Bergman in seiner Kindheit erlebten, Mutter, Vater, Geschwister, Lehrer, deren Briefe aufstöbern, ich nehme an, in unserem Fall ist das alles schon gemacht worden. Wir sind dann im persönlichen symbolischen Universum des Autors, denn niemand teilt vollständig die Lebenserfahrungen Ingmar Bergmans, niemand sonst trägt dieselben Bilder und Obsessionen in der Seele, niemand sonst könnte genau diese Bildnetze im Kunstwerk ästhetisch gestalten.

Das kulturelle Umfeld

Verweilen wir noch am *Smultronstället*: Wir können weitergehend fragen, welche Gefühlswerte und welche kulturellen Inhalte in der Heimat Ingmar Bergmans den Erdbeerplätzen anhafteten. Offenbar waren und sind diese stärker als bei uns. Dafür spricht allein, dass der Begriff zum Filmtitel wurde und auch, dass wir ihn gar nicht richtig übersetzen können. Oder kennen Sie einen ähnlichen Begriff in einer romanischen Sprache? »Lugar de fresas salvajes«[407]? » Endroit de fraises sauvages«? Nur die italienische Übersetzung erfasst den schwedischen Titel einigermaßen: *Il posto delle fragole*. Der deutsche Titel, auch der französische (*Les fraises sauvages*) und spanische (*Las fresas salvajes*) reden nur von den Früchten, nicht aber von dem Ort, an dem sie wachsen, und der ist im Film wichtig. Wikipedia meint, dass wilde Erdbeeren in Schweden für die Fülle des Frühlings stünden, und dass Bergman diesen Topos häufig verwendet habe, um Kindheitserinnerungen heraufzubeschwören und zu symbolisieren.[408] Wie wir sehen, ist eine solche Recherche nicht nutzlos, ebenso wenig wie die Untersuchungen, die Borges zum schneefarbenen Elefanten mit sechs Stoßzähnen anstellte.[409] Elefanten drücken in Indien etwas aus, was die, die dort aufgewachsen sind, besser kennen und genauer erfassen. Das *Smultronstället* enthält Bedeutungen, welche Schwedinnen und Schweden besser erfassen als wir. Sie kennen selbst solche Plätze, haben selbst an solchen Plätzen dies oder das erlebt, sodass sie, als sie den Film sahen, das Symbol mit einem anderen Vorwissen aufnahmen. Oder vielleicht müssen wir noch genauer sein: Vielleicht haben sie schon ganz früh in Geschichten, Liedern, Zeremonien, Kinderspielen von solchen Plätzen gehört und gelesen und waren daher von Beginn an darauf gefasst, dass sie an diesen Plätzen Besonderes erfahren müssten. Erfahrungen in der Lebenswelt machen uns empfänglich für bestimmte Symbole, bestimmte Symbole prägen aber schon ganz früh die Art und Weise, wie wir Erfahrungen im Alltag deuten und bewerten sollen. Anders gesagt: Wir werden früh in die symbolische Ordnung einer Kultur eingeführt. Genau das ist es ja, was Kultur ausmacht: Sie lenkt unsere Aufmerksamkeit auf bestimmte Phänomene der Lebenswelt. Wir werden zu Teilnehmern an einer Wein- oder Bier- oder Brot- oder Reiskultur, nicht nur, weil wir andere Leute Wein trinken und Brot essen sehen, sondern weil uns diese von Kind an auch in Ritualen und Erzählungen begegnen, in denen sie mit zusätzlicher Bedeutung geladen sind. Wir kommen darauf zurück.

Ungebundene Bedeutungen

Um die Erdbeeren zu deuten, müssen wir nicht in Schweden bleiben. Erdbeeren gibt es auch anderswo. Dann können wir – kühn – auch fragen: Ist da etwas an Erdbeeren, das wir in verschiedenen Zeiten und Kulturen in gleicher Weise wiederfinden, haben sie bestimmte Eigenschaften, die alle Menschen ähnlich wahrnehmen, Hieronymus Bosch in seinem *Garten der Lüste* (gemalt um 1500) so wie Ingmar Bergman oder John Lennon oder die Regisseure von *Fresa y chocolate*[410]? Wir könnten so vermuten, dass sie Sinnlichkeit[411] besser ausdrücken als – sagen wir – den Tod. Merkwürdig, dass ich das überhaupt annehmen konnte, denn es ist, wenn man nur ein wenig über Erdbeeren nachdenkt, gar nicht haltbar: Der Tod ist gleich in der ersten Szene des Films von Bergman drohend nahe. Noch deutlicher wird das bei Thomas Mann. In der Novelle *Der Tod in Venedig* (1911) übertragen überreife Erdbeeren die Cholera.[412] Gut, es sind überreife Erdbeeren, auf dem Markt einer heißen südlichen Stadt angeboten und keine frischen Walderdbeeren im kühlen schwedischen Wald, erste Früchte des Frühlings.

Wir sehen schon an der kleinen aber leuchtenden Frucht, dass Bilder mehrdeutig sind und Gegensätzliches ausdrücken können – oft gleichzeitig. Daraus ziehen sie ihre Kraft und ihre Spannung. Wenn in einem Gedicht oder einer Erzählung schmutziges, trübes stehendes Wasser zum Bild wird, dann hat das wenig mit einer klar sprudelnden Quelle zu tun oder einem tosenden Ozean; das träge Wasser des Kongo-Flusses bei Joseph Conrad ist ganz anderes Wasser als das Wasser des Südmeers, über dessen Wellen das Walfangschiff in *Moby Dick* (1851) in unermessliche Weiten rollt.[413] Beide Dichter schöpfen jedoch aus der elementaren Symbolkraft des Elements Wasser und das tut auch Antonio Machado, wenn er einen Brunnen in der völligen Stille eines einsamen Dorfplatzes in Andalusien plätschern lässt. Dichter nehmen Bilder aus der wirklichen Welt, sie nutzen aber immer ganz bestimmte sinnliche Qualitäten und heben diese hervor: die Farbe der Erdbeeren, den Geruch, den Grad der Reife und wie sie sich anfühlen. Symbole in der Literatur sind keine farblosen Zeichen, sondern sie sind voll der sinnlichen Erfahrung des Lebens und sie brauchen, um zu wirken, genau diesen sinnlichen Reichtum. Das ist wieder recht eigenartig: dass etwas, das so einmalig und unverwechselbar und reich ist wie die Szene im Film von Bergman gerade dadurch für etwas Anderes, allgemein Gültiges und allgemein Verständliches stehen kann.

INTUITIVES VERSTEHEN UND GRENZEN DER INTERPRETATION

Doch können wir nun die Bedeutung des *Smultronstället* wirklich vollständig in Worte fassen? Ich denke, wir können es nicht. Nun höre ich schon den Chor der Studierenden, jener Studierenden, die Literatur schätzen, Literaturtheorie jedoch hassen: »Das habe ich ohnehin immer gesagt. Interpretationen sind subjektiv und jeder versteht ein Werk auf seine Weise. Für mich bedeuten die Erdbeeren eben das und das und basta« —*teacher, leave those kids alone.*

Diese Feinde der aufgezwungenen Interpretation haben Recht, zumindest teilweise, und ich halte sie für beachtenswerter als Menschen, die uns damit quälen, dass sie die Geheimnisse der Literatur in Stammbuchweisheiten fassen und Kafka oder Ovid oder Akutagawa mit Hausverstand an den Leib rücken.

Besonders ärgerlich sind die Interpretationen, die alles erklären wollen, wenn sie das bei Werken tun, deren Aussage genau darin besteht, dass etwas nicht erklärbar ist, unverständlich bleibt und bleiben muss. Das gilt etwa für die Erzählungen und Romane von Kafka. »Ja, warum wird Gregor Samsa denn nur in einen hässlichen Käfer verwandelt? Was hat er denn getan?« fragt man wohlmeinend, und es wäre besser, man würde nicht danach fragen, denn die Aussage der Erzählung könnte ja gerade die sein, dass Menschen in einer Welt leben, die nicht in ihren Kopf passt. Und wenn wir das Geheimnis ausradieren, dann haben wir auch die Aussage der Erzählung ausradiert. Mit viel Leidenschaft trägt solche erhellenden und verdunkelnden Interpretationen oder Anti-Interpretationen der Wiener Philosoph Franz Schuh vor, zum Beispiel im Radiosender Ö1[414]. Ich bin, was Kafka anbelangt, seinen Gedanken gefolgt.

Wir behaupten, dass die Sprache der Symbole eine eigene ist. Das ist eine Meinung, die auch die Tiefenpsychologie und Kulturanthropologie teilt. Wir vermuten auch, dass Menschen Symbole intuitiv verstehen können und dass sich ihre tiefsten Bedeutungsschichten nicht in Worte übertragen lassen. Beobachten wir nur Kleinkinder, und wie sie auf Märchen reagieren. Sie bewegen sich in einer Welt der dunklen, ungeklärten Bilder, leben in dieser ihre Wünsche und Ängste aus und benutzen sie, um die Welt zu deuten. Sie würden nie auf die Idee kommen, bestimmte Fragen zu stellen: Wie ist es möglich, dass man durch einen Brunnen fällt und auf einer blühenden Wiese landet, auf der die Äpfel an den Bäumen und das Brot im Backofen sprechen? Warum können überhaupt alle Tiere in Märchen sprechen? Ich habe auch beobachtet, dass sich Kinder an besonders merkwürdigen Bildern besonders erfreuen: In dem russischen Märchen *Der schwarz-grau-braune Schecke* etwa hält der jüngste Sohn Iwan, der Dummkopf, am Grab des Vaters drei Nächte lang Wache, die älteren Brüder sind zu faul dazu. Als Lohn bekommt er vom Geist des Vaters das Zauberpferd, das ihm zu Glück und Kaisertochter verhelfen wird. Als einziger kann er nämlich das Bild der Zarentochter im Sprunge von einer hohen Wand reißen. Die Verwandlung vom rotznasigen Dummkopf, der hinterm Ofen hockt, in einen schmucken Burschen beschreibt das Märchen nun so:

> Iwan, der Dummkopf, saß auf dem Ofen hinter dem Rohr und sprach: »Brüder! Gebt mir irgendein Pferd, ich will auch dorthin und zuschauen.« »He«, sagten die Brüder aufgebracht, »bleib du auf dem Ofen sitzen, du Trottel! Wozu willst du hinreiten? Um die Leute zum Lachen zu bringen?« Aber Iwan, der Dummkopf, gab keine Ruhe. Die Brüder wurden ihn nicht los: »Na, dann nimm den dreibeinigen Gaul, du Trottel!«
> Und sie ritten davon. Iwan, der Dummkopf, ritt ihnen nach bis auf das große Feld, in den weiten Fluren; dort stieg er vom Gaul ab, schlachtete ihn, zog die Haut ab und hing sie über die Koppel, das Fleisch aber warf er weg; dann pfiff er den schallenden Pfiff und rief mit mächtiger Stimme: »Mein Schecke, mein weises schwarz-braunes Ross!« Der Schecke läuft, dass die Erde erdröhnt, aus den Augen sprühen ihm Funken, aus den Nüstern steigt ihm der Dampf. Iwan, der Dummkopf, kroch in das eine Ohr hinein – aß und trank dort – und zum anderen hinaus – da war er so schmuck gekleidet, dass die Brüder ihn nicht wiedererkannt hätten! Darauf bestieg er den Schecken und ritt hin, um das Bild herabzureißen.[415]

Gerade dort, wo die kausalen Beziehungen des wirklichen Lebens völlig unbekümmert missachtet werden, sprechen uns die zu Handlungen entfalteten Bilder des Märchens auf ganz tiefe Weise an, werden geheimnisvolle Verbindungen zwischen den Erscheinungen der Welt und ihren Verwandlungen spürbar.

Wollen wir aber Wissenschaft betreiben, dann können wir uns nicht damit zufrieden geben, festzustellen, dass wir Symbole intuitiv erfassen und daher weitere Untersuchungen überflüssig seien. Es ginge um einen Mittelweg, bei dem einerseits das Symbolische seine Eigenart behält, andererseits bestimmte Bedeutungsschichten in einem Werk klarer hervortreten und wir so zu einem genaueren Verständnis und einer reicheren Lektüre gelangen. Umberto Eco schlägt einen solchen Zugang vor.

Umberto Ecos Lektüre im symbolischen Modus

Eco betont: Alles kann in der Literatur zum Symbol werden. In Gérard de Nervals *Sylvie* (1854) ist es eine Schildpattuhr mit vergoldeter Kuppel, die im Detail beschrieben wird. Diese verwendet Eco als Beispiel, um seine »Semiotik des symbolischen Modus« zu erläutern. Ich habe mich bei der Besprechung der *Wilden Erdbeeren* davon inspirieren lassen. Denn was Eco über die Uhr bei Nerval schreibt, kann so auch für Bergmans *Smutronstället* übernommen werden:

> Die Episode wird nun gerade insofern als symbolisch interpretiert, wie sie nicht definitiv interpretiert werden kann. Der Inhalt des Symbols ist ein *Nebel* möglicher Interpretationen, […] das Symbol hat keinen autorisierten Interpretanten. Das Symbol sagt, dass es etwas gibt, was es sagen könnte, aber dieses Etwas kann nicht ein für alle Mal und deutlich buchstabiert werden, denn sonst würde das Symbol aufhören, es zu sagen. Das Symbol sagt nur eines deutlich, dass es nämlich eine semiotische Maschine ist, die erdacht wurde, um nach dem symbolischen Modus zu funktionieren.[416]

Weder wird sich der Nebel ganz lichten, noch dürfen wir etwas an dem Bild ändern, verschieben, umbauen, ersetzen oder weglassen. Beide Teile bilden zusammen die symbolische Beziehung, so wie die Haarlocke der geliebten Person, die wir aufheben, und alles, woran wir denken, wenn wir sie betrachten.
Die Szene aus den *Wilden Erdbeeren* deutet auf etwas, bleibt aber dennoch als Szene wichtig, denn dieses andere ist, wie Goethe sagt, in ihr irgendwie schon vollständig enthalten.

> Die Symbolik verwandelt die Erscheinung in Idee, die Idee in ein Bild, und so, dass die Idee im Bilde immer unendlich wirksam und unerreichbar bleibt und, selbst in allen Sprachen gesprochen, doch unaussprechlich bliebe.[417]

Literaturwissenschafter sollten also Spezialisten für zwei Dinge gleichzeitig sein: zum einen für die Sprache der nach den Regeln der Semantik und Morphologie angeordneten Klänge oder Buchstaben; zum anderen für die Sprache der Bilder, die sich der Wörter nur als Vehikel bedient, immer aber über diese hinausgeht. Das trifft für die Kunstgeschichte genauso zu: Auch der Kunsthistoriker muss Experte für Farbe, Form und Komposition sein und für den symbolischen Gehalt der Bildinhalte.

SYMBOLE UND ELEMENTARERFAHRUNGEN[418]

Dichtung ist dunkel und soll es sein, und wir können uns ihren Aussagen nur vorsichtig annähern. Wir verstehen sie ohne Wörterbuch und wir meinen, sie auch ohne Lexikon für Symbole zu verstehen, weil wir … Ja, warum verstehen wir diese Sprache eigentlich? Mehrere Antworten bieten sich an: Es könnte sein, dass uns manche Urbilder, sogenannte *Archetypen*, von Geburt an in die Seele gelegt sind.[419] Dann gibt es Symbole, die mit elementaren Erfahrungen zusammenhängen: Das »Fallen«, in dem das Geburtserlebnis weiterwirkt; Erfahrungen mit Licht, Dunkelheit, Sonne, Mond, Frühling und Winter, Auflösung, Erstarrung, Einverleiben, Ausscheiden, Umschlingen und Umschlossenwerden; Feuer, Wasser, Erde, Wind … . Diese Symbole finden sich in den großen Mythen, den Erzählungen also, die ihrer Kultur die Welt und das Jenseits erklären und den staunenden und erschrockenen Menschen sagen, woher sie kommen, warum sie da sind und wohin sie gehen. Sie sind das Material der Poesie. Wir begegnen ihnen in unterschiedlicher »Einkleidung«: dem Feuer als Feuer göttlicher Liebe oder Erleuchtung, als Zeichen göttlicher Präsenz, wenn ein Dornbusch brennt ohne zu verbrennen, als Höllenfeuer, Fegefeuer, Feuer der Johannisnacht, Feuer, in dem Hexen und Ketzer umkommen; das Wasser als Taufwasser, Sintflut usw. usw. Diese Symbole sind mehrdeutig, gut und böse zugleich, Leben spendend und zerstörend.[420]
Symbolisch geladen sind Dinge und Handlungen, von denen das Überleben einer Kultur abhängt oder die Ausdruck ihrer Art zu leben und zu feiern sind: Brot und Wein, Schwein oder Lamm; sym-

bolisch geladen sind Substanzen, die Inbegriff des Lebens sind, wie das Blut. Rituale setzen Symbole in Bewegung, entfalten und aktualisieren Bedeutungen. Rituale stellen auch Gedankenverbindungen und Beziehungen zwischen Symbolen her und machen sie damit zu Teilen einer gemeinsamen vorgestellten Weltordnung. So wandelt sich etwa der Wein in der heiligen Handlung zum Blut, das der Sohn Gottes für die Welt vergossen hat.

Umgekehrt lässt sich sagen: Der Glaube an bestimmte Dinge, etwa daran, dass der Sohn Gottes für uns am Kreuz starb, lässt sich nur wirksam verbreiten, wenn in der großen Erzählung Elemente enthalten sind, welche diejenigen, die hören und glauben sollen, aus ihrem wirklichen Leben kennen. Flaubert zeigt das in der Erzählung *Un cœur simple*, die er 1877 veröffentlichte, am »schlichten Herzen« der Félicie und ihrer naiven Hingabe an den Glauben an den so menschlichen Jesus. Der Autor beschreibt die Art, in der die Hauptfigur die Worte des Pfarrers in der Kirche aufnimmt:

> Le prêtre fit d'abord un abrégé de l'Histoire Sainte. Elle croyait voir le paradis, le déluge, la tour de Babel, des villes tout en flammes, des peuples qui mouraient, des idoles renversées; - et elle garda de cet éblouissement le respect du Très-Haut et la crainte de sa colère. – Puis, elle pleura en écoutant la Passion. Pourquoi l'avaient-ils crucifié, lui qui chérissait les enfants, nourrissait les foules, guérissait les aveugles, et avait voulu, par douceur, naître au milieu des pauvres sur le fumier d'une étable? Les semailles, les moissons, les pressoirs, toutes ces choses familières dont parle l'Evangile se trouvaient dans sa vie; le passage de Dieu les avait sanctifiées; et elle aima plus tendrement les agneaux par amour de l'Agneau, les colombes à cause du Saint-Esprit.[421]

> [Der Geistliche erzählte anfangs aus der Biblischen Geschichte; und Felizitas sah im Geiste das Paradies, die Sintflut, den Turm zu Babel, brennende Städte, sterbende Völker, zerstörte Götzenbilder. Diese Eindrücke festigten in ihr die Ehrfurcht vor dem Allmächtigen und die Angst vor seinem Zorne. Beim Anhören der Leidensgeschichte vergoss sie Tränen. Warum kreuzigten sie ihn? Er war gut zu den Kindern, speiste das Volk, machte die Blinden sehend, und in seiner Güte und Demut war er in einem elenden Stalle, unter den Armen, zur Welt gekommen. Die Dinge des Lebens, von denen im Evangelium die Rede ist, waren ihr vertraut: Saat und Ernte und Kelter. Die

Augen des Herrn hatten darauf geruht, und Felizitas liebte die Lämmer um des Heiligen Lammes willen und die Tauben wegen des Heiligen Geistes fortab noch inniger.][422]

Nicht immer wird es aber einfach sein, herauszufinden, warum ein bestimmter Gegenstand, ein bestimmtes Bild zum Symbol wurde. Woher kommt etwa die Nähe des Pferdes zum Reich der Toten, die in der Symbolsprache vieler Kulturen festgestellt wurde?[423] Warum beten Nomadenvölker, so der Anthropologe Piganiol, einen einzigen Vatergott an, während Ackerbauern eine weibliche Gottheit mit Opferblut und einer Fülle von Bildwerken verehren?[424]

Das Studium des Symbols führt zu der faszinierenden Frage: Warum erzeugen Menschen und Kulturen ganz bestimmte Bildwelten? Welche Beziehung besteht zwischen diesen Bildwelten und ihren Lebensverhältnissen, ihrer Erfahrungswelt? Diese Beziehung ist nicht immer einfach auszumachen. Wer kann schon genau sagen, in welcher Seelenküche sich die literarischen Bilder Kafkas zusammenbrauten und warum ein grauer Versicherungsangestellter gerade diese Bilder zu Literatur machte.
Wer kann wirklich erklären, warum im Mittelpunkt der christlichen Kultur das Bild des an ein Kreuz geschlagenen Menschen steht, der zugleich Sohn Gottes ist, und im Hinduismus eine Gottheit mit Elefantenkopf?

Autorisierte Deutung und Allegorie

Es gibt auch einfachere Beziehungen: Der Löwe steht in der christlichen Kunst des Mittelalters für Christus und dass das so ist, das legten Theologen und Philosophen in Büchern fest, die den Betrachter zum richtigen Deuten anleiteten. Gut, ganz so einfach war die Welt auch im Mittelalter nicht, vielleicht war sie auch gar nicht einfach, denn auch damals waren viele Bilder zweideutig, der Hund konnte treu für Christus stehen, er konnte aber auch als Höllenhund schauerlich bellen, der Hahn war Weckrufer des Christen oder im Karneval Symbol für Lüsternheit. Auch in der Poesie der

Frühen Neuzeit gibt es Beziehungen, die einigermaßen klar sind: Wenn auf Bildern aus der Barockzeit Tauben um nackte Körper flattern oder bei Góngora ihr »heiseres Gurren« [425] erklingt, dann bringen sie nicht Frieden. Vielmehr zeigen sie an, dass hier die Liebesgöttin Venus regiert, denn ihr waren die Tiere heilig. Bei solchen eindeutigen Beziehungen könnten wir von einer *Allegorie* sprechen. Allegorien lassen sich im Gegensatz zu *Symbolen* auflösen. Bestimmte Objekte stehen für bestimmte Konzepte, bestimmte Personen für bestimmte Eigenschaften, Leidenschaften oder auch für Abstraktes, also etwas, das nicht sichtbar ist. Die Allegorie dient dann dazu, dieses Unsichtbare sichtbar zu machen. Ein Maler möchte ein Bild über die Nichtigkeit und Vergänglichkeit alles Irdischen malen. Also malt er Totenköpfe, Kerzen, die halb heruntergebrannt sind und daneben alles, was für die Eitelkeit der Welt steht: Münzen, Waffen, Geschmeide, selbst die Bücher der Gelehrten.

Viele alte Bilder, die realistisch erscheinen, lassen sich als Allegorie »lesen« und wurden vom Maler als Allegorie konzipiert: Der *Wasserverkäufer von Sevilla*, ein wunderbares Gemälde von Diego Velázquez, entstanden zwischen 1616 und 1620, zeigt eine Szene aus der andalusischen Stadt. Ein Alter, der, wenn es so etwas gibt wie *sabiduría popular*, diese im faltigen Gesicht trägt, hat aus einem großen bauchigen Krug Wasser geschöpft. Er reicht das Glas einem Knaben, am Boden des Glases ist eine Feige, dadurch sollte das Wasser frischer schmecken. Im Hintergrund ist ein junger Mann, der bereits aus einem Glas trinkt. Das Bild zeigt nicht nur Alltag im *Siglo de Oro*, es zeigt auch allegorisch die drei Lebensalter und das, was jedem Alter zusteht und bestimmt ist.

Die Allegorie wird von vielen geschmäht, denn ihr fehlt eben das Geheimnis. [426] Wir fühlen uns unterfordert, wenn alles allzu offensichtlich ist: ein Jedermann, eine Buhlschaft, ein personifizierter Tod. Wir wollen keine Schablonen, sondern Menschen aus Fleisch und Blut. Zur Verteidigung der Allegorie ließe sich vielleicht vorbringen: Schon im sechzehnten Jahrhundert räumte die Kunsttheorie dem Dichter oder auch dem Maler die Freiheit des Erfindens von Phantastischem und Unwirklichem – »de lo imposible« – ein, wenn das im Zeichen der Allegorie geschah. [427]

Der lebendige Mythos

Das Licht ist seit Plato Kernsymbol des Abendlandes und Inbegriff der Schönheit. Das Licht, das der Maler auch dann belassen muss, wenn er die Nacht malt, damit das Gemalte sichtbar bleibt;[428] das Licht, das bei Hieronymus Bosch am Ende eines langen Tunnels leuchtet; das Licht, das dem mystischen Dichter im Herzen brennt und ihm in der »dunklen Nacht« als einziger Führer dient. Das Licht drängt – wie manche meinen – beginnend mit Plato und noch stärker seit der Aufklärung (die das Licht ja schon im Namen trägt, noch deutlicher im Spanischen: *ilustración* oder *Siglo de las luces*) so sehr in den Vordergrund, dass die Nachtwelt als Bereich des Mondes und des Weiblichen ins Hintertreffen geriet.[429]

Die Symbolik des Lichts finden wir auch in dem Stück von Lope de Vega, das uns im Kapitel über das Theater länger beschäftigt hat, in der *Viuda valenciana*: Sie erinnern sich, es geht darum, dass ein Edelmann des sechzehnten Jahrhunderts seine Geliebte in der Nacht besuchen, aber nicht sehen darf. Erst am Ende des Stückes leuchtet er ihr mit einer heimlich mitgebrachten Lampe ins Gesicht. So lässt sich die Handlung auf mehreren Ebenen lesen: zum Beispiel als Beitrag zur Debatte über weibliche Handlungsmöglichkeiten in einer patriarchalischen Gesellschaft. Diese Erzählung wird aber gleichzeitig getragen von den Gegensätzen zwischen Licht und Dunkelheit, Sehen und Nichtsehen, Tagwelt und Nachtwelt und aus diesen Gegensätzen bezieht sie ihre symbolische Tiefe. Über diese unterirdischen Gänge ist die Komödie mit einer mythischen Erzählung verbunden. Es ist die Erzählung von der Liebe zwischen *Amor und Psyche*, wie sie Lucius Apulejus um das Jahr 170 nach Christus im *Goldenen Esel* (*Asinus aureus*) überliefert. Bei dem römischen Dichter ist es die wunderschöne *Psyche*, die ihren nächtlichen Liebhaber, es ist Amor selbst, nicht sehen darf. Sie setzt ihr Glück aufs Spiel, als sie dem Rat ihrer bösen Schwestern folgt und nachts heimlich eine Lampe entzündet, um das Gesicht des Gottes zu erschauen. Lope greift den Mythos auf, vertauscht aber die Rollen, nun ist es das weibliche Antlitz, das verborgen bleiben muss. Er kannte die Geschichte von *Amor und Psyche*, ja seine Figuren reden davon und vergleichen ihre Handlungen mit denen der mythischen Urbilder. Nutzen wir die Gelegenheit, um einen Begriff einzuführen: Lope de Vega verwendet einen bekannten *Stoff*, gestaltet eine alte Geschichte neu und legt sich also in gewissen Dingen fest. Jeder Stoff hat seine typischen Figuren, seine Motive, seine unverzichtbaren Handlungen.

Mythen sind Erzählungen von menschlichen Grundsituationen und elementaren Konstellationen und Konflikten. Das zeigt sich schon daran, dass der Name manch einer Figur bis heute für eine bestimmte psychische Verstrickung stehen kann: *Ödipus, Elektra, Narziss* ... Wenn wir die alten Mythen bei Ovid, Homer, Apulejus lesen oder die Geschichten der Bibel – die von *Hiob* etwa oder von *Abraham und Isaak* oder *Samson und Delilah* –, dann wird uns rasch bewusst, dass diese nicht in verstaubten Büchern schlummern. Nein, sie sind ganz lebendig und begegnen uns bis heute in Romanen, Erzählungen und Gedichten, wo sie neu erzählt und gedeutet werden. Christoph Ransmayr, Michael Köhlmeier, Thomas Mann und James Joyce sind da nur besonders bekannte Beispiele. Auch Bilder in Gedichten erhalten oft erst ihre ganze Strahlkraft, wenn wir uns auf die Suche nach dem Mythos begeben, auf den sie anspielen. Sensibilität für das Symbolische kann das Vergnügen an jedem Text und jedem Film erhöhen und macht uns offen für Bedeutungsschichten, die unterhalb der wörtlichen Aussage liegen.

Symbolische Ordnungen

SYMBOL UND RITUAL DES ALLTAGS

Das Symbolische ist uns ja gar nicht fremd, auch im Alltag setzen wir Gesten und Handlungen, deren Bedeutung über diese selbst hinausgeht: *symbolische Gesten* wie das *Überreichen von Blumen* oder das *Schreiben von Ansichtskarten.* Das Rohmaterial gibt uns unsere Kultur, wir müssen es nicht jedes Mal selbst erfinden. Blumen tragen die Aussage »an Menschen zu überreichen, denen wir Zuneigung zeigen wollen« in sich. Das Symbol birgt eine Mikroerzählung und es wird Element einer Handlung. Symbole sind so mehr als kalte Zeichen, die auf Abwesendes deuten – so wie Träume mehr sind als blasse Abbilder der Tagwelt. Sie haben ihr eigenes Leben und ihr eigenes Gewicht, sie werden Teil des Alltags und wir können sie zu Teilen unserer Handlungen machen. Sie sind dann nicht nur Zeichen für etwas, sondern sind selbst emotional besetzt – sonst würden Kuscheltiere Kleinkinder nicht trösten, wenn »die Mama nicht da ist«, über ein Stück Stoff namens Kopftuch gäbe es keine Debatten und niemand würde sich darüber erregen, wenn die Fahnen feindlicher Länder oder Fußballklubs verbrannt werden. Eine Fußballmannschaft soll nicht nur für das Beste eines Landes stehen, sie wird selbst geradezu als das Beste angesehen. (Das können Sie mit Komponisten, Operndivas, Orchestern und anderen symbolisch geladenen Größen weiterspinnen). Sie sind Modelle von Wirklichkeit. Indem sich die Modelle aber in der Wirklichkeit entfalten, verwendet, manipuliert, gedeutet werden, werden sie selbst zu Teilen von Wirklichkeit. Eine Voodoo-Puppe steht nicht nur für etwas, wir können sie auch mit Nadeln traktieren, wir können die Blumen, die wir bekommen haben, hegen, weiterschenken, ins Knopfloch stecken oder mit Schwung in den nächsten Mülleimer verfrachten. Letztlich ist es gar nicht möglich, das Alltägliche und das Symbolische auseinander zu halten.

SYMBOLISCHE ORDNUNG

In der Fachliteratur findet sich der Begriff *symbolische Ordnung*. Und hier ist es nicht leicht, den Überblick zu bewahren. Ich werde versuchen, zu sagen, warum. Symbolische Ordnung, das klingt wie ein *Oxymoron*. Haben wir nicht festgestellt, dass Symbole dunkle Bilder sind, die in der Tiefe der Psyche verankert sind? Wo soll denn da Ordnung herrschen? Und wenn, dann muss das eine ganz besondere Ordnung sein? Die *Cultural Studies* und ihre Vorläufer sehen es so: Die symbolische Ordnung, in die jedes Kleinkind aufgenommen oder hineingestoßen wird, ist weder eine persönliche Sache noch

losgelöst von der Umwelt. Es ist das Kraftfeld von Deutungen und
Besetzungen, das einer Kultur zugrunde liegt, das nicht versprach-
licht sein muss, dennoch aber höchst wirkmächtig ist: Zur symbolischen Ordnung gehört etwa die Einteilung der Welt in männliche
und weibliche Bereiche, die nicht nur über Texte funktioniert, sondern vor allem auch über Gegenstände, Kleidungsstücke, Farben,
Haartrachten, über die Zuweisung von bestimmten Räumen oder
etwa über die subtile Formung und Disziplinierung der Sprache. (Es
soll heute noch so sein, dass vielen Mädchen ab einem gewissen
Alter der kräftige Gebrauch der Stimme abgewöhnt wird.) Zur symbolischen Ordnung gehört auch, dass Kinder irgendwann beobachten oder verstehen, dass Menschen mit anderen Körpermerkmalen,
dunklerer Hautfarbe etwa, weniger respektvoll behandelt, in der
Öffentlichkeit »angerempelt« werden, härtere Arbeiten verrichten
und dass man sie auf Wahlplakaten als unerwünscht bezeichnet. In
dieser Sicht haben Bilder und Bildwelten eine Schlüsselfunktion in
der Gesellschaft: Sie bilden das Glied zwischen der Erfahrung des
einzelnen Menschen und der Kultur, in der er lebt. Sie leiten ihn
dazu an, Erlebnisse auf ganz bestimmte Weise zu sehen und zu
deuten. Also etwa: Ein Mensch wird von einer Krankheit geschlagen. Wie er die Krankheit nun deutet, das kann sehr verschieden
sein: als Strafe Gottes, als Prüfung, als notwendiges Stadium in
einem Prozess menschlichen Wachsens, als Beweis für die Sinnlo-
sigkeit des menschlichen Lebens. All diese Deutungen sind in Bildern und Erzählungen festgehalten, Bildern vom barmherzigen
Samariter, von Hiob, von Pilgerfahrern, die die Gebeine eines Heiligen oder eine Schutzmadonna aufsuchen...
Diese symbolische Ordnung ist auch davon durchdrungen, wie in
einer Kultur Macht und Machtlosigkeit verteilt sind. Wie hängt sie
aber mit der persönlichen Bilderwelt eines Künstlers zusammen?
Hier sehe ich zwei Extrempositionen: Die eine vernachlässigt das
Individuelle und sieht jedes Kunstwerk als Zeugnis herrschender
Verhältnisse und herrschenden Unrechts. Die andere meint, Künstler schöpften aus Quellen, die nicht von gesellschaftlicher Aktua-
lität getrübt seien. Gerade deshalb stünden sie im Widerspruch zu
diesen Verhältnissen, egal, ob sie diese in ihren Werken direkt

ansprächen oder nicht. Diese Fragen nach dem Symbolischen und dem Imaginären, ihrem Ursprung, und danach, wie individuelle und kollektive Bilder zusammenhängen, sind schwierig, sehr schwierig und die Forscher weit davon entfernt, endgültige Antworten anzubieten.

Geteilte Symbole

Was bleibt der Literaturwissenschaft als Teil der Kulturwissenschaft zu tun? Kann sie sich darauf beschränken, Symbole zu erkennen, zu sammeln, zu wägen? Das ist sinnvoll. Auch von einem Bild, das wir nicht vollständig auflösen können, ist es gut zu wissen, dass es da ist, dass es in der Bildwelt eines Dichters häufig erscheint, dass es kennzeichnend ist für seine Kultur oder den Künstler in Gegensatz zu seiner Kultur; dass es die psychischen Energien der Menschen so sehr bündeln kann, dass Auseinandersetzungen um Symbole manchmal blutig enden. Denken Sie an Konflikte zwischen Religionen. Vielleicht werden wir nicht ausbuchstabieren können, was ein Stierkampf genau bedeutet und ausdrückt. Aber wir lernen dennoch etwas über das gemeinsame Denken und Fühlen mancher Spanier, wenn wir die Begeisterung beobachten, die das Spektakel noch immer wachruft.

Wenn auch Symbole eine eigene Sprache haben, so ist es doch möglich, sich ihnen behutsam anzunähern, wie wir es mit den *Wilden Erdbeeren* versucht haben. Es sollte immer eine Annäherung sein, ohne Anspruch, alles »festnageln« zu können. Eine solche Annäherung müsste natürlich weiter gehen als die unsrige und dürfte sich nicht mit einer raschen Recherche in Google und Wikipedia zufrieden geben. Vorbild könnten etwa die tiefschürfenden Deutungen von Märchen und Opern des Theologen Eugen Drewermann sein, in denen er christliches Denken und Psychoanalyse verbindet.[431]

7. ERZÄHLEN

Erzählwelten

> *»Und erschloss sich uns«, entgegnete der Schreiber, »erschloss sich uns da nicht ein neues nie gekanntes Reich, das Land der Genien und Feen, bebaut mit allen Wundern der Pflanzenwelt, mit reichen Palästen von Smaragden und Rubinen, mit riesenhaften Sklaven bevölkert, die erschienen, wenn man einen Ring hin und wider dreht oder die Wunderlampe reibt oder das Wort Salomos ausspricht, und in goldenen Schalen herrliche Speisen bringen. Wir fühlten uns unwillkürlich in jenes Land versetzt, wir machten mit Sindbad seine wunderbaren Fahrten, wir gingen mit Harun-al-Raschid, dem weisen Beherrscher der Gläubigen, abends spazieren, wir kannten Giaffar, seinen Vezier, so gut als uns selbst, kurz, wir lebten in jenen Geschichten, wie man nachts in Träumen lebt, und es gab keine schönere Tageszeit für uns als den Abend, wo wir uns einfanden auf dem Rasenplatz und der alte Sklave uns erzählte. Aber sage uns, Alter, worin liegt es denn eigentlich, dass wir damals so gerne erzählen hörten, dass es noch jetzt für uns keine angenehmere Unterhaltung gibt?«* (Wilhelm Hauff, *Der Scheik von Allessandria und seine Sklaven: Der Zwerg Nase*)[432]

»NACHAHMUNG« VON WIRKLICHKEIT

Was sind Erzählungen? Warum haben sie eine solche Macht über unser Denken und Handeln? Warum sind sie so wirksam, wenn es darum geht, kulturelle Inhalte zu tradieren? Worin unterscheiden sie sich von anderen Ausdrucksformen und Texten? Von anderen Formen der »gedanklichen Organisation« von Erfahrung? Mit diesen Fragen leitet Jerome Bruner, amerikanischer Kulturforscher und Kognitionspsychologe, seine Thesen zum Erzählen in dem Buch *Acts of Meaning* ein. Der Titel der deutschen Übersetzung des Buches ist: *Sinn, Kultur und Ich-Identität*.[433] Mich hat dieses Buch beeindruckt, und ich glaube, wenn wir die Erzählforschung für weitere Felder der Kulturwissenschaft nutzen wollen,[434] dann sind das entscheidende Fragen.

Das Fundament für (fast) alles, womit sich die Narratologie heute abmüht, legte Aristoteles' *Poetik*. Ihm verdanken wir zwei Einsichten, die recht einfach anmuten, aus denen sich aber sehr Vieles von sehr großer Tragweite herleiten lässt. Die erste Einsicht ist: Ursache für das Entstehen von Dichtkunst ist das Bedürfnis nach Nachahmung (griech. *Mimesis*). Die zweite: Dichtung ist Nachahmung von Handlungen. Ihre Brisanz erhalten diese Gedanken aber erst, wenn wir weiterlesen und bemerken, dass Aristoteles mit *Mimesis* gar nicht das banale Abschreiben oder Abfotografieren von Wirklichkeit meint. Im Gegenteil: das Nachahmen ist ein Neuschaffen von Wirklichkeit, das dem Poeten hohe Fähigkeiten abverlangt. Er muss ein starkes Vorstellungsvermögen besitzen und Wirklichkeiten im Geiste wachrufen und nachempfinden. Er muss aber die Wirklichkeit, die er in die Form von Dichtung bringt, auch verwandeln. Er schafft nicht deckungsgleiche Abbilder, sondern er verdichtet Wirklichkeit, fasst sie zusammen. Aus den vielen Schlachten, von denen die Geschichtsschreiber berichten, formt er etwa das eine Bild einer typischen Schlacht, das Bild der Schlacht schlechthin.[435] Er muss aus den überlieferten Schlachten solche Elemente herausfiltern, aus denen sich die Idealschlacht entwerfen lässt. Das heißt aber, dass er die Fähigkeit haben muss, das Bedeutende zu sehen, auszuwählen und damit hervorzuheben, das Unwesentliche aber muss er übersehen und ausscheiden. Aristoteles gibt dem Dichter auch das Recht, über die bloß erfahrene Wirklichkeit hinauszugehen. Er müsse die Wirklichkeit nicht unbedingt zeigen, wie sie ist, er dürfe sie vielmehr auch zeigen, wie sie sein könnte.

> Aus dem Gesagten ergibt sich auch, dass es nicht Aufgabe des Dichters ist mitzuteilen, was wirklich geschehen ist, sondern vielmehr, was geschehen könnte, d.h. **das** nach den Regeln der Wahrscheinlichkeit oder Notwendigkeit mögliche.[436]

Sie werden zustimmen, dass zwischen dem Indikativ »was geschehen ist« und dem Konjunktiv »was geschehen könnte« ein

270

beträchtlicher Abstand besteht. Da wäre die aktuelle Welt also nur mehr Ausgangspunkt und der Dichter könnte mögliche Entwicklungen zeigen, Dinge sehen und darstellen, die im Keim vorhanden, aber noch nicht verwirklicht wären. Er darf die Wirklichkeit korrigieren, darf Wünsche, Träume und Utopien zeigen. Das tut heute noch Science Fiction. Nachahmen heißt Auswählen, Verdichten, Proportionen ändern, Entfalten. Der »Konstruktivismus« des Aristoteles führt noch weiter, wenn er von der Nachahmung von Handlungen spricht. Wieder soll es nicht Aufgabe der Dichter sein, Ereignisfolgen einfach zu notieren und aufzureihen. Vielmehr müsse er diese in eine bestimmte Ordnung bringen, er müsse etwa einen Anfang setzen, ein Ende und dazwischen eine Mitte. (Wie viel davon abhängt, wo man den Anfang und das Ende setzt, das können wir an beliebigen Beispielen durchdenken: Endet eine Geschichte mit der Hochzeit, dann jubeln wir, würden wir die Hauptfiguren ein wenig länger begleiten, dann sähe die Sache vielleicht ganz anders aus.) Nur eine Handlung, die entlang einer bestimmten Kurve verlaufe, könne das »ihr eigentümliche Vergnügen bewirken«, meint Aristoteles weiter. Sie sei nun »in ihrer Einheit und Ganzheit einem Lebewesen vergleichbar«.[437] Das heißt wieder: Die Handlung des Theaters und der Erzählung ist eine Handlung, die erst durch die Baulogik der Dichtung als solche entsteht. Dadurch entsteht die zweite Wirklichkeit der Literatur. Diese ist aber Teil der ersten Wirklichkeit, denn Bücher, Erzählungen, Fiktionen bewegen sich ja in der Alltagswelt, werden erzählt, gelesen, illustriert, gedruckt, verkauft, verliehen, verfilmt und Rohmaterial von Träumen und Muster für menschliches Handeln. So ergibt sich eine komplizierte Wechselbeziehung: Die Kunst imitiert das Leben, das Leben imitiert aber ebenso die Kunst.

Dazu sei nur ein plakatives Beispiel angeführt: Es ist der Film *Three days of the condor/ Die drei Tage des Condor* von Sydney Pollack (1975). Agent Joe Turner arbeitet in der *Amerikanischen Gesellschaft für Literaturgeschichte*, betrieben vom CIA. Seine Arbeit besteht darin, Literatur auf Methoden und Tricks hin zu untersuchen, die entweder aus den Geheimdienstbüros durchgesickert seien oder aber vom CIA aufgegriffen und genutzt werden könnten. Robert Redford wird aus seiner Lesestube brutal in die Wirklichkeit gestoßen und im Verlauf der Handlung dazu gezwungen Literatur »anzuwenden«. Irgendwann fällt dabei ein Dialog in der Art: »Woher kennt er diese Tricks?« – »Er hat viel gelesen.«

Nachahmung von Dingen und Nachahmung von Handlungen: Über beidem steht vielleicht als großes umfassendes Prinzip die Fähigkeit, die Aristoteles neben der Vorstellungskraft als die zweite Elementarbegabung des Dichters ansieht: das Gefühl für Rhythmus. Das heißt, er muss Wirklichkeit mit den Mitteln rhythmisierter Sprache darstellen und schon dadurch wird sie ja verwandelt und in eine Gestalt gebracht; wir haben uns damit befasst. Rhythmus geht dabei über den engen Bereich der klangvollen und regelmäßig akzentuierten Wörter und Verse hinaus. Der Begriff kann nun auch die Rhythmen der Handlung umfassen, die rhythmisierte Abfolge von Bildern und Ereignissen.

> Rhythmus ist manchmal ganz einfach. Beethovens Fünfte Symphonie beispielsweise beginnt mit der rhythmischen Figur ta-ta-ta-taa, die wir alle hören und den Takt dazu schlagen können. Diese Symphonie hat aber auch als Ganzes einen Rhythmus, der sich wesentlich aus dem Verhältnis zwischen ihren einzelnen Sätzen ergibt; nur einige haben dafür ein Ohr, aber niemand kann den Takt dazu schlagen.[438-]

Erfreuen und Belehren

Der Mensch, der Literatur schafft, steht also vor einer Aufgabe, die schier unmöglich anmutet. Er soll nachahmen und zugleich erschaffen, er soll eine Wirklichkeit darstellen, die gut genug ist, dass wir in sie eintreten und sie für die Zeit der Lektüre (oder des Kinobesuchs) geistig gegen die gewöhnliche Welt eintauschen wollen. Diese Wirklichkeit soll aber eben kein trivialer Abklatsch der Welt sein. Sie erfüllt vielmehr auch Funktionen, die wir von der Wirklichkeit nicht immer erwarten können. Nachahmungen bereiten uns Freude, schreibt Aristoteles, auch Nachahmungen von Dingen, die uns im Leben mit Ekel erfüllen:

272

Allgemein scheinen zwei Ursachen die Dichtkunst hervorgebracht zu haben, und zwar naturgegebene Ursachen. Denn sowohl das Nachahmen selbst ist den Menschen angeboren – es zeigt sich von Kindheit an, und der Mensch unterscheidet sich dadurch von den übrigen Lebewesen, dass er in besonderem Maße zur Nachahmung befähigt ist und seine ersten Kenntnisse durch Nachahmung erwirbt – als auch die Freude, die jedermann an Nachahmungen hat. Als Beweis hierfür kann eine Erfahrungstatsache dienen. Denn von Dingen, die wir in der Wirklichkeit nur ungern erblicken, sehen wir mit Freude möglichst getreue Abbildungen, z.B. Darstellungen von äußerst unansehnlichen Tieren und von Leichen. Ursache hiervon ist folgendes: Das Lernen bereitet nicht nur den Philosophen größtes Vergnügen, sondern in ähnlicher Weise auch den übrigen Menschen (diese haben freilich nur wenig Anteil daran). Sie freuen sich also deshalb über den Anblick von Bildern, weil sie beim Betrachten etwas lernen und zu erschließen suchen, was ein jedes sei, z.B. dass diese Gestalt den und den darstelle. (Wenn man indes den dargestellten Gegenstand noch nie erblickt hat, dann bereitet das Werk nicht als Nachahmung Vergnügen, sondern wegen der Ausführung oder der Farbe oder einer anderen derartigen Eigenschaft.)

Da nun Nachahmen unserer Natur gemäß ist, und ebenso die Melodie und der Rhythmus [...] haben die hierfür besonders Begabten von den Anfängen an allmählich Fortschritte gemacht und so aus den Improvisationen die Dichtung hervorgebracht.[439]

Der zweite Teil des Zitats leitet zu einem neuen Aspekt über, dem Lernen aus Nachahmungen. Das heißt folglich, diese müssen so beschaffen sein, dass sie auch belehren können. Ein hoher Anspruch ist das: Es soll ein Abbild der Welt entstehen, das unterhält, das belehrt und das auch noch Wirklichkeit darstellt, vor Augen führt, repräsentiert, »überzeugend« ist, wie Aristoteles sagt. Der Dichter muss aus dem wirklichen Leben ein lehrreiches und Freude bereitendes zweites Leben der Literatur schaffen. Wie nun eine solche Mischung aus Wirklichkeitselementen, Unterhaltung und Belehrung aussehen soll, darüber gab es manchen Streit in den Jahrhunderten und Jahrtausenden, die auf das vierte vor Christus folgten. Und die Antworten unterschieden sich. Wir können das hier nicht entfalten, denn wir schreiben keine Geschichte der Dichtungslehre, der Poetik.

Carmen Laforet – ein Bahnhof im Roman

Einer Einführung in die Literatur frommt es aber, typische Elemente von Erzählwelten zu präsentieren. Das soll auf den folgenden Seiten geschehen. An den Beginn möchte ich aber ein Staunen setzen und damit ein Schlüsselmerkmal der Erzählung gleich hervorheben: Staunen darüber, wie reich Erzählwelten sind, insbesondere dann, wenn wir die Gattungen betrachten, die uns den größten Umfang an Text schenken: Epos und Roman. Führen Sie sich einmal vor Augen, was auf den Hunderten von Seiten des Romans *Krieg und Frieden* alles an Welt enthalten ist, in *Madame Bovary*, in *Hijo de hombre/ Menschensohn* von Augusto Roa Bastos. Was für ein dichtes Gewebe an Wirklichkeiten! So dicht, dass wir uns zwar gerne ein paar Tage oder Wochen in einer solchen Erzählwelt aufhalten und sie mit derselben Nostalgie verlassen, mit der man von einem Urlaub im Gebirge abreist. Beim besten Willen können wir aber nicht alle Straßen, Häuser, Gesichter, Gesten oder Wolken im Gedächtnis behalten, die wir da lesend erlebt haben. Dennoch ist diese Dichte des Lebens Teil des Spiels. Dichtung soll ja nicht bloß erklären, nicht bloß abstrakte Grundsätze vermitteln, nicht bloß Allgemeines über das Leben aussagen. Ihr Anspruch ist höher, denn sie will das Leben selbst vorführen, zeigen, repräsentieren. Nehmen wir ein Beispiel, den Beginn des Romans *Nada* (auch in der deutschen Ausgabe heißt er *Nada*), den die damals junge Carmen Laforet im Jahr 1944 veröffentlichte und damit sogleich große Anerkennung erntete.

> Por dificultades en el último momento para adquirir billetes, llegué a Barcelona a medianoche, en un tren distinto del que había anunciado y no me esperaba nadie.
> Era la primera vez que viajaba sola, pero no estaba asustada; por el contrario, me parecía una aventura agradable y excitante aquella profunda libertad en la noche. La sangre, después del viaje largo y cansado, me empezaba a circular en las piernas entumecidas y con una sonrisa de asombro miraba la gran estación de Francia y los grupos que se formaban

entre las personas que estaban aguardando el expreso y los que llegábamos con tres horas de retraso.

El olor especial, el gran rumor de la gente, las luces siempre tristes, tenían para mí un gran encanto, ya que envolvía todas mis impresiones en la maravilla de haber llegado por fin a una ciudad grande, adorada en mis ensueños por desconocida.[440]

[Da ich im letzten Moment Schwierigkeiten hatte, Fahrkarten zu besorgen, kam ich um Mitternacht in Barcelona an, in einem anderen Zug, als ich angekündigt hatte, und keiner erwartete mich.

Es war das erste Mal, dass ich alleine reiste, doch ich hatte keine Angst; im Gegenteil, jene tiefe, nächtliche Freiheit erschien mir ein erfreuliches und aufregendes Abenteuer. Das Blut fing, nach der langen, ermüdenden Fahrt, wieder an, in meinen tauben Beinen zu zirkulieren, und mit staunendem Lächeln betrachtete ich den großen Bahnhof *Estación de Francia* und die Menschengruppen, die auf den Schnellzug warteten und auf uns, die wir mit dreistündiger Verspätung eintrafen.

Der besondere Geruch, das Stimmengewirr der Menschen, das stets trübe Licht, all das faszinierte mich sehr, denn ich hüllte alle meine Eindrücke in das Wunder, endlich in eine große Stadt gekommen zu sein, die ich bewunderte in meinen Träumen für ihre Fremdheit .][441]

Ein Bahnhof, ein Mädchen, das in der großen, unbekannten Stadt ankommt, voller Hoffnungen. Aber da ist natürlich nicht der ganze Bahnhof abgemalt und nicht der ganze Zug und das Mädchen in allen seinen Facetten und jeder einzelne Mensch aus der Menge der Ankommenden und Abreisenden. Was uns die Autorin gibt, das sind *clues*, Anhaltspunkte, einzelne Bilder und Bewegungen, und wenn wir nicht wüssten, was ein Bahnhof ist, eine Fahrkarte, eine Verabredung und eine Verspätung, nimmermehr wären wir imstande, aus den losen Stücken eine ganze »Welt« zu bauen, die nach Bahnhof und großer Stadt riecht, und in der sich ein Mädchen hoffnungsvoll bewegen könnte. Hier wäre nun der Punkt für eine lange Diskussion darüber, welche Elemente wir brauchen, damit wir andere dazu denken und dass die Auswahl der Elemente, die genannt werden, ganz wesentlich für die Wirkung ist. Oder genauer: Es wäre zu reden über die Mischung aus dem Genannten und den Leerstellen, die nur ausgefüllt werden können, wenn Leser das nötige kulturelle Wissen beitragen können. Fragen der *Rezeptionsästhetik*, die mit Recht sagt, dass Leser – in gewisser Weise – genauso zur Entstehung der Erzählung beitragen wie Autoren.[442]

DAS GANZE LEBEN DARSTELLEN

Romane stellen nie das ganze Leben dar, aber sie vermitteln uns die Illusion, das ganze Leben zu zeigen. Ich glaube, das tun sie nicht nur, um uns zu verwirren und mit sinnlosen Details zu überfordern. Sie tun es auch nicht bloß, um ihre Welt bildlich vorstellbar und glaubwürdig zu machen. Das ist nur eine Funktion des Details, wenn auch eine wichtige. Sie tun es, um literarische Wirklichkeiten zu schaffen, welche die Welt besser wiedergeben als es andere Texte tun, die nur einen einzelnen Aspekt aus der Welt herausgreifen und analysieren. Das wäre etwa bei einem medizinischen Traktat der Fall, der die Welt nur unter dem Aspekt Krankheit-Gesundheit sieht. Die Literatur analysiert zunächst gar nichts, sondern sie versucht, möglichst komplizierte Verflechtungen darzustellen. Sie zeigt nicht nur ein Kraftfeld, sondern mehrere Kraftfelder und wie sie zusammenwirken. Sie zeigt nicht eine Leidenschaft, sondern, wie sich Leidenschaften verstricken und was dabei herauskommt. Sie zeigt nicht ein Schicksal, sondern die Verflechtung der Schicksale; nicht nur eine Stimme, sondern ein Gewirr von Stimmen. Sie verfolgt nicht eine oder zwei Ameisen auf ihrem Weg, sondern versucht den ganzen Ameisenhaufen zu verstehen. Jedenfalls tut sie das in ihren elaboriertesten Erzählungen, die sich in der Gattung des Romans, des Epos oder auch des Dramas entwickeln. William Somerset Maugham verleiht diesem Gedanken in dem Essay Worte, den er Honoré de Balzac widmete und dessen *Comédie humaine/ Die menschliche Komödie* (1841), die sich in neunzig Romanen entfaltete:

> Als Maler der Gesellschaft besaß er das spezifische Talent, die Menschen nicht nur in ihren Beziehungen untereinander darzustellen – alle Romanciers tun das, abgesehen von den Verfassern simpler Abenteuergeschichten –, sondern auch, und vor allem, in ihren Beziehungen zu der Welt, in der sie leben. Die meisten Romanciers nehmen eine Gruppe von Perso-

nen, manchmal nicht mehr als zwei oder drei, und behandeln sie, als lebten sie unter einer Glasglocke. Dies erzeugt oft eine gewisse Intensität, aber leider auch etwas Künstliches. Die Menschen leben ja nicht nur ihr eigenes Leben, sondern existieren auch im Leben anderer; in ihrem eigenen spielen sie die Hauptrolle; im Leben anderer spielen sie Rollen, die manchmal wichtig und manchmal unwichtig sind. Man geht zum Friseur, um sich die Haare schneiden zu lassen. Einem selbst bedeutet das gar nichts, aber durch irgendeine Bemerkung, die man beiläufig macht, ist es vielleicht ein Wendepunkt im Leben des Friseurs. Indem Balzac diesen Zusammenhang erkannt hatte, konnte er einen lebendigen und packenden Eindruck von der Mannigfaltigkeit des Lebens vermitteln, von den Wirrungen und Missverständnissen und davon, dass bedeutsame Ereignisse und ihre Ursachen manchmal weit auseinander liegen können.[443]

Einfach ist es nicht, eine solche Welt zu bauen: Heimito von Doderer entwarf seine Figuren und Beziehungen mehrfarbig und mit vielen Pfeilen auf großen Papierflächen. Camilo José Cela schrieb nach Vollendung seines Romans *La colmena/ Der Bienenkorb* im Jahr 1951 ein wenig erschöpft: »Los ciento sesenta personajes que bullen – no corren – por sus páginas, me han traído durante cinco largos años por el camino de la amargura.«[444]/ »Die 160 Figuren, die über seine Seiten brodeln – nicht laufen –, haben mich fünf lange Jahre hindurch auf den Weg der Bitternis geführt.«

KRAFTFELDER

Daraus folgt und es kann es nicht oft genug wiederholt werden: Die Aussage eines Romans lässt sich, wenn es ein guter Roman ist, nicht mit einem Satz zusammenfassen. Sie lässt sich nicht aus einem einzigen moralischen oder religiösen oder politischen Grundsatz herleiten. Daher hege ich auch Zweifel an Literatur, die allzu offensichtlich ein politisches Ziel verfolgt. So sehr wir dieses Ziel auch unterstützen und gut heißen mögen, solche Literatur verliert oft den Geschmack des Lebens in seiner Gesamtheit, verdorrt und wird zum Manifest. An der großen Literatur wurde immer wieder gerühmt, dass sie offen sei nicht für eine, sondern für mehrere Interpretationen. Die Dichte und »Verworrenheit« der Erzählwelten wäre folglich ein großer Vorzug und kein Nachteil.

Doch beginnen wir endlich unseren Besuch in einer Erzählwelt. Wir könnten dann zum Zwecke der Analyse drei Aspekte unterscheiden und wenn Sie möchten, können Sie diese als Eckpunkte eines Dreiecks aufzeichnen: Dann hätten wir an der einen Ecke die Ausstattung der *Erzählwelt*, an der anderen die *Handlung*, die Art und Weise also, wie die Erzählwelt in Bewegung gesetzt wird und der dritte Aspekt wäre die Art und Weise, wie uns die Welt gezeigt wird – es geht da also um die Fragen: *Wer erzählt, was weiß der Erzähler* und *wo steht er?*

An einem berühmten Filmbeispiel aus Hollywood erläutert: Alfred Hitchcock ließ in einem Studio den Hinterhof eines New Yorker Appartementhauses aufbauen. Dann setzte er in jedes Fenster, das auf den Hof führte, Figuren und inszenierte in jeder Wohnung eine Geschichte, und zwar so, dass die einzelnen Geschichten der einzelnen Fenster mehr und mehr ineinander greifen. Woher wissen wir das aber? Nun, es gibt einen Beobachter, den Pressefotografen Jeff, der mit Gipsbein im Rollstuhl sitzt und sich die Zeit damit vertreibt, aus seinem Fenster zu schauen. Von dort kann er die ganze gegenüberliegende Hofseite überblicken. Er sieht aber nicht alles, da sich nicht alles am Fenster oder bei offenem Fenster abspielt, und wir sehen (meist) nur, was er sieht. Er (und wir) müssen also die Fragmente zusammensetzen, Verbindungen herstellen und ergänzen, was sich nicht sehen, sondern nur erschließen oder vermuten lässt – etwa, dass ein Nachbar seine Frau ermordet hat. Manche sagen, Hitchcock habe sich in diesem Film *Rear Window/ Fenster zum Hof* (1954) schlicht ein Puppenhaus aufbauen lassen, in dem er dann seine Spiele in Gang setzte. Erzählungen brauchen also Räume und damit sind wir beim ersten Element einer Erzählwelt, das uns interessiert.

Erzählräume – *Treibgut*

Springen wir dazu aus der Enge eines New Yorker Hinterhofs in die Weite Südamerikas. In der kurzen Geschichte A *la deriva/ Treibgut* (1917) erzählt Horacio Quiroga von einem Vorfall im wilden Grenzland zwischen Paraguay und Brasilien: Eine Klapperschlange, eine *Jararacussú*, schlägt ihre Zähne und ihr Gift in den Fuß eines Farmers, der sein Land bearbeitet. Der Mann versorgt die Wunde, leert eine Flasche Schnaps und besteigt sein Kanu, das ihn den Paraná-Fluss hinunter zur nächsten Stadt tragen soll. Dort will er einen Arzt aufsuchen und das dringend benötigte Serum verabreichen lassen. – Wir steigen an der Stelle ein, wo das Boot durch Strudel und zwischen finsteren Felsmauern flussabwärts treibt, das Ende ist nahe.

> El Paraná corre allí en el fondo de una inmensa hoya cuyas paredes, altas de cien metros, encajonan fúnebremente el río. Desde las orillas bordeadas de negros bloques de basalto, asciende el bosque, negro también. Adelante, a los costados, detrás, la eterna muralla lúgubre, en cuyo fondo el río arremolinado se precipita en incesantes borbollones de agua fangosa. El paisaje es agresivo, y reina en él un silencio de muerte. Al atardecer, sin embargo, su belleza sombría y calma cobra una majestad única. […]

> ¿Llegaría pronto? El cielo, al poniente, se abría ahora en pantalla de oro, y el río se había coloreado también. Desde la costa paraguaya, ya entenebrecida, el monte dejaba caer sobre el río su frescura crepuscular, en penetrantes efluvios de azahar y miel silvestre. Una pareja de guacamayos cruzó muy alto y en silencio hacia el Paraguay.

> Allá abajo, sobre el río de oro, la canoa derivaba velozmente, girando a ratos sobre sí misma ante el borbollón de un remolino. El hombre que iba en ella se sentía cada vez mejor, y pensaba entretanto en el tiempo justo que había pasado sin ver a su ex-patrón Dougald.
> ¿Tres años? Tal vez no, no tanto. ¿Dos años y nueve meses? Acaso. ¿Ocho meses y medio? Eso sí, seguramente.

> De pronto sintió que estaba helado hasta el pecho. ¿Qué sería? Y la respiración también…

Al recibidor de maderas de mister Dougald, Lorenzo Cubilla, lo había conocido en Puerto Esperanza un viernes santo… ¿Viernes? Sí, o jueves… El hombre estiró lentamente los dedos de la mano.

-Un jueves …

Y cesó de respirar.[445]

[Der Paraná fließt dort durch eine gewaltige Schlucht, deren hundert Meter hohe Felswände den Fluss wie in einem Grab einschließen. Über den von schwarzen Basaltblöcken gesäumten Ufern steigt der ebenfalls schwarze Wald auf. Vorn, an den Seiten und hinten die ewige, düstere Mauer, zu deren Füßen der aufgewühlte Fluss im unaufhörlichen Sprudeln seines schlammigen Wassers dahinrauscht. Die Landschaft ist feindselig, und es herrscht Totenstille. Doch in der Abenddämmerung bietet ihre düstere, ruhige Schönheit einen Anblick von einzigartiger Erhabenheit. […]

Würde er bald da sein? Im Westen entfaltete sich der Himmel jetzt zu einem goldenen Schirm, und auch der Fluss hatte sich verfärbt. Von dem bereits in Dunkelheit gehüllten paraguayischen Ufer ließ der Wald seine Abendfrische im durchdringenden Duft von Orangenblüten und wildem Honig auf den Fluss niedersinken. Ein Guacamayopärchen flog in großer Höhe lautlos in Richtung Paraguay vorüber.

Dort unten, auf dem goldenen Fluss trieb das Kanu schnell dahin und drehte sich von Zeit zu Zeit im Aufschäumen eines Strudels um sich selbst. Der Mann darin fühlte sich zusehends besser und überlegte unterdessen, wie lange er seinen ehemaligen Patrón Dougald schon nicht mehr gesehen hatte. Drei Jahre? Nein, doch nicht, nicht so lange. Zwei Jahre und neun Monate? Vielleicht. Achteinhalb Monate? Das ganz bestimmt.

Plötzlich spürte er, dass er bis zur Brust eiskalt war. Woher das wohl kam? Und auch der Atem…

Lorenzo Cubilla, den Mann, der für Mister Dougald das Holz in Empfang nahm, hatte er in Puerto Esperanza an einem Karfreitag kennengelernt… Freitag? Ja, oder Donnerstag…
Der Mann spreizte langsam die Finger.
An einem Donnerstag …

Und er hörte auf zu atmen.][446]

Könnte die Szene an oder in einem anderen Ort spielen? Eine müßige Frage. Räume sind so bedeutsam für Erzählwelten, dass sich darüber viele Seiten schreiben lassen und die Räume jeder Erzählung haben ihre eigene Art. Wir müssen uns hier mit ein paar Beobachtungen und Beispielen begnügen.

Erstens: Jeder Ort setzt Spielregeln, in einer Bahnhofshalle verhalten wir uns anders als in einem Casino, in einem Hörsaal anders als rauchend im Hof vor dem Hörsaal, in einer Kirche anders als in einem Ballsaal. So ziehen Orte auch ihre Figuren an, und wir verstehen Figuren, wenn wir beobachten, wie sie sich bewegen und wo sie sich bewegen. Ab dem sechzehnten Jahrhundert werden in Spanien mit großem Erfolg Schelmenromane geschrieben und verlegt. Ein richtiger Schelm darf nun aber nicht zu Hause sitzen, das Leben treibt ihn von einem Herrn zum anderen, er studiert in Alcalá de Henares oder Salamanca, zieht mit Komödianten durchs Land, treibt sich in der Gaunerwelt Sevillas herum, beschließt schließlich, in der Neuen Welt sein Glück zu suchen. Sein unsteter Charakter, seine unsichere Stellung und sein erfolgloses Streben nach Ehre und Wohlstand werden auch durch die Orte gespiegelt, an denen er sich bewegt. Hier ließe sich auf das Konzept der *mobile spatial fields*, das die Kulturanthropologie diskutiert, verweisen. Gemeint ist mit diesem nützlichen Begriff, dass Menschen durch ihre soziale Zugehörigkeit die Bestimmung für Räume mit sich herumtragen wie ihre Kleidung: Wohin der Underdog auch geht, er wird doch nur an den Orten landen, die den Underdogs zugedacht sind. (Ja, ich weiß, es gibt Ausnahmen und die Möglichkeit auszubrechen, das macht ja gerade Erzählungen aus, aber das würde hier jetzt zu weit führen.)

RAUM UND HANDLUNG

Das Meer ist ein guter Raum für Irrfahrten, das Gebirge, um Menschen in extremer Gefahr zu zeigen, in völliger Abgeschiedenheit oder um sie den Göttern nahe zu bringen. Die Weite und »Leere« der kastilischen Landschaft freut einen Möchtegern-Ritter, der Abenteuer bestehen, die Witwen und Waisen beschützen will, und kraft seiner Phantasie aus Windmühlen Riesen und aus Schafherden Ritterheere macht. Oder sagen wir genauer: Räume haben bestimmte Merkmale, die bewirken, dass sie für bestimmte Inszenierungen taugen. Sie liegen oben oder unten, sie sind eng und begrenzt oder öffnen sich in die Weite, sie liegen diesseits einer Grenze oder jenseits: Ein einsames Haus in Schottland in einer stürmischen Nacht ist guter Ausgangspunkt für eine Gruselgeschichte, die Weite der Landschaft am Grand Canyon eignet sich hervorragend dazu, zwei Frauen auf der Flucht vor der Polizei in den Abgrund »springen« zu lassen. Das ist in *Thelma und Louise* von Ridley Scott (1991) der Fall. Beachten Sie auch die doppelte räumliche Dynamik in dem Roadmovie. Zum einen engt sich der Handlungsraum der beiden Frauen immer mehr ein, denn von allen Seiten rücken Polizeieinheiten und Hubschrauber an. Zum anderen öffnet sich der Raum der großartigen Naturlandschaft und es wächst auch die innere Freiheit der beiden Figuren.

Alfred Hitchcock forderte, der Raum dürfe nie bloßes Dekor bleiben. Spiele ein Spionagefilm in der Schweiz, dann müsse auch jemand von einem Felsen gestoßen werden, es müsse eine Leiche in einem See versenkt werden und es müssten geheime Nachrichten in einer Schokoladenfabrik auf Fließbändern in Bonbonschachteln zirkulieren.[447]

Ein Punkt im Raum, kann die ganze Energie der Handelnden und alle Bewegungen auf sich ziehen, das gilt etwa für die Gralsburg in Chrétien de Troyes' *Percevalroman*. Ein bestimmter Ort kann auch alles Handeln und das ganze Zeitgefühl vorprägen, das gilt etwa für den Zauberberg von Thomas Mann. Der Ort ist da schon durch den Titel hervorgehoben.

Die Weite Russlands

Der Raum kann so zum großen Thema eines Epos[448] oder eines Romans werden und es ist immer noch inspirierend, E.M. Forsters

Gedanken zu Raum und Zeit in Tolstois *Krieg und Frieden* zu verfolgen, auch wenn wir seine Meinung vielleicht nicht ganz teilen. Er vergleicht den Russen mit dem englischen Romancier Arnold Bennett, beide machten »Aufstieg und Niedergang« einer Generation zum Thema:

> Wie Bennett hat auch Tolstoi den Mut, uns alternde Menschen vorzuführen – der teilweise Verfall von Nicolai und Natascha ist wirklich tragischer als das völlige Hinsterben von Constance und Sophia: mehr von unserer eigenen Jugend scheint darin eingegangen zu sein. Warum ist nun *Krieg und Frieden* nicht deprimierend? Wahrscheinlich weil es sich sowohl über den Raum wie über die Zeit erstreckt. Das Gefühl von Weite stimmt uns eher heiter, als uns zu erschrecken; es hinterlässt eine Wirkung wie Musik. Schon wenn man ein paar Seiten in *Krieg und Frieden* gelesen hat, beginnen alsbald mächtige Saiten zu tönen, ohne dass wir genau sagen können, was sie eigentlich zum Schwingen gebracht hat. Diese tönenden Schwingungen kommen nicht aus der Erzählung als solcher, obwohl Tolstoi die Frage »Was geschieht jetzt?« ebenso wichtig nimmt wie Scott und ebenso aufrichtig ist wie Bennett. Sie kommen weder aus den Episoden noch aus den Charakteren. Sie kommen aus dem ungeheuren russischen Raum, über den Episoden und Charaktere ausgestreut sind, aus der Gesamtheit von Brücken und vereisten Flüssen, Wäldern, Straßen, Gärten, Feldern, deren Weite, nachdem wir sie durchmessen haben, gesammelt in uns fortklingt. Viele Romanciers haben in ihren Werken ein starkes Raumgefühl: *Five Towns, Auld Reekie* und andere. Sehr wenige haben das Gefühl von Weite; unter den göttlichen Mitteln Tolstois steht es an erster Stelle. Der Held in *Krieg und Frieden* heißt Raum, nicht Zeit.[449]

ZEIT IN RÄUMEN

Räume verändern sich ständig im Fließen der Zeit, ein Gebirge im Winter ist anders als im Sommer und eine Gasse zieht nachts andere Gestalten an als untertags. Julio Cortázar berichtet in einem Interview von dem Vorort Bánfield in Buenos Aires, wo er aufwuchs. Die Straßen waren dort nicht gepflastert, Pferdewägen brachten die Milch und nachts gab es keine Beleuchtung, ein

Umstand, der »die Liebe und das Verbrechen in gleichem Ausmaß begünstigte«[450].

Der Paraná kann den Todeskampf der Figur aus der Erzählung Quirogas deshalb als Bild wiedergeben, weil sich sein Licht und seine Farben mit dem Fortschreiten des Tages und dem Einbruch der Dämmerung wandeln. Deutlich wird an dem Beispiel auch, dass Literatur von Flüssen mehr verlangt, als dass ihre Strömung Boote von A nach B bringt. Denn die Reise, die Quirogas Figur antritt ist ja die, von der noch keiner zurückgekommen ist. Der Raum der Erzählung ist also ein symbolischer Raum und transportiert Bedeutungen, die über die alltäglichen hinausgehen. Anders ausgedrückt: Das Sterben eines Menschen und das, was in ihm dabei vorgeht, lässt sich schwer darstellen. Deshalb verwandelt es der Autor in ein Bild, projiziert die »Zustandsänderung« in den Raum und tut so, als wäre es eine Reise von einem Ort an einen anderen. Achten wir darauf, wie die Wörter, mit denen der Autor die Natur beschreibt, den Tod ankündigen, den die Erzählung noch verschweigt: schwarze Basaltblöcke, ein schwarzer Wald, eine düstere Mauer, unaufhörliches Sprudeln, Totenstille, düstere Schönheit, einzigartige Erhabenheit…

Das Verb *encajonar/ einfassen* lässt sich nicht adäquat übersetzen, es leitet sich von *caja/ Kiste, Truhe,* aber auch *Sarg* her und erzeugt die Vorstellung, die Felsen seien die Wände eines riesigen Totenschreins, der den Fluss umfasst. Die strukturale Semantik würde sagen: Die Bedeutungsaspekte Tod-Trauer-Übergang in eine andere Zeit sind in mehreren Wörtern enthalten. Sie kennen die Geschichten aus der Mythologie, in denen die Toten über einen Fluss (den Styx etwa) gesetzt oder auf eine selige Insel (wie zum Beispiel Avalon) gebracht werden.

GRENZEN

So wichtig wie Räume sind die *Grenzen* zwischen Räumen. Dabei ist es wichtig, dass wir Grenzen nicht simpel denken.[451] Grenzen bauen nicht einfach Schranken auf, um Menschen und Territorien getrennt zu halten. Vielmehr errichten sie Hindernisse und Zonen des Übergangs. Wer diese überwinden will, der muss besondere Kräfte aufwenden und besondere Leistungen bringen. Er muss etwa dem Zöllner eine Stange Marlboro in die Hand drücken oder für die zischenden Schlangen, die vor dem Schloss angekettet sind und den Eingang bewachen, Wasser aus dem Brunnen schöpfen. Grenzen signalisieren auch: Ab hier gelten neue Spielregeln, also nimm dich in Acht! Und denken Sie dabei an alle möglichen Grenzen, die Menschen gesetzt werden: Zollschranken, Gebirgspässe, Flüsse, Meeresengen, die in der Nacht ohne Licht auf der anderen Seite nicht durchschwommen werden können, Türen (mit oder ohne Türsteher), Pforten, Wände und Mauern (die chinesische Mauer oder die von Burgen, Verliesen, Gefängnissen, Irrenhäusern oder schlicht Häusern nobler Familien und es gibt nur einen schmalen Spalt, durch den die Liebenden ihre Küsse schicken können). Grenze kann der Rand des Waldes sein, der Saum des Dschungels, der Rand der Wüste. Grenzen können als unsichtbare Grenzen und gläserne Wände aufgerichtet sein: zwischen Armen und Reichen, Adeligen und Bauern, »denen da oben« und »denen dort unten«, Schwarzen und Weißen, Männern und Frauen, Buddhisten und Moslems. Das wusste Tacitus, als er die Grenzen der Germania so prägnant beschrieb und dabei die Figur das Zeugmas verwendete:

Germania omnis a Gallis Raetisque et Pannoniis Rheno et Danuvio fluminibus, a Sarmatis Dacisque mutuo metu aut montibus separatur; cetera Oceanus ambit, [...]

[Germanien in seiner gesamten Ausdehnung wird von den Galliern und den Rätern und Pannoniern durch die Flüsse Rhein und Donau, von den Sarmaten und Dakern durch die beiderseitige Furcht oder durch Gebirgszüge abgegrenzt; die übrigen Teile umspült der Ozean, [...]][452]

Grenzüberschreitung und sujethaltige Erzählung

Das Märchen hegt eine große Zuneigung für Grenzen. Es stellt seine Helden vor eine solche Grenze und sagt ihnen: Erst wenn du dich hinübertraust und die Prüfungen auf der anderen Seite bestehst und auch wieder zurückkehrst, bist du wirklich eine Heldin oder ein Held und ich werde, so wollen es die russischen Formalisten, zu einer ›sujethaltigen‹ Erzählung. Also bleibt dem Mädchen nichts übrig, es muss durch die drei endlosen Wälder wandern und dabei drei Paar eiserne Schuhe durchlöchern, drei eiserne Wanderstäbe zerbrechen, drei eiserne Mützen abnützen, drei eiserne Weihbrote aufnagen und drei Mal in der Hütte der (diesmal erstaunlich hilfsbereiten) Baba Jaga nächtigen, bevor sich das »blaue Meer weit und frei vor ihm ausdehnt« und es zum Palast des Liebsten namens »Finist der lichte Falke« kommt[453]. Im Märchen ist die Symbolik der Grenze deutlich zu sehen. Vermutlich verzichtet aber keine Erzählung, kein Roman und kein Spielfilm auf die Ausdruckskraft von Räumen und räumlichen Gegensätzen. Immer sind diese auch Ausdruck der Spannungen zwischen den Figuren und der Wandlungen, die Figuren während einer Geschichte durchmachen. Sie drücken deren seelische Entwicklung und den Fortgang ihres Schicksals aus. Meine persönliche Lieblingsszene ist die Schluss-Sequenz von *One flew over the cuckoo's nest/ Einer flog über das Kuckucksnest* (Milos Forman 1975). Der Indianer, er hebt den zentnerschweren Waschtisch aus, den Jack Nicholson zuvor nicht hochheben konnte, durchbricht die Gitter des »Irrenhauses« und verschwindet in der Weite der Waldlandschaft. Fassen wir mit Jurij Lotman zusammen:

> Die Begriffe ›hoch – niedrig‹, ›rechts – links‹, ›nah – fern‹, ›offen – geschlossen‹, ›abgegrenzt – nicht abgegrenzt‹, [...] erweisen sich als Material zum Aufbau von Kulturmodellen mit keineswegs räumlichem Inhalt und erhalten die Bedeutung ›wertvoll – wertlos‹, ›gut – schlecht‹, ›eigen – fremd‹, ›zugänglich – unzugänglich‹, ›sterblich – unsterblich‹ u. dgl. Die allerallgemeinsten sozialen, religiösen, politischen, ethischen Modelle der Welt, mit deren Hilfe der Mensch auf verschiedenen Etappen seiner Geistesgeschichte den Sinn des ihn umgebenden Lebens deutet, sind stets mit räumlichen Charakteristiken ausgestattet, sei es in Form der Gegenüberstellung ›Himmel – Erde‹ oder ›Erde – Unterwelt‹ [...], sei es in Form einer sozial-politischen Hierarchie mit der zentralen Opposition der ›Oberen – Niederen‹, sei es in Form einer ethischen Merkmalhaftigkeit in der Opposition ›rechts – links‹ (Ausdrücke wie: das

Rechte tun, linkisch, sinister [= unheilvoll; von lat. »sinister« = links] u.ä), Vorstellungen von ›hohen, erhabenen = erhobenen‹ und ›niederen, erniedrigenden‹ Gedanken, Beschäftigungen, Berufen; Identifikation des ›Nahen‹ mit dem Verständlichen, Eigenen, Vertrauten, und des ›Fernen‹ mit dem Unverständlichen, Fremden – all das fügt sich zu Weltmodellen, die deutlich mit räumlichen Merkmalen ausgestattet sind.[454]

In Erzählungen werden abstrakte Oppositionen mit konkreten Räumen (Stadt, Wüste, Wald, diesseits-jenseits des Flusses/ der Grenze) ausgefüllt. Jede wirkliche (nach Lotman »sujethaltige« Erzählung) führt einen Helden ein, der eine Grenze überschreitet oder durchbricht, die gewöhnlich nicht durchbrochen wird:[455] Erst *der* Prinz durchdringt die Dornenhecke und kann Dornröschen wachküssen.

Erzählräume geben mit ihrer Logik und ihren Spielregeln das Szenario, in dem sich Schicksale von Figuren entfalten können. Umgekehrt werden sie durch das, was sich in ihnen abspielt, mit bestimmten Bedeutungen ausgestattet. Der Paraná ist in der einen Erzählung bewegtes Bühnenbild für einen Todeskampf. Er könnte aber genauso Kulisse für die Flucht von Gefangenen, das Wiedersehen von Liebenden, den Showdown zwischen Soldaten verfeindeter Länder und manches mehr bilden. Vermutlich würde der Autor dann andere Farben wählen und die Beleuchtung und die Geruchseffekte anders handhaben, als es Horacio Quiroga tut.

Zur gleichen Zeit an zwei Orten

Wäre hier mehr Raum, dann würde ich gerne weiter über das Überblenden von Räumen und Zeit-Räumen schreiben. Das finden Sie in Doderers *Strudlhofstiege*. Der Held einer Liebesszene befindet sich da plötzlich nicht nur im Zimmer des Fräuleins X, sondern auch gleichzeitig in der Seilbahngondel, die auf die Rax führt.[456] Die Erzählwelt stellt – wenn wir das unbedingt erklären wollen – den Raum der Erinnerung dar, in dem *beide Liebesszenen* verschmelzen. Eine solche Fusion von Räumen kennen wir aus dem Spielfilm, der die Technik der *Überblende* benutzt. Will ein Erzähler das sprachlich vermitteln, dann braucht er dazu außerordentliches Können, Julio Cortázar hat sich der Herausforderung immer wieder gestellt: *Todos los fuegos del fuego/ Das Feuer aller Feuer* (1966) spielt gleichzeitig in einem römischen Zirkus und in einem Pariser Appartement in den Sechzigerjahren des zwanzigsten Jahrhunderts.[457] In *El río/ Der Fluss* (1956) sind wir in einem nächtlichen Schlafzimmer, wieder im Paris, und hören die Drohung der Geliebten (Ehefrau, Partnerin?), sie werde weggehen und sich in die Seine werfen. Am Ende bleibt unklar, ob sich die beiden versöhnt und in verzweifelter Liebe wiedergefunden haben, oder ob sich der Ich-Erzähler über die Leiche einer Frau beugt, die gerade aus dem Wasser gezogen wurde, oder aber, ob das Ertrinken vielleicht Metapher für den Sexualakt ist. Beachten Sie auch die stilistische Meisterschaft, mit der Cortázar die Bedeutungsfelder *Wasser, ertrinken, Schlaf, im Traum versinken, in der Liebe untergehen* kombiniert und vermengt.[458] Die folgenden Textausschnitte, notgedrungen aus dem Fluss der Handlung gerissen, stehen am Beginn und am Ende der kurzen Erzählung.

> Y sí, parece que es así, que te has ido diciendo no sé qué cosa, que te ibas a tirar al Sena, algo por el estilo, una de esas frases de plena noche, mezcladas de sábanas y boca pastosa, casi siempre en la oscuridad o con algo de mano o de pie rozando el cuerpo del que apenas escucha, porque hace tanto que apenas te escucho cuando dices cosas así, eso viene del otro lado de mis ojos cerrados, del sueño que otra vez me tira hacia abajo. [...]

> [...] me ciño a tu placer de manos crispadas, de ojos enormemente abiertos, ahora tu ritmo al fin se ahonda en movimientos lentos de muaré, de profundas burbujas ascendiendo hasta mi casa, vagamente acaricio tu pelo derramado en la almohada, en la penumbra verde miro con sorpresa mi mano que chorrea, y antes de resbalar a tu lado sé que acaban de sacarte del agua, demasiado tarde, naturalmente, y que yaces sobre las piedras del muelle rodeada de zapatos y de voces, desnuda boca arriba con tu pelo empapado y tus ojos abiertos.[459]

> [Und doch scheint es so zu sein, dass du gegangen bist und dabei irgendwas gesagt hast, dass du dich in die Seine stürzen wolltest, etwas in dem Stil, eine dieser Redensarten mitten in der Nacht, vermengt mit Bettlaken und teigigem Mund, fast immer aus dem Dun-

keln oder mit Hand oder Fuß den Körper dessen streifend, der kaum
zuhört, weil ich dich längst schon kaum noch höre, wenn du solche
Dinge sagst, das kommt von der anderen Seite meiner geschlossenen
Augen, vom Schlaf, der mich abermals nach unten zieht. [...]

[...] widme ich mich ausschließlich deiner Lust mit gespreizten
Händen, mit weit geöffneten Augen, jetzt sinkt dein Rhythmus in
langsamen Bewegungen von schwerer Seide, von tiefen Blasen auf
den Grund, Blasen, die bis zu meinem Gesicht aufsteigen, vage lieb-
kose ich dein Haar, das sich über das Kissen ergießt, in dem grünen
Halbschatten erblicke ich verwundert meine Hand, die trieft, und
bevor ich noch an deine Seite gleite, weiß ich, dass man dich soeben
aus dem Wasser gezogen hat, viel zu spät natürlich, und dass du auf
den Steinen des Kais liegst, umgeben von Stiefeln und Stimmen, auf
dem Rücken liegend, nackt, mit durchtränktem Haar und die Augen
weit offen.][460]

FIGUREN

*Nicht nur in der Krankheit, sondern auch im allernormalsten Traum kommt es
schließlich vor, dass wir mit Menschen reden, die uns im Wachdasein unbekannt
sind, dass wir diesen geträumten Personen Fragen stellen und ihre Antworten hören,
wobei wir – obwohl diese Menschen in Wahrheit nur Erzeugnisse unserer eigenen
Psyche sind, gleichsam ihre zeitweilig losgelösten, schein-selbständigen Teile – nicht
eher wissen, welche Worte sie äußern werden, als bis sie selbst (in diesem Traum) zu
uns sprechen. In Wahrheit aber sind das ja Worte, die jener ausgesonderte Teil unseres eigenen Denkens präpariert hat, demnach sollten wir sie bereits kennen, sobald wir
selbst sie ausgedacht haben, um sie einer fiktiven Gestalt in den Mund zu legen.*[461]

Solche Spekulationen stellt der Astronaut Kris Kelvin an, als er auf
dem Planeten Solaris mit Figuren konfrontiert ist, die der intelligente Ozean aus seinem Bewusstheit »isoliert« und »materialisiert«
hat, es sind Erinnerungen, die lebendig werden. Lems albtraum-
hafte Utopie über »Ausgeburten« der Phantasie hat viele Vorläufer
in der Geschichte der Literatur – berühmtestes Beispiel die elfen-
beinerne Jungfrau – Ovids *Metamorphosen* erzählen ihre Geschichte –
, die der Wirklichkeit so getreu nachgebildet ist, dass sich der
Künstler Pygmalion, der sie geschaffen hat, in sie verliebt und von
Venus erbittet, sie solle die Skulptur zum Leben erwecken.[462]

289

All diese Geschichten sind auch Gleichnis für eine der wesentlichen Aufgaben von Erzählern: das Entwerfen von Figuren, von Charakteren. Auch heute noch verlangen Leser von Erzählungen, dass diese sie mit Personen vertraut machen, die in irgendeiner Weise »lebendig« erscheinen. (Wenn auch Avantgarde-Strömungen diese Illusion absichtlich durchbrechen.) Wir möchten in Gedanken und Handlungen der Figuren eigene Anteile wiedererkennen oder wir erwarten von ihnen, dass sie für uns Ereignisse durchleben, die uns verwehrt sind, die ohnehin zu gefährlich wären oder außerhalb normalmenschlichen Vermögens lägen. Ob uns eine Erzählung fesselt oder nicht, hängt nicht zuletzt von der Strahlkraft der Figuren ab; was wäre *Der Zauberberg* ohne die Redensarten und Philosophien des Hofrat Behrens? Dazu kommt: Der Schöpfer fiktiver Figuren kann in die feinsten Verästelungen ihres Seelenlebens vordringen und uns daran teilnehmen lassen. In der wirklichen Welt ist uns solche Einsicht in das Innenleben anderer oft nicht möglich. Fiktionen befriedigen also den Wunsch nach umfassendem Verstehen. Davon war bereits die Rede, ich erinnere an die Formulierung von E.M. Forster, den wir zu den Rationalisten gezählt haben. Der oft allzu psychologisierende Schulunterricht verbringt viele erbauliche Gesprächsstunden damit, die Laster und Tugenden von Romanfiguren abzuhandeln, so als würden sie ihre Taten in der wirklichen Welt vollbringen. Dabei gerät die Frage aus dem Blick: Wie gelingt es dem Autor überhaupt, den Eindruck von »runden« Charakteren in den Köpfen der Leser entstehen zu lassen, das heißt, mit welchen sprachlichen Darstellungsmitteln konstruiert er seine Kunstgeschöpfe?
Überlegen wir, wodurch eine Figur in einer Erzählung oder einem Theaterstück Gestalt annimmt: Durch den Namen[463], die Beschreibung des Aussehens, der Handlungen oder Folgen der Handlungen; Aussagen anderer Figuren, Kommentare des Erzählers, die werten und Sympathie lenken, die Beschreibung von Worten und Gedanken, von Körper-Empfindungen.

Runde und flache Charaktere

Der Strukturalismus interessiert(e) sich für die Rolle der Figuren in der Gesamtkomposition, also dafür, wie der gesamte Bestand der Figuren in einem Werk aussieht und welche Spannungen und Interaktionen zwischen ihnen herrschen. Damit haben wir uns im Kapitel zum Theater lange unterhalten und festgestellt, dass Theaterfiguren typische Exemplare einer sozialen Schicht, einer Altersgruppe oder eines Berufsstands sind. Das ist sicher nicht die ganze Wahrheit, denn auch die Figuren von Lope de Vega oder Molière haben ganz persönliche Ticks und Vorlieben und über Shakespeares Figuren sagte jemand, sie trügen alle etwas Unaussprechliches in sich. Aber es stimmt schon: ein Galan aus gutem Hause kann sich auf der Bühne nicht »aufführen« wie ein Bauernbursch oder ein Gracioso, dieser eigenartige Diener vieler Herren. Es ist auch eine Frage des Genres, wie Menschen gezeichnet werden (dürfen): Aristoteles weist schon darauf hin, dass in der Tragödie die Menschen edler dargestellt würden als in der Wirklichkeit, die Komödie sie dagegen karikiere.[464] Wenn Sie sich aber ins Feingewebe einer Comedia von Lope de Vega begeben, werden Sie rasch sehen: Kein Gracioso gleicht dem anderen, jeder hat seine Eigenart und stereotyp ist ihr Verhalten nur an den Fixpunkten der Handlung – etwa wenn die Heirat mit der Zofe ansteht. Doch in den hinteren Winkeln der Texte erfahren wir viel mehr über sie. Es stimmt auch nicht, dass erst die moderne Literatur geheime Impulse der menschlichen Seele ausleuchtet. Gewiss, sie hat andere Darstellungstechniken – die erlebte Rede, den inneren Monolog – aber der Gracioso sagt eben seine Phantasien frisch heraus – im Gedankenaustausch mit seinem verliebten Herrn und im assonierend reimenden Vers der Romanze. Und das geht so:[465]

> FEDERICO. Bien dicen que nuestra vida
> es sueño, y que toda es sueño,
> pues que no sólo dormidos,
> pero aun estando despiertos,
> cosas imagina un hombre
> que al más abrasado enfermo

con frenesí, no pudieran
llegar a su entendimiento.
BATIN. Dices bien; que alguna vez
entre muchos caballeros
suelo estar, y sin querer
se me viene al pensamiento
dar un bofetón a uno,
o mordelle del pescuezo.
Si estoy en algún balcón,
estoy pensando y temiendo
echarme dél y matarme.
[...]

[FEDERICO. Mit Recht sagt man, Batín,
nichts andres als ein Traum sei dieses Leben.
Nicht nur, wenn Du in tiefem Schlaf liegst,
nein, auch bei vollem Wachsein schaust Du Dinge,
die selbst das kränkste Hirn im Fieberwahn
niemals sich wagen könnte, auszuklügeln.
BATIN. Das hab ich oft schon an mir selbst erfahren:
Ich stehe, zum Exempel, mitten unter
den Edelsten des Hofes. Plötzlich aber
– und ohne, dass ich weiß, wie mir geschieht –,
fühl ich den Zwang, mir einen anzupacken,
ihm meine Finger ins Gesicht zu krallen,
und diese Faust ihm ins Gesicht zu stoßen. –
Die Zähne knirschen mir, doch tu ich's nicht. –
Ein andermal steh ich auf einem Turm,
und da befällt es mich, hinabzuspringen, [...]][466]

In dieser Art geht es noch dreizehn Verse weiter.[467] Der Gracioso
als Vorläufer der Surrealisten und ihres *acte gratuit*? Sage keiner, die
Menschen des siebzehnten Jahrhunderts hätten kein widerspruchs-
volles Innenleben gehabt! Bemerkenswerte Frauenfiguren mit starker Individualität finden sich in den Stücken von Tirso de Molina
(*Marta la piadosa/ Die fromme Marta, Don Gil de las calzas verdes/ Don Gil von den
grünen Hosen, El vergonzoso en palacio/ Der Schüchterne bei Hofe*), die in der
ersten Hälfte des siebzehnten Jahrhunderts entstanden; oder auch
in den Novellen von Maria de Zayas.

Auch Romane, die realistisch sein wollen, greifen ihre Figuren nicht einfach aus dem Leben heraus. So will Balzac über seine Figuren ein Inventar aller menschlichen Leidenschaften erstellen, jede Figur zeichnet sich dadurch aus, von einer Leidenschaft beherrscht zu werden, die dann freilich vom Autor an dieser Kunstfigur in Reinform (und nicht vermischt wie im wirklichen Leben) gezeigt und herausgestellt wird.[468]

E.M. Forster unterscheidet zwischen *flachen* (*flat*) und *runden* (*round*) Charakteren: Das Wesen von *flachen* Figuren lässt sich in einem Satz zusammenfassen und der Satz gilt von der ersten Seite bis zur letzten. Dagegen aber die *runden: Runde* Charaktere sind imstande – und Achtung!, die Definition hat es in sich –, uns mit ihrem Verhalten zu überraschen und dabei glaubwürdig zu bleiben.

> Das Kennzeichen für einen runden Charakter ist, ob er uns in überzeugender Weise zu überraschen vermag. Überrascht er uns nie, ist er flach. Überzeugt er nicht, ist er flach und gibt nur vor, rund zu sein. Er hat das Überraschungsmoment des Lebens an sich – Leben innerhalb des Buches verstanden.[469]

Wir sind wieder bei Aristoteles angelangt: Folgerichtig, aber überraschend müsse Literatur sein. Das ist noch das Ideal eines Kritikers, für den die großen Romane des neunzehnten und frühen zwanzigsten Jahrhunderts Maßstab sind. In welchen dieser Romane wohnen Forsters runde, dreidimensionale Figuren? »Alle Hauptpersonen in Krieg und Frieden, alle Gestalten bei Dostojewski und einige bei Proust – zum Beispiel der alte Diener der Familie, die Herzogin von Guermantes, M. de Charlus und Saint Loup; Madame Bovary, die gleich Moll Flanders ein ganzes Buch für sich hat und sich ungehemmt entfalten und abschließen kann;«[470] uns so fort. Flach dagegen: H.G. Wells und auch Dickens, wiewohl sich letzterer bemühe, »seine Gestalten« durch seine ungeheure Vitalität vibrieren zu lassen, »so dass sie eigentlich von seinem Leben zehren und nur scheinbar ihr Eigenleben führen«.[471]

Versäumen Sie es nicht zu lesen, was Forster witzig, aber hintergründig in seinen Vorlesungen über »People« zum Unterschied zwischen *Homo sapiens* und *Homo fictus* zu sagen hat. Er untersucht beide hinsichtlich fünf elementarer Lebensthemen – *Geburt, Nahrung, Schlaf, Liebe, Tod*. Aber das führte hier zu weit, deshalb nur ein Beispiel: Forster meint etwa, dass der Romanmensch viel, viel mehr Zeit damit verbringe, über Liebesangelegenheiten zu sinnieren als der wirkliche.[472]

MOTIVE – ETWAS INS BILD BRINGEN

Wir kommen zum Begriff des Motivs. Henning Mankell sagte einmal in einem Interview, es mache ihm Vergnügen, eine Kirche im Roman an einen Platz zu stellen, wo sie in Wahrheit nicht stehe oder einen See in der Landschaft der Fiktion neu zu platzieren. Aber das ist jetzt nicht die Frage, sondern: Was ist ein Motiv? Es sind thematische Elementarteile der Handlung, so etwa *der See* oder *die Kirche* bei Mankell, die wir zu den statischen Motiven zählen können. Sie können hier an die Fotografie oder Malerei denken, so wie Maler oder Fotograf wählt der Autor bestimmte Objekte der Welt aus und stellt seine literarische Staffelei vor ihnen auf. Dadurch zwingt er den Leser sich ebenfalls dort zu platzieren, wo auch er stand, als er das Motiv betrachtete und auswählte – so wie das der Fotograf tut, der uns sein Foto und damit die Welt aus seinem Blickwinkel zeigt. Statische Motive sind wichtig, denn sie vermitteln uns die Illusion einer wirklichen Welt. Andererseits kann keine Erzählung zustande kommen, wenn die Dinge in ihr herumstehen wie Museumsstücke. Dazu braucht es dynamische Motive. Die sind nun wirklich interessant, denn hier sind wir im Bereich der Elementarteilchen des Erzählens. Dynamische Motive sind nicht weiter zerlegbare Teile der Handlung. Fragen wir, wodurch sie dazu werden, dann ist die Antwort: durch das Wort und den Satz. Jede sprachliche Elementaraussage bringt ein Motiv ins Spiel.[474] Jeder einzelne Satz des Romanbeginns von Carmen Laforet enthält ein Motiv.

294

Hier könnten wir nun weiter bohren und fragen, wie das durch Kultur und Epoche vorgeprägt ist, aber das würde uns vom Wege abbringen. Bestimmte Motive sind typisch für bestimmte Gattungen: Das Erkennen durch den passenden Schuh überrascht uns nicht, wenn es in einem Märchen vorkommt und wir vergessen in »echter Märchenstimmung«[475], dass unzählige Menschen die gleiche Schuhgröße haben. Märchenforscher beobachteten, dass die Geschichten dieses Genres aus einer bestimmten Zahl von Motiven schöpfen und diese immer wieder neu einkleiden und ausschmücken. Auch Kinder lernen rasch, welche Motive typisch sind für ein Märchen und wie sie aufeinander folgen: Der Zar hat drei Söhne, der Jüngste wird für dumm gehalten, macht aber mit übernatürlicher Hilfe sein Glück in der Fremde ... Die Ballade des achtzehnten und neunzehnten Jahrhunderts erzählt immer wieder von der Begegnung eines Liebenden mit dem Geist des verstorbenen Partners, einmal erscheint der Tote, um Untreue zu rächen, ein anderes Mal erweicht von den Klagen des Trauernden, ein drittes Mal um ihn oder sie mitzunehmen.[476] Das klingt noch bei Edgar Allen Poe nach. Typische Dramenmotive: *die verfeindeten Brüder, Stiefsohn verliebt sich in Stiefmutter, die Einnahme eines Mittels, das einen todähnlichen Schlaf herbeiführt, soll verhindern, dass Julia den falschen heiraten muss.* Nehmen Sie die Inhaltsangaben aus dem Theaterkapitel und zerlegen Sie diese in ihre Einzelteile, dann haben sie typische Motivketten.

Keimfähige Motive

Nun ist aber nicht jeder Satz einer Erzählung oder eines Dramas in gleichem Maße folgenschwer. Motivforscher interessieren sich besonders für solche, die so keim- und entwicklungsfähig sind, wie die finsteren Motive von Verbrechern.
Was aber ist keim- und entwicklungsfähig? Vereinfacht ausgedrückt: Alles, was den bekannten Ausruf provoziert: »Das wird noch Folgen haben!« Ein Beispiel aus dem Kino: Ein Milliardär bietet einem Ehepaar in Nöten eine Million Dollar für eine Nacht

mit der Frau. Danach ist nichts mehr wie zuvor.[477] Oder in der Literatur: Faust schließt einen Pakt mit dem Teufel. Autoren arbeiten wie Weber, die aus vielen einzelnen Motivfäden ganze Erzählungstücher fertigen. Eine ihrer Ahnfrauen ist deshalb Arachne, die von Athene dafür bestraft wurde, dass sie Liebesabenteuer der Götter in ihren Teppich wob.[478] An ihrem Beispiel wird auch deutlich: Wer Motive verwendet, welche die Mächtigen oder die Götter und Göttinnen erzürnen, der muss sich in Acht nehmen.

Wandel der Motive in der Geschichte

Es gibt nun Handlungselemente, »die sich wegen ihrer Ungewöhnlichkeit und Prägnanz in der Tradition erhalten haben.«[479] Es stellt sich die Frage, warum etwas als prägnant und außergewöhnlich gilt, und ob sich hier Zeiten und Kulturen unterscheiden, teilweise unterscheiden oder nur an der Oberfläche unterscheiden. Damit sind wir wiederum bei der Frage nach der Norm und dem Außergewöhnlichen. Wir haben sie im Kapitel über das Theater angeschnitten und kommen später noch einmal auf sie zurück. Begnügen wir uns hier mit der Vermutung, dass es bestimmte Motive mit längerer und andere mit kürzerer historischer Strahlkraft gibt. *Rache für verletzte Ehre* ist kennzeichnend für das spanische Siglo de Oro, aber das wäre zu diskutieren, und dafür ist jetzt keine Zeit. Nehmen wir ein anderes Beispiel: *Nächtlicher Spottgesang vor dem Fenster der Untreuen* ist typisch Spanisch. Oder doch nicht, denn das gibt es genauso in Italien und Frankreich und bei Goethe (»Ich will von keinem Gruße wissen, als ihr die Fenster eingeschmissen«)? Lassen wir das fürs Erste, hier wären längere Recherchen notwendig. Aber es bieten sich lohnende Themen für Studien an, die Literaturgeschichte und Kulturanthropologie verbänden. Das Gebiet der Motivforschung hat ja ein wenig das Image des Altbackenen: *Die verleugnete Gattin, der Abschied im Morgengrauen, die Wache am Grab der Geliebten*. Ich halte es für einen faszinierenden Forschungsbereich, sofern wir seine Problemfelder in größere Zusammenhänge stellen, etwa in eine Forschung über Handlungsmöglichkeiten und Handlungsverknüpfungen, die eine bestimmte Zeit für den Einzelnen bereithält: Wie reagiert ein Mädchen aus gutem Hause, das schwanger sitzen gelassen wurde? Wie reagiert sie im wirklichen Leben – heute, vor 40 Jahren, in Österreich, in Afghanistan –, wie reagiert sie in der Welt der erweiterten Möglichkeiten, in der Fiktion, auf der Theaterbühne? In einer Komödie von Tirso de Molina würde sie Männerkleider anziehen, den Untreuen inkognito verfolgen, eine Menge Verwirrung stiften, da sich nun alle Fräulein in sie verlieben würden und die Männer eigentümlich verwirrt wären ... Die Analyse von Motiven führt direkt zu einer Mikropsychologie des Handelns und der Aufdeckung gesellschaftlicher Verhältnisse. Und was könnte spannender sein?

Das komikträchtige Motiv *rivalisierende Freier stoßen nachts vor dem Haus der Verehrten aufeinander* gibt es in der Komödie des siebzehnten und des einundzwanzigsten Jahrhunderts. Es ist aber vermutlich jeweils mit anderen Anschlussmotiven auf andere Weise verwoben und die Anschlüsse sind mehr oder weniger zwingend. (Darum ließe sich eine Literaturgeschichte und Gattungsgeschichte entwerfen, die sich auf solche Verknüpfungsregeln konzentriert: Sie könnte etwa zeigen, dass im Roman Motivfolgen freier sind als im Märchen oder in der Ballade.)

Das *Verbot, einem Gott ins Gesicht zu schauen* überspringt die Grenzen von Kultur und Zeit. Wir finden es in der Mythologie, in Geschichten von Ovid (*Jupiter und Semele*) und Apulejus (*Amor und Psyche*). Auch im *Ring der Nibelungen* von Richard Wagner sind alle, die Götter und Göttliche schauen, dem Tode geweiht.

Bei ihren Wanderungen durch die Zeit können Motive aber auch ganz unterschiedliche Bedeutungen entfalten und neue Funktionen im Zusammenhang einer Erzählung erfüllen. Es wäre etwa interessant zu verfolgen, wie sich das Motiv der *verbotenen Tür* im Verlauf der Geschichte entwickelt hat. Sie finden es im Märchen: *Marja Morewna* zieht in den Krieg und sagt dem Iwan Zarewitsch, er dürfe jedes Zimmer im Schloss betreten außer einem. Kaum ist sie draußen, reißt er natürlich die Tür auf: dahinter schmachtet Koschtschej der Unsterbliche, seit zehn Jahren an zwölf Ketten festgeschmiedet, bittet um einen Eimer Wasser, der Zarewitsch ist töricht genug.[480]

Sie finden das Motiv der verbotenen Tür in *Dornröschen*, sie finden es in neuem Gewand bei Kafka, in der Erzählung *Vor dem Gesetz* (1915). Sie finden es unter wieder anderen Vorzeichen bei Truffaut, in dem Film *Le dernier métro/ Die letzte Metro* (1980).

Umfärbung von Motiven in Erzählungen

Gefühlsfarbe und Symbolik eines Motivs können sich schon im Verlauf einer Erzählung wandeln. In dem Roman *Der Zauberberg* (1924) von Thomas Mann kündigt sich das Erscheinen der Clawdia Chauchat im Speisesaal durch das Zuschlagen der Tür an. Im Verlauf der Handlung wird das Motiv vom Störgeräusch, das den Protagonisten Hans Castorp entrüstet, zum ersehnten Signal für den Auftritt der begehrten Frau. Die volle Tragweite eines Motivs kann auch erst an einem bestimmten Punkt der Erzählung zutage treten. Sehen wir dazu noch einmal Jack Nickolson zu: Am Beginn des Films *Einer flog über das Kuckucksnest* versucht er den zentnerschweren Waschtisch aufzuheben, um den Mitinsassen der Psychiatrie zu zeigen, dass sich damit leicht ein vergittertes Fenster durchbrechen ließe. Das misslingt, der Zuschauer »vergisst« das Motiv, bis der Waschtisch am Ende wiederauftaucht, um nunmehr dem Indianer »The Chief« tatsächlich den Weg in die Freiheit zu bahnen. In der Don-Juan-Fassung von Lorenzo Da Ponte, Libretto von Mozarts *Don Giovanni*, ist das »Reich mir die Hand, mein Leben« nicht nur Teil einer Verführungsszene, sondern auch Vorwegnahme des unheimlichen und todbringenden Handschlags mit dem steinernen Gast, der schließlich die Höllenfahrt des Frevlers einleitet.
Vielleicht haben wir hier ein Grundmerkmal guter Erzählungen. Sie setzen beim Bekannten an, entfalten es aber so, dass es am Ende in ganz neuem Licht steht.

Leitmotive

Wenn Sie in die Oper *Die Walküre* (1870 uraufgeführt) von Richard Wagner hineinhören, werden Sie bald feststellen: Jedesmal wenn der finstere Hunding auftritt, ja wenn er nur herannaht oder wenn von ihm die Rede ist, erklingt dieselbe dunkle, bedrohliche Tonfolge, gespielt von Posaunen und Bässen; sobald die Sprache auf das rettende Schwert des Siegmund kommt, wechselt die Orchesterbegleitung ins Strahlend-hoffnungsvolle. Diese »Bindung melodischer oder harmonischer Motive an bestimmte Personen oder Vorgänge der Handlung«[481] ist als *Leitmotiv-Technik* jedem Wagnerianer vertraut. Der Begriff bezeichnet auch in der Literatur Schlüsselelemente, die in einem Werk immer wieder aufgegriffen werden.[482] Leitmotive unterstützen den Zusammenhalt eines Werks. Sie erzeugen aber auch Vorwegnahmen, zeitliche Verschiebungen und in der Oper Spannungen zwischen Musik und Text und damit auch zwischen Bewusstem und Unbewusstem; zum Beispiel, wenn in der Orchesterstimme eine Melodie auftaucht, die etwas ankündigt, was sich erst in der Zukunft erfüllen wird: Das Liebesmotiv in *Tristan und Isolde* (1865 uraufgeführt) erklingt schon, bevor der Liebestrank seine Wirkung tut.

Spiegelungen

Wenn Maler Formen oder Farben auf der Leinwand verteilen, dann lassen sie sich nicht allein vom Verlauf der Handlung leiten, sondern sie haben die Gesamtkomposition und Gesamtwirkung des Bildes im Auge. Dasselbe trifft für Erzählungen und auch für Filme zu: Berühmt ist Tschechows Forderung, dass ein Nagel am Beginn einer Erzählung nur dann erwähnt werden dürfe, wenn sich der Held am Ende an eben diesem Nagel aufhänge.[483] Der Nagel hat zunächst keine Funktion im Geschehen – er bildet ein unverknüpftes Motiv. Dennoch steuert der Autor durch die Erwähnung auf subtile Weise die Aufmerksamkeit des Lesers und schafft eine »Vertrautheit«, die am Ende erzähltechnisch genutzt wird. (Ein anderes Beispiel wäre der bereits erwähnte Waschtisch im Film *Einer flog über das Kuckucksnest*.) Motivspiegelungen können auch in verdichteter Form größere Zusammenhänge oder die Gesamtaussage ausdrücken: In einem Fernsehfilm über *Napoleon* spielt der Kaiser gegen seine Frau Josephine, die er wenig später verstoßen wird, Schach und lässt die Bemerkung fallen, er müsse »seine Königin« opfern. Das Spiel gibt in Miniatur die Lebenssituation des Paares wieder. Erzählungen reihen also nicht bloß verschiedene Motive aneinander, sie enthalten, wenn sie kunstvoll gebaut sind, immer Wiederholungen, Parallelisierungen, Gleichsetzungen und Spiegelungen. Wir haben hier einen ganz bedeutenden Unterschied zwischen Leben und erzähltem Leben. Im Leben ist jeder Augenblick auf eine Zukunft hin ausgerichtet, die ungewiss ist, die nur als Wunsch, Hoffnung oder Angstphantasie in unserem Kopf existiert. In der Erzählung ist jedes Motiv mit Zukunft aufgeladen und diese Zukunft ist bereits in der Gesamtgestalt des Werkes verwirklicht. Die Geschichte ist ja schon abgeschlossen, sie wird nicht erst jetzt erfunden, allein die Vergangenheitsform der Verben zeigt das an. Wir wissen das, auch wenn wir dem Ende entgegenfiebern, irgendwo im Hinterkopf wissen wir immer, dass es das Ende schon gibt, das da gerade etwas erzählt wird, damit darauf das Nächste folgen kann und am Ende … Vielleicht wirken auch deshalb Geschichten psychisch entlastend, sie geben uns ein beruhigendes Gefühl von einer bereits erfüllten Zeit. Dadurch unterscheiden sie sich von der beunruhigenden Offenheit des wirklichen Lebens, in dem nichts gewiss ist.

Erwähnen sollten wir noch die unverknüpften Motive, die etwa in Kriminalgeschichten dazu dienen, die Leser auf falsche Fährten zu locken und damit besondere Überraschungseffekte zu erzielen. Martinez und Scheffel meinen jedoch, dass sich nicht alle Motive aus den Erfordernissen der Handlung oder der Komposition herleiten lassen. Man nennt sie *freie* oder *blinde Motive* und gerade ihre scheinbare Funktionslosigkeit hat manchen Forscher fasziniert. Denn sie dienen dazu, das Geschehen dadurch wirklichkeitsgetreu erscheinen zu lassen, dass sie sich Erklärungen widersetzen. Sie geben so eine Alltagserfahrung wieder: Vieles widerfährt uns, ohne dass wir es einordnen, zuordnen oder erklären könnten.[484]

Fassen wir drei Fragen zusammen, die für die Erforschung von Motiven bedeutend sind. Erstens: Wie wandeln sie sich auf ihrer Reise durch die Zeit? Zweitens: Wie wandeln sie sich auf ihrer

Reise durch eine Erzählung? Drittens: Wie tragen sie durch ihr Zusammenwirken und durch Wiederholungen zur Formbildung eines Kunstwerks bei?

KERNMOTIV, MACGUFFIN, THEMA

Schlussbild des Films *Der Malteserfalke*, John Huston 1941, nach der Romanvorlage von Dashiell Hammett (1930): Die schöne Mörderin Brigid ist eben abgeführt worden, das Herz von Humphrey Bogart als Detektiv Spade ist gebrochen, aber da liegt noch ein Gegenstand herum. Ein Vogel, ein Falke, aus unbestimmtem Material, nicht sehr groß, gerade aus Zeitungspapier ausgewickelt. Der Polizist hebt die Statuette hoch, ein wenig geringschätzig und stellt eine letzte Frage an Spade: Was ist denn das für ein Ding? – Antwort: »Der Stoff, aus dem Träume sind.« – Spade hat noch Zeit, auf den Treppenabsatz hinauszugehen und sieht Brigid, wie sie mit leeren Augen durch die Stäbe des Aufzugkäfigs starrt – der Film endet.[485]

Wir haben gesagt: Motive sind Elemente, die die Handlung in Gang bringen. Andererseits kann keine kompakte Handlung entstehen, wenn all die Verrückten, die einen Roman oder Film bevölkern, in verschiedene Richtungen auseinanderstieben wie ein Schwarm aufgescheuchter Tauben. Es braucht auch noch eine besondere Art von Motiven: Es sind solche mit der eigentümlichen Gabe, die Phantasien, Wünsche und Handlungen verschiedener Menschen auf sich zu ziehen und damit auch die Menschen in ein Netz von Beziehungen zu verwickeln. Um beim Beispiel des Malteserfalken zu bleiben: Da sind allerlei Glücksritter, Abenteurer, zwielichtige Figuren, die alle auf der Jagd nach einem geheimnisvollen Falken sind, einem Kleinod, das im Mittelalter geschaffen wurde – angeblich im Auftrag des Malteserordens. Es ist mit Diamanten besetzt und daher von unschätzbarem Wert. Auf der Jagd nach dem Malteserfalken verbünden sich nun die Figuren, bekämpfen sich, verlieben sich, begehen Morde und schließlich muss der schäbige Detektiv die Frau, die er liebt, an die Polizei verraten.

(Das Tier, das der Inspektor am Schluss des Films in Händen hält, ist allerdings eine wertlose Fälschung, wieder einmal hat man sich auf eine falsche Spur locken lassen.) Ernest Lehman, Drehbuchautor für Hitchcock, nennt den *MacGuffin* das »overall organizing principle«[486] einer Geschichte, das Kraftzentrum also, das eine Geschichte zusammenhält. Der MacGuffin im Film ist allerdings als Dreh- und Angelpunkt der Handlung nicht unähnlich dem Dingsymbol der guten alten Novellentheorie von Paul Heyse. Der Witz beim MacGuffin à la Hitchcock ist, dass sich da zwar alles um ein Ding dreht, wir aber nie erfahren, was es mit diesem eigentlich wirklich auf sich hat: In *North by Northwest/ Der unsichtbare Dritte* (1959) ist es eine kleine präkolumbische Figur, in der ein Mikrofilm versteckt ist. An einer Stelle des Films gibt ein CIA-Mann dem braven Cary Grant auch Erläuterungen dazu. Nur leider, das Gespräch wird vom Dröhnen der Propeller des Richtung Nord-Nordwest startklaren Flugzeugs übertönt, der Zuseher kann es nicht verstehen. Hören wir Hitchcock und Truffaut im Gespräch über den MacGuffin und über das, was Erzählungen zusammenhält:

[Hitchcock:] Das ist eine Finte, ein Trick, ein Dreh, wir nennen das »gimmick«. Ich werde Ihnen die ganze Geschichte des MacGuffin erzählen. Sie wissen, dass Kipling häufig über die Briten geschrieben hat, die an der Grenze von Afghanistan gegen die Inder kämpften. In all den Spionagegeschichten, die in dieser Gegend spielten, ging es ohne Unterschied immer um den Raub von Festungsplänen. Und das war der MacGuffin. [...] Bei meiner Arbeit habe ich mir immer vorgestellt, die Papiere, die Dokumente oder Konstruktionsgeheimnisse der Festung müssten ungeheuer wichtig sein für die Personen des Films, aber ganz ohne Bedeutung für mich, den Erzähler.

Woher der Begriff des MacGuffin kommt? Der Name erinnert an Schottland, und da kann man sich folgende Unterhaltung zwischen zwei Männern in der Eisenbahn vorstellen. Der eine sagt zum anderen: »Was ist das für ein Paket, das Sie da ins Gepäcknetz gelegt haben?« Der andere: »Ach, das ist ein MacGuffin.« Darauf der erste: »Was ist das, ein MacGuffin?« Der andere: »Oh, das ist ein Apparat, um in den Bergen von Adirondak Löwen zu fangen.« Der erste: »Aber es gibt doch überhaupt keine Löwen in den Adirondaks.« Darauf der andere: »Ach, na dann ist es auch kein MacGuffin.« Diese Geschichte zeigt Ihnen die Leere, die Nichtigkeit des MacGuffin. [...]

[Truffaut:] Wegen dieser Filme, die um einen MacGuffin herum konstruiert sind, sagen einige Kritiker: Hitchcock hat nichts zu sagen. Ich glaube, zunächst wäre die einzige richtige Antwort darauf: Ein Filmmacher hat nichts zu sagen, er hat zu zeigen.

[Hitchcock:] Genau. [487]

Es ist kurios, dass es in den alten Erzählungen um den goldenen Apfel geht, der der Schönsten gebührt oder um den Ring des Nibelungen und im Kino des zwanzigsten Jahrhunderts um ... ja eben um gimmicks, um MacGuffins. Ich frage mich: Ist das Schloss in Kafkas Roman ein MacGuffin?

Vielleicht ist MacGuffin nichts anderes als ein neues Wort für *Thema*; mit dem Unterschied, dass auch Abstraktes Thema sein kann. Auch ein Thema ist ein *overall organizing principle*, ein Energiezentrum, von dem alles ausgeht oder auf das alles hinsteuert. Wissenswertes zum Begriff *Thema* bringt Wolfgang Kayser ein. Sein Buch *Das sprachliche Kunstwerk* sei ausdrücklich empfohlen. Nicht uninteressant ist auch, was Kayser zum Thema der großen alten Erzählungen macht: Die Ilias – Thema: Der Zorn des Achill und nicht die Belagerung Trojas. Odyssee: Die Heimkehr des Odysseus[488] und nicht die Irrfahrt, die sprichwörtlich gewordene Odyssee. Was den zweiten Fall betrifft, erscheint mir Borges origineller: »Wenn wir die Odyssee lesen, empfinden wir, glaube ich, den Glanz, den Zauber der See; wir empfinden das, was wir im Seefahrer finden. Ihm liegt zum Beispiel nicht viel an der Harfe, am Austausch von Ringen, an der Wonne, die eine Frau schenkt, oder an der Größe der Welt. Er denkt nur an die langen salzigen Ströme der See. Damit haben wir beide Geschichten in einer: Wir können sie als die Geschichte einer Heimkehr lesen und als eine Abenteuergeschichte – vielleicht die beste, die je geschrieben oder gesungen wurde.«[489]

Erzählbewegungen

Queneau und Dschalaluddin Rumi: Zwei kurze Erzählungen

Kinder bauen nicht nur Puppenhäuser auf und stellen Personen und
Gegenstände hinein. Zufrieden sind sie erst, wenn sie die Spielwelt
in Bewegung setzen. Am Begriff des Motivs haben wir gesehen, dass
wir diese gar nicht unbewegt denken können. Wenn es dynamische
Motive sind, dann tragen sie ein Nachher, eine Handlung, schon im
Keim in sich. Handlung – Bewegung in der Zeit – ist das Merkmal
des Erzählens, das lehrte schon Aristoteles. Wir haben uns im Theater schon länger über Handlungen und typische Handlungen unterhalten. Ich greife das noch einmal auf und möchte es ein Stück
weiter entwickeln. Beginnen wir mit einer sehr kurzen Erzählung:

Notations

Dans l'S, à une heure d'affluence. Un type dans les vingt-six ans, chapeau
mou avec cordon remplaçant le ruban, cou trop long comme si on lui
avait tiré dessus. Les gens descendent. Le type en question s'irrite contre
un voisin. Il lui reproche de le bousculer chaque fois qu'il passe quelqu'un.
Ton pleurnichard qui se veut méchant. Comme il voit une place libre, se
précipite dessus.
Deux heures plus tard, je le rencontre Cour de Rome, devant la gare
Saint-Lazare. Il est avec un camarade qui lui dit: »Tu devrais faire mettre
un bouton supplémentaire à ton pardessus.« Il lui montre où (à l'echancr-
ure) et pourquoi.[490]

[Angaben

Im Autobus der Linie S, zur Hauptverkehrszeit. Ein Kerl von etwa
sechsundzwanzig Jahren, weicher Hut mit Kordel anstelle des
Bandes, zu langer Hals, als hätte man daran gezogen. Leute steigen
aus. Der in Frage stehende Kerl ist über seinen Nachbarn erbost. Er
wirft ihm vor, ihn jedesmal, wenn jemand vorbeikommt, anzurem-

peln. Weinerlicher Ton, der bösartig klingen soll. Als er einen leeren Platz sieht, stürzt er sich darauf.

Zwei Stunden später sehe ich ihn an der Cour de Rome, vor der Gare Saint-Lazare wieder. Er ist mit einem Kameraden zusammen, der zu ihm sagt: »Du solltest dir noch einen Knopf an deinen Überzieher nähen lassen.« Er zeigt ihm wo (am Ausschnitt) und warum.]⁴⁹¹

»Die Geschichte vom Autobus S, der Raymond Queneau zu einer vorläufigen Unsterblichkeit verholfen hat, ist von einer Banalität, die dem Leser die Tränen in die Augen treibt«, schreibt Hans Magnus Enzensberger auf dem Klappentext der deutschen Ausgabe der *Stilübungen* von Raymond Queneau, ersterschienen 1947. In diesem Buch wird die referierte Begebenheit gut hundert Mal variiert, also auf andere Weise erzählt: Verdoppelung, Litotes, metaphorisch, rückwärts, Überraschungen und und, und … Eine sehr unterhaltsame Art, die Vielfalt der Möglichkeiten sprachlicher Gestaltung zu zeigen. Doch uns beschäftigt jetzt die Frage: Was braucht ein Erlebnis, um nicht wieder aus dem Gedächtnis gelöscht zu werden. Ist das, was Queneau in seinen *Exercices de style* erzählt, ausreichend? Soll ich schreiben: Nein, und deshalb ist es ja auch nur ein kleines Textchen für Stilübungen. Aber stimmt das auch? Ist da nicht doch diese kleine Merkwürdigkeit, dieses gewisse Etwas? Besteht es nicht darin, dass da aus dem Ozean der sich durch Paris bewegenden Menschenmenge zwei Mal dasselbe eigentümliche Exemplar auftaucht und ins Blickfeld des Erzählers gerät. Zufall? Wirklich nur Zufall? Oder sind da andere Kräfte im Spiel? Eine »Fügung« des geheimnisvoll »waltenden« Schicksals.

Betrachten wir eine zweite Geschichte, sie ist sehr alt und wurde im Mittelalter von dem islamischen Theologen, Sufi und Dichter Dschalaluddin Rumi (1207-1273) aufgeschrieben.⁴⁹² Im Jahr 1988 nahm sie der baskische Autor Bernardo Atxaga in sein Buch *Obabakoak* auf. Auch *Obabakoak* möchte ich empfehlen, es ist ein lesenswerter Erzählband. Atxaga erzählt darin nicht nur selbst Erfundenes. Er verwebt Eigenes mit Stoffen der abendländischen Erzähltradition und zeigt, dass diese ohne den Orient nicht denkbar wäre. Das Buch beschreibt auch eine interessante Debatte darüber, was eine gute Erzählung sei – mit Beispielen von Maupassant, Tsche-

chow und eben alten Geschichten aus Persien. Die Erzählung heißt
El criado del rico mercader/ Der Diener des reichen Kaufmanns zu Bagdad und da
trägt sich Folgendes in der genannten Stadt zu:

Erase una vez, en la ciudad de Bagdad, un criado que servía a un rico mercader. Un día, muy de mañana, el criado se dirigió al mercado para hacer
la compra. Pero esa mañana no fue como todas las demás, porque esa
mañana vio allí a la Muerte y porque la Muerte le hizo un gesto.
Aterrado, el criado volvió a la casa del mercader.
»Amo« – le dijo–, »déjame el caballo más veloz de la casa. Esta noche
quiero estar muy lejos de Bagdad. Esta noche quiero estar en la remota
ciudad de Ispahán.«
»Pero ¿por qué quieres huir?«
»Porque he visto a la Muerte en el mercado y me ha hecho un gesto de
amenaza.«
El mercader se compadeció de él y le dejó el caballo, y el criado partió
con la esperanza de estar por la noche en Ispahán.
Por la tarde, el propio mercader fue al mercado, y, como le había sucedido
antes al criado, también él vio a la Muerte.
»Muerte« – le dijo acercándose a ella –, »¿por qué le has hecho un gesto
de amenaza a mi criado?«
»¿Un gesto de amenaza?« – contestó la Muerte –. »No, no ha sido un
gesto de amenaza, sino de asombro. Me ha sorprendido verlo aquí, tan
lejos de Ispahán, porque esta noche debo llevarme en Ispahán a tu
criado.«[493]

[Es war einmal ein junger Bursche, der in der Stadt Bagdad einem reichen Kaufmann diente. Eines Tages ging er frühmorgens auf den
Markt, um einzukaufen. Doch es war nicht ein Morgen wie jeder
andere, denn an jenem besonderen Morgen erblickte er in der Menge
den Tod, und der Tod gab ihm ein Zeichen. Von Entsetzen gepackt,
eilte der Diener in das Haus seines Meisters zurück.
»Herr«, sagte er zu ihm, »borgt mir Euer schnellstes Pferd. Ich will
nach Isphahan reiten, denn wenn es Nacht wird, muss ich Bagdad
weit hinter mir zurückgelassen haben.«
»Warum, sag, warum willst du denn fliehen?«
»Weil ich auf dem Markt den Tod gesehen habe, und der Tod hat mir
ein Zeichen gegeben.«
Der Kaufmann hatte Erbarmen mit seinem Diener und überließ ihm
das Pferd; der Bursche ritt eiligst davon, aus tiefster Seele hoffend,
dass er vor Einbruch der Dunkelheit in Isphahan eintreffen würde.

Am späten Nachmittag ging der Kaufmann seinerseits auf den Markt, und auch er begegnete dort dem Tod.

Er ging auf ihn zu und sagte: »Tod, warum hast du meinem Diener ein Zeichen gegeben?«

»Ein Zeichen gegeben?« entgegnete der Tod. »Nein, ich habe ihm kein Zeichen gegeben, ich war bloß erstaunt, ihm hier, in Bagdad, zu begegnen, wo ich ihn doch heute Nacht in Isphahan holen muss.«[494]

Außergewöhnliches erzählen

Queneau und Rumi/ Atxaga haben zwei Dinge gemeinsam: Sie erzählen etwas Außergewöhnliches. Das scheint die allerallgemeinste Gemeinsamkeit aller Geschichten zu sein: Den Tod trifft man nicht jeden Tag auf dem Markt, und es kommt selten vor, dass man einem so merkwürdigen Kerl, wie ihn Queneau vorführt, in einer Großstadt zweimal an einem Tag begegnet. Cortázar schreibt kurz: Wenn du eine Tarantel in deinem Schuh findest, dann läufst du rüber ins Büro deines Kollegen und erzählst es ihm.[495] Aber warum ist das so? Gewiss, das Außergewöhnliche ist unterhaltsam, regt zum Spekulieren an – was könnte hinter einer zweimaligen zufälligen Begegnung stecken?

Durch das Erzählen des Außergewöhnlichen wird aber auch gezeigt, was alles möglich ist oder möglich wäre. Vielleicht ist es für den Einzelnen und für eine Kultur wichtig, das Mögliche so hervorzuheben, zu speichern, zu tradieren und für den Ernstfall bereit zu halten, um richtig reagieren zu können: »So etwas wird uns nicht mehr passieren«. Es wird auch erzählt, um die Grenze zu markieren zwischen zwei Bereichen, die jede Kultur klar zu scheiden trachtet: Das Gewöhnliche einerseits und die Abweichung andererseits.

Während also eine Kultur auf der einen Seite eine Menge von Normen umfasst, muss sie auf der anderen Seite auch eine Menge von interpretativen Verfahren enthalten, um Abweichungen von diesen Normen im Rahmen festgelegter Muster von Überzeugungen Sinn zu verleihen.[496]

Seit dem Attentat auf das World Trade Center sind zahllose gute und schlechte Autoren und Drehbuchschreiber damit beschäftigt, die unerhörten, vorher nur für wenige denkbaren Ereignisse in Erzählmuster einzupassen. So ist es nicht uninteressant, was die Zeitung El País im Jahr 2001 über den Thrillerautor Frederick Forsyth schrieb und was er selbst dazu sagte:

> [Forsyth] barajó en una ocasión la posibilidad de construir una novela en torno a la destrucción de un edificio con un avión secuestrado por criminales suicidas. Descartó la idea, convencido de que el lector occidental nunca creería semejante historia. La realidad se ha demostrado indudablemente más osada que la ficción. El triple ataque contra los rascacielos de Manhattan [...] que se cobró la vida de más de 6.000 personas, amplía el horizonte de la verosimilitud para autores como Forsyth, especializados en los *thrillers* y novelas de espionaje. »Hemos descubierto una mina de oro, pero es una mina mala.«[497]

> [[Forsyth] erwog einmal die Möglichkeit, einen Roman um die Zerstörung eines Gebäudes mit einem von Selbstmordattentätern entführten Flugzeug zu konstruieren. Er verwarf die Idee, überzeugt davon, dass der westliche Leser eine solche Geschichte niemals glauben würde. Die Wirklichkeit hat sich als kühner erwiesen als die Fiktion. Die dreifache Attacke gegen die Wolkenkratzer von Manhattan [...], die mehr als 6000 Menschen das Leben nahm, hat den Horizont des Wahrscheinlichen für Autoren erweitert, die wie Forsyth auf Thriller und Spionageromane spezialisiert sind. »Wir haben eine Goldmine entdeckt, aber es ist eine böse Mine.«]

Notieren wir: Wie in den alten Poetiken, wie bei Aristoteles oder bei Cervantes, ist hier noch immer die *Verosimilitud*, die Wahrscheinlichkeit, Leitbegriff für bestimmte Gattungen.

Erzählend deuten

Erzählen heißt Deuten oder besser: Deutungsbedarf anzeigen! Das trifft auf die Pariser Alltagsgeschichte zu. Es trifft noch mehr auf die Geschichte vom Diener des reichen Kaufmanns von Bagdad zu. Wir haben da ein ganzes Geflecht von Interpretationen: die kurzsichtige des Dieners, die ebenfalls merkwürdig verständnislose des Todes – »was macht denn der noch hier?« – und die siegessichere am Ende: »Ich hole ihn heute Abend in Isphahan ab.« Aber was sollen *wir* eigentlich verstehen? Wohl etwas in der Art: Dem Tod kannst du mit menschlicher List nicht entrinnen. Oder aber auch: Auch ein Zeichen, das »falsch« interpretiert wird, kann sich als zielführend herausstellen.[498]

Die Geschichte »funktioniert« nur, wenn sie genau so erzählt wird. Was wäre, wenn jemand sie stattdessen folgend erzählte: »Ein Mann hatte Angst, er würde sterben und flüchtete von Bagdad nach Isphahan. Dort starb er.« Das Ergebnis ist dürftig, es fehlt eben der Witz, es fehlt die Pointe – und es fehlt das Bindemittel der Deutungen.

Wir finden in Rumis Erzählung Motive, die viele Sagen, Erzählungen, Dramen und auch Lieder und Chansons entwickeln: Die Begegnung mit dem Tod, den Versuch, den Tod zu täuschen, die Ausweglosigkeit des Todes. Doch diese Motive sind nicht bloß aneinander gereiht wie Perlen an einer Schnur. Vielmehr schafft die Erzählung Verbindungen und verwebt sie auf ganz bestimmte Weise miteinander. Sie sagt also nicht nur: Und dann passierte das, und dann das und dann das.[499] Sie setzt ein *Weil*, ein *Zwar*, ein *Aber*, ein *Dennoch*: Der Mann flüchtete, *weil* er Angst vor dem Tod hatte, *jedoch* … usw. Hinter den Verknüpfungen stehen bestimmte Kräfte, die das Geschehen in Gang setzen und in Gang halten. Und es sagt sehr viel über einen Erzähler, eine Gattung, eine Epoche aus, wo welche Verbindungen hergestellt werden.

Das interessante an Erzählungen ist, dass sie zwischen Ereignissen ein geistiges Band herstellen. Anders: Jede Erzählung sagt direkt oder indirekt etwas darüber aus, wer die Welt bewegt und wie sie sich bewegt. Und indem sie Ereignisse in ganz bestimmter Weise entfaltet, suggeriert sie auch, dass es eben nur so und nicht anders kommen konnte. Erzählungen haben keine geringe manipulative Kraft, denn sie laden dazu ein zu glauben, wir hätten ein Stück wahrscheinliches Leben vor Augen. Dieser Effekt wird nicht dadurch getrübt, dass ein abstraktes Konzept, der Tod, plötzlich als Person auftritt und menschliche Reaktionen zeigt. Für die Verknüpfung der Ereignisse nimmt eine Erzählung die möglichen Deutungsmuster zu Hilfe, die sie in ihrer Kultur vorfindet: Eine Kultur, die daran glaubt, dass Götter ständig ins Leben der Menschen eingreifen, erzählt anders als eine, die meint, die Gesetze der Physik seien es, die alles in Gang halten. Das Muster eines Erzählteppichs ist so nach bestimmten Regeln gewoben, die sich im Lauf der langen Geschichte des Erzählens immer wieder wandelten.

Motivierung – »Warum musste es so kommen?«

Aber am Ende ist es dennoch eine *Grundursache, die beiden ihren eigentümlichen Reiz gibt, nämlich das, dass wir etwas Auffallendes, Außergewöhnliches miterleben. Bei den Märchen liegt dieses Außergewöhnliche in jener Einmischung eines fabelhaften Zaubers in das gewöhnliche Menschenleben, bei den Geschichten geschieht etwas zwar nach natürlichen Gesetzen, aber auf überraschende, ungewöhnliche Weise.* (Wilhelm Hauff, *Der Scheik von Allessandria und seine Sklaven*)[500]

Jede Erzählung befasst sich also mit den Kräften, die Menschen handeln lassen und die bestimmen, was ihnen zustößt. Martinez und Scheffel sprechen in ihrer sehr guten *Einführung in die Erzähltheorie* von *Motivierung*. Dieses Konzept ist genau zu trennen vom *Motiv*. Es sind nicht die Bestandteile einer Geschichte gemeint, sondern es geht vielmehr um den Plan, nach dem diese Bestandteile zusammengesetzt sind. Es geht darum, wie das eine aus dem anderen hervorgeht.

Erzählungen können auf ein Ziel hinsteuern, das von Beginn an feststand – Troja wird brennen. Das nennen Martinez und Scheffel eine *finale Motivierung*. In traditionellen Kulturen sind es übernatürliche Mächte, die über das Schicksal bestimmen, egal, was der hl. Julian auch tut, es steht von Beginn an fest, dass er nicht nur als Mörder endet, sondern letztlich zum Heiligen wird. Verzichten Erzähler aber auf einen höheren Puppenspieler, der die Fäden in der Hand hält, dann läuft der *homo fictus* dennoch nicht herum wie ein Roboter ohne Fernsteuerung. Es geschieht vielmehr alles gemäß der Verbindung, welche die moderne Welt an die Stelle von Göttern, Parzen und Nornen gesetzt hat: Ursache und Wirkung. Das hieße dann *kausale Motivierung*.[501] Diese Unterscheidung ist als Ausgangspunkt hilfreich; dem Geheimnis des Erzählens werden wir mit ihr nicht beikommen. Das sehen übrigens auch die genannten Autoren so. Sie stellen beispielsweise fest, dass bei Thomas Mann kausale und finale Motivierung merkwürdig zusammenwirken.

Die Ansprüche der Ästhetik

Es stellt sich die Frage: Ist nicht allein dadurch stets eine finale Motivierung vorhanden, dass eine Erzählung auf einen Endpunkt, auf eine Lösung hinsteuert? So opfern viele moderne Autoren zwar nicht mehr am Altar göttlicher Vorsehung, sie sind aber nach wie vor bereit, die Gesetze der Kausalität außer acht zu lassen, wenn es darum geht, die Handlung dorthin zu bringen, wo sie sie haben wollen. Das geht bisweilen auf Kosten der Glaubwürdigkeit, vor allem der Glaubwürdigkeit der Personen.

Aber Erzählungen können nicht einfach Ereignisse in ihren tatsächlichen Verknüpfungen abbilden. Denn sie folgen auch einem künstlerischen Plan. Das nennen nun Martinez und Scheffel die *ästhetische Motivierung* oder auch *kompositorische Motivierung*. Das heißt, ein Werk soll eine Gestalt haben, die aus der Kurve der Handlung, aus Kontrasten, Spiegelungen und Wiederholungen entsteht. Wir haben das dort behandelt, wo von der Verteilung der Motive auf der »Leinwand« der Erzählung die Rede war. Ich habe den Begriff *ästhetische Motivierung* in mehreren Kursen verwendet, aber er löst zusammen mit kausaler und finaler Motivierung oft Verwirrung aus. Denn nun sind zwei Fragen auf unangenehme Weise miteinander vermischt. Die eine lautet: Warum passiert dieses und danach jenes, warum zieht ein bestimmtes Ereignis ein anderes nach sich – warum flüchtet der Diener aus Bagdad? Die andere Frage aber ist: Warum platziert der Autor Erzählelemente an einem bestimmten Platz? Die erste Frage betrifft die Geschichte an sich – die *Fabel*, wie die Erzähltheorie sagt. Die zweite ist eine der Dramaturgie und der Komposition, es geht um den *Plot*. Die erste zielt auf die Glaubwürdigkeit und Folgerichtigkeit der Handlung, die zweite auf Spannung, emotionale Anbindung, Erzeugen von ästhetischem Genuss.

Seit jeher versuchen Erzähler diese beiden Dinge im Gleichgewicht zu halten. Und immer schlagen sie sich dabei mit der alten Forderung herum, Literatur solle zugleich belehren und erfreuen. Belehren kann vermutlich nur, was etwas mit dem wirklichen Leben zu tun hat, das wirkliche Leben ist aber nicht immer unterhaltsam genug. Es genügt nicht, es einfach abzuschreiben, um gute Literatur zu machen. Erzählen heißt also auch, Leben nach einem bestimmten Muster gestalten. So stehen Erzählungen immer in der Mitte zwischen dem Leben mit seinen Ereignissen und dem Autor und seinem Willen zur Kunst. Er muss das Leben in ein gestaltetes Leben verwandeln. Er muss Außergewöhnliches erzählen, Wundersames, Merkwürdiges, aber er muss dem Geschehen den Anschein geben, es wäre ein Geschehen, dass sich auch im wirklichen Leben zutragen könnte.

Das Warum in der modernen Erzählkunst

Vielleicht ist es ein Merkmal mancher moderner Erzählung, dass sie zwar merkwürdige Reihen von Ereignissen darstellt, die letzten Ursachen aber im Dunkeln lässt. Beispiele können die Erzählungen und Romane von Kafka sein: Wir erfahren nicht, warum Josef K. verurteilt wird, wir erfahren nicht, warum K. das Schloss nicht erreichen kann…
In solchen Fällen sagen uns Erzählungen aber nicht mehr, wie die Dinge zusammenhängen, sondern nur mehr, dass es geheimnisvoll ist, wie sie zusammenhängen. Hier stoßen wir an Überlegungen, die wir in dem Kapitel über das Symbol ein Stück weit entwickelt haben; und wir sind an dem Punkt, wo »Rationalisten« und »Mystiker« sich trennen und verschiedene Wege einschlagen. Zu den Rationalisten ließe sich Eco zählen. Er meint, Fiktionen erfreuten uns deshalb, weil sie uns eine Modellwelt zeigten, deren innere Beziehungen klarer wären und leichter zu durchschauen als die der wirklichen Welt. Wir können nicht alle Codes, die uns das Leben präsentiert, knacken, jede Erzählung erlaube es uns aber, *ihren* Code zu knacken.[503] Rationalist ist auch Forster, jedenfalls an diesem

Fleck seines Denkens, wenn er meint, Romanfiguren machten uns glücklich, weil wir sie durchschauen könnten. Genau das träfe auf die Menschen, die uns das wirkliche Leben gegenüberstellt, nicht zu.

> Im Roman [...] können wir die Menschen durch und durch kennenlernen und können [...] einen Ausgleich für ihre Undurchschaubarkeit im wirklichen Leben finden. In dieser Hinsicht ist die erzählende Kunst wahrhaftiger als die Historie, weil sie über das Sichtbare hinausgeht. [...] Aus diesem Grunde kann Moll Flanders nicht unter uns sein, aus diesem Grund unter anderem können Amelia und Emma nicht unter uns sein. Sie sind Menschen, deren Geheimstes sichtbar ist oder sein kann: wir aber sind Menschen, deren Geheimstes unsichtbar ist.
> Darum aber können Romane, auch wenn sie von schlechten Menschen handeln, uns Trost spenden; sie spiegeln eine Menschengattung, die dem Verständnis leichter zugänglich und damit leichter zu behandeln ist; sie geben uns die Illusion von Scharfblick und Macht.[504]

Den »Rationalisten« stehen die »Mystiker« gegenüber, die »Verdunkler«. Zu ihnen gehören etwa Roland Barthes oder der Wiener Essayist Franz Schuh.[505] Sie meinen, dass uns Kafka oder Shakespeare gerade deshalb tief berührten, weil sie nicht alles erklärten und das große Rätsel, das ihre Figuren in der Seele tragen, nicht auflösen.

Zusammenhänge suggerieren – Julio Cortázar

Faszinierend sind Erzählungen, wie sie Julio Cortázar schreibt. Nehmen wir etwa *Los venenos/ Die Gifte* aus dem Jahr 1956.[506] Darin erweckt der Autor mit großer Intensität und in kindlichem Sprachstil die Welt seinen früheren Jahren im Garten hinter dem Haus seiner Mutter in Bánfield, einem Vorort von Buenos Aires. Da gibt es Ameisen, die die Gärten und Beete mit ihren weitverzweigten Gängen unterhöhlen. Da gibt es den Onkel Carlos, der mit einer ganz altertümlichen Vertilgungsmaschine, die einem Öfchen gleicht, kommt und einer Dose mit einem Gift, das in dem Ort *Flores* bereits drei Kinder getötet habe, die nicht auf das strenge Gebot der Eltern achteten, es nicht zu berühren. Dann gibt es den Cousin Hugo, der für ein paar Tage aus der Stadt kommt und in den sich die Schwester und das Nachbarsmädchen Lila verlieben. Aber auch der Erzähler ist in Lila verliebt, schenkt ihr, um sie nach einem Sturz zu trösten, seinen schönsten Jasmin, den er an einem der Beete des Gartens gezogen hat. Über ein Rohr wird der giftige Rauch der Maschine in die Ameisenhügel geleitet und es ist, da die Gänge so weit verzweigt sind, nicht vorhersehbar, an welchen Stellen und aus welchen Löchern der Rauch plötzlich wieder aus der Erde aufsteigt, etwa im Nachbargarten in dem Beet, wo Lila den geschenkten Jasmin gepflanzt hat. Cortázar entwirft eine Erzählwelt und eine Handlung aus Elementen, die im klaren Licht des Verstands nichts miteinander zu tun haben: Vertilgungsmaschine, Jasmin, Cousin Hugo, Lila, Gifte ... Diese Elemente verbindet er jedoch mit solcher Eindringlichkeit, dass er die Leser in den Zustand von literarischer »Trunkenheit« versetzt, in dem sie bereit sind, Zusammenhänge zu sehen, wo gar keine zu sein scheinen. Cortázar würde sagen: Es sind die geheimen Verbindungen, die auf der »anderen Seite« gelten, jener anderen Seite, deren Erforschung sich Cortázar zur literarischen Lebensaufgabe machte.[507]

Wir können verallgemeinern. Jede Erzählung stellt die Frage: Welche Kräfte lenken das menschliche Leben? Oder auch: Jede Erzählung unternimmt den atemberaubenden Versuch, menschliches Handeln in der Zeit, das Leben im Fluss, *la vie en action*, nachzuahmen.[508]

ELEMENTE VON GESCHICHTEN (KENNETH BURKE UND JEROME BRUNER)

Wir haben schon mehrmals die Fragen gestellt: Warum sind Erzählungen so leistungsfähig, wenn es um das Speichern und Vermitteln von kulturellen Inhalten geht? In welche Form werden Erfahrungen gebracht und wie müssen sie verwandelt werden, damit eine Erzählung »zieht«? Wir haben dazu auch ein paar Denkansätze vorgestellt. Wir haben von der *Heldenreise* gesprochen, von der *Grenzüber-*

schreitung in einer *sujethaltigen* Erzählung, vom Konzept der *Bedeut-samkeit* (*significación*), das Cortázar vorträgt. Noch ein Modell möchte ich hier vorstellen, es stammt von Kenneth Burke. Burke meint, der »Dramatismus« jeder Erzählung brauche fünf Elemente: *Akteur, Handlung, Ziel, Schauplatz* und *Instrument*. Eine Handlung kommt aber erst dadurch in Gang, dass zwischen den genannten Elementen ein *Ungleichgewicht* entsteht. Das ist etwa der Fall, wenn jemand, der gar nicht verrückt ist, in ein »Irrenhaus« gerät – nicht nur bei Milos Forman, sondern bereits um 1600 bei Lope de Vega. In dem Stück *Los locos de Valencia* flüchtet ein junger Caballero in ein solches Haus, denn er meint, einen Prinzen erschlagen zu haben. Ziel: Flucht vor der Justiz; Instrument: Verkleidung, Anneh-men einer neuen Identität; Schauplatz: ein »Irrenhaus«; Handlun-gen: Flucht, Verkleiden, Täuschen, sich Verlieben... Es besteht ein Ungleichgewicht zwischen Akteur und Schauplatz. Die Lösung einer Erzählung bringt es mit sich, dass das Gleichgewicht, das für eine Zeit gestört war,wieder hergestellt wird. Bei Lope passiert das durch den Auftritt des vermeintlich getöteten Prinzen, der erklärt, alles sei ein Missverständnis gewesen.[509]

Wir können dieses interessante Modell auf die Comedias des Siglo de Oro anwenden, die ich im Theaterkapitel vorgestellt habe, auf die Novellen Maupassants oder auf die Filme Chabrols. Merken wir hier jedoch noch an, dass auch Widerspruch laut wurde. Nicht alle Kulturen würden nach diesem Schema erzählen. Eine indische Erzählung etwa könne an den Beginn Ungleichgewicht setzen und mit einem neuerlichen Zustand des Ungleichgewichts auch enden.[510] Es ist ja gut, wenn nicht schon alles geklärt ist und für uns noch offene Fragen da sind. Im Feld einer Erzählforschung, die über Fächergrenzen hinausgeht, Kulturanthropologie, Soziologie und Psychologie einbezieht und Epochen und Kulturen vergleicht, gibt es noch Einiges zu tun. Im Lichte der neuen Fragen erhalten dann auch die alten Werke der Meistererzähler – Merimée, Henry James, Ambrose Bierce, Marguerite Yourcenar, um nur ein paar zu nennen – ganz neue Brisanz.

Wir sind nun an einem Punkt, an dem wir uns schon im Kapitel über das Theater befanden. Wir haben ein Schema vorgestellt, ein Muster oder mehrere mögliche Muster, auf die sich Erzählungen zurückführen lassen oder aus dem sie sich herleiten lassen. Aber das Muster ist eben nicht die Erzählung selbst. Diese lautet ja nicht: Akteur X verfolgt Ziel Y mit Instrument Z. Es ist ein großer Irrtum, wenn Wissenschaft in ihrem berechtigten Drang nach Verallgemeinerung das Schema mit dem Werk gleichsetzt. Und ich beharre auf der Frage: Ist es nicht die größte Tugend des Erzählens, des Romans, der Literatur, dass sie das unübersichtliche dichte Leben darstellen will, ohne dabei gleich alles zu erklären, so wie es die Theologie, die Philosophie, die Linguistik und oft vorschnell die Literaturwissenschaft tun wollen?

IST DIE HANDLUNG WICHTIG?

Nachdem wir uns nun eine Zeit lang den Kopf über Handlungen zerbrochen haben, sind wir an dem Punkt, wo wir alles wieder umwerfen könnten, indem wir fragen: Ist die Handlung denn wirklich so wichtig? Ist sie in allen Gattungen wichtig? Jorge Luis Borges meint – und Achtung: das ist *eine* mögliche Meinung! – die unausgegorenen und ein wenig törichten Abenteuer und Erlebnisse des Quijote seien es nicht, die den Roman berühmt gemacht hätten. Es sei allein die geniale Erfindung der einzigartigen und dabei lebensecht anmutenden Hauptfiguren.[511] Wir können sie uns ganz bildlich vorstellen, den Ritter von der traurigen Gestalt und seinen bäuerlichen Knappen, wie sie durch die Sierra Morena reiten. Es dürfte also Erzählungen geben, bei denen der Plot eher nebensächlich ist. Sie begegnen uns auch unter dem Gattungsnamen Roman. Da scheinen die Ereignisse recht frei aufeinander zu folgen. Figuren treten in den Vordergrund und wieder zurück. Paare finden sich und trennen sich wieder, der eine stirbt in der Schlacht, ein anderer tritt an seine Stelle und heiratet das Mädchen; der ganze unübersichtliche Lauf des Lebens also wird gezeigt, »realistisch« muten diese Handlungsläufe an – jedenfalls uns modernen Menschen –, die sich da über 600 oder 1000 Seiten hinziehen und wie es dann endet ist gar nicht so wichtig und wir haben es oft bald wieder vergessen. (Oder der Autor hat selbst gar keinen Schluss setzen wollen oder können, was auf einige der berühmtesten Romane der Moderne zutrifft, etwa auf *Das Schloss* von Franz Kafka.) Es ist schwierig eine solche Handlung im Kopf zu behalten – wie war das noch einmal genau mit dem Fürsten Andrej, mit Pierre, Nikolaj, Sonja, Natascha? – und vielleicht ist es uns auch nicht wichtig. Wichtig ist uns, dass wir ein paar Tage oder Wochen in einer Welt zugebracht haben, die ganz anders als unsere eigene war, aber doch ähnlich genug, um sie uns vertraut zu machen, um uns an ihren Orten geradezu heimisch zu fühlen. Wir befinden uns in einer Romanwelt, die so kunstvoll gebaut ist, dass wir bereit sind, sie mit der eigenen zu vertauschen. Zumindest, solange wir lesen oder noch länger, wenn wir wie der Don Quijote beginnen, das Leben zum Roman zu machen. Es sind also Erzählungen, die unsere Imagination mit prallem Leben ausfüllen. Das kann und will nicht jede Gattung, die kurze Geschichte von Rumi etwa skizziert ihre Erzählwelt nur mit wenigen Strichen. Der Roman aber macht es sich zum Ziel. Ich erinnere mich so ungefähr an den Plot von Balzacs Roman *Le Père Goriot/ Vater Goriot* (1835). Als lesenswertes Buch habe ich es aber wegen der Atmosphäre in Erinnerung, wegen des »grindigen« Frühstückstisches in der heruntergekommenen Pension der Madame Vauquer, in der die ganze Luft mit den Partikeln gefüllt ist, welche die Bewohner heraushusten, wegen des Schlagabtausches im Gespräch, den bösartigen Witzen und Wortspielen und der grimmigen Lebensphilosophie des Zuchthäuslers Vautrin. Handlung und Handlungsschema sind nur die eine Seite. Genauso wichtig, in manchen Romanen vielleicht viel wichtiger, ist die Erzählwelt, die Autoren schaffen. Hier schließt sich nun der Kreis und wir kehren an den Beginn dieser Überlegungen zurück, die wir mit der Frage begannen: Wie sieht die Grundausstattung einer Erzählwelt aus?

Stimmen

ERZÄHLER UND IHR TEMPERAMENT

Einstieg Variante A: Wir haben das Puppenhaus aufgebaut und in Bewegung gesetzt. Doch woher wissen wir, was sich darin abspielt? Wir können es ja nicht sehen, es ist hinter den Vorhängen der Wörter verborgen. Das ist der große Unterschied zwischen Erzählung und Theater. Die Bühne führt uns zumindest ein paar Dinge vor Augen. Beim Erzählen aber muss es jemanden geben, der berichtet. Und was hat die Geschichte der Literatur da nicht für merkwürdige Vögel anzubieten: Verrückte, Schelme, Mörder, zwielichtige Figuren mit brennenden Augen, die in unser Zugabteil steigen, eine Zigarette nach der anderen anzünden, unentwegt starken Tee aus ihrem Samowar nachgießen und sich mit finsterer Miene ins Gespräch mischen, um ihre Geschichte zu erzählen, die beweisen soll, dass romantische Liebe Lug und Trug ist. Betrüger werden zu Erzählern, Lügner, die uns Dinge glauben machen wollen, die nun beim besten Willen keiner, der bei Verstand ist, glauben kann. Nehmen wir nur *Axolotl* von Julio Cortázar, 1956:

> Hubo un tiempo en que yo pensaba mucho en los axolotl. Iba a verlos al acuario del Jardin des Plantes y me quedaba horas mirándolos, observando su inmovilidad, sus oscuros movimientos. Ahora soy un axolotl.[512]

> [Es gab eine Zeit, in der ich viel an die Axolotl dachte. Ich besuchte sie im Aquarium des Jardin des Plantes und brachte Stunden in ihrer Betrachtung, der Beobachtung ihrer Unbeweglichkeit, ihrer dunklen Bewegungen zu. Jetzt bin ich ein Axolotl.[513]]

Und je älter die Welt wurde und je moderner das Erzählen, desto konfuser die Erzähler: Sie kannten sich nicht mehr aus in ihrer Welt, schlecht informiert waren sie, zu faul offenbar, sich ein wenig umzusehen, Informationen einzuholen, sich Überblick zu verschaffen und nichts, was sie ankündigten, ging dann auch in Erfüllung. Sie zeigen uns etwa einen, der durch ein verschneites Dorf läuft, vom Herrenhof zum Brückenhof, zum Gemeindevorsteher, weil er als Landvermesser angestellt werden will. Sie zeigen ihn im Dorf, im Gespräch mit den Beamten des Schlosses in deren nächtlichen Schlafzimmern, doch was da eigentlich los ist im Dorf und oben im Schloss, das erfahren wir nie. Die alten, ja die alten wussten noch alles, die sangen »vom wandernden Mond und von Sonnenfinsternissen, woher der Menschen Geschlecht und die Tiere kommen, woher Regen und Feuer« - wie es bei Vergil heißt.[514] Sie kannten ihre Figuren, begleiteten sie an alle Orte, überblickten alles. Gut, sie mussten sich auch nicht selbst kundig machen, sie sangen, was ihnen die Muse eingab. Auch wenn im Märchen ein Erzähler etwas ankündigte, dann konnte man davon ausgehen, dass es auch eintrat.

Einstieg Variante B: Schon die Zusammenfassung der kurzen Geschichte von Rumi/ Atxaga hat gezeigt, dass es keineswegs gleichgültig ist, *wie* eine Erzählung präsentiert wird. (Henry James zufolge lässt sich jede Geschichte auf fünf Millionen verschiedene Weisen erzählen.[515]) Wesentlich sind Fragen wie diese: Wer erzählt? – Steht der Erzähler außerhalb der Geschichte oder ist er Teil davon? Wann gibt der Erzähler sein Wissen preis, was hält er bis zu welchem Punkt verborgen, also: In welcher Reihenfolge erzählt er die Ereignisse? Wie nahe ist er dem Geschehen, in welche seiner Figuren schlüpft er, das heißt an welche Orte führt er Leser zu welchem Zeitpunkt, mit wessen Augen (Ohren, Nasen, Haut, Zunge) nimmt er die erzählte Welt wahr? Bringt er nur eine oder mehrere Versionen eines Ereignisses? Wie viel Zeit liegt zwischen dem Geschehen und dem Erzählen selbst? Und wie gut ist er überhaupt informiert, können wir ihm vertrauen? Kurzum: Wer ist dieser Kerl oder diese Frau, die uns da etwas erzählen wollen? Was haben sie mit der Geschichte zu tun? Denn davon hängt doch alles ab: Der Charakter des Erzählers, wo er war, als sich alles ereignet hat, oder von wem er es erfahren hat, muss uns ebenso heftig interessieren, wie Person und Umstände eines Kronzeugen vor Gericht.[516]

Erzählerin oder Erzähler befinden sich in der Zwickmühle: auf der einen Seite die Geschichte, die ihr Recht einfordert und sich nicht beliebig stutzen lässt, wenn sie wirken soll. Auf der anderen die Leser und ihr Reservoir an Geduld. Dieses Reservoir kann lange ausreichen, es kann auch sehr rasch erschöpft sein. In jedem Fall schenkt der, der sich auf das Hören einer Geschichte einlässt, immer Zeit her, die er für etwas anderes verwenden könnte. Verdrückt sich ein Leser mit einem Buch in einen einsamen Winkel, dann nimmt er denen seine Gesellschaft weg, die mit ihm Haus und Tisch und vielleicht Bett teilen. Bauern und Kleinbürger mochten solche Eigenbrötler nicht leiden. Stendhal zeigt das in *Le rouge et le noir/ Rot und Schwarz* (1830): Der erzürnte Vater schlägt seinem Sohn, dem jungen Julien Sorel, der ganz ins Lesen versunken auf einem Dachbalken des väterlichen Sägewerks herumsitzt, statt die Holzsägen zu überwachen, wütend das Buch aus der Hand.[517]

Glücklich schätzen kann sich ein Erzähler über Zuhörer, denen die Zeit lang ist: Weil sie am Feld arbeiten oder in der Fabrik, als Wallfahrer oder als Handwerksburschen lange Wanderungen machen müssen. Dankbar dafür, in die Welt der Fiktion eintreten zu dürfen, sind Menschen, die eine schwer erträgliche Gegenwart ertragen müssen: in Gefangenschaft, in Kriegszeiten, auf der Flucht vor einer Seuche.[518] Bei Wilhelm Hauff sind es die Gäste im *Wirtshaus im Spessart* (1827), die nicht schlafen gehen wollen, weil ihnen dieses einsame Haus im Wald mit seinen zwielichtigen Wirtsleuten nicht geheuer ist und sie schon viele Geschichten von den Räubern im Wald herum gehört haben. Was bleibt ihnen also zu tun, als Geschichten zu erzählen, bis der Morgen graut.[519]

Vielleicht sind uns auch deshalb Kinder die liebsten Zuhörer, weil ihre Zeit für Geschichten unerschöpflich ist.[520] Da kann sich sogar alles umdrehen, und es kommt vor, dass der Erzähler genug hat und die Zeit lieber anders verbringen möchte. Auf seine einzigartige Weise macht das Gogol zum Thema, in der Erzählung *Der verhexte Platz*. Die beginnt so, und wir haben hier einen bedeutenden Beitrag zum Thema Anfänge[521]:

Bei Gott, ich bin des Erzählens schon überdrüssig! Was meint ihr denn? Es ist wirklich langweilig: immerzu heißt es »erzähle« und wieder »erzähle«, und man kann sich euch nicht entziehen! Na, wie ihr wollt, ich werde erzählen, nur, bei Gott, zum letzten Mal. Ihr habt also davon gesprochen, dass der Mensch, wie man sagt, mit dem unreinen Geist fertig werden kann. Das stimmt natürlich, obwohl, wenn man sich's recht überlegt, auf der Welt alles möglich ist... Also könnt ihr das nicht einfach behaupten. Will eine teuflische Kraft einen behexen, so wird sie ihn auch behexen. Bei Gott, behexen! ...[522]

Diese Geschichte ist vom ersten Augenblick an spannend. Denn wir spüren: Einer, der sich so ziert, wird etwas Besonderes aus dem Ärmel ziehen. Dann sehen wir ihn auch noch wacker – mit scheinbaren Zugeständnissen, nur um gleich in die Offensive zu gehen – gegen Zuhörer antreten, die ihm nicht glauben wollen und nicht an böse Geister glauben wollen. Besser ließe sich kein Erzähler anstacheln und besser ließe sich kein Leser fesseln. Staunen wir darüber, wie Gogols Genie das zuwege bringt, ohne große Worte.
Spannung entsteht dadurch, dass der Autor »Streit« zwischen dem Erzähler und dem vorgestellten Publikum stiftet. Er glaubt an böse Geister, sie zweifeln daran, er will sie überzeugen, sie hören, ob es ihm gelingt. Der Erzähler muss gegen hergebrachte Meinungen antreten. Diese Technik finden wir immer wieder in den phantastischen Erzählungen des neunzehnten Jahrhunderts, und noch Hitchcock ist sie lieb. Der Erzähler erzählt dann oft, wie er sich selbst vom Skeptiker zum Gläubigen wandelte.[523]
Es gibt noch einen Grund, warum Gogols Beginn erstaunlich wirksam ist. Wir hören eine Stimme, die Stimme eines Erzählers, der sich bitten lässt, und es gehört die Sprachkraft Gogols dazu, da in drei Sätzen einen zum Reden zu bringen, den wir uns sofort aus Fleisch und Blut vorstellen können. Wir merken, dass dieses »grantige« Ich nicht unbedingt Gogol selbst sein muss. Wir spüren auch, dass alles, was nun kommt, mit den Gefühlen und Erinnerungen dieses Erzählers, der Bescheid weiß über unreine Geister, vermengt sein wird.

Welche Stilmittel verwendet Gogol? – Kurze Sätze, Interjektionen (»bei Gott«) für Gedanken, Gefühle, Ideen und Argumente, die ein wenig sprunghaft hervorpurzeln, denn das verlangt das Temperament des Erzählers. All das mit der Präzision eines Uhrwerks, wenn es um die Erzähltechnik geht, die sich dahinter verbirgt. Ergebnis ist ein lebendiger, ein glaubwürdiger Erzähler, der aus der Druckerschwärze heraus zu sprechen beginnt.

Erzählen ist ursprünglich mündliches (genauer: körpergebundenes) Erzählen mit allem, was dazugehört: Geselligkeit, gemeinsames Essen und Trinken, die besondere Atmosphäre eines Ortes, der nach Zigarren oder Kaffee riecht; die Verbundenheit, die entsteht zwischen dem Erzähler und den Zuhörern. Wer gut Anekdoten erzählen kann, ist auch heute noch gerne gesehen und kommt auch heute noch gut an. Insgesamt ist das Erzählen langer Geschichten am Kaminfeuer, auf der Wanderschaft, bei der Arbeit aber nicht mehr das, was es früher einmal war, nicht einmal mehr am Wirtshaustisch, oder irre ich mich? Die Geschichten kommen aus dem Fernsehapparat. Erzählt wird aber immer noch, und wir wissen, wie sehr jede Erzählung von der Stimme der Erzählerin oder des Erzählers gefärbt ist: vom Klang dieser Stimme und vom Rhythmus des Erzählens. Es ist nicht gleichgültig, ob eine Jähzornige erzählt oder ein Sanftmütiger, ein Dogmatiker oder eine mit großem Herzen für die Vielfalt des Menschlichen. Ein Erzähler bringt sich ja immer selbst ein, er wählt aus, was er erzählt und was er verschweigt und möchte uns davon überzeugen, dass die einen Schurken sind und die anderen brave Leute. Er wird auch keine Erzählung beenden, ohne zu sagen, was von der ganzen Sache zu halten wäre. Die Erzählforschung fasst all das mit den Begriffen *Spürbarkeit des Erzählers, Zuverlässigkeit des Erzählers* und *Sympathielenkung* – durch den Erzähler.[524] Dazu gehört auch die Frage, an wen sich die Erzähler in der Erzählung wenden: an Zuhörer, die Teil der Geschichte sind, wie es Gogol tut, an den Leser, der nun das Buch in Händen hält... Und da ein Fußballreporter, der in seiner Kabine herumfuchtelt, anders erzählt als eine Großmutter, die in die Tiefe der Jahre schaut, müssen wir noch weitere Dinge in Zusammenhang mit der »Stimme« bringen und damit, wie sie eine Erzählwelt färbt und so eigentlich Teil dieser Welt ist: Welche zeitliche Distanz besteht zum Geschehen? Am vertrautesten scheint der Fall des rückblickenden Erzählens von Vergangenheit, doch es gibt auch Geschichten von der Zukunft und es gibt die Illusion vom Erzählen, während »alles gerade passiert«. Der Sizilien-Roman *La concessione del telefono/ Der unschickliche Antrag* (1998) von Andrea Camilleri besteht nur aus persönlichen und amtlichen Briefen, Zeitungsberichten und Dialogen, wir sind ganz nahe am Geschehen, das sich gerade erst zu entrollen scheint. (Als Erzähler müsste man sich eine eigentlich unmögliche Figur vorstellen, die alle Gespräche gehört und alle Briefe zusammengetragen hat.)[525]

Fingierte Stimmen. »Entonces, Borges, ...«

Mit Schrift und Buchdruck ist die Stimme aus dem Text verbannt worden. Ich meine, die wirkliche lebendige Stimme, die wir hören können und die einem Menschen gehört, den wir sehen, dessen Wärme wir spüren und der nach Bier oder Zibet oder was auch immer riecht. Autoren wie Gogol, Cortázar oder Natalia Ginzburg können auch in bedrucktem Papier Klang und Farbe von Stimmen konservieren; indem sie schlicht das tun, was wir an Gogol bewundert haben, nämlich die richtigen Wörter so zusammensetzen, dass sie einen Charakter entstehen lassen. Und indem sie diese Figur an einen Ort bringen, an dem ihr die Geschichte aus dem Herzen fließt und leicht von der Zunge geht. *Der verhexte Platz*, veröffentlicht 1831, trägt den Untertitel *Eine wahre Geschichte, erzählt vom Küster der ***schen Kirche*. Sie ist Teil der Sammlung, die sich *Abende auf dem Vorwerk bei Dikanka* nennt. Was das wohl für ein Ort war? Gogol öffnet einen Absatz weiter noch einen Blick auf die versammelte unruhige Menschengruppe, die sich um die Geschichte schart:

> Ja wie soll ich denn so erzählen? Da pult einer von euch schon seit einer Stunde Kohlen aus dem Ofen für seine Pfeife, und ein anderer ist fortgelaufen, um etwas aus der Kammer zu holen. Wirklich – was soll das? ...

Täte ich es noch ohne Aufforderung, aber ihr habt doch selber darum gebeten. Will man hören, so muss man zuhören![526]

Solche Bilder schaffen Leben und Intensität. Sie kommt der Intensität gleich, die Julio Cortázar erlebte, wenn er den alten Erzählern Argentiniens zuhörte:

> Cuando uno [...] escucha [los cuentos orales] de boca de un viejo criollo, entre mate y mate, *siente como una anulación del tiempo*, y piensa que también los aedos griegos contaban así las hazañas de Aquiles para maravilla de pastores y viajeros.[527]

> > [Wenn man die mündlich überlieferten Geschichten aus dem Mund eines alten Kreolen hört, dann fühlt man zwischen Mate-Tee und Mate-Tee eine Art von Aufhebung der Zeit und denkt, dass die griechischen Sänger genau so den staunenden Hirten und Reisenden die Heldentaten des Achill vortrugen.]

Doch hat das gedruckte Wort auch seine Vorzüge. Einer davon: Der Autor muss nicht mehr er selbst sein. Er kann sich eine neue Stimme geben – so wie heute Menschen ein »persönliches« Profil ins Internet stellen können, in dem sie ihr Geschlecht umwandeln, sich älter oder jünger machen und überdies per Foto ein neues Aussehen annehmen.

»Ich« sagen

Wenn wir einfach so zum Vergnügen lesen, dann ist uns meist nicht bewusst, dass die Stimme nicht der Autor ist. Wie denn auch? Er oder sie hat das alles zusammenphantasiert, also ist **das** seine oder ihre Stimme im Buch, ist doch selbstverständlich. Aber: Wenn wir Erzählkunst besser verstehen wollen, dann müssen wir da doch unterscheiden und uns vom Hausverstand losmachen:
Lassen wir ein paar moderne Erzähler antreten und befragen wir sie nach ihrem Verhältnis zur literarischen Ich-Form: Jorge Luis Borges führt in der stimmungsvollen Erzählung *Hombre de la esquina rosada/ Mann von Esquina Rosada* (1927, 1935) einen vor, der davon erzählt,

wie sich zwei Banden von Gauchos und ihre Anführer in einer Spelunke in die Haare geraten, sodass schließlich ein Messer aufblitzt und einer tot am Boden liegt. Dann erzählt er von seinem Weg nach Hause und dass da ein Licht in einem Fenster ist.

> Yo me fui tranquilo a mi rancho, que estaba a unas tres cuadras. Ardía en la ventana una lucesita, que se apagó en seguida. De juro que me apuré a llegar, cuando me di cuenta.

> > [Ich bin ruhig die drei Blocks zu meiner Hütte gegangen. Im Fenster brannte eine Kerze, die dann plötzlich ausging. Als mir klar wurde, was das heißt, habe ich mich natürlich beeilt.]

Wer hat da ein Licht ins Fenster gestellt? Doch nicht das Mädchen, derentwegen der Streit beim Tanz entbrannte? Aber hören wir, wie das wohl endet.

> Entonces, Borges, volví a sacar el cuchillo, corto y filoso que yo sabía cargar aquí, en el chaleco, junto al sobaco izquierdo, y le pegué otra revisada despacio, y estaba como nuevo, inocente, y no quedaba ni un rastrito de sangre.[528]

> > [Und dann, Borges, habe ich noch einmal das kurze, scharfe Messer herausgezogen, das ich immer hier, in der Weste, unter der linken Achsel getragen habe, und ich habe es noch einmal langsam untersucht, und es war wie neu, unschuldig, und nicht die kleinste Spur von Blut war daran.][529]

Wieder einmal wartet Borges bis zum letzten Satz, ja zum letzten Wort, bevor er seine Karten aufdeckt. Malen Sie sich selbst die Situation aus, in der dieses denkwürdige *Entonces* Komma *Borges* Komma ... gefallen sein mag und vermerken Sie, wie da plötzlich einer vom Zeugen zum Geständigen mutiert. Erzählungen handeln fast immer von Verwandlungen, inneren und äußeren, und wie diese Verwandlungen sich ereignen. Wenn einer von der eigenen Verwandlung berichtet, dann wirkt das umso stärker. (Vermerken wir am Rande, dass hier ein gutes Beispiel für die Gedankenfigur der *Apostrophe* vorliegt. Das ist die betonte und auffällige Hinwendung zum Publikum, zum Leser oder auch zu Gegenständen und Göttern. Sie hält sich, wie bereits beobachtet, am liebsten im Theater auf.)

Bei Cortázar und seinem *Axolotl* liegt der Fall ein wenig anders, denn da spielen wir ab dem Ende des ersten Absatzes nicht mehr mit. Wir bemerken, dass der wirkliche Autor nicht zum Tier im Aquarium geworden ist. Mag er also noch so oft *Ich* sagen, wir wissen doch, dass es nicht Julio Cortázar selbst ist, der *Ich* sagt (jedenfalls nicht der wache Cortázar am hellen Tage). Eines erreichen Borges, Cortázar oder ihre großen Vorläufer Poe und Kafka aber gewiss: Ihre Welt befremdet auch dadurch, dass einer in der Ich-Form davon berichtet. Denn Ich-Erzähler sind besonders beunruhigend, wenn sie »nicht ganz bei Verstand sind«, wenn sie Schwerverbrecher sind oder aber etwas berichten, was wir nicht ohne Weiteres mit unserem Weltwissen in Einklang bringen können: Der *Kübelreiter* bei Kafka, der inzwischen zum Fisch mutierte Ich-Erzähler in *Axolotl* von Cortázar, die Mörder mit verräterischem Herzen bei Poe. Nicht wenig effektvoll sind auch die Texte, in denen sich der Ich-Erzähler seitenlang damit abmüht, unsere Sympathie zu gewinnen, um am Ende offenzulegen, dass er selbst der Mörder ist, wie es Borges tut – und dabei ist sein *Hombre de la Esquina rosada* noch einer der sympathischeren. Aristoteles hätte ein solches Umschlagen der Handlung, eine solche *Peripetie*, gutgeheißen.

Die Ich-Form suggeriert wirklich Erlebtes und durch das persönliche Zeugnis Verbürgtes. Mehr noch: Autoren zeichneten und zeichnen bis heute häufig sympathische Menschen mit der Ich-Form aus, oder wenn sie schon nicht sympathisch sind, dann müssen wir sie zumindest verstehen können, mitfühlen können mit ihrer Zerrissenheit und schuldhaften Verstrickung.[530]

Es wird nun deutlich: Wenn wir ein wenig genauer hinsehen, dann haben wir zwei Figuren im Bild – die Autoren einerseits, die »Erzähler« andererseits – und es sind merkwürdige Zwillinge. Wir sehen: Es müssen nicht unbedingt die Autoren sein, die das alles erleben oder die davon berichten. Also gut, natürlich *sind sie es*, die berichten, wer denn sonst? Sie haben ja das Buch geschrieben. Aber sie *tun so, als wären sie es nicht*. Und das trägt zum Gesamteffekt bei.

Manchmal kann eine Lebenswelt, eine Art die Welt zu sehen, eine Atmosphäre schlicht am besten dadurch gezeigt werden, dass der Autor eine Figur erzählen lässt, die Teil dieser Welt ist. Isaac Bashevis Singer tut das immer wieder. Gabriel García Márquez tut es in seinem berühmtesten Roman. Bemerkenswert ist an seinem Fall, dass er überhaupt erst erzählen konnte, als er *seine* Art zu erzählen gefunden hatte. Er vollendete *Cien años de soledad/ Hundert Jahre Einsamkeit* (1967) nach Versuchen, die fehlschlugen, erst, als er begann, so zu erzählen, wie seine Großmutter erzählt hätte. Diese hatte ihm in seiner Kindheit völlig ungerührt und ohne mit der Wimper zu zucken die unerhörtesten Geschichten vorgesetzt.

> The tone that I eventually used in *One Hundred Years of Solitude* was based on the way my grandmother used to tell stories. She told things that sounded supernatural and fantastic, but she told them with complete naturalness ... What was most important was the expression she had on her face. She did not change her expression at all when telling her stories and everyone was surprised. In previous attempts to write, I tried to tell the story without believing in it. I discovered that what I had to do was believe in them myself and write them with the same expression with which my grandmother told them: with a brick face.[531]

García Márquez, schlüpft also in eine vorgestellte Figur, mit deren Stimme er erzählt. Die Unterscheidung zwischen Autor und *Erzählinstanz* (»Stimme«) gilt folglich auch für Erzähltexte, in denen der Autor nicht verrät, wer wann und von welchem Ort aus eigentlich das Geschehen berichtet. Die Stimme kommt aus dem *Off*.

Der ordnende Autor

Wir müssen aber noch genauer sein. Auch wenn der Autor vorgibt, nicht selbst zu sprechen, so lässt er doch nicht einfach eine andere oder einen anderen drauflos plaudern. Er wird weiter im Hintergrund die Fäden ziehen und dafür sorgen, dass seine *Stimme* auch das erzählt, was die Geschichte voranbringt, und dass sie diese so ordnet, wie er es eben will. Es ist so, als würde der Autor seinen Erzähler auf die Bühne stoßen: »Los, erzähl doch, wenn du das unbedingt loswerden musst.« Dabei bleibt er aber neben der »Stimme« stehen und rempelt diese an, wenn sie in eine falsche Richtung laufen will oder zu langatmig wird. Er gibt ihr Anweisungen, dirigiert sie und achtet auch darauf, dass sich die Teile zu einem Ganzen fügen. Man spricht von der *Autoreninstanz*. Und eigentlich müssen wir zugeben: Beide bleiben spürbar, die Stimme und der Autor. Lesen wir noch ein Stück aus der Erzählung *Los venenos/ Die Gifte* von Julio Cortázar:

Mamá y abuelita ya estaban en la puerta hablando con tío Carlos y el cochero. Me arrimé despacio porque a veces me gustaba hacerme esperar, y con mi hermana miramos el bulto envuelto en papel madera y atado con mucho hilo sisal, que el cochero y tío Carlos bajaban a la vereda. Lo primero que pensé fue que era una parte de la máquina, pero en seguida vi que era la máquina completa, y me pareció tan chica, que se me vino el alma a los pies. Lo mejor fue al entrarla, porque ayudando a tío Carlos me di cuenta que la máquina pesaba mucho, y el peso me devolvía la confianza. Yo mismo le saqué los piolines y el papel, porque mamá y tío Carlos tenían que abrir un paquete chico donde venía la lata del veneno, y de entrada ya nos anunciaron que eso no se tocaba y que más de cuatro habían muerto retorciéndose por tocar la lata. Mi hermana se fue a un rincón porque se le había acabado el interés por todo y un poco también por miedo, pero yo la miré a mamá y nos reímos, y todo aquel discurso era por mi hermana, a mí me iban a dejar manejar la máquina con veneno y todo. [...][532]

[Mama und Großmutter standen schon unter der Tür und sprachen mit Onkel Carlos und dem Kutscher. Ich näherte mich langsam, weil es mir manchmal Spaß machte, auf mich warten zu lassen, und beschaute mit meiner Schwester das in Packpapier gewickelte und mit einer Menge Sisalbindfaden umschnürte Frachtgut, das der Kutscher und Onkel Carlos auf den Bürgersteig setzten. Zuerst dachte ich, es wäre ein Teil der Maschine, dann aber sah ich, dass es die komplette Maschine war, und sie kam mir so winzig vor, dass ich sehr enttäuscht war.[533] Aber als ich dann Onkel Carlos half, sie hereinzutragen, merkte ich zum Glück, wie schwer die Maschine war, und das Vertrauen kehrte mir wieder. Ich selbst riss die Schnüre und das Papier herunter, weil Mama und Onkel Carlos ein kleines Paket öffnen mussten, in dem sich die Dose Gift befand, und von vornherein verkündeten sie uns, dass man das nicht anfassen dürfe und dass mehr als vier Personen unter Krämpfen gestorben seien, weil sie die Dose berührt hatten. Meine Schwester ging in eine Ecke, weil sie das Interesse an allem verloren, und ein wenig auch, weil sie Angst hatte, aber ich sah Mama an, und wir lachten, und das ganze Gerede galt meiner Schwester, mich dagegen ließen sie die Maschine mit Gift und allem anfassen.[534]

Kein Kind würde *genau so* erzählen und die ordnende Hand des Schriftstellers ist in jedem Satz spürbar. Gleichzeitig erleben wir die Welt eines Kindes, vielleicht acht oder zehn Jahre alt, hören seine Stimme und nehmen die »Kleinigkeiten« wahr, die nur Kinder sehen und wichtig nehmen können: eine Pfauenfeder als Liebespfand, die Pflanzen im Garten, die bedrohlichen Ameisen, die den Garten mit ihren Gängen unterhöhlen, das Gift, dessen Behälter man nicht einmal berühren darf... Wieder ist es keine geringe Herausforderung an den Stil: Wortwahl, Satzbau, Bildfolge, die Art, wie Dinge und Ereignisse gedeutet werden – all das muss da zusammenstimmen, damit wir, wie im vorliegenden Fall, sagen können: Ja, hier sehen wir die Welt durch die Augen eines Kindes.

Zusammenfassung: Die Stimme des Erzählers vernehmen wir unmittelbar, wenn wir jemandes mündliche Erzählung hören. Ein solcher Erzähler kann Eigenes oder Fremdes vortragen. (In der Geschichte und heute noch in außereuropäischen Kulturen wird von bestimmten Personengruppen berufsmäßig laut erzählt: In Spanien gab es bis ins zwanzigste Jahrhundert fahrende Sänger, die eigene oder fremde Romanzen auf den Plätzen der Dörfer und Städte vortrugen.) Wenn wir Bücher lesen, dann hören wir die Stimme des Erzählers nur vermittelt und dürfen uns nicht verleiten lassen, Autor und Erzähler gleichzusetzen.

UMRAHMUNGEN

Meine Bewunderung gilt den Erzählern, die wie Cortázar die Stimme eines Kindes in einen Text legen. Sie müssen gar nicht sagen, dass da ein Kind spricht, welches der Autor womöglich irgendwo getroffen habe und welches ihm das alles erzählte. Würden sie das aber tun, dann hätten sie einen Rahmen geschaffen und in diesen Rahmen könnten sie eine Binnenerzählung einlegen. Lässt sich zu diesem ehrwürdigen Thema noch Interessantes sagen, oder können wir uns mit damit begnügen, pflichtbewusst auf Boccaccios *Decameron*, Theodor Storms *Schimmelreiter* (1888) mit seinem Doppelrahmen und die *Canterbury Tales* (um 1400) hinzuweisen?[535]

Sollen wir nur kurz sagen, dass die Technik heute noch vorkommt, aber auch, da im neunzehnten Jahrhundert überstrapaziert, parodiert wird? Die Erzählung *Mr. Taylor* von Augusto Monterroso beginnt so:

> Menos rara, aunque sin duda más ejemplar – dijo entonces el otro –, es la historia de Mr. Percy Taylor, cazador de cabezas en la selva amazónica.[536]

> [Weniger eigenartig, aber zweifelsohne exemplarischer – sagte da der andere –, ist die Geschichte von Mr. Percy Taylor, Kopfjäger im Amazonasurwald.]

Der »andere« als Erzählinstanz beruft sich hier gleich im ersten Satz auf die alten Tugenden von Erzählungen: Außergewöhnlich müssten sie sein, aber auch exemplarisch, um dann kühn zum Kopfjäger im Amazonas überzuleiten.

Warum Rahmen bedeutungsvoll sind

Nun, ein paar Merkmale von *Rahmen* verdienen es, noch einmal genannt zu werden: Rahmen sind gefüllt mit den Orten, an denen erzählt wird. Sie geben uns das, was eine akademische Textanalyse allzu oft aus Erzählungen herauskürzt: Eine Atmosphäre, eine Aura – Pfeifenqualm, Kaminfeuer oder das Rattern eines Zuges. Sie suggerieren uns die Magie der neuen und anderen Zeit, die schlägt, wenn Menschen in den Bann von etwas geraten, das sich vor langer Zeit an irgendeinem Ort, der sie nichts angeht, ereignet hat. So sind Rahmen – Pilgerfahrt, gesellige Abende von Adeligen, nächtliche Zugfahrten – interessante Quellen für eine Kulturgeschichte der Geselligkeit und des Erzählens. Natürlich sind Rahmen Teil der ganzen Geschichte und damit wie diese verwandelte Wirklichkeit. Wir dürfen sie nicht für bare Münze nehmen und als objektive Quellen zur Sozialgeschichte verwenden. Dennoch finden sich in ihnen schöne Hinweise darauf, wo sich Menschen trafen, warum sie zusammenkamen, was sie mit welchen Absichten erzählten und wie sie an langen Sommerabenden die Zeit füllten.

Schafft ein Autor einen Rahmen und lässt er gar Menschen um die Wette erzählen, dann bürdet er sich selbst nicht wenig auf. Denn indem er sagt: »Schaut, da erzählen ein paar die besten Geschichten, die ihnen einfallen«, sagt er auch: »Ich biete euch eine Auswahl des erlesensten Erzählgutes«. Die Leute im Rahmen bleiben auch nicht ruhig, sie kommentieren, bewerten und lenken unsere Aufmerksamkeit auf die Essenz einer Geschichte hin: Am zweiten Tag lässt Boccaccio von Menschen erzählen, »die nach mancherlei Ungemach wider aller Hoffnung ein glückliches Ziel erreicht haben«, am dritten von denen, die »durch Geschicklichkeit etwas Heißersehntes erlangt oder das Verlorene wiedergewonnen haben.«[537] Der Rahmen wirft die Fragen auf, die eine Kulturanthropologie des Erzählens fesseln: Warum wird erzählt? Welche Anlässe bringen Erzählen in Gang? Wie reagieren Menschen auf Geschichten? Warum finden sie manche Geschichten besonders gut und erzählenswert? Die Zuhörer, die ein Rahmen erschafft, scheinen stets zu sagen: »Zeig, was du kannst, befrei uns von Angst und Langeweile, lass uns die Welt vergessen und sag uns zugleich etwas Bedeutendes über die Welt!« Auch die Erzähler brennen oft darauf, zu hören, was andere zu ihren Erlebnissen zu sagen haben.

> »Ich bin sehr geehrt durch euer Zutrauen; Kummer habe ich keinen, wenigstens keinen, von welchem ihr auch mit dem besten Willen mir helfen könnet. Doch weil Muley mir meinen Ernst vorzuwerfen scheint, so will ich euch einiges erzählen, was mich rechtfertigen soll, wenn ich ernster bin als andere Leute. Ihr sehet, dass ich meine linke Hand verloren habe. Sie fehlt mir nicht von Geburt an, sondern ich habe sie in den schrecklichsten Tagen meines Lebens eingebüßt. Ob ich die Schuld

331

davon trage, ob ich unrecht habe, seit jenen Tagen ernster, als es meine Lage mit sich bringt, zu sein, möget ihr beurteilen, wenn ihr vernommen habt *die Geschichte von der abgehauenen Hand*«.[538] (Wilhelm Hauff, *Die Kara-wane*, 1826)

Erzählrahmen zeigen, wieviel das Erzählen mit Gefühlen zu tun hat. Da gibt es Erzähler, die mit Angstschweiß gegen den Tod erzählen – Shehrezâd in den *Erzählungen aus den Tausendundein Näch-ten* ist das bekannteste Beispiel. (Es ist allerdings zu vermuten, dass nach ein paar Nächten die Sache an Brisanz verlor, zumal ja auch Kinder aus der Beziehung zwischen Erzählerin und Zuhörer her-vorgingen.) Da gibt es Menschen, die erzählen, während Krankheit und Seuche ihre Nächsten und ihr Gut hinraffen. Solches wider-fährt Boccaccios jungen, schönen und reichen Florentinern, die sich vor der Pest in ein Landhaus geflüchtet haben. Das sagt sich so leicht dahin wie »vor der Hitze des Sommers an einen Badesee flüchten«. Lesen wir aber die Beschreibung der Pest auf den ersten Seiten des *Decameron* (entstanden 1349-1353), wird klar, was das bedeutete: Es war eine Flucht vor Chaos, Schrecken, Auflösung aller menschlichen Bindungen – und vor Schweinen, die auf den Straßen die Leichen der Pestopfer anfraßen und wenig später selbst elend verendeten.[539]

Das Thema Erzählen führt uns nicht nur zum behaglichen Großva-ter-Garn Gogols, es führt uns auch zu Momenten größter Bedro-hung und psychischer Anspannung.

Mancher Rahmen bereitet kunstvoll das Thema vor und weckt Neugier, indem er die Besonderheit des Erzählten hervorhebt. Was könnte mehr zum Weiterlesen anregen, als die Ankündigung, man habe nun vereinbart, nach dem Abendessen und nach Mitternacht, dass ein jeder von seiner ersten Liebe erzählen solle? Das ist die Aufgabenstellung in *Erste Liebe* (1860) von Iwan Turgenjew. Schließ-lich erzählt nur einer wirklich, denn die beiden anderen Herren fassen sich kurz. Dem einen ist nichts Erzählenswertes widerfahren: Unsere Väter haben die Verlobung vereinbart, wir haben uns bald lieb gewonnen und geheiratet und das ist alles. Der zweite: Meine erste Liebe war meine Kinderfrau, aber das ist so lange her, dass ich mich kaum mehr daran erinnern kann. Damit ist nun ein Kontrastprogramm geschaffen, gegen das sich die dritte und eigentliche und ungewöhnliche Geschichte mit besonderem Glanz abheben wird.[540] Die Russen haben eine Vorliebe für ein geselliges Erzählen, in dem es um Schlüsselmomente der menschlichen Existenz geht. Es ist, als müßte man sich erzählend mit den großen Fragen ab, die Zuhörergesellschaft des Rahmens wird zur Deutungsgemeinschaft.

Kurzschluss zwischen Rahmen und Handlung

Das Spannendste, was es zum Rahmen zu sagen gibt, kommt jetzt, und ich beginne mit einer Gruselgeschichte, die mich als Kind beeindruckte. Gott weiß, wer sie geschrieben hat und wo sie zu finden wäre: Ein Mann träumt immer wieder, er gehe über einen Weg auf ein herrschaftliches Haus zu, das er in allen Details sieht. Schließlich beschließt er, das Haus zu suchen. Er findet es auch, darin aber nur einen alten Butler – aber es ist lange her, dass ich die Geschichte vorgelesen bekam, ich bin nicht sicher, ob es sich wirklich so zugetragen hat. Der Butler erzählt, das Haus sei seit längerer Zeit unbewohnt, denn es gehe ein Gespenst um. Dann fährt er mit einem Male auf den Besucher los: »Und das Gespenst waren Sie!« Wir haben von geheimnisvollen Zusammenhängen und von Spiegelungen in Erzählungen gesprochen. Eine solche Spiegelung liegt auch vor – und es ist eine, die ein merkwürdiges Gefühl im Bauch erzeugt –, wenn Motive das Gehege ihrer Binnen-Erzählwelt verlassen und anfangen, die Menschen im Rahmen, die sich doch nur Geschichten erzählen wollen, zu belästigen: In *Obabakoak* von Bernardo Atxaga treffen einige Literaturfreunde zusammen, um über das Erzählen und über die Qualität und Funktion von eigenen und fremden Geschichten zu debattieren. In diesem Rahmen wird auch die oben angeführte Erzählung *El criado del rico mercader* in einer Raststation als Beispiel für eine gute Erzählung dargeboten. Immer wieder kommt während der Reise die Rede auf den baskischen »Mythos« von der Eidechse, die ins Ohr der Kinder krieche und deren »Verblödung« verursache. Der Ich-Erzähler führt ein altes Klassenfoto mit sich, das zeigt, wie ein Schulkamerad einem anderen gerade eine Eidechse ans Ohr hält. Und dieser Kamerad soll nun tatsächlich ein geistiges Handicap haben. Man beschließt der Sache nachzugehen, und am Ende des Bandes trifft der Ich-Erzähler der Rahmenerzählung auf den heimtückischen Ismael, der auf dem Foto die Eidechse ans Ohr des Gefährten hielt. Dieser lockt ihn in einen Schuppen, in dem es Eidechsen gibt, und versperrt die Tür. Der Eingeschlossene ringt mit dem Schlaf, schläft aber doch ein, und ab dem nächsten Tag beginnen sich die Erinnerungen in seinem Geist zu trüben...[541]

Ein letztes romantisches Beispiel: In *Erste Liebe*, der Novelle von Turgenjew, erzählt Sinaida der Runde ihrer versammelten Verehrer von einer Königin, die – alle anderen Männer verschmähend – zum nächtlichen Springbrunnen eile, um dort den einen zu treffen, den sie liebe und mit dem sie sich im Dunkel verlieren wolle. Da die Erzählung nichts anderes ist, als eine verschlüsselte Ankündigung ihres eigenen nächtlichen Treffens mit dem Vater der Hauptfigur, veranlasst die Binnenerzählung die Zuhörer dazu, tatsächlich beim Brunnen Wache zu halten … Wieder sprengt eine Geschichte ihre Grenzen und greift in den Rahmen hinein. Wir sind beim Begriff *Mise en abyme*, der uns schon unter dem Stichwort *Theater* beschäftigt hat.

GEDANKEN ERZÄHLEN: INNERER MONOLOG UND ERLEBTE REDE

Wir wollen nicht nur den Erzähler hören, wir trachten noch viel mehr danach, die Stimmen der Figuren zu hören. Hier nun hat die Moderne viel zu bieten: Sie schenkt uns nicht bloß Szenen mit Dialogen. Sie tut auch so, als verliefe Denken sprachförmig, was bei genauem Hinsehen nicht stimmt oder nicht immer stimmt. Egal, moderne Erzähler öffnen die Köpfe ihrer Figuren und legen deren Gedanken frei, die nicht immer die Satzzeichen, aber so einigermaßen die Syntax berücksichtigen. Handelt es sich um Gedanken in direkter Rede, dann können wir von einem *inneren Monolog* sprechen. Das Thema ist schon oft besprochen worden, besonders mit Bezug auf Molly Bloom, ihren Autor James Joyce und den Roman, in dem sie über fünfzig Seiten lang ihren Assoziationen freien Lauf lässt und am Ende geküsst wird und *Ja* sagt – *under the moorish wall* mit einer Rose im Haar, wie sie die andalusischen Mädchen tragen.[542] Wir begnügen uns daher mit dem kurzen Hinweis.[543]

Dino Buzzati und Isaac Bashevis Singer

Ein weiteres Verfahren ist die *erlebte Rede*, dabei werden Gedanken einer Figur in der dritten Person und im Präteritum dargestellt. Das ist interessant, weil hier die Literatur wieder eine sprachliche Form geschaffen hat, die sich sonst nirgends findet. *Erlebte Rede* ist »besonders geeignet, um psychische Zustände und Vorgänge von Figuren wiederzugeben, die sich sozusagen am Rande der Sprachlichkeit bewegen.«[544] Die Technik kann effektvoll eingesetzt werden, um inneren Aufruhr an dramatischen Wendepunkten darzustellen, wobei die Stimme des Erzählers auf eigentümliche Weise mit derjenigen des Erlebenden verschmilzt und der Autor zwischen seiner Stimme und der des Handelnden und Leidenden rasch hin- und herwechseln kann: In der Erzählung *Sette piani/ Das Haus mit sieben Stockwerken* (1958) von Dino Buzzati gelangt die Hauptfigur mit Entsetzen zu der Erkenntnis, dass sie durch unerklärliche Zufälle und Verstrickungen im Sterbezimmer eines Sanatoriums gelandet ist:

> Sechs Stockwerke, sechs furchtbare Steinwände ragten jetzt, wenn auch auf Grund eines äußerlichen Irrtums, über Giuseppe Corte empor und lasteten auf ihm mit unerträglichem Gewicht. Wie viele Jahre – ja, man musste mit ganzen Jahren rechnen – würde er benötigen, um wieder bis zum Rand dieses steilen Felsens emporzuklimmen?
> *Aber wieso wurde das Zimmer auf einmal so dunkel? Es war doch immer noch heller Nachmittag* [= erlebte Rede]. Mit äußerster Anstrengung blickte Giuseppe Corte, der sich von einer seltsamen Starrheit gelähmt fühlte, nach der Uhr auf dem Nachttischchen neben dem Bett. Es war halb vier Uhr. Er drehte den Kopf auf die andere Seite und sah, dass der Rolladen, einem geheimnisvollen Befehl gehorchend, sich langsam senkte und dem Licht jeden Eintritt verschloss.[545]

Verstörend und verwirrend wirkt erlebte Rede bei Isaac Bashevis Singer und seinem großen Roman *Shadows on the Hudson/ Schatten über dem Hudson* (1958/59). Singer wechselt mehrere Male die Perspektive und erzählt aus der Sicht verschiedener Figuren. Diese unterscheiden sich stark voneinander, die einen sind strenggläubige Juden, die den falschen Glanz, Gier, Lüsternheit und Egoismus der modernen Großstadt verdammen, die anderen haben jeden Glauben verloren, an Gott und an den Menschen, wieder andere versuchen zu vergessen und sich in der neuen Zeit zurechtzufinden. Durch die erlebte Rede ist nun aber einfach nicht auszumachen, wo denn der Autor selbst steht. Das würde man jedoch gern wissen, denn es geht um große Fragen. Singer handelt mit Absicht und gerade durch die Technik werden der Verlust von Gewissheiten und die verzweifelte Suche nach letzten Wahrheiten ausgedrückt. Die Erzähltechnik ist wieder Teil der Aussage! Hier ein paar kurze Ausschnitte, die den Gesamteffekt nur andeuten können. Jedes Mal arbeitet Singer mit erlebter Rede und der Kunst des gleitenden Übergangs. Da ist einmal der reiche Geschäftsmann und strenggläubige Boris Makaver:

Und während er so betete, legte Boris die Stirn in Falten und trachtete. Wo waren sie, alle die Heiligen, die Seligen, die Reinen, die im Namen des Ewigen den Märtyrertod gestorben waren? Wo waren sie, die sechs Millionen, die die Nazis – solln ausgelöscht sein ihre Namen – verbrannt, vergast, gehenkt, gefoltert hatten? Wo die Mörder waren, war klar: die saßen in Deutschland in der Kneipe, tranken Bier und brüsteten sich ihrer Greueltaten. Deutschland wurde wiederaufgebaut. Amerika schickte Milliarden rüber. Die Welt konnte sich gar nicht genugtun vor Mitleid mit dem armen deutschen Volk. [...][546]

Boris' Schwiegersohn Stanislaw Luria, zweiter Mann der Tochter Anna, hat jeden Lebensmut in der Kriegszeit verloren. Wir begleiten ihn in der New Yorker U-Bahn:

Hier in diesem Zug hockten Armut, Hässlichkeit und Geschmacklosigkeit gleichsam geballt beieinander. Und skrupellos waren sie noch obendrein, diese Menschen: wenn man denen Macht gäbe, würden sie's genau so machen wie in Russland. [...][547]

Dagegen hofft Boris Makavers Neffe Hermann auf Stalin und den russischen Kommunismus:

> Hermann runzelte nachdenklich die Stirn und warf einen Blick in die Haggada. Was für eine lächerliche, durch und durch auf falschem Bewusstsein beruhende Gedankenkonstruktion! Bei den Christen war das Fundament ein Jesus, der von den Toten auferstanden war; bei den Juden war es ein abstrakter Gott, ein riesiger Kodex von lauter absurden Gesetzen, ein Versprechen, dass dereinst ein Messias auf einem Esel angeritten käme, um die Menschen zu erlösen. Gegen dieses Bollwerk der Frömmigkeit stand der schiefe Turm von Pisa kerzengerade da, und dennoch durfte man es nicht unterschätzen. Wenn man eine Ruine mit Gewalt abreißen will, kann es passieren, dass sie in sich zusammenfällt und einen unter sich begräbt. Man muss sie Stück für Stück abtragen, Balken um Balken, Stein um Stein. Bisweilen ist man sogar gezwungen, einen Pfeiler einzuziehen und sie zeitweilig abzustützen. Die Regel ist, dass es keine Regel gibt: das war der wahre Sinn der Dialektik. Und im Erfassen dieses Prinzips war der Genosse Stalin allen anderen haushoch überlegen. [...][548]

Je nach Auswahl der Textstellen ließen sich nun »verschiedene« Bücher vorstellen, und das letzte Zitat ist ein gutes Beispiel dafür, wie gefährlich es ist, diese aus dem Zusammenhang zu reißen. Denn Singer verteidigt nicht den Stalinismus. Aber er lässt jeder seiner Figuren das Recht, für ihre Sache zu sprechen, solange sie am »Denken« ist. Wer mehr liest, der hat es auch mit der Hauptfigur zu tun, dem ehemaligen Thoralehrer Hertz Dovid Grein, der ein Verhältnis mit der Tochter von Boris, Anna, beginnt und zunächst das Streben nach Sinneslust über alles stellt.

> Grein hatte für alles, was er tat, eine Rechtfertigung. War nicht das ganze Streben und Trachten eines jeden Menschen, einer jeden Kreatur darauf gerichtet, Glück zu erlangen? War es nicht eigentlich egal, ob man nun in dieser Welt sein Vergnügen hatte oder erst in der nächsten? Wer hiernieden vor dem Glück davonläuft, der sucht es eben im Himmelreich; das gilt sogar für die Selbstmörder: sie sehnen sich nach Ruhe. [...][549]

Hertz grübelt aber weiter über Gott und die Religion nach:

Konnte er, Grein, sich denn wahrhaftig abwenden von all diesen Dogmen? Konnte er seinen Frieden machen mit der Wirklichkeit? Nein, das konnte er nicht. Er hatte dieses Bild von Gott im Blut. Ebensowenig wie er eine Ratte oder eine Wanze essen oder nackt durch die Straßen laufen oder mitten auf dem Time Square sein Wasser abschlagen konnte, ebensowenig konnte er seinen Frieden machen mit Mord, Raub, Ausschweifung, und wenn er auch all dessen selber schuldig war. Er war wie ein Dieb, der den Diebstahl verabscheut, wie ein Mörder, der entsetzt ist über einen Mord.[550] [...]

Das Fundament der Jüdischkeit, wie Grein sie verstand, war, so zu leben, dass man sein Glück nicht auf dem Unglück anderer begründete. Die Menschen, Gottes Geschöpfe, sollten sich nicht aneinander versündigen und einander soviel wie möglich helfen. Das war das Wesen der Thora, des Christentums, des Buddhismus, aller Religionen. Alles andere lief im Grunde unter Folklore.[551]

Im letzten Absatz scheint doch ein wenig von des Autors eigener Weltsicht durchzuschimmern.

WAS WEISS DER ERZÄHLER? WER SIEHT WAS? – ERZÄHLSITUATION UND ERZÄHLPERSPEKTIVE

Ein Florentinerhut

Eine Hochzeit ist empfindlich dadurch gestört, dass ein Florentinerhut abgeht. Die Ehre einer Dame hängt davon ab, dass nun einer aufgetrieben wird, der demjenigen haargenau gleichsieht, den am Morgen der Hochzeit ein Pferd knabbernd verwüstet hat, während sich die Dame, der er gehörte, mit einem Gentleman in einem Wäldchen aufhielt. So muss der Bräutigam seine eigene Trauungszeremonie unterbrechen, um in das Hutgeschäft gegenüber zu hasten. Aber nein, alle Florentinerhüte sind ausverkauft. Am Ende zeichnet sich eine glückliche Lösung ab. Es stellt sich heraus, dass ein schwerhöriger Onkel just den letzten Florentinerhut, der in der Stadt zu haben war, als Hochzeitsgeschenk mitgebracht hat: Der Bräutigam öffnet freudig die Hutschachtel – dann sieht man sein Gesicht in Großaufnahme, doch in diesem steht Entsetzen, Entsetzen der Komödie jedenfalls. Dann erst fällt der Blick in die Schachtel, auch diese wird in Großaufnahme gezeigt, und sie ist leer.

Auch dem, der wenig von Kameratechnik versteht, fällt auf: Hier wechselt der Blickwinkel zwei Mal, und es sind drei Einstellungen montiert: zuerst der ganze Mann beim Öffnen der Schachtel, dann nur sein Gesicht in Großaufnahme, dann die Schachtel in Großaufnahme. Es ist einer der komischen Augenblicke in der Filmkomödie *Un chapeau de paille d'Italie/ Ein Florentinerhut* von René Clair (1928) nach dem Stück von Eugène Labiche (1851). Der komische Effekt entsteht nicht zuletzt dadurch, dass die übliche Reihenfolge des Zeigens durchbrochen ist: Es wird nicht zuerst das Ding gezeigt und dann die Reaktion, sondern zuerst eine Reaktion, dazu eine völlig unerwartete – was hat er denn gesehen? – und dann erst das Bild, welches das Gefühl hervorruft.

Wir sind bei den Themen *Erzählsituation* und *Perspektive*. Das ist auch so ein Thema, das inzwischen unter einem Übergewicht an Fremdwörtern in die Knie geht: *homodiegetisch, heterodiegetisch, externe Fokalisierung, interne Fokalisierung* ... Für Fortgeschrittene, die ihr Leben der Analyse von Blickwinkeln widmen wollen, sind diese wichtig und hilfreich, Einsteigern könnten sie die Freude an einem Bereich verderben, der eigentlich sehr spannend ist.

Keinem aufmerksamen Leser entgeht die Tatsache, dass die einen Geschichten in der Ich-Form verfasst sind, die anderen von ihren Personen in der dritten Person erzählen; dass das eine Mal der Erzähler alles weiß und alles überblickt, Orte und Zeiten wechselt, wie es ihm gefällt, das andere Mal selbst mitten im Geschehen steht und nur so viel weiß wie seine Figuren, oder auch eine Randfigur des Geschehens ist und weniger weiß als die Hauptfigur; dass wir einmal von Gefühlen und Gedanken unterrichtet werden, das andere Mal nur die Handlungen einer Figur miterleben und daraus Schlüsse ziehen müssen. Bisweilen erfahren wir ein kleines Detail, dass die Hauptfigur nicht kennt und leiden daher umso mehr mit ihr. Das ist das Stilmittel der dramatischen Ironie, über das wir schon gesprochen haben.

Die Erzählforschung leitet aus solchen Beobachtungen Grundtypen ab, so unterscheidet Franz Stanzel einen *auktorialen* oder allwissenden Erzähler von einem *Ich-Erzähler*. Als dritte Erzählsituation führt er die *personale Erzählsituation* ein, hier wird das Geschehen aus der Sicht einer bestimmten Figur, aber in der dritten Person dargestellt.[552]

Kino und Traumperspektive

Die Verhältnisse sind allerdings heute sehr verwickelt und ich vermute, das verdanken wir dem Kino. Es ist ja unglaublich, wie sich mit moderner Kameratechnik die Welt zeigen lässt – und mit welch atemberaubender Geschwindigkeit sich die Blickwinkel ändern. Eben noch sehen wir New York von oben, dann sind wir im Office eines Wolkenkratzers, dann stürzen wir durch U-Bahnschächte, rasen über Highways … Jedesmal wenn die Kamera wechselt, werden wir mitgerissen, denn letztlich sind es ja *unsere* Augen, die die Kamera für die Dauer eines Films ersetzt. Im Vergleich dazu sind die Perspektivenwechsel im wirklichen Leben doch recht gemächlich – selbst in Zeiten von ICE, Auto, Flugzeug und Achterbahn.

Es wird zutreffen, dass sich unser Blick auf die Welt mit der Erfindung des Kinos dramatisch verändert hat. Moderne Autoren wissen, wie sehr das Kino ihre Erzähltechnik beeinflusst. Doch ließe sich einwenden: Der Traum hat sich auch nie großartig um feste Standpunkte gekümmert, und da er die Seele vom Gewicht der Welt befreit, kann sie in ihm Orte und Blickwinkel wechseln, wie sie will. Ich frage mich, ob es eine Untersuchung zur »›Kameraführung‹ in Traumerzählungen vor und nach der Erfindung des Kinos« gibt. Vielleicht stellte sich ja heraus, dass der Film gar nicht so sehr den Blick verändert hat, sondern nur darstellbar machte, was in Träumen seit jeher gang und gäbe war: abrupter Wechsel von Nähe zu Distanz, Nichtunterscheidung zwischen Beobachter und Akteur, Sprung des Bewusstseins von einer Figur zur anderen, gleichzeitiges Beobachten von Innen und von Außen. Aber das ist eine Hypothese, die ich im Moment durch nichts belegen kann außer durch vage Erinnerungen an alte Traumerzählungen, in denen Träumer die Welt überfliegen und von oben in den Blick nehmen.[553] Andererseits nutzte jede Erzählung zu jeder Zeit die bemerkenswerte Eigenart der Wörter, viel freier Ort und Zeit zu wechseln, als das etwa schwere Möbel tun können. Nichts hindert den Romanautor daran, in einem Satz von einer Stadt in eine andere zu springen, vom Himmel in die Hölle, von der Hütte ins Schloss. Ich überlasse es Ihnen das weiter auszuspinnen: Nehmen Sie etwa eine Passage aus dem *Quijote* und überlegen Sie, wo da in jedem Moment des Erzählens die Kamera aufzubauen wäre, wenn der Regisseur ganz genau die imaginierte Beobachtung des Autors wiedergeben wollte. Das wird freilich dann schwierig, wenn das Innenleben zur Sprache kommt, denn Gedanken und Gefühle lassen sich nur auf Umwegen in Bilder übersetzen.

Aufschlussreich ist auch das Buch *Le cinéma selon Hitchcock*, das in der Übersetzung *Mr. Hitchcock, wie haben Sie das gemacht?* heißt und fünfzig Stunden Gespräch über den Film zwischen François Truffaut und dem Genannten zusammenfasst; Passagen wie die folgende, in der es um den bereits erwähnten Film *Rear Window/Fenster zum Hof* geht, jetzt gerade um den *Tod des Hündchens*:

[Truffaut:] Das ist auch der einzige Moment des Films, in dem die Inszenierung den Blickpunkt wechselt. Man verlässt Stewarts Appartement, die Kamera ist im Hof, den man aus verschiedenen Blickwinkeln sieht; die Szene wird ganz objektiv.

[Hitchcock:] Nur an einer Stelle.

[Truffaut:] Dazu fällt mir eine Sache ein, die bestimmt eine Regel ist bei ihrer Arbeit. Sie zeigen den ganzen Dekor immer erst im dramatischsten Augenblick einer Szene. In The Paradine Case, wenn Gregory Peck gedemütigt weggeht, sieht man ihn von ganz weit weg, und dabei sieht man den Gerichtssaal, in dem man sich schon seit fünfzig Minuten befindet, zum ersten Mal ganz. In Rear Window zeigen Sie erst dann den ganzen Hof, wenn die Frau nach dem Tod des Hündchens schreit, wenn alle Mieter an die Fenster kommen, um zu sehen, was los ist.

[Hitchcock:] Es kommt immer wieder darauf an, die Größe der Bilder im Verhältnis zu ihrem dramatischen und emotionellen Zweck auszuwählen und nicht in der Absicht, nur einen Dekor zu zeigen. Neulich habe ich einen Stundenfilm fürs Fernsehen gedreht, und da sah man einen Mann in ein Polizeirevier kommen, um sich zu stellen. Zu Beginn der Szene habe ich den Mann, der hereinkommt, und die Tür, die sich hinter ihm schließt, ziemlich nah gezeigt. Er geht auf einen Schreibtisch zu, aber ich zeige nicht den ganzen Dekor. Ich wurde gefragt: »Wollen Sie nicht lieber den ganzen Dekor zeigen, damit die Zuschauer auch wissen, sie sind in einem Polizeirevier?« Meine Antwort. »Warum? Wir haben den Polizeibeamten mit drei Streifen auf dem Ärmel eingeschnitten im Bild, das reicht doch, um klarzumachen, dass wir in einem Polizeirevier sind. In einem dramatischen Augenblick wird die Totale sehr nützlich sein. Weshalb sollen wir sie verschwenden.[554]

Betrachten Sie einen Film wie *Rear Window* unter dem Blickwinkel, mit wessen Augen wir da was sehen und sehen dürfen, wie dadurch die Erzählwelt geformt wird und unsere Art die Welt zu sehen, wie also wieder Form und Aussage untrennbar verbunden sind.

Ein Roman mit einem gottgleichen Autor (auktorialer Erzähler), der alles sieht und alles weiß, basiert auf einem anderen Weltbild als einer, in dem wir immer nur durch die Augen einer der Hauptfiguren sehen und durch ein Dickicht schwer zu durchschauender Orte und Ereignisse stolpern. Wesentlich ist: Die Perspektive entscheidet über die Auswahl und die Anordnung des erzählten Materials und damit über die Sicht der Dinge, die Weltsicht: Ein Ich-Erzähler aus der Unterschicht, wie ihn etwa die *Novela picaresca*, der spanische Schelmenroman, einführt, sieht anders und anderes als der adelige Held eines Ritterromans. Ein Ich-Erzähler, der (vermeintlich) mitten im Geschehen steht, beschreibt anders als einer, der aus der Ferne auf sein Leben zurückblickt. Verwickelt sind die Netze der Blicke – und damit die Art, wie Wissen über das Geschehen verteilt ist – in jedem Roman.

Wir könnten auch sagen: Der Wechsel der Perspektive ist eines der Schlüsselmerkmale jeder Mimesis, jeder Dichtung und wir finden ihn in jeder Gattung. Er kommt schlicht von der Einfühlung des Lesers. Wenn wir lesen oder ins Theater gehen, sehen wir die Welt nicht mehr mit den eigenen Augen, sondern mit denen des zornigen Achill, des zaudernden Hamlet, der romanlesenden Madame

Bovary usw. Das ist auch einer der entlastenden Effekte von Erzählungen und der Grund, warum sie gerne in der Psychotherapie verwendet werden. Wir können zuschauen, wie andere etwas durchleben, was wir auch in uns tragen, ohne sofort die Folgen übernehmen zu müssen. Perspektivenwechsel – vom Menschen zum Pferd etwa – ist auch eine Technik der Verfremdung, wir haben sie im Kapitel über Stil angesprochen.

Martinez und Scheffel bieten eine sehr gute Einführung zu dem Thema, die ausgefeilten Begriffe übernehmen sie vor allem von Gérard Genette.[555] Wir können uns hier mit dem Gesagten zufriedengeben und damit zu wissen: Es geht bei Stimme und Perspektive um drei Fragen. Erstens: Wer spricht (oder denkt oder phantasiert)? Zweitens: Wer sieht (genauer: wer nimmt wahr)? /Wer sieht (riecht, schmeckt, fühlt und hört)? Drittens: Wer weiß eigentlich Bescheid? Die Narratologie plagt sich mit der Erkenntnis ab, dass diese Rollen auf recht merkwürdige Weise verteilt und vermischt sein können. Dass sich Autoren, wenn es um den *point of view* geht, um das Bedürfnis nach klaren Kategorien wenig kümmern, darauf hat schon E.M. Forster zu Recht hingewiesen:

> [...] die Lösung der ganzen verwickelten Methodenfrage liegt für mich nicht in Formeln beschlossen, sondern in der Macht des Schriftstellers, den Leser zu überrumpeln, dass er gelten lässt, was man ihm sagt [...] Man sehe nur, wie Dickens in *Bleak House* mit uns umspringt. Kapitel I von *Bleak House* ist allwissend. Dickens führt uns ins Kanzleigericht und setzt uns über alle Anwesenden ins Bild. In Kapitel II ist er nur teilweise allwissend. Wir sehen noch durch seine Augen, aber sie werden aus unerklärlichem Grunde schwächer: er kann uns alles über Sir Leicester Dedlock sagen, einiges, aber nicht alles über Lady Dedlock und nichts über Mr. Tuklinghorn. In Kapitel III ist er noch mehr zu tadeln: er fällt geradezu in die Methode des Dramas und identifiziert sich mit einer jungen Dame, Esther Summerson. »Was ich auf diesen Seiten niederzuschreiben habe, fällt mir sehr schwer; denn ich weiß, ich bin nicht gewandt genug«, wispert Esther und fährt in dieser Tour gehörig und konsequent fort, solange er sie die Feder führen lässt. Jeden Augenblick kann ihr Schöpfer ihr die Feder wieder entreißen, umherrennen und in eigener Person Beobachtungen aufnehmen, wobei er sie – der Himmel weiß wo – sitzen lässt mit irgendeiner für uns ganz gleichgültigen

Beschäftigung. Vom Standpunkt der Logik ist *Bleak House* zusammenge-stückelt, aber Dickens führt uns an der Nase herum, so dass uns der Wechsel des Standorts nichts ausmacht.[556]

Zeit erzählen, Zeit in der Erzählung

Und als einer jener scheinbar abseitigen und abstrakten Gedanken, die in seinem Leben oft so unmittelbare Bedeutung gewannen, fiel ihm ein, dass das Gesetz dieses Lebens, nach dem man sich, überlastet und von Einfalt träumend, sehnt, kein anderes sei, als das der erzählerischen Ordnung! Jener einfachen Ordnung, die darin besteht, dass man sagen kann: »Als das geschehen war, hat sich jenes ereignet!« Es ist die einfache Reihenfolge, die Abbildung der überwältigenden Mannigfaltigkeit des Lebens in einer eindimensionalen, wie ein Mathematiker sagen würde, was uns beruhigt; die Aufreihung allen dessen, was in Raum und Zeit geschehen ist, auf einen Faden, eben jenen berühmten »Faden der Erzählung«, aus dem nun also auch der Lebensfaden besteht. Wohl dem, der sagen kann »als«, »ehe« und »nachdem«! Es mag ihm Schlechtes widerfahren sein, oder er mag sich in Schmerzen gewunden haben: Sobald er imstande ist, die Ereignisse in der Reihenfolge ihres zeitlichen Ablaufes wiederzugeben, wird ihm so wohl, als schiene ihm die Sonne auf den Magen. Das ist es, was sich der Roman künstlich zunutze gemacht hat: Der Wanderer mag bei strömendem Regen die Land-straße reiten oder bei zwanzig Grad Kälte mit den Füßen im Schnee knirschen, dem Leser wird behaglich zumute, und das wäre schwer zu begreifen, wenn dieser ewige Kunstgriff der Epik, mit dem schon die Kinderfrauen ihre Kleinen beruhigen, diese bewährteste »perspektivische Verkürzung des Verstandes« nicht schon zum Leben selbst gehörte. Die meisten Menschen sind im Grundverhältnis zu sich selbst Erzähler. Sie lieben nicht die Lyrik, oder nur für Augenblicke, und wenn in den Faden des Lebens auch ein wenig »weil« und »damit« hineingeknüpft wird, so verabscheuen sie doch alle Besinnung, die darüber hinausgreift: Sie lieben das ordentliche Nacheinan-der von Tatsachen, weil es einer Notwendigkeit gleichsieht, und fühlen sich durch den Eindruck, dass ihr Leben einen »Lauf« habe, irgendwie im Chaos geborgen. Und Ulrich bemerkte nun, dass ihm dieses primitiv Epische abhanden gekommen sei, woran das private Leben noch festhält, obgleich öffentlich alles schon unerzählerisch gewor-den ist und nicht einem »Faden« mehr folgt, sondern sich in einer unendlich verwobe-nen Fläche ausbreitet. (Robert Musil, Der Mann ohne Eigenschaften, Kap. 122)[557]

344

Wenn es um das Erzählen und um Literatur überhaupt geht, dann verdient es *ein* Phänomen, besonders hervorgehoben zu werden. Es ist die Zeit. Wir haben ohnehin schon seit geraumer Zeit mit ihr zu tun, ohne ausdrücklich mit dem Finger auf sie gezeigt zu haben. Sie ist Teil der Welt, die Autoren bauen. Und damit diese Welt in Bewegung kommt, muss eine Zeit geschaffen werden, in der sich eine Geschichte abspielt. Gehen wir weiter der Frage nach, woher die enge und geheimnisträchtige Verbindung von Zeit und Erzählung kommt. Am Ende können wir den tiefen Gedanken von Musil beipflichten oder sie zurückweisen oder sie als einseitig kritisieren.

Im wirklichen Leben die Zeit zu beeinflussen, ist ja schwierig. Wenn es uns richtig gut geht, verrinnt sie im Fluge, wenn wir an einem Ort sind, an dem wir nicht sein wollen, dann schleppt sie sich träge dahin. Vielleicht wurde auch deshalb das Erzählen erfunden: Zum Zeit-Vertreib und das ist ein starker Ausdruck, denn er suggeriert ja geradezu, dass wir dieses unsichtbare Monster, das alles heilt und alles zerstört, tatsächlich aus unserer Existenz verjagen könnten.[558] Manche berichten davon, dass beim Erzählen die Zeit für sie stehen bleibt. Das sind wohl besondere Erfahrungen, die denen von Mystikern und Gurus ähneln und die wir hier nicht weiter ergründen können.

Aber das, was uns betrifft, ist erstaunlich genug und uns so urvertraut, dass wir selten innehalten, um uns darüber zu wundern: Wer erzählt, der bestimmt über die Zeit – der Erzählung und des Erzählten.

Diese Unterscheidung zwischen Erzählung und Erzähltem, zwischen *Erzählzeit* und *erzählter Zeit* muss am Beginn jeder Einführung in die Zeit der Erzählung stehen, auch wir wollen uns nicht daran vorbei drücken. Was damit gemeint ist, fassen russische Märchen zusammen: »Schnell ist die Sage gesagt, lang dauert's, die Tat zu tun.«[559] Die Zeit, die nötig ist, um etwas sprachlich wiederzugeben, unterscheidet sich von der Zeit, die vergeht, während etwas geschieht. Das leuchtet ein, und schon die frühe Novellenkunst nimmt den Erzähler auf die Schaufel, der das nicht unterscheiden kann (oder will) und damit kleinen Kindern ähnelt, die die Kunst des Straffens, Zusammenfassens oder Ausdehnens noch nicht beherrschen. Da ist also in der Novellensammlung *Il Novellino* vom Ende des dreizehnten Jahrhunderts ein »müder Erzähler«, der eine List ersinnt, um sich eine Erzählpause zu verschaffen:

> Herr Azzolino hatte einen Erzähler, den er erzählen ließ, wenn im Winter die Nächte lang waren. Eines Nachts kam es vor, dass der Erzähler große Lust zu schlafen verspürte; und Azzolino bat ihn, etwas zu erzählen. Der Erzähler begann eine Geschichte von einem Bauern zu erzählen, der hundert Goldstücke hatte; der ging auf einen Markt, um Schafe zu kaufen, und bekam deren zwei für ein Goldstück. Als er mit seinen Schafen heimkehrte, war ein Fluss, über den er gegangen, durch einen starken Regen, der gefallen war, sehr angeschwollen. Als er am Ufer stand, erblickte er einen armen Fischer mit einem so übermäßig kleinen Schifflein, dass darin nur der Bauer mit einem Schaf auf einmal Platz hatte. Da fing der Bauer an, mit einem Schaf hinüberzusetzen, und ruderte los: der Fluss war breit. Er rudert und langt drüben an. Und der Erzähler hörte mit dem Erzählen auf. Azzolino sagte: »Fahre fort.« Und der Erzähler erwiderte: »Lasst die Schafe hinüberfahren, dann werde ich die Geschichte weitererzählen.« Denn die Schafe wären nicht in einem Jahr hinüber, und so konnte er recht behaglich schlafen.[560]

Cervantes legt dieselbe Anekdote Sancho Panza in den Mund, dieser erzählt sie seinem ritterlichen Herrn, der aber nicht einschläft, sondern sich über die plumpe Erzählart seines Knappen moquiert.[561] Der Fall ist einfach, wir haben eine Vorstellung davon, wie lange es dauert, Schafe oder Ziegen über einen Fluss zu bringen und dass die Sprache da schneller ist als die »Wirklichkeit«. Und ab einem gewissen Alter sind selbst Kleinkinder in der Lage, solches Geschehen abzukürzen: »Er brachte zuerst das eine Schaf hinüber und dann alle anderen.«

Zeit im Fahrstuhl

Aber ich habe Zweifel, ob das wirklich so klar ist mit der Erzählzeit und der erzählten Zeit. Nehmen sie etwa das Motiv der Fahrt im

346

Aufzug, das Sie im Kino immer wieder finden, es ist voll von berühmten Liftfahrten. In *La peau douce/ Die süße Haut* (1963) von Truffaut dauert eine solche endlos, im Inneren befinden sich die beiden Hauptpersonen, ein Intellektueller und eine Flugbegleiterin, und während da der Lift scheinbar endlos in Bewegung ist, und die Zeit still steht, kommt es zum ersten verliebten Funkenflug zwischen den beiden.

Die Frage drängt sich auf: Was ist hier die erzählte Zeit und was die Erzählzeit? Ist es sinnvoll zu sagen: Das ist ganz klar, die erzählte Zeit ist die Dauer einer Fahrt mit eben dem Lift, wenn er von Menschen benutzt wird, die sich nicht ineinander verlieben wollen. – Übrigens führt das Truffaut selbst vor, er lässt den Ascenseur, nachdem er seine Last ausgespien hat, in »Normalzeit« und von außen gefilmt, wieder nach unten fahren. Aber muss das heißen, dass er eine reale einer irrealen Zeit gegenüberstellt? Sind die Verhältnisse im zwanzigsten Jahrhundert noch so einfach? Waren sie es jemals? Einstein sagte einmal, er sei auf die Relativitätstheorie über die Frage gekommen, ob die Gesetze der Physik auch in einem frei fallenden Fahrstuhl gälten. »Ich habe beim Nachdenken über die Raum-Zeit-Probleme erkannt, dass Raum, Zeit und Materie nur relative Begriffe sind, das heißt, dass sie nur in Bezug auf das jeweilige Subjekt gelten.«[562] Es bleibt also die Frage: Ist die Dehnung der Zeit bei Truffaut eine Frage des Erzählstils, also der Darstellung, also der Erzählzeit oder greift der Regisseur hier ganz bewusst in die erzählte Zeit hinein und dehnt sie aus? Können wir einfach sagen: Die Fahrt im Lift dauert in Wirklichkeit (in der erzählten Zeit) eine Minute, in der Erzählzeit des Films von Truffaut aber – ich habe nicht mitgestoppt – auffällig lang?

Parallelzeiten

Nehmen wir ein anderes Beispiel, ein Märchen aus Japan, es heißt: *Urashima Tarô*, hier in einer Zusammenfassung:

Als der Fischer Urashima Tarô gerade vom Fischen heimkehrte, sah er wie ein paar Kinder eine große Schildkröte ärgerten. Die Schildkröte tat

Urashima Tarô leid, deshalb kaufte er sie den Kindern ab und ließ sie im Meer frei.

Als einige Tage vergangen waren und Urashima Tarô mit seinem Boot aufs Meer hinaus fuhr, hörte er plötzlich eine Stimme: »Guten Tag, Herr Urashima.« Eine große Schildkröte kam zu ihm geschwommen. »Gestatten, ich bin die Schildkröte, der Sie neulich geholfen haben. Darf ich Sie als Dank zum Drachenpalast führen? Bitte steigen Sie auf meinen Rücken.«, sprach sie und Urashima stieg freudig auf ihren Rücken.

Der Drachenpalast, in den Urashima gebracht wurde, war ein Ort, schöner als man ihn sich in dieser Welt denken kann. Auch die Prinzessin war unglaublich schön, und Urashima bekam ganz große Augen. Und von den Tänzen der Prinzessin, den Bootspielen im Gartenteich, Festen und Festmählern, die Tag für Tag andauerten, war Urashima vollkommen verzaubert. So verfloss im Handumdrehen die Zeit von drei Jahren.

Eines Tages erinnerte sich Urashima an seinen Vater und seine Mutter und wurde traurig. Er beschloss, den Drachenpalast zu verlassen. Die Prinzessin übergab Urashima zum Zeichen des Abschieds ein Schatzkästchen und sagte ihm, dass er, wenn er noch einmal hierher kommen wolle, auf keinen Fall den Deckel öffnen dürfe.

Urashima stieg auf den Rücken der Schildkröte und kehrte an die Küste von früher zurück. Als er sich umsah, war die Umgebung ganz verändert und es waren nur unbekannte Leute da. Auch das Haus von Urashima war verschwunden. Während Urashima drei Jahre im Drachenpalast verbracht hatte, waren in dieser Welt dreihundert Jahre vergangen. Niedergeschlagen dachte Urashima daran, was wohl geschehen würde, wenn er das Schatzkästchen öffnen würde und hob den Deckel. Als er das getan hatte, stieg aus dem Inneren weißer Rauch auf und Urashima wurde auf der Stelle zu einem weißhaarigen Großvater.[563]

In Salzburg gibt es eine ähnliche Sage, dort ist es eine Hochzeitsgesellschaft, die hundert Jahre lang im *Untersberg zu Salzburg* bleibt.[564] Was ist nun die erzählte Zeit? Die im Drachenpalast oder die draußen? Dreihundert Jahre oder drei Jahre? Ja, wir als Rationalisten werden uns für die Welt draußen entscheiden und die Zeit im Berg oder am Meeresgrund als verzauberte ansehen so wie die, welche die Hauptfigur des Romans von Thomas Mann am Zauberberg gefangen hält oder Zwerg Nase im Haus der Zauberin. Unvergesslich bleiben uns aber die Geschichten wegen der Art und Weise, wie sie die andere Zeit geschaffen und erzählt haben. Geschichten versuchen Zeiterfahrungen zu vermitteln, die über die alltägliche und die der Physik nach Newton und vor Einstein hinausweisen. Sie tun das nicht nur, wenn sie mit dem Ende beginnen und mit dem Beginn enden, das sind nur Beispiele, die sofort auffallen. Schon weniger auffällig ist etwa die Zeitlichkeit in Parallelwelten im Märchen: Im Land der Frau Holle etwa muss die Zeit anders verlaufen. Wie ist es sonst möglich, dass die Pechmarie in genau dasselbe Land gelangt und genau dasselbe erlebt, bis zu einem bestimmten Punkt zumindest.

Welche Zeit wird also nachgeahmt oder geschaffen? Die wirkliche Zeit, die wir nicht gering schätzen sollten, denn immerhin ermöglicht sie es, dass der Sprechakt »Wir treffen uns um acht am Schottenring« in der Regel Erfolg zeitigt. Die subjektive Zeitempfindung, die uns allen allzu vertraut ist? Die Zeit als erinnerte Zeit? Als Erinnerung an die Gefühle, die mit Erlebnissen verbunden waren? Oder die besonderen Augenblicke der »jähen geistigen Manifestation«, die James Joyce *Epiphanie* nannte. Dem Schriftsteller trug er auf, »diese Epiphanien mit äußerster Sorgfalt aufzuzeichnen, da sie selbst die zerbrechlichsten und flüchtigsten aller Momente seien«[565]. Oder die Zeit des Traumes, die etwa der Poet Antonio Machado in seiner Poesie wiedergeben möchte?

Bevor wir über die Zeit in Erzählungen sprechen, müssten wir verstehen, was die Zeit ist. Allerdings hat bereits der Kirchenvater Augustinus zugegeben, wir wüssten nur, was sie ist, solange wir nicht über sie sprächen. Wir sollten aber das bisher Gesagte im Hinterkopf behalten, wenn wir uns mit ein paar Phänomenen befassen, die die Erzählforschung in den letzten Jahrzehnten bevorzugt behandelt hat. Dabei werden wir, ja, es geht nicht anders, aushilfsweise wieder so tun, als gäbe es sie, die Zeit als einen Fluss, der in gerader Linie und immer gleichem Tempo aus der Ferne der Vergangenheit kommt und in gerader Linie und in immer noch gleichem Tempo in die Ferne der Zukunft weiterfließen wird. So muss ein Autor entscheiden, an welchem Punkt des Flusses er sein Schiffchen in die Strömung setzt und wie groß seine eigene Entfernung zu diesem Punkt ist. Damit ist dann oft auch schon die Gattung festgelegt: Historischer Roman oder Science Fiction. Der Zeitabstand zum Erzählten kann in Erzählungen selbst Thema werden und den Gefühlston ganz entscheidend mitbestimmen.

FREQUENZ UND DREIZAHL

Zeit sparen lässt sich durch Zusammenfassungen. Es wird also etwas, was mehrmals geschieht, auf einmal erzählend abgefertigt. Viel Erzählzeit geht vorüber, und lange dauert das Erzählen, wenn etwas Einmaliges mehrmals erzählt wird. Überlegen Sie, in welchen Gattungen das besonders häufig vorkommt und warum und bedenken Sie, dass dieses Ereignis ja dennoch nie ganz gleich erzählt wird, sondern immer mit einem anderen Blick und somit das spanische Sprichwort *Cada uno habla de la feria como le va en ella/ Jeder spricht vom Jahrmarkt so, wie es ihm dort ergeht* gültig bleibt. Berühmtes Beispiel aus dem Kino ist *Rashomon* von Akira Kurosawa (1950). Die *Frequenz* hängt hier eng mit der *Perspektive* zusammen. Manche Gattungen und manche Effekte sträuben sich gegen die Raffung. Das Märchen etwa tut es mit eigenartiger Hartnäckigkeit, da muss das ganze Erzählritual durchlaufen werden, es muss die magische Dreizahl durchlebt, abgezählt und »ab-erzählt« werden. Es nicht zu tun, wäre so, als würde der Bürgermeister nicht dreimal mit seinem Stock an die Kiste klopfen, in der das Murmeltier sitzt, das das Wetter voraussagen soll. Würde es nicht genügen, wenn das Mädchen eine Nacht lang Stroh zu Gold spinnt, nein es muss ein zweites Mal passieren und ein drittes Mal und wir wissen beim Zuhören: Manches wird sich haargenau gleich zutragen, bestimmte Motive werden aber variiert, gesteigert, finden erst beim letzten Mal ihre Auflösung oder ihre schreckliche Erfüllung und hier wird deutlich, dass die Zahl nicht zu Unrecht im Er-zählen enthalten ist. Auch im Spanischen *contar*.

Eine der lustigsten Filmszenen bei Truffaut ist die folgende aus *Domicile conjugal/ Eheliche Wohnung* (1970). Antoine Doinel hat in Folge einer Affaire mit einer geheimnisvollen Japanerin, die er im amerikanischen Konzern kennengelernt hat, die eheliche Wohnung verlassen. Bald ist er aber der stets schweigend Lächelnden und der endlosen Abende in pickfeinen Restaurants überdrüssig. Als er wieder einen solchen erlebt, springt er während des Essens auf und ruft – von Nostalgie geplagt – seine Frau an, um sich bei ihr auszuweinen. Er kehrt zum Tisch zurück, die Japanerin, die nicht weiß, wer angerufen wurde, fragt höflich lächelnd, ob er das Telefonat gut erledigt habe. Zwei Minuten später entschuldigt er sich wieder, er müsse noch einmal telefonieren. Wieder wird es mit ausgesuchter Höflichkeit gestattet, wieder ruft er seine Frau an. Kurz darauf dasselbe ein drittes Mal – »Jetzt will sie auch noch ein Dessert bestellen!« – doch als er diesmal zurückkommt, ist sein Tisch leer, am Platz seiner Maitresse liegt eine Karte mit japanischem Text. Auf Französisch *Va t'faire foutre!*, was die englischen Untertitel mit *Drop dead* übesetzen. Wir lernen daraus: Frequenzen können von der Logik einer Erzählung – oder auch eines Witzes oder einer komischen Szene im Theater – vorbestimmt sein.

DIE DAUER

Raffung und Dehnung

Wie viel Zeit kann in ein Buch gepackt werden? Nun, das kann sehr viel sein und sehr wenig, manchmal ist es schon im Titel enthalten: *Cinco horas con Mario/ Fünf Stunden mit Mario* (1966) von Miguel Delibes besteht fast nur aus dem, was eine Frau ihrem Mann am Totenbett zu sagen hat. Das lässt sich in fünf Stunden erzählte Zeit verpacken. (Gut, so einfach ist es natürlich nicht, denn im Gespräch mit dem Aufgebahrten lässt sie erinnernd die gemeinsamen Jahre Teil der Erzählung werden.) Manche Romane traten, während sie entstanden, über ihre zeitlichen Ufer. Thomas Mann wollte zunächst nur die eigene und die Elterngeneration zum Romanthema machen, bemerkte aber bald, dass der Stoff mehr historische Tiefe verlange und griff zurück bis in die Zeit, als sich die Manns oder Buddenbrooks noch die Haare puderten.
Cien años de soledad/ Hundert Jahre Einsamkeit (1967) konnte Gabriel García Márquez nicht hundert Jahre lang erzählen. Also tat er, was

fast alle Erzähler tun, er entschloss sich die Zeit zu stauchen. Wie das geht und mit welchen Techniken und welchen ästhetischen Wirkungen, das wäre ein weites Thema. Magisch ist es in jedem Fall, dass die Sprache aus drei Stunden drei Minuten machen kann. Eigentümliche Wörter hat sie dafür zur Verfügung, die alle so tun, als würde die Zeit *gehen, laufen, fliegen* oder *fließen.* »Pero como es ligero el tiempo y no hay barranco que le detenga, corrió caballero en las horas, y con mucha presteza llegó la de la mañana,«/ »Aber da die Zeit flüchtig ist und nirgends ein tiefer Einschnitt auf ihrem Weg sie hemmt, so eilte sie von dannen wie auf den Stunden dahin-reitend, und die Stunde des Morgens kam schleunigst heran.«[566] schreibt Cervantes. Gute Erzähler wissen, wann sie beschleunigen müssen und wir alle kennen die Langweiler, die nicht zur Sache kommen und endlos Nebensächliches erzählen. Andererseits ist es aber gerade die Verzögerung, die geschickt eingesetzt, Meistererzähler ausmacht. Letztlich ist alles eine Frage des Rhythmus. Faszinierend wird die Beschleunigung wieder dort, wo die Akzeleration des Erzählers auf das Geschehen übergreift. In einem russischen Märchen aus der Sammlung von Afanasjew wird das Heranwachsen der drei Helden Iwan Zarewitsch, Iwan Magdsohn und Iwan Kuhsohn so beschrieben:

> Wundersam waren die Knaben geraten! Andere wachsen in Jahren – sie in Stunden; andere brauchen ein Jahr – sie eine Stunde; andere brauchen drei Jahre – sie aber nur drei Stunden. Und so wurden sie erwachsen und spürten eine Riesenkraft in sich; sie kamen zum König-Vater und wünschten sich, in die Stadt gehen zu dürfen; [...][567]

Die drei gleichen sich aufs Haar, da ihre Mütter schwanger wurden, nachdem sie denselben wundersamen Hecht genossen – die Königin, da er für sie bestimmt war; die Küchenmagd, weil sie eine Flosse abbrach und eine Kuh, die das Wasser aufschlürfte, in dem der Fisch gewaschen wurde.

Nur angedeutet ist es bei Charles Dickens, doch spüren wir auch hier, dass etwas Besonderes mit der Zeit passiert:

Now I am in the garden at the back, beyond the yard where the empty pigeon-house and dog-kennel are – a very preserve of butterflies, as I remember it, with a high fence, and a gate and padlock; where the fruit clusters on the trees, riper and richer than fruit has ever been since, in any other garden, and where my mother gathers some in a basket while I stand by, bolting furtive gooseberries, and trying to look unmoved. *A great wind rises, and the summer is gone in a moment.* We are playing in the winter twilight, dancing about the parlour.[568]

Magische Momente

»Unheimlich« groß kann der Unterschied zwischen der Zeit, die die Uhr anzeigt und der Zeit der Erzählung dann werden, wenn Figuren das Tagbewusstsein verlassen und sich auf die dunkle Seite des Mondes verlieren. Unglaublich, was da alles im Bruchteil eines Augenblicks passieren kann. Wenn das alles erzählt werden soll, muss sich auch die Erzählung mehr als den Bruchteil eines Augenblicks Zeit dafür nehmen. Geschildert hat Cortázar einen solchen Zustand in *El perseguidor/ Der Verfolger*, der Erzählung aus *Las armas secretas/ Die geheimen Waffen* (1959), die von Musik und Zeiterfahrung des Jazz-Saxofonisten Charlie Parker handelt. Cortázar selbst schrieb darüber:

> Durante un viaje en metro, el protagonista de »El perseguidor« entra en ese estado que llamamos de enajenación hacia el cual tiende a deslizarse lo fantástico con suma facilidad. En un impreciso estado de semisueño, el personaje reflexiona extensamente sobre el pasado, recuerda escenas infinitas, tararea mentalmente una canción y los recuerdos empiezan a encadenarse interminablemente. Cuando el tren se detiene en una estación, la sacudida devuelve abruptamente al personaje a su estado normal [...].[569]

> [Während einer Metrofahrt verfällt der Protagonist von *Der Verfolger* in einen Zustand, den wir Entrückung nennen, und zu dem hin das Fantastische mit größter Leichtigkeit abgleitet. In einem ungenau definierten Zustand des Halbschlafs denkt die Figur lange über die Vergangenheit nach, erinnert sich an zahllose Szenen, trällert im Geist ein Lied und die Erinnerungen beginnen sich endlos miteinander zu verketten. Als der Zug in einer Station hält, holt die Erschütterung ihn abrupt in seinen Normalzustand zurück [...]

Für diese *rêveries*, Entrückungen und Erleuchtungen interessiert sich die Gehirn- und Kreativitätsforschung, die ihr Entstehen in den tiefen Hirnregionen vermutet, dort, wo auch starke Eindrücke von Angst und Freude gespeichert sind; es sind dies auch die Gehirnregionen, die aktiv sind, wenn Kinder sich ins Spiel versenken und deren Arbeit durch voreiligen Eingriff des logisch-rationalen Denkens gestört wird;[570] dafür interessiert sich auch die Psychoanalyse[571] und die Kulturanthropologie.

Pause[572] und Stillstand

Es gibt auch Seiten, wo die Geschichte ganz aus dem Zeitfluss aussteigt. Das geschieht, wenn Autoren sich Zeit nehmen, das Geschehen zu kommentieren, uns zu sagen, was sie von all dem halten und was wir davon halten sollen.

Ausgesetzt ist die Zeit in der Erzählung auch dann, wenn lange beschrieben wird, etwa das Aussehen der Personen. Das kann anstrengend sein, vor allem, wenn man sich an all die Details beim nächsten Auftritt auch noch erinnern möchte. Man möchte die Schreiber dann an den alten Grundsatz erinnern: Gegenstände müssen in Bewegung, in ihrer Entstehung und ihren Verwandlungen gezeigt werden und nicht im Stillstand. Vorbild Homer, der nicht das fertige Schild des Achill beschreibt, sondern den Prozess der Herstellung.[573] Denselben Blick nicht auf das Statische sondern auf die Verwandlungen – die lange beschrieben sind – finden Sie als Programm am Beginn der Metamorphosen Ovids. Nichts Geringeres nimmt er sich vor, als die Verwandlung der Dinge seit dem Beginn der Zeit darzustellen!

> In nova fert animus mutatas dicere formas
> corpora. Di, coeptis – nam vos mutastis et illas –
> adspiraste meis primaque ab origine mundi
> ad mea perpetuum deducite tempora carmen.

> [In neue Gestalten verwandelte Wesen will ich besingen. Ihr Götter,
> seid gnädig meinem Beginnen, denn ihr habt ja auch jene verwandelt,

und leitet meinen Gesang vom Urbeginn der Welt ununterbrochen fort bis auf meine eigene Zeit.][574]

Victor Hugo beginnt den Roman *Notre-Dame de Paris* (1833) mit einer langen Beschreibung des Palais de Justice, denn dort spielt sich die erste Szene ab und er möchte uns in diese Welt des Jahres 1482 hineinführen. Was könnte langweiliger sein, wenn man nicht gerade Spezialist für Architekturgeschichte ist. Hugo tut es aber mit einem Kunstgriff: Er lässt alle bemerkenswerten, teils grausamen historischen Ereignisse Revue passieren, die sich in diesen Mauern zugetragen haben. So beginnt das Gebäude plötzlich zu leben, denn wir treten nicht mehr in einer kalten Halle von einem Fuß auf den anderen, sondern wir navigieren in der Zeit.[575] Das soll jetzt nicht zum Dogma erhoben werden, es gibt auch statische Beschreibungen, die eine starke Atmosphäre vermitteln, vielleicht bedrückenden Stillstand, der an einem Ort herrscht. Lesen wir die erste Seite der Erzählung *The Fall of the House Usher/ Der Untergang des Hauses Usher* (1839) von Edgar Allan Poe, da bewegt sich kein Blatt und keine Welle kräuselt den schwarzen Teich. Ehrlich gesagt, habe ich das jetzt aus der Erinnerung geschrieben, ich weiß gar nicht, ob da Blätter und Wasser beschrieben werden, aber daran erinnere ich mich, dass es kaum eine Seite der Literatur gibt, die mehr schwarze Beklemmung verbreitet … Jetzt habe ich die Stelle noch einmal nachgelesen und es ist erfreulich: Die Erinnerung ist oft doch nicht so trügerisch, da ist tatsächlich das völlig unbewegte, schwarze, spiegelglatte Wasser, das die morschen Baumstämme, die leeren Fensterhöhlungen und das Riedgras als Spiegelbild wiedergibt.[576] Fassen wir zusammen: Der Begriff *Dauer* bezieht sich auf Verfahren, mit denen Autoren in den natürlichen Fluss der Zeit eingreifen: Diese sind aus Filmen vertraut: Der Erzähler kann die Zeit beschleunigen (*Raffung*), er kann sie verlangsamen (*Dehnung*, »Zeitlupe«), er kann Ereignisse überspringen (*Ellipse*), er kann sich aus dem Geschehen ausklinken (*Pause*). Geschehen und Erzählzeit decken sich bei Dialogszenen, sofern Leser und Figuren dasselbe Sprech-Tempo haben.

Falsche Abfolgen?

Ordnung bezieht sich auf die zeitliche Anordnung der Ereignisse. Hier weichen Erzählungen durch Rückwendungen und Vorausdeutungen vom tatsächlichen Verlauf ab. Vorausdeutungen (*Prolepsen*) können *zukunftsgewiss* oder *zukunftsungewiss* sein. Das hängt auch von der Gattung ab: Es gibt wohl kaum ein Märchen, in dem sprechende Tiere sich täuschen, wenn sie in die Zukunft blicken und dem Helden einen Rat geben.[577]

In dem Roman *Der Zauberberg* verbindet Thomas Mann auf bemerkenswerte Weise eine Auslassung (*Ellipse*) mit einer *Rückwendung* (*Analepse*) und schafft es dabei, das Schlüsselereignis in eine *magische Zeit* – wollte ich schreiben, aber meine Mitarbeiterin hat mir strikt untersagt, das Wort *magisch* noch einmal zu verwenden – in eine besondere Zeitdimension zu stellen. Die einzige Liebesnacht, die Hans Castorp und Clawdia Chauchat geschenkt ist, wird zunächst ausgelassen, übersprungen. Auch im Rückblick erfahren wir nur die Tatsache, dass es eine solche Nacht gab, dass dabei Zusagen gemacht wurden und dass das Übrige dem Walten der »reinen Zeit« überlassen bleibt:

> Sechs Wochen verflossen in der Tat seit dem Abend, da Hans Castorp die Bekanntschaft Clawdia Chauchats gemacht hatte und dann so viel später auf sein Zimmer zurückgekehrt war als der dienstfromme Joachim auf das seine; sechs Wochen seit dem folgenden Tage, der Frau Chauchats Abreise gebracht hatte, ihre Abreise für diesmal, ihre *vorläufige* Abreise nach Daghestan, ganz östlich über den Kaukasus hinaus. Dass diese Abreise vorläufiger Art, nur eine Abreise für diesmal sein solle, dass Frau Chauchat wiederzukehren beabsichtigte,– unbestimmt wann, aber dass sie einmal wiederkommen wolle oder auch müsse, des besaß Hans Castorp Versicherungen, direkte und mündliche, die nicht in dem mitgeteilten fremdsprachigen Dialog gefallen waren, sondern folglich in die unsererseits wortlose Zwischenzeit, während welcher wir den zeitgebundenen Fluß unserer Erzählung unterbrochen und nur sie, die reine Zeit haben walten lassen. Jedenfalls hatte der junge Mann jene Versicherungen und tröstlichen Zusagen erhalten, bevor er auf Nr. 34 zurückgekehrt

war; und am folgenden Tag hatte er kein Wort mehr mit Frau Chauchat gewechselt, sie kaum gesehen, sie zweimal von weitem gesehen [...].[578]

Das sind höhere Weihen erzählerischer Hypnosetechnik: etwas weglassen, es im Nachhinein andeuten und dann mit aller Kühnheit sagen, es hätte in der »reinen Zeit« stattgefunden. Eine dritte Zeitdimension, die »reiner« ist als die Erzählung und auch »reiner« als das Leben, eine Zeitdimension, die sich jenseits der Erzählung und auch jenseits des Lebens befindet, wo wäre die zu finden?

In dem Film *Cuando vuelvas a mi lado* von Gracia Querejeta (1999) sind die Analepsen durch den »letzten Willen« der Mutter der Hauptfiguren bestimmt. Diese drei Schwestern werden durch das Testament der in einer psychiatrischen Anstalt Verstorbenen beauftragt, ihre Asche an drei verschiedenen Orten zu begraben. An jedem dieser Orte lebt eine Person, die ihnen einen Teil des bislang verborgenen Familienschicksals enthüllt. Die letzte Station bringt die Auflösung, der Vater hat die Familie nicht verlassen, sondern wurde von der eifersüchtigen Mutter ermordet und heimlich begraben. – Zwei Ereignisse, zwischen denen viel Zeit liegt, können dennoch in unserer Seele eng miteinander verknüpft sein. Die Zeitmenge spielt da keine Rolle und auch nicht, was das Leben an Ereignissen dazwischen aufgehäuft hat. Wir kennen das aus dem Roman: da ist die eine Begegnung und dann die andere zwanzig Jahre später und mit einem Male entflammt wieder das alte Feuer ... Das weiß auch die Psychologie, die traumatische Lebenserfahrungen und ihre Nachwirkungen erforscht. Freud wusste es, wenn er zeigte, dass ein aktueller Anlass eine alte Wunde in der Psyche aufreißen kann oder manchmal bewirkt, dass überhaupt erst die ganze Tragweite des Vergangenen bewusst wird. Er prägte dafür den Begriff *Nachträglichkeit*.[579]

Die Erzählung löst die lineare Ordnung des Erzählens auf, um tiefere Zusammenhänge zu zeigen.[580] Heimito von Doderer will genau das, den »Druck« und die »Tiefe« der Zeit in seinem Roman *Die Strudlhofstiege* (1951) darstellen. Es entsteht beim Lesen ein Gefühl, als hätte die Zeit eine eigene Stofflichkeit, als würde sie spürbar, wie der Druck von Wasser, durch das man taucht und sich dabei seinen Strömungen und Bewegungen aussetzt. Die peniblen Zeitangaben – am 25. August des Jahres 1911, am 4. April 1925 usw. – sind daher keine banalen Daten. Der Abstand zwischen ihnen macht die Spannung zwischen Zeit als Erfahrung und Zeit als Erinnerung und Erzählung deutlich, zeigt die Ereignisse, die an einem Zeitpunkt in Gang gesetzt wurden und an einem anderen weiterwirkten, ihre Schatten warfen, ihre Auflösung fanden oder erst die volle Wahrheit enthüllten (»es war nicht eine, es waren Zwillinge«). Es ist ein Merkmal der Gattung Roman, dass sie die Tiefe der Zeit mit den feinsten Geräten auslotet.

In Werken der phantastischen Literatur wird es uns schwerfallen, die gestörte Ordnung erklärend zu »naturalisieren«, wie es David Lodge in seinem interessanten Text zum Thema ausdrückt.[581] Nehmen Sie Dino Buzzati und *La frana/ Der Erdrutsch* (1955). Diese lesenswerte Kurzgeschichte basiert auf der Figur der Vertauschung von Ereignissen auf der Zeitachse, genannt *Hysteron proteron* (im Kapitel über Stil haben wir diese Figur genauer erläutert): Der Reporter einer Tageszeitung wird von seinem Chef in ein Gebirgsdorf geschickt, um von den Folgen einer Naturkatastrophe zu berichten. Tatsächlich ereignet sich der gewaltige Bergrutsch, der den Protagonisten wohl töten wird, aber erst, als derselbe, entnervt von der beklemmenden, geheimnisvollen Atmosphäre der Bergdörfer, in denen er kein Anzeichen eines Unglücks finden kann, sich anschickt, in die Stadt zurückzufahren.[582] Buzzati wählte hier absichtsvoll eine Ordnung des Erzählens, welche logische Verbindungen und Abfolgen durchschneidet. Können wir deshalb einfach sagen, es handle sich um *Achronie*, da sich »keine geordnete Gesamthandlung«[583] rekonstruieren lässt?

FRAGEN AN DIE ZEIT

Es sollen hier gewiss nicht die Verdienste der Narratologie bei der Erforschung narrativer Uhrwerke in Frage gestellt werden. Im universitären Alltag habe ich aber beobachtet, dass ihre Begriffe und

Einteilungen zu dürren Größen verkommen können. So nahm ich einmal an einer Diplomprüfung teil, bei der der Kandidat bestens vorbereitet die Litanei von Dauer, Ordnung und Frequenz herunterbetete. Die Frage, ob all das zu einem tieferen Verständnis von Literatur führte, verneinte er rundweg, denn was zähle, das sei doch der Inhalt. In gewisser Weise hat er ja recht: Uns interessiert nicht, ob etwas fünf Mal passiert und einmal erzählt wird oder umgekehrt. Uns interessiert fürs Erste nicht, ob eine *Prolepse partiell* oder *vollständig* ist und welche *Reichweite* sie hat. Solche trockenen Fachtermini können nur dann brennend interessant und mit Leben gefüllt werden, wenn wir sie mit dem Inhalt verknüpfen können. Sie bleiben dann nicht Fragen der Technik, sondern führen zu den Fragen, die uns wirklich bewegen, wenn wir über die Zeit nachdenken: Warum können wir die Zeit nicht anhalten? Warum erleben wir die Zeit so ganz anders als es uns die Uhr, die sie in messbare Einheiten zerlegen will, vormacht? Was ist das für eine Zeit, in die wir im Traum eintreten, was ist ihre Logik? Warum wird die Vergangenheit in manchen Momenten wirklicher als die Gegenwart, die uns umgibt? Was ist das für eine merkwürdige Zeit, die da unser Bewusstsein bestimmt und ständig und in jedem Augenblick neue Mischungen aus Vergangenem als Erinnerung, Gegenwärtigem als Wahrnehmung und Erleben und Zukunft als Erwartung generiert?[584] Wie funktionieren Erinnern und Erinnerung? Warum diese Kluft zwischen der Zeit des Erlebens und der Zeit des Erinnerns, warum verwandeln sich Erfahrungen, die wir doch nur einmal so und so gemacht haben, ständig in unserem Gedächtnis, erhalten neue Farben und oft genug erst im Nachhinein ihre wahre Wertigkeit? Was können wir über die Zukunft wissen, wer hat die Fähigkeit sie vorherzusagen, was verraten Indizien der Gegenwart über sie? Und nicht zuletzt: Was passiert mit der Zeit, wenn sie erzählt wird? Was passiert mit uns, wenn wir Zeiträume betreten, die es nur in Erzählungen gibt?

8. FIKTION UND KULTUR

Erzählungen sind überall

Gedanken zum Erzählen ließen sich mit der Frage einleiten: Was ist Ihre Lieblingsgeschichte? Die, die Sie am meisten bewegt hat? Diejenige, die Ihnen von Sprache und Form her am besten gelungen erscheint? Aus der unübersehbaren Menge der Geschichten würden dann zwei, drei, vier Kandidaten vortreten, und man könnte auch ungefähr sagen, warum sie eine Sonderstellung haben. Sie sind besonders spannend, sie zeigen ein berührendes Schicksal, bemerkenswerte menschliche Verhaltensmöglichkeiten in außergewöhnlichen Umständen. Sie stellen brennende Fragen: Kann die Liebe überleben, wenn der Mann Jude ist und jahrelang versteckt in einem Keller leben muss, während seine schöne blonde Frau versucht, sich mit den Besatzern zu arrangieren und *sein* Theater weiterzuführen? Das wäre beispielsweise die Problemstellung in dem Film *Le dernier métro/ Die letzte Metro* (1980) von François Truffaut.

Erzählungen, das sind nicht nur die Meisternovellen von Puschkin oder die *Geschichten vom Franz* oder die *Donausagen;* sie sind Teil unseres Denkens und sozialen Handelns insgesamt. Daher interessieren sich auch Nachbardisziplinen wie Linguistik, Soziologie, Psychologie, Geschichte und Anthropologie zunehmend für das Erzählen, seine Gesetze und Funktionen.

Wenn Sie sonntags zur Messe gehen, hören Sie dort Erzählungen: von der Auferweckung des Lazarus, vom Barmherzigen Samariter, vom Wundersamen Fischfang. Und wenn Sie das ganze Kirchenjahr miterleben, dann durchlaufen Sie eine große Erzählung, die von Sonntag zu Sonntag, von Feiertag zu Feiertag fortgesponnen wird: Einem Mädchen aus Judäa wird von einem Engel verkündet, sie werde ein Kind auf die Welt bringen. Das Kind wird in einem Stall geboren, die Eltern müssen vor dem König, der das Kind töten will, fliehen. Das Kind wächst heran, lässt sich von einem Einsiedler im Kamelhaarkleid in der Wüste taufen, sammelt Anhänger um sich, heilt Kranke, vermehrt Brot und Wein und Fisch auf wundersame Weise, wird von einem seiner Anhänger verraten. Wir kennen die Geschichte in ihren großen Zügen, wir kennen vielleicht auch die vom Barmherzigen Samariter, vom Verlorenen Sohn – die Geschichten also, die von der Hauptfigur Jesus selbst im Laufe seines Lebens erzählt werden. Wir kennen vielleicht ein paar seiner Vorläufer, Abraham, der seine Heimat verlassen muss und bereit ist seinen Sohn zu opfern, wenn es Gott befiehlt. Wir kennen die Geschichte, die ganz am Anfang steht, die von den beiden Unglücklichen, die aus dem Paradies verjagt werden und deren Sohn seinen Bruder aus Eifersucht erschlägt.

Es ist kein Zufall, dass diese Geschichten so lange immer weiter erzählt wurden. Die Fragen, die sie aufwerfen und die Antworten, die sie zu geben suchen, berühren uns bis heute: Warum erschlägt ein Bruder den Bruder? Wie viel Leid kann ein Mann ertragen, bevor er den Glauben verliert und Gott verflucht?

Nicht nur erzählende Literatur, nicht nur Texte sind geschichtenförmig aufgebaut. Auch Werke der bildenden Kunst – Skulpturen, Bilder – lassen sich als »gefrorene« Erzählungen deuten: Eine Statue des heiligen Georg mit einem Drachen erzählt dem Kundigen eine Geschichte. Jedes Familien- oder Urlaubsfoto ist Ausschnitt einer Erzählung und kann diese als *Assoziationsauslöser* in unserem Gedächtnis wachrufen.[585] Jeder Film, die meisten Filme erzählen Geschichten, jedes, fast jedes Gemälde in einem alten Museum erzählt von einer außergewöhnlichen Begebenheit, zahllose Werbespots enthalten Erzählungen im Kleinformat, Kinder, die auf ihrer Playstation spielen, durchleben Geschichten. Oftmals beginnen uns Ereignisse erst zu fesseln, wenn sie zur Geschichte werden; so kann etwa ein Fußballmatch tödlich langweilig sein. Spielt aber beispielsweise der »David« Senegal gegen den »Goliath« Frankreich, dann wird eine Folge von Dribblings, Fouls und Outs zum Drama, zur spannenden Erzählung.

Jeder große Anfang wird durch eine Erzählung angezeigt und hervorgehoben: der Beginn der Welt, die Gründung einer Partei, die Umstände, die damals zum ersten Kuss führten … Damit Santiago de Compostela zum Zentrum mittelalterlicher Massenpilgerfahrt werden konnte, brauchte es eine Erzählung: Ein nächtliches Licht habe einem Einsiedler den Ort angezeigt, an dem die heiligen Gebeine des Jakobus begraben lagen. Immer gibt es die eine Nacht, das eine gemeinsame Abenteuer, die eine große Schlacht, die eine Wundergeschichte, die unvergesslich bleiben soll und immer wieder erzählend vergegenwärtigt wird. Erzählungen sind unentwegt an zwei Fronten der Kultur beschäftigt: Sie müssen alles aus der Vergangenheit herüberretten und weiterreichen, was die Träger einer Kultur für wert befinden, weitergereicht zu werden. Sie müssen aber auch die Flut der neuen Ereignisse, welche die Gegenwart vor den Menschen ausschüttet, sortieren, ordnen, interpretieren, mit den Werten und dem Weltbild ihrer Kultur in Einklang bringen; sie müssen dabei das »Normale« vom Ungewöhnlichen trennen, das Erwünschte vom Unerwünschten, das »Gute« vom »Bösen«, das Erzählenswerte von dem, was rasch vergessen werden soll.

Michael Metzeltin und Margit Thir sehen das Ritual als Ursprung von Erzählungen. Rituale, die Grenzen und Übergänge im Leben markieren (Initiation, Königsersetzung) wurden zu Geschichten ausgesponnen, in Geschichten »codiert«, Spuren dieser Herkunft lassen sich ihrer Auffassung zufolge in allen großen Geschichten feststellen.[586]

ERZÄHLUNGEN IM ALLTAG

Wer die Geschichte seines Lebens oder Geschichten aus seinem Leben erzählt, versucht die Episoden in einen sinnvollen Zusammenhang zu bringen, versucht also zu interpretieren, im Nachhinein zu verstehen und zu rechtfertigen. Die *Oral History* hat gezeigt, dass auch die, die ihr eigenes Leben erzählen, dabei Erfundenes hinzufügen und ihre Geschichte auf Grundlage bestimmter Handlungsschemata ordnen und deuten, dass das Erlebte also stets verändert und ergänzt wird.

Es gibt auch den diskreten Raum des Erzählens, der von all dem gefüllt ist, was im Alltag erzählt wird, tagein, tagaus: »Und stell dir vor, wie ich dann aus der Straßenbahn aussteig' ...« Manche behaupten sogar, wir kämen nur deshalb einigermaßen zurecht im Leben, weil wir handelnd Mikroerzählung an Mikroerzählung reihen. Die Erforscher künstlicher Intelligenz sprechen von *Frames* als Handlungsmustern – ein Restaurant betreten; zum Bahnhof gehen, um einen Zug zu nehmen; einen Regenschirm öffnen – deren Kenntnis einen Computer befähigt, verschiedene Situationen zu verstehen.«[587]

In den Sechziger Jahren erforschten die amerikanischen Soziologen William Labov und Joshua Waletzky Erzählungen von jugendlichen Vorstadtbewohnern, die außergewöhnliche Ereignisse aus ihrem Leben berichteten. Sie stellten folgende Phasen und folgenden Aufbau des Erzählens fest: Der mündliche Erzähler beginnt mit einer kurzen Gesamtzusammenfassung (*abstract*); es folgen Angaben über Ort, Zeit und Figuren (*orientation*); schließlich wird eine Verstrickung von Ereignissen, ein Handlungsknoten berichtet (*complicating action*), den das Ende der Erzählung auflöst (*resolution*). Ein Schlussresümee zeigt dem Hörer das Ende der Erzählung an (*coda*). »Labovs wichtigste Einsicht war jedoch, dass eine pragmatisch befriedigende Erzählung nicht ohne Evaluation auskommt. Mit ›evaluation‹ bezeichnet Labov ›the means used by the narrator to indicate the point of the narrative, its raison d'être: why it was told, and what the narrator is getting at‹«[588]. Kurz, die Evaluation beugt der Frage vor: »Na und, warum erzählst du mir das?« Erzähler greifen dabei zu ganz bestimmten Techniken: Wiederholungen, Übertreibungen, Vergleiche mit anderen möglichen Handlungen, Verdichtungen der Erzählung durch den Einbau von Parallelhandlungen, ausdrückliche Erklärungen, die die Haupthandlung betonen.[589] Die besten literarischen Erzähler wissen das alles und bewegen sich im bedeutungsvollen Zwischenbereich von Ernst, Ironie und Parodie: Isaac Bashevis Singer in *Die Geschichte zweier Schwestern* (1975):

[...]
Lange Zeit sprach keiner von uns; dann fragte ich halb im Scherz: »Was kann man denn aus dieser Geschichte lernen?«
Chaim Leib lächelte: »Wenn Nietzsches verrückte Theorie von der Erschöpfbarkeit aller atomischen Kombinationsmöglichkeiten und von

der ewigen Wiederkehr wahr ist, und wenn es wieder einen Hitler, einen Stalin und noch eine Massenvernichtung geben wird, und wenn Sie in Trillionen von Jahren in Stettin ein weibliches Wesen kennenlernen – gehen Sie nicht mit ihr, ihre Schwester zu suchen.«[590]

Ein Gutteil unseres Wissens von der Welt wird uns also in Form von Geschichten vermittelt, ist geschichtenförmig in unserem Hirn gespeichert. Wenn wir Wissen weitergeben, dann bringen wir es in die Form von Geschichten. Der springende Punkt dabei: Indem wir das tun, formen und verwandeln wir die »Tatsachen«: durch Konzentration auf Schlüsselfiguren und Schlüsselszenen, durch Zuspitzung hin auf dramatische Momente, durch eine Handlung, die durch die Phasen *exposición, complicación, resolución* läuft.
Ein Zugang, der das Leben nicht in Einzelfächer – hier Medizin, da Alltag, dort Literaturwissenschaft und so fort – zerstückelt, wird sich also für die Bedeutung und Funktionen von Erzählungen in unterschiedlichen Lebensbereichen auch außerhalb der Literatur im engeren Sinn interessieren. Als Beispiel sei hier nur das Thema *Erzählen und Therapie* angeführt: So verwendet der aus Persien stammende Psychotherapeut Nossrat Peseschkian in seiner Methode orientalische Erzählungen und Sprichwörter zur Behandlung seelischer Krisen.[591]
Wohl zu Recht, denn schon das Märchen kennt das Motiv: Erzählen kann heilen. Da ist etwa einer durch einen bösen Fluch in einen Bären verwandelt worden. Am Ende, als schon alle Prüfungen bestanden sind, erzählt er seine Geschichte und indem er erzählt, »befreit« er sich »von seiner Geschichte« und wird vom Bären wieder zum Menschen.

Zum Nutzen von Fiktionen

Vor nicht allzu langer Zeit wurde ich Zeuge eines größeren Geldfundes, der entsprechende Überlegungen nötig machte: Woher kommt das Geld, was tun mit dem Geld? Am selben Tag fielen mir etliche Geschichten, Filme und Märchen ein, in denen es um verstecktes Vermögen, Schatzsuche und Ähnliches geht. Diese Erzählungen enthielten auch Handlungsvorschläge, mögliche Lösungen, Wertungen und ganz automatisch bezog ich sie in meine Gedankengänge ein. Warum drängten sich Erzählungen auf und nicht ein schöner, abstrakter, moralischer Grundsatz?

Erfundene Erzählungen – Fiktionen – sind befreit von den Zwängen des Alltags, sie müssen keine Informationen über die Welt geben, die unmittelbar mit der Welt zusammenhängen, in der sie gerade erzählt werden. Wer in einem Roman den Satz liest: Gestern regnete es in Salzburg – liest das nicht als Wetterbericht für das wirkliche Salzburg am 5. Jänner 2008. Daher können Fiktionen die Welt neu ordnen, die Dinge neu miteinander verknüpfen, neue Möglichkeiten durchspielen. Culler spricht von der interpretatorischen Offenheit der Fiktionen:

> Nicht-fiktionale Diskurse sind für gewöhnlich in einen Kontext eingebettet, der einem mitteilt, wie sie aufzufassen sind: als eine Gebrauchsanweisung, ein Zeitungsartikel, ein Spendenaufruf. Der Kontext von Fiktionen hingegen lässt die Frage, wovon sie eigentlich handeln, explizit offen. Der Wirklichkeitsbezug ist nicht so sehr eine Eigenschaft literarischer Texte als eine Funktion, die ihnen durch die Interpretation erst zukommt. [...] Den *Hamlet* zu interpretieren bedeutet unter anderem etwa, sich entscheiden zu müssen, ob das Stück von den Problemen dänischer Prinzen handelt oder vom Dilemma des Renaissancemenschen angesichts des Wandels im Subjektbegriff oder von Beziehungen zwischen Männern und Müttern im Allgemeinen oder davon, welche Rolle Repräsentationen [...] bei der wichtigen Frage spielen, wie wir aus unseren Erfahrungen Sinn ziehen. Die Tatsache, dass das ganze Stück hindurch Verweise auf Dänemark erfolgen, bedeutet nicht, dass man es notwendigerweise als ein Stück über Dänemark lesen muss; das ist eine Entscheidung der Interpretation.[592]

Die Erzählwelt kann das Laboratorium abgeben, in dem neue Verhaltensmöglichkeiten entworfen und auf die Probe gestellt werden. Den Gedanken entfaltet Fritz Peter Kirsch in seinem Werk *Epochen des französischen Romans*: Die höfische Gesellschaft in und um Versailles entwickelte im sechzehnten und siebzehnten Jahrhunderts nichts weniger als einen neuen Umgang mit Gefühlen und der Art, wie Gefühle im Umgang mit anderen Aristokraten gezeigt und gelebt wurden. Ergebnis war das Ideal einer gespielten Natürlichkeit, die sich nur durch ständige Selbst- und Fremdkontrolle erreichen ließ. Der Roman trug hier das Seine bei, denn es waren die Autorinnen und Autoren, die ihre Figuren neue Formen sozialer Interaktion durchspielen und erproben ließen.[593]

Fiktionen geben uns Landkarten in die Hand. Als Landkarten müssen sie Wirklichkeit vereinfachen, denn keine Landkarte kann jeden Tannenbaum und jedes Hügelchen aufnehmen, das es in der Welt gibt. Aber es sind reich gestaltete Landkarten. Es sind Landkarten, die uns die Freude des Wiedererkennens bereiten. Das war eine bedeutende Erkenntnis des Aristoteles. Es sind Landkarten, die nicht nur einen Aspekt des Lebens abbilden, alle Autobahnen etwa oder alle Wanderwege oder alle Spielcasinos, sondern zahlreiche Aspekte und die vielschichtige Art und Weise, in der sie verflochten sind.

IMAGINO

Wir haben festgestellt: Wenn eine Erzählung Ereignisse auf eine ganz bestimmte Weise aufeinander folgen lässt, dann suggeriert sie schon dadurch: Es musste so kommen. Das ist aber nur die eine Seite: bei all ihrer Sorge, eine Geschichte voranzutreiben und eine Handlung ans Ziel zu bringen, sind Erzählungen doch nicht blind für den Konjunktiv, den ihnen ja schon Aristoteles zugesteht. Sie sagen zwar: »Es kam so und nicht anders.« Sie sagen aber auch immer wieder, während sie ihr Geschehen aufrollen: »An dieser Stelle hätte es anders kommen können.« »Unsere Heldin hätte auch einen anderen Weg einschlagen können.« »Hier könnten wir nun in eine andere Richtung abzweigen.« Sie bauen nicht nur eine Welt, sondern zeigen auch parallele und mögliche Welten. Es ist so, als würde nicht nur ein Kind im Puppenhaus spielen, sondern mehrere Kinder, die darüber streiten, wie es weitergehen soll.

Jerome Bruner fasst diese Eigenschaft mit dem Begriff der *Konjunktivität* von Erzählungen. Er meint, in ihrem Hang zum »könnte« unterschiede sich die Fiktion von anderen Erzählungen, etwa denen der Historiker: Die neigten eher dazu, einfach zu sagen, wie der Reihe nach alles passiert ist. Die Welt der Fiktion ist also eine Welt, die offen ist für neue Möglichkeiten. Ergiebig wäre hier wieder Lope de Vega: Seine Figuren leben ständig in *imaginaciones*, die ihnen ihre *fantasía* eingibt.[594] Gibt es eine Studie dazu, wie oft im Theater Lopes jemand *imagino* sagt? – Im Sinn von: »ich stelle mir vor«, »ich könnte das oder das machen«, »es könnte dieses oder jenes passieren, der Fall sein oder schon passiert sein«. Weiter oben war von dem Gracioso die Rede, der die alltäglichsten Situationen auf sehr eigenwillige Weise weiterspinnt. Doch wir driften von der Kulturwissenschaft wieder in die Betrachtung der alten Literatur, aber warum auch nicht. Diese enthält nicht Weniges, das für Cultural Studies interessant sein kann.

Lässt sich deshalb sagen, dass Fiktionen wahrhaftiger sind als andere Texte, dass sie die Welt genauer und tiefer darstellen? Ich wünschte, ich könnte diese Frage von ganzem Herzen bejahen. Angesichts dessen, was mit Hilfe von Erzählungen in der Geschichte angerichtet wurde, scheint mir aber Jubel ohne Vorbehalt nicht angebracht.

Denn es lässt sich ja fragen: Helfen uns die Landkarten, die wir der Literatur entnehmen, wirklich im Leben? Oder geht es uns nicht vielmehr so wie Homer Simpson, der sein Auto durch die trostlose Landschaft des winterlichen Alaska lenkt. Da ihm das Bild nicht gefällt, das ihm die Wirklichkeit bietet, befestigt er ein schönes sonnenstrahlendes Bild aus einem Tourismuskatalog an der Windschutzscheibe und bringt dadurch die Insassen des Wagens in erhebliche Gefahr. Er kann ja nicht mehr klar sehen, so wie auch Don Quijote nicht mehr sieht, was ein Schweinehirt ist und was ein Zwerg. Andererseits stimmt doch auch: Fiktionen sagen uns nicht nur, wie die Welt ist, sondern auch wie sie sein könnte oder sollte, sie zeigen uns Handlungsmöglichkeiten und Gedankenverknüpfungen, die wir aus unserer Lebenswelt nicht kennen. Einfach gesagt: Sie bringen uns auf neue und neuartige Ideen. Ruben Darío rühmte an einem Buch wie *Tausend und eine Nacht*, dass es als »modificador del pensamiento«/ »Gedankentransformator«[595] wirke.

Auch wenn es so wäre, dass Fiktionen im Leben keinen unmittelbaren Nutzen haben, in jedem Fall schenken sie uns reichere Gedanken und reichere Träume. Jonathan Culler betont zu Recht: Wir kennen keine Welt ohne Fiktionen, also können wir nicht sagen, ob diese besser oder schlechter wäre.[596] Gewiss lässt sich sagen: Erzählungen sind machtvolle Instrumente, mit denen sich ebenso unterhalten lässt wie manipulieren. Sie können den Blick auf die Welt erweitern oder diesen Blick durch Blendwerk umnebeln. Und damit wären wir bei der großen Debatte über Nutzen und Schaden von Fiktionen und Romanen und darüber, was sie in den Köpfen von Lesern und Leserinnen anrichten. Diese Debatte beginnt in der Antike, bei Lukian etwa[597], sie beschäftigt Mittelalter und Frühe Neuzeit, findet ihre Höhepunkte bei Cervantes, bei Flauberts Madame Bovary und Tolstois Anna Karenina.[598] Diese Debatte hat heute, wo unser Leben so voll ist von erfundenen Geschichten wie nie zuvor, nichts an Brisanz verloren.

Hier beginnt die Arbeit der Literaturkritik. Sie soll Maßstäbe finden, mit denen sich gute von schlechter Fiktion unterscheiden lässt. Wir wissen, dass sich diese Maßstäbe wandeln und auch heute keineswegs unumstritten sind. Literaturkritik hat die schwierige Aufgabe, das Lesenswerte vom Wertlosen zu trennen, das »Schädliche« vom »Nützlichen« – so wie es der Pfarrer und der Barbier im ersten Band des Quijote tun, als sie ein Inventar der Bibliothek des Viellesers erstellen. Manche der begutachteten Bücher nehmen sie nach Hause, um sich selbst an ihnen zu ergötzen. Andere werden dem Feuer bestimmt, andere unter Verschluss genommen (es ist ein Buch von Cervantes selbst!), wieder andere sollen »in eine trockene Brunnengrube geworfen und verwahrt werden, bis man mit mehr Überlegung beurteilen kann, was mit ihnen zu tun ist.«[599] Jeder Band wird dabei kommentiert und Pfarrer und Barbier sagen auch, wie sie zu ihrem Urteil gelangen.

Alle Beteiligten sind sich einig, dass Don Quijote ein Narr ist und dass die Bücher Schuld daran tragen; dennoch bleibt zu bedenken, was Sancho Panza am Ende des ersten Bandes sagt. Er ist gerade nach Hause zurückgekehrt und im Gespräch mit seiner Frau. Diese

möchte nun wissen, was es mit der Insel auf sich habe, deren Statt-
halterschaft Sancho doch versprochen wurde:

No te acucies, Juana, por saber todo esto tan apriesa: basta que te digo
verdad, y cose la boca. Sólo te sabré decir, así de paso, que no hay cosa
más gustosa en el mundo que ser un hombre honrado escudero de un
caballero andante buscador de aventuras. Bien es verdad, que las más que
se hallan no salen tan a gusto como el hombre querría, porque, de ciento
que se encuentran, las noventa y nueve suelen salir aviesas y torcidas.
Selo yo de experiencia, porque de algunas he salido manteado y de otras
molido; pero, con todo eso, es linda cosa esperar los sucesos atravesando
montes, escudriñando selvas, pisando peñas, visitando castillos, alojando
en ventas a toda discreción, sin pagar ofrecido sea al diablo el mara-
vedí.[600]

[Steife dich doch nicht darauf, Hanne, dass du alles so eilig erfahren
musst; genug, dass ich dir die Wahrheit sage, und jetzt nähe dir den
Mund zu. Ich kann dir nur so im Vorübergehen sagen, es gibt nichts
Vergnüglicheres auf Erden, als wenn man ein angesehener Mann und
Schildknappe eines fahrenden Ritters ist, der auf Abenteuer auszieht.
Zwar gehen die meisten nicht so nach Wunsch aus, wie man eben
möchte, denn von hundert, auf die man stößt, pflegen neunundneun-
zig verkehrt und schief zu gehen. Ich weiß das aus Erfahrung, denn
aus etlichen bin ich gewippt und aus anderen zerbleut davongekom-
men. Aber trotz alledem ist es prächtig, wenn man die Gegebenhei-
ten an sich herankommen lässt und dabei Waldgebirge durchwan-
dert, Forsten durchsucht, Felsen besteigt, Burgen besucht, in Schenken frei nach Belieben herbergt, und der Pfennig, den man da
bezahlt, den soll der Teufel holen.«][601]

ANMERKUNGEN

1 Das wird mir gewiss auch Tadel eintragen und ich bin darauf gefasst. Rechtferti-
  gungen gäbe es viele und wir könnten weit ausholen und über die bittere Pille in
  süßem Überzug bei Fernando de Rojas reden oder die Arzneifläschchen bei Rabelais, welche die Form grotesker Gesichter haben, sie sollen die Patienten zum
  Lachen bringen und so die Einnahme erleichtern. Eine will ich nur anführen: Horacio Quiroga meint in seinem *Dekalog für den perfekten Erzähler*, dieser solle so erzählen,
  als wären die erzählten Begebenheiten nur für die Personen in der Geschichte von
  Interesse und Bedeutung (Quiroga 1927). Vermessen wäre es, wollte ich mich mit
  einem Meister wie Quiroga messen. Ich konnte mich aber von der Illusion nicht
  lösen, dass meine Texte lesbarer und verständlicher werden, wenn ich etwas von
  der Atmosphäre, in der sie entstanden sind, belasse. Sollte es mir dennoch nicht
  gelingen, das bitterernste Gesicht der Wissenschaft aufzuheitern, dann liegt das an
  meinem Mangel an stilistischem Feingefühl. Aber wie Jack Nicholson in *One flew
  over the cockoo's nest* sagt: Zumindest habe ich es versucht.

2 Man könnte auch mit Käte Hamburger sagen: Literatur hat eine eigene Logik der
  Aussage. (Hamburger 1968)

3 Alle Übersetzungen, die nicht anders ausgewiesen sind, stammen vom Autor dieser
  Zeilen oder von Isabelle Mathes. Dasselbe gilt für Textteile in Kursivschrift.

4 Hauff 1969, 150

5 Ovid 1999, 310-331.

6 Ovid 1999, 321.

7 Ovid 1999, 323.

8 Ovid 1999, 324-327.

9 Ovid 1999, 330f.

10 Fernando Pessoa (zit. nach http://www.amazon.de/Diogenes-Autoren-Album-
   Daniel-Kampa/dp/3257229003, 2.2.2008)

11 Ich wollte zuerst schreiben: »Und wenn es Fischerinnen oder Kriegerinnen waren,
   dann drehten sich die Rollen eben um.« Da man solche Dinge aber immer nachfra-
   gen sollte, erkundigte ich mich bei einem Sozialhistoriker, ob das tatsächlich umgekehrt denkbar wäre: die Frau fährt zur See, der Mann hütet das Haus. Die Antwort:
   »Nein, umgekehrt geht das nicht. Frauen in der Hochseeschifffahrt kommen prak-
   tisch nirgendwo vor - so jedenfalls die Erhebungen des Murdoch-Atlas im ethnolo-
   gischen Vergleich. Auch in der Antike dürfte das so gewesen sein. Wir finden
   jedenfalls gerade in den frühen griechischen Seefahrer-Gesellschaften das Muster:
   Der Mann ist lange weg, die Frau zuhause sehr mächtig, sie besitzt und vererbt das
   Haus etc. Der Mythos vom Matriarchat, den Bachofen in Geschichte und Ethnolo-
   gie eingebracht hat, basiert darauf. Die Abwesenheit der Männer als Stärke der
   Frauen ist die reale Grundlage. Solche ›matriarchalische Kulturen‹ sind in der
   Antike für Lykien, verschiedene griechische Insel etc. belegt. Gehalten hat sich das
   Muster besonders stark auf der Insel Karpathos, auf den Sporaden, Kykladen bis zur
   Gegenwart (detailliert dazu Kaser, Macht und Erbe, 2000, 35-43.). Analoge Ver-
   hältnisse finden wir bei Fischer-Populationen in Nordspanien (Lisón Tolosana
   1976, 305ff.), auf Bornholm etc.« (Michael Mitterauer, persönliche Mitteilung per
   E-Mail, 3.1.2007). Lesen Sie dazu auch Mitterauer 1992.

12 In Christoph Ransmayrs *Letzter Welt* kommt der Filmvorführer Cyparis mit einem
   Planwagen nach Tomi und lässt seine Version »in der Dunkelheit [...] über den

abblätternden Kalk der Schlachthausmauer flimmern.« (Ransmayr 1991, 21-40, hier 22)

13 Borges 1999, 7. Dieses *Libro de sueños* enthält eine Sammlung der berühmtesten Traumerzählungen von der Antike bis zur Gegenwart, die aus verschiedenen Kulturkreisen stammen.

14 Die schönsten Märchen aus 1001 Nacht 2002, 83.

15 Lorenz Gruber, persönliche Mitteilung 8.11.2007.

16 dtv-Lexikon, Artikel *Arion.*

17 Zit. nach Enzensberger 1980, Bd. 1, 196f. Enzensberger gibt den *Meeren* in seinem *Museum der modernen Poesie* einen ganzen Abschnitt. Ich empfehle diese Auswahl moderner Lyrik, die auch Übersetzungen bietet.

18 Zit. nach Enzensberger 1980, Bd. 1, 146f.

19 Zit. nach Enzensberger 1980, Bd. 1, 210f.

20 Neruda 1977, 160.

21 Neruda 1985, 131.

22 Hier könnten wir nun weitere Überlegungen über den Ursprung der Sprache in der Musik oder den gemeinsamen Ursprung beider anhängen.

23 Weiter führend dazu das Kapitel *El lenguaje musical* in Amorós 1999, 45-56.

24 Claudia Burger, Ms. 13.6.2007.

25 Liegt nicht in jeder Lautmalerei die Nostalgie nach den Urzeiten, in denen die Sprache – oder jene Urlaute, die als ihre Ahnen gelten können – die Natur noch ganz unmittelbar imitierte?

26 Spoerri 1929, 124f.

27 Attridge 1995, 3. Ich übernehme Grundgedanken von diesem Autor.

28 de la Parra 2003, 149f.

29 »In einen Satzzusammenhang eingeschobener Ausruf«. (Metzler Literatur Lexikon, Artikel *Interiectio.*)

30 Brassens 1958.

31 de la Parra 2003, 64.

32 Repún 2005. Das Thema der *canciones de cuna* oder *nanas* ist überaus interessant, weil hier ja ein Zuhörer vorliegt, von dem die Sängerin – seltener der Sänger – weiß, dass sie oder er nur Bruchstücke des Textes erfasst, dafür aber den Klang der Stimme und den Rhythmus ein Leben lang im Gedächtnis der Gefühle bewahren wird. Federico García Lorca hielt einen Vortrag zu den *Nanas* und meinte, sie hätten auch den Zweck erfüllt, dass sich die armen Mütter ihr Leid von der Seele singen konnten. Er meinte auch, dass diese oft grausamen Texte, die etwa dem Kind drohten, ein böser Geist werde kommen, wenn es nicht einschlafe, »die Sensibilität des Kindes verletzten«. (*Conferencias. Las nanas infantiles.* García Lorca o. J.)

33 Metzler Literatur Lexikon, Artikel *Rhythmus.*

34 Behrmann 1968, 14.

35 von Wilpert 1979, Artikel *Rhythmus.*

36 Braak 1990, 89-92.

37 Vgl. die Vorschläge in Kayser 1992, 141-170.

38 Ausführlich dazu Taschner 2007.

39 Taschner 2002, 4.

40 Übrigens ist das Zählen auch im *Er-zählen* enthalten, das ist wohl kein Zufall und wir kommen darauf noch zurück.

41 Wenn wir von den Strömungen des 20. Jahrhunderts absehen, die Prosa ohne Satzzeichen schreiben.

42 So dramatisch muss es nicht hergehen, denn Untersuchungen haben ja auch ergeben, dass die häufigsten Verse, der spanische Achtsilber etwa, die Länge einer
gewöhnlichen Sprecheinheit haben.

43 Góngora 2000, 133.

44 Brenan 1953, 147-156.

45 Suhamy 1986, 59.

46 Racine 1949, 13, I, 1, Verse 1-7.

47 Racine 2003, 5, I, 1, Verse 1-7.

48 Herrero Prado 1996, 55.

49 Tschechow o. J., 433f.

50 Zit. nach Reiners 1991, 281.

51 Reiners 1991, 280-283.

52 Vgl. Herrero Prado 1996, 56ff.

53 Herrero Prado 1996, 56-71.

54 Da wird die Sache recht kompliziert und erst wirklich interessant. Genaueres dazu
in Herrero Prado 1996, 58-66, Scheffler 1929, 20-24; Spoerri 1929, 55-77.

55 Ruiz 1972, 76f.

56 Brenan 1953, 152.

57 Paraíso 1976, 56.

58 Paraíso 1976, 65.

59 Suhamy 1986, 67.

60 Verlaine, *Art poétique/ Dichtkunst*, in: Poèmes français 1960, 110f.

61 Spoerri 1929, 55. Vgl. auch Suhamy 1986, 71.

62 Zit. nach Scheffler 1929, 26.

63 Herrero Prado 1996, 25.

64 Asturias 2000, 7.

65 Asturias 1984, 7.

66 Brenan 1953, 236.

67 Ein Beispiel für das von Góngora so häufig verwendete *Hyperbaton*.

68 Zit. nach Rivers 1999, 224f., Verse 97-104. Ich folge dankend der Analyse, die
Martina Kienberger am 21.4.2005 in einem Referat zum Thema vorgetragen hat.

69 Spoerri 1929, 107-131.

70 Herrero Prado 1996, 84-99.

71 Jetzt würden wir, wenn wir mehr Zeit hätten, die Frage aufwerfen, ob Reim auf
Echo zurückgeht: Ein Neandertaler rief gegen eine Felswand und der Klang schlug
sogleich auf ihn zurück.

72 Brenan 1953, 36-68.

73 Ruiz 1972, 76f.

74 Zit. nach Scheffler 1929, 25.

75 Darío 1992, 187.

76 S. Amorós 1999, 47f.

77 von Hartlieb 1954, 86f.

78 Scheffler 1929, 25.

79 Spanische Lyrik von der Renaissance [...] 2004, 90-93.

80 Vgl. *Robert Frost*, http://www.worsleyschool.net/socialarts/poemsofrobert/
frost.html, 5.2.2008.

81 Zubiria 1955, 158-161.

82 Herrero Prado 1996, 110f.

83 Zit. nach Enzensberger 1980, 24of.

[84] Zubiria 1955, 198.

[85] Brassens 1969.

[86] Fill 2003.

[87] Die Dichter in Frankreich haben dann noch ein gutes Dutzend weiterer Sonderformen des Reimens (*rime annexée, rime approximative, rime batelée, …*) aufgelistet und mit schönen Beispielen belegt, etwa in Michel Jarrety, *Lexique des termes littéraires*, 2001, 363-370.

[88] Kayser 1992, 96.

[89] Marchese/ Forradellas 1991, Artikel *Rima*.

[90] Brenan 1953, 157f.

[91] Spoerri 1929, 38-54.

[92] Herrero Prado 1995, 166f.

[93] Morales o. J.

[94] Lope de Vega 2001b, 126f., Verse 339-352.

[95] Lope de Vega 1929, 239f.

[96] Ebenso komisch waren natürlich Gregor Kleczkowski als Otón, sowie Uwe Pichler und Viktor Rosner als Lisandro.

[97] Lope de Vega 2005, 373. In anderen Sonetten ruft Lope die Nacht als »Trugbild, Zauberin, Gauklerin, Wahn und Chimäre« an. (Spanische Lyrik von der Renaissance […] 2004, 152f.)

[98] Metzler Literatur Lexikon, Artikel *Sonett*.

[99] Rivers 1999, 342.

[100] Rivers 1999, 347.

[101] Suhamy 1986, 104.

[102] Paraíso 1976, 111.

[103] Herrero Prado 1996, 74.

[104] Paraíso 1976, 143-158.

[105] Edward T. Hall, *The Dance of Life. The Other Dimension of Time*, zit. nach: Doris Lessing 1994, 3.

[106] Ovid 1999, 145.

[107] Goodman 1992.

[108] Valéry 1962, 12ff.

[109] Paz 1983, 70f.

[110] Lope de Vega, zit. nach Kayser 1992, 258f.

[111] Zit. nach Amorós 1999, 50f.

[112] Paz 1983, 71.

[113] Dasselbe gilt, wenn auch weniger auffällig, für rhythmisierte Prosa.

[114] Beispiel: Josef von Eichendorff, *In einem kühlen Grunde*: Sie hat mir Treu' *versprochen,*/ Gab mir ein' Ring dabei, / Sie hat die Treu' *gebrochen,*/ Das Ringlein sprang entzwei.

[115] http://www.rodoni.ch/proscenio/cartellone/cosifantutte/harnoncourt.html, 9.4.2005. Natürlich ist das in der Musik nicht so einfach mit dem Rhythmus und den Wiederholungen. Gerade ein *Ostinato* in der Bass-Stimme, ein hartnäckig durchgehaltener Grundrhythmus also, ermöglicht es ja der Melodiestimme, sich frei zu entfalten. Die klare Wiederholungsstruktur

374

der einen Stimme, gibt also der anderen erst ihre Freiheit, indem sie ihr »den Rücken freihält«. Das trifft auch für Rituale zu: Erst wenn wir das Grundmuster vollkommen beherrschen, können wir frei und unbefangen variieren. Vielleicht ließe sich auch über die Mehrschichtigkeit literarischer Texte so weiter nachdenken: Klar erkennbare Wiederholung im Inhalt kann mit Variation im Klang verbunden sein oder umgekehrt. Renate Purtscher bringt dazu im Kultursender Ö1 immer wieder interessante Beiträge.

116 Tirso de Molina 1987, 110f, Verse 1155-1184.
117 Paul Verlaine, »Art poétique [Dichtkunst]«, in: *Poèmes français* 1960, 110f. Vgl. dazu auch Suhamy 1986, 74.
118 Mozart 1993, 8.
119 Culler 2002, 116.
120 Amorós 1999, 51.
121 Zit nach. Marchese/ Forradellas 1991, Artikel *Rima*.
122 Wolf, Andreas, *Inspiration: Vom Rätsel des erleuchteten Moments*, Ö1 Radiokolleg, 12.9.-15.9.2005, 9.45-10.00.
123 Zit. nach Metzler Französische Literaturgeschichte, 286.
124 Den magischen Moment des »Übergangs« vom Alltag zum Spiel zeigen auch Theater-Filme immer wieder, besonders eindrucksvoll ist etwa der Moment, in dem Catherine Deneuve als Marion Steiner in *Le dernier métro/ Die letzte Metro* (François Truffaut 1980) auf der Leinwand zu Gerard Depardieu als Bernard auf die Bühne tritt, nachdem sie vorher Cognac getrunken, sich übergeben und vom Inspizienten letzte ermunternde Worte erhalten hat, aus denen seine jahrelange Erfahrung mit dem psychischen Zustand der Schauspieler in den letzten Minuten vor dem Auftritt spricht. Tolstoi wiederum verfremdet bereits die Theaterillusion durch die Technik des Sich-dumm-Stellens, die ihm so lieb war. »In diesem Augenblick ging der Vorhang in die Höhe. Auf der Bühne standen gemalte Bilder, die Bäume darstellten, in der Mitte der Bühne saßen Mädchen in roten Miedern und weißen Röcken. Ein dickes Mädchen in einem weißseidenen Kleid saß allein auf einer niedrigen Bank, und alle sangen. Dann trat die im weißen Kleide an den Souffleurkasten, und es näherte sich ihr ein Mann in seidenen Hosen, einen Dolch im Gürtel, und fing ebenfalls zu singen und zu gestikulieren an. Dann sang sie, dann schwiegen beide, die Musik spielte, und der Mann berührte mit den Fingern die Hand des Mädchens im weißen Kleide. Nun sangen sie zu zweit, und alle fingen zu klatschen und zu schreien an. Der Mann und das Mädchen auf der Bühne aber, die ein Liebespaar darstellten, lächelten und verbeugten sich. Natascha war nicht imstande, dem Gang der Handlung zu folgen, [...].« (Tolstoi 1978, 365)

[125] Lope de Vega 2001, 102f., I, 1, Verse 1-14.

[126] Lope de Vega 1929, 223f.

[127] Arata 2000, 8-10.

[128] Im Wien des Jahres 2007 hießen sie Eva Zwirchmayr und Klara Schwarz und beide spielten mit Begabung fürs Komische.

[129] Eco 1990, *Das Zeichen im Theater*, 68.

[130] Eco 1990, *Das Zeichen im Theater*, 63.

[131] Asmuth 1997, 109-113.

[132] Plato, *Der Staat*, 392e1-395c5.

[133] Cervantes 2004, 750-758 (II, Kap. 26)

[134] Vgl. Hassauer 1998, 11, 19-22.

[135] http://www.texaschapbookpress.com/magellanslog8/disbelief.htm, 6.8.2007

[136] Sehr empfehlen kann ich den Klassiker von Johan Huizinga über den spielenden Menschen: Homo ludens 1987 (ersterschienen 1938), bes. 35, 160. Einen Überblick über die Debatte in der Literaturwissenschaft bieten Martinez/ Scheffel 2000, 21f.

[137] Thornton Wilder verwendet im 20. Jahrhundert eine solche Figur, die auftritt und sagt, wo wir sind, wie viele Jahre seit dem letzten Akt vergangen sind und anderes mehr. Möglicherweise wird dadurch die Theaterillusion gestört und das war auch beabsichtigt. (Wilder 1962)

[138] Cervantes 2004, 754; Cervantes 1956, 748 (II, Kap. 26)

[139] *Verosimilitud* (span.), *vraisemblance* (frz.), *verisimilitudo* (lat.) – die Wörter finden Sie in der Debatte über Literatur, die sich auf Aristoteles beruft, immer wieder. Gemeint ist, dass der Autor zwar erfinden dürfe, aber nichts erfinden dürfe, was nicht wahrscheinlich ist, das heißt, was den Vorstellungen einer Zeit von der Natur, der Gesellschaft, dem Jenseits und den darin wirkenden Kräften und Gesetzen widerspricht. Nicht wahrscheinlich und nicht glaubwürdig ist es, wenn ein einziger Held eine ganze feindliche Armee besiegt. Allerdings sind die Grenzen nicht fest und verschieben sich von Zeit zu Zeit, von Kultur zu Kultur. Marienwunder entsprachen im Mittelalter durchaus der Vorstellung vom Wahrscheinlichen. (Lexique des termes littéraires, Artikel *vraisemblance*)

[140] Cervantes 2004, 757; Cervantes 1956, 751 (II, Kap. 26)

[141] Lehman 2000.

[142] Lope de Vega 1998, 78-81, Verse 272-277.

[143] Vgl. Zoglauer, Nora, *Erinnern und Vergessen, Die Macht des Gedächtnisses*, Ö1, *Radiokolleg*, 19.-22.11.2007, 9.00-9.30.

[144] Hekuba, griech. Hekabe, Gemahlin des Königs Priamus, Mutter von Hektor, Paris und Kassandra, kam nach Trojas Zerstörung als Sklavin in die Hände der Griechen.

[145] Shakespeare 1955, 118, II, 2.

[146] Gogol 1953, 190.

[147] Aristoteles 1994, 19 (Kap. 6), Fuhrmann 1994, 164-166.

[148] Brecht 1971.

[149] Nabokov 1984, 160.

[150] Lope de Vega 2005, 373.

[151] Mein Dank geht also an Michaela Schober.

[152] Metzler Film Lexikon, Artikel *North by Northwest.*

[153] Schober 2006, 14.

[154] Schober 2006, 15 und 15A9.

[155] Syndergaard 1988.

[156] Cela 1974, 9.

[157] Ein Thema, das die Kulturgeschichte schon entdeckt hat (Burke 1994), aus dem sich aber auch sehr schöne literaturwissenschaftliche Abschlussarbeiten bauen ließen.

[158] Lope de Vega 1998, 76, Verse 240-245.

[159] »Im Theaterjargon des 17. Jhds. abschätzige Bezeichnung für längere, effektvolle, atemtechnisch schwierige Redepartie im Drama: in der Bedeutung ›Wortschwall‹, ›Worterguss‹ seit dem 18. Jh. in die Umgangssprache eingedrungen.« (Metzler Literatur Lexikon, Artikel *Tirade*)

[160] Grenier 1971, 15.

[161] Der Aufsatz heißt *Entremés del rufián viudo llamado Trampagos.* Ich zitiere nach Hernández Guerrero/ García Tejera 2005, 306-313, hier 312.

[162] Ja, nicht einmal das wirkliche Weinen taugt für die Bühne, das erklärte uns Luis Landero vor ein paar Jahren bei seinem Vortrag im *Instituto Cervantes de Viena.* T.S. Eliot schrieb, »ein Autor darf – ja es ließe sich sogar sagen, dass er verpflichtet ist, es zu tun – die Sprache die er spricht und sprechen hört, verbessern. Die Figuren eines Theaterstückes dürfen und sollten im Allgemeinen die Sprache viel besser beherrschen als ihre möglichen Vorbilder im wirklichen Leben. Aber weder dem Gedicht noch dem Theaterstück ist es erlaubt, dass sie darauf verzichten, uns davon zu überzeugen, dass das die Sprache ist, die wir gebrauchen sollten, wenn wir so gut sprächen, wie wir es gerne täten.« (Zit. nach Rico 1990, 70)

[163] Auch die alten Stückeschreiber wussten, wie gekünstelt lange Berichte des Vorgefallenen wirken können, parodiert ist es in dem Stück *Marta la piadosa* (*Marta, die Fromme* oder auch *Die listige Betschwester*) von Tirso de Molina aus der ersten Hälfte des siebzehnten Jahrhunderts. Das ist wirklich ein lustiges Stück und Marta und Felipe treiben da ihr Spiel der Verkleidungen, um den Vater hinters Licht zu führen. Als die Ränke auffliegen, gibt dieser Vater Don Gómez seinem Wegbegleiter, dem Capitán Urbina, einen Bericht des Vorgefallenen und die Erzählung dient ganz

offensichtlich dazu, das Publikum auf den neuesten Stand zu bringen; so reagiert der Capitán mit den Worten: »Qué me dais cuenta tan larga,/ Si estuve presente a todo?«/ »Warum gebt Ihr mir einen so langen Bericht, wenn ich bei allem dabei war?«. Interessant die Replik: «Así mi pena descansa.«/ »Mein Schmerz wird dadurch gelindert«. (Tirso de Molina 1997, 377, III, Verse 973-976)

164 de Rojas 1988, 100f., de Rojas 1989, 41f.

165 Metzler Literatur Lexikon, Artikel *Apostrophe, Invocatio*.

166 Ausführlicher und genauer könnten Sie das bei Pfister 1977, 87f. und Asmuth 1997, 114-134 nachlesen.

167 Aristoteles 1994, 39-43 (Kap. 13, 14)

168 Asmuth 1997, 123.

169 Aristoteles 1994, 11-13 (Kap. 4)

170 El engañar con la verdad es cosa/ que ha parecido bien, como lo usava/ en todas sus comedias Miguel Sánchez,/ digno por la invención de esta memoria./ Siempre el hablar equívoco ha tenido,/ y aquella incertidumbre anfibológica,/ gran lugar en el vulgo, porque piensa/ que él sólo entiende lo que el otro dize. [Das Täuschen mit der Wahrheit ist ein Mittel,/ das gut gefallen hat, wie Miguel Sánchez/ in all seinen Komödien es verwandte;/ wert als Erfinder dieses Angedenkens./ Stets ist beliebt das doppelsinn'ge Reden/ und jene zweideutige Unbestimmtheit/ gewesen bei der Menge; denn sie denkt, sie/ allein verstünde, was der and're ausspricht.] (Lope de Vega 1998, 82-85, Verse 319-326)

171 Mit diesen merkwürdigen Spiegelungen befasst sich die eindrucksvolle Erzählung des Films *Rashomon* von Akira Kurosawa (1950). Auch Eco schreibt dazu Interessantes, in Eco 1990, *Das Zeichen im Theater*, 67f.

172 Molière 1920, 46-48, II, 6.

173 In *Les faux-monnayeurs/ Die Falschmünzer* (1925) von André Gide kommt ein Autor vor, der den Roman *Les faux-monnayeurs* schreibt, im zweiten Band des Quijote begegnet Don Quijote Menschen, die den Quijote gelesen haben. Hamlet lässt in dem Stück *Hamlet* ein Stück aufführen, in dem der König ermordet wird … Der Begriff kommt aus der Wappenkunde, wo er ein Wappen bezeichnet, auf dem dasselbe Wappen vollständig und in Miniatur abgebildet ist. (Lexique des termes littéraires, Artikel *Mise en abyme*) – Sie kennen das ja: Mädchen mit Schürzen, deren Muster Mädchen mit Schürzen zeigt, deren Muster …, ein Bild vom Maler in seinem Atelier und in dem Atelier steht ein Bild, das den Maler in seinem Atelier usw. Oder von Endlosliedern nach der Art von : »Ein Hund kam in die Küche und stahl dem Koch ein Ei …«

174 So etwa der römische Dichter Lukian (1990, 67)

[175] Molière wollte aus dem Grund seine Komödie *Les précieuses ridicules/ Die lächerlichen Preziösen* (1660) zunächst gar nicht drucken lassen. Er meinte, erst die »Darstellung« und der »Ton« könnten die Komik des Textes freisetzen. (Molière 1921, Bd.1, 404)

[176] Shakespeare 1955, Bd. 4: Hamlet, 125, III, 2.

[177] Lope de Vega 1998, 89, Verse 387-389, 89.

[178] Bei den Festen im Spanien des siebzehnten Jahrhunderts gab es außerdem nicht nur ein Stück, sondern gleich mehrere an einem Abend und dazu noch Tanzeinlagen und derb-lustige Zwischenspiele (*entremeses*). Die würden wir wahrscheinlich gar nicht so lustig finden, weil in ihnen die ohnehin Erniedrigten und Beleidigten verspottet werden, also etwa Sklavinnen aus Übersee, die einen Kauderwelsch aus Spanisch und Portugiesisch sprechen. Ein Beispiel wäre die *Comedia llamada Eufemia* von Lope de Rueda (1509?-1565) (Diez Borque 1975, 149-151). Die Aufführungen fielen oft auch auf die großen Festtage, etwa das Fest des heiligen Johannes des Täufers zur Sommersonnenwende. Lesen Sie die schöne Beschreibung einer solchen Festnacht des Jahres 1631 mit Anwesenheit des Königs in der Ausgabe der Komödie *La noche de San Juan* von Anita K. Stoll 1988, 167-175.

[179] Lope de Vega 1941, 22-25.

[180] Leonhardmair 2007.

[181] *Epigramm* heißt auf Griechisch Inschrift oder Aufschrift. Es ist die Gattung, »in der auf gedanklich und formal konzentrierteste Art meist antithetisch eine geistreiche, überraschende oder auch nur zugespitzt formulierte Sinndeutung zu einem Gegenstand oder Sachverhalt gegeben wird (dt. auch ›Sinngedicht‹).«Der Aphorismus [gr. aphorizein = abgrenzen, definieren] ist eine »prägnant knappe, geistreiche oder spitzfindige Formulierung eines Gedankens, eines Urteils, einer Lebensweisheit. Nach Inhalt und Stil anspruchsvoller als das Sprichwort; ausgezeichnet durch effektvolle Anwendung rhetorischer Stilmittel« (Metzler Literatur Lexikon, Artikel *Aphorismus*, *Epigramm*)

[182] Tschechow 1960, 308.

[183] Tschechow 1996, 87. Beachten Sie, dass hier ganz nebenbei auch der Illusionscharakter des Theater-»Lebens« angesprochen wird. Für die Hinweise zu Tschechow und zur russischen Literatur danke ich Fernando Varela.

[184] Lope de Vega 1979, 376, Verse 1577-1580; Lope de Vega 1941, 81.

[185] Das ist die Wiederholung desselben Wortes in einer anderen grammatischen Form. Das klassische Beispiel: *Homo homini* lupus/ *Der Mensch* ist *dem Menschen* ein Wolf.

186 Lope de Vega 1970, 376, II, 11, Verse 1577-1580. Lope de Vega 1975, 42, II, 3.
187 Shakespeare 1967, 82, I, 5.
188 http://www.burgtheater.at/Content.Node2/home/spielplan/spielplan_werk beschreibung.php?eventid=640431.
Ich zitiere aus dem Gedächtnis, der Link besagt, dass die Narrenlieder von Peter Handke neu übertragen wurden.
189 Daher ist es auch ganz falsch zu glauben, Metrik könne uns nur für die Analyse von Lyrik nützlich sein, wenn überhaupt.
190 Zit. nach Kayser 1992, S. 258f.
191 Neben der *Romance* im Theater des Siglo de Oro die am meisten verwendete Strophe, die gewöhnlich aus achtsilbigen Versen besteht und abba reimt. Musik und Tanz stecken hier im Namen, *Redondilla* kommt vom lateinischen »rotundus = rund, auch Lied zu einem Rundtanz« (Metzler Literatur Lexikon, Artikel *Redondilla*)
192 Lope de Vega 1998, 63, Verse 54-46.
193 Durham/Fernandez 1991, 196f.
194 Cervantes, Don Quijote I 1956, 499 (Kap. 48) Das ganze 48. Kapitel ist mit der Diskussion über Literatur, Komödie und Mimesis (»Nachahmung«), die der Pfarrer und der Domherr führen, sehr interessant.
195 Aristoteles 1994, 17 (Kap. 5)
196 Lope de Vega, Arte nuevo … Ich zitiere hier nach der Übersetzung in Fries (1977, 162) die mir treffender erscheint.
197 In der Komödie Le *Mariage de Figaro ou La Folle Journée/ Der tolle Tag oder Figaros Hochzeit* (1784) und dem Libretto zur Mozartoper *Le nozze di Figaro/ Die Hochzeit des Figaro* (1786).
198 Lope de Vega 1998, 84f., Verse 327-330.
199 Le Goff 2005, 75.
200 »Die Tragödie ist Nachahmung von Handlung und hauptsächlich durch diese auch Nachahmung von Handelnden.« (Aristoteles 1994, 19-23 (Kap. 6)
201 Umgekehrt heißen auch Umschreibungen von Eigennamen *Antonomasie* – Jesus wird dann *der Erlöser* genannt. Hier tritt die *Antonomasie* Hand in Hand mit der *Periphrase* auf. (Metzler Literatur Lexikon, Artikel *Antonomasie*)
202 Michael Mitterauer, persönliche Mitteilung, 12.11.2007.
203 Aristoteles 1994, 43 (Kap. 14)
204 Süddeutsche Zeitung Cinemathek, Nr. 70, 2006.
205 Eine empfehlenswerte Lektüre bieten hier die Bücher des Wiener Historikers Michael Mitterauer 1983, 1990.

206 Mir schweben da wunderbare Themen für Studien vor: Familiendramen bei Pedro Almodovar und im Bollywoodkino.

207 Racine 1949, 14, I, 1, Vers 56.

208 Aristoteles 1994, 43 (Kap. 14)

209 Braudel 1986, 88.

210 Eco 1990, *Das Zeichen im Theater*, 69f.

211 Harenberg Opernführer, 537-552.

212 Wie in der Oper *Si j'étais roi* von Adolphe Adam, uraufgeführt 1852 in Paris. (Harenberg Opernführer, 15f.)

213 Lope de Vega 1998, 80f, Verse 280-284.

214 Vergleichen Sie die Definitionen in Metzler, Literatur Lexikon, Artikel *Anagnorisis* und *Peripetie*.

215 Aristoteles 1994, 50f. (Kap. 16)

216 Klaus Redl, persönliche Mitteilung vom 21.11.2007.

217 Aristoteles 1994, 32f., 114f. A10 u. A11 (Kap. 9)

218 Aristoteles 1994, 33 (Kap. 9)

219 Aristoteles 1994, 32f. (Kap. 11)

220 Aristoteles 1994, 56f. (Kap. 18): »Jede Tragödie besteht aus Verknüpfung und Lösung. Die Verknüpfung umfasst gewöhnlich die Vorgeschichte und einen Teil der Bühnenhandlung, die Lösung den Rest. Unter Verknüpfung verstehe ich den Abschnitt vom Anfang bis zu dem Teil, der der Wende ins Glück oder ins Unglück unmittelbar vorausgeht, unter Lösung den Abschnitt vom Anfang der Wende bis zum Schluss.«

221 Laferl 2007, 131.

222 Das heißt der »Gott aus der Maschine«. »Bezeichnet nach der mechane, der »kranähnlichen Flugmaschine des antiken Theaters, die das Herabschweben der Gottheit von oben technisch ermöglichte.« Der Ausdruck kann sprichwörtlich für jede »plötzliche und unmotiviert eintretende Lösung von Verwicklungen und Konflikten« stehen. (Metzler Literatur Lexikon, Artikel *Deus ex machina*)

223 Lope de Vega 1998, 70f., Verse 165-168.

224 Kafka 1970, 141.

225 Atxaga 1993, 262-264.

226 Aristoteles 1994, 34f. (Kap. 11)

227 Sehr aufschlussreich dazu Laferl 2007, 130f., der das Verknüpfen und Auflösen bei dem Renaissancetheoretiker Alonso López Pinciano (1988, 189, 196, 212) diskutiert.

228 Aristoteles 1994, 29 (Kap. 8)

229 Ferrer Valls 2001, 28-35.

230 Die Stelle findet sich in *La más prudente venganza*, zit. nach Maldonado Palmero 2002, 92.

231 Eine gute Einführung zum Thema gibt Umberto Eco 1990, *Über Spiegel*, 26-61.

232 Lope de Vega 1929, 218 und 218A68.

233 Lope de Vega 1998, 84f, Verse 331-337.

234 Bennassar 1977, 35.

235 Torquemada 1983, 124.

236 Tschechow o. J. 227-229.

237 Grenier 1971, 15.

238 Cortázar 1994, 373. Immer wieder, so Cortázar, habe er sich in der Situation befunden: Jemand erzählte eine farbige Anekdote und endete mit dem Ausruf: Da hast Du Stoff für eine Erzählung, ich schenke sie Dir. Die Reaktion sei jedesmal höflicher Dank gewesen, kein einziges Mal sei aus solcher Information tatsächlich ein *cuento* entstanden. Ein anderes Mal wurden ihm von jemandem beiläufig kuriose, jedoch nicht folgenreiche Erlebnisse eines argentinischen Dienstmädchens in Paris erzählt und er sah – elektrisiert – plötzlich darin die Gestalt einer möglichen Erzählung. (Cortázar 1994, 376f.)

239 Vgl. Aichinger 2007.

240 Brenan 1953, XV.

241 Grenier 1971, 15.

242 Erstaunlich viele spanische Schriftsteller mussten das feuchte Stroh eines Kerkers spüren oder wurden in die Verbannung geschickt: von Juan Ruiz, Arcipreste de Hita, Fray Luis de León, San Juan de la Cruz, Miguel de Cervantes, Lope de Vega, Francisco de Quevedo bis hin zu den Dichtern, die während oder nach dem spanischen Bürgerkrieg gefangen gehalten wurden und sogar im Gefängnis starben, wie etwa Miguel Hernández.

243 Greenblatt 2004, 11.

244 Greenblatt 2004, 12.

245 »Mon rôle est seulement d'avoir du talent, c'est-à-dire de savoir distinguer les indices importants de ceux qui sont insignifiants [...].«/ »Meine Rolle ist einzig die, Talent zu haben, das heißt, die bedeutsamen Anzeichen von denen unterscheiden zu können, die bedeutungslos sind.« (Tschechow, zit. nach Grenier 1971, 7)

246 Maupassant 1982, 58f.

247 Siehe dazu Groddeck 1995, 109.

248 Der Wiener Essayist Franz Schuh meint, die Sprache bändige das Unsagbare und von dieser Sphäre des Unsagbaren her beziehe der Text seine Energie. (In: Armin Stadler, *Aus Mensch wird Käfer. Die Kunst der literarischen Verwandlung*, Ö1, Radiokolleg, 19.-22.3.2007, 9.05-9.30)

249 Flaubert/Luchini 1991.

250 »Die einzige Pflicht des Romans besteht darin, gut geschrieben zu sein. Dieses Verdienst umschließt jedes andere, dessen er fähig ist.« (Ortmann 1966, 4.) Für den Hinweis danke ich wie für so viele andere Horst Friessner.

251 Maupassant 1982, 59f.

252 Quiroga 1927.

253 Groddeck 1995, 95-115.

254 Lanson 1903, 41-248.

255 Lanson 1903, 182f.

256 Lanson 1903, 182f.

257 Lanson 1903, 174.

258 Der Klang ist daran nur selten schuld, – das beweisen die Fälle, in denen der Klang eines Wortes in einer anderen Sprache peinliche Assoziationen hervorruft. Denken Sie an die Nöte der spanischen Fernsehsprecher, den Namen des Präsidenten *Putin* hervorzubringen. Und *Marika* ist dort kein adretter Mädchenname. Dante war allerdings der Auffassung, dass die hervorragenden Wörter auch einen besonderen Klang hätten. (Dante 1988, 65)

259 Ginzburg 1976, 12.

260 Dante Alighieri 1988, 89.

261 Lanson 1903, 222ff.

262 Ich verbürge mich dafür, das Zitat in Ö1 gehört zu haben, kann die genaue Angabe aber hier nicht beisteuern.

263 Interessant ist, dass nicht wenige Meisterwerke von ihren Schöpfern zunächst als Parodie angelegt wurden: Cevantes' *Don Quijote*, Thomas Manns *Zauberberg* (1924) …

264 Quiroga 1991, 242-263.

265 Diez Borque 1975, 149-151.

266 Gemeint ist mit *Glosse* die Redeweise dessen, der mangelhaft Griechisch spricht oder es dialektal färbt. (Aristoteles 1994, 71 und 130A2)

267 Aristoteles 1994, 71f., Kap. 22.

268 Dazu Groddeck 1995, 210f. und die entsprechenden Kapitel in der konservativen, aber interessanten Stilkunst von Ludwig Reiners 1991.

269 Groddeck 1995, 103-105.

270 Brenan 1953, 212f.

271 http://www.loewenhertz.at, 27.12.07

272 Afanasjew 1963, Cuentos populares españoles 2000.

273 Spanische Lyrik von der Renaissance […] 2004, 92f.

274 Groddeck 1995, 119-156.

275 Ovid 1999, 80f.

276 Groddeck 1995, 139.

277 Tirso de Molina 1987, 75, Verse 1121-1123.

278 Turgenjew 1952, Bd. V, 183.

279 Groddeck 1995, 120, 205-207.

280 »Schön bist du, meine Freundin,/ ja, du bist schön. Hinter dem Schleier / deine Augen wie Tauben. Dein Haar gleicht einer Herde von Ziegen, / die herabzieht von Gileads Bergen. Deine Zähne sind wie eine Herde / frisch geschorener Schafe, / die aus der Schwemme steigen. Jeder Zahn hat sein Gegenstück, / keinem fehlt es.« (Das Hohelied 4, 1-2)

281 Borges 2000, 31f.

282 Turgenjew 2000, 98.

283 Góngora 2000, 135.

284 Góngora 1982, 194f.

285 Orff 1981, 250. Ich danke Veronika Vit dafür, mir diese Oper nahe gebracht zu haben.

286 Orff 1981, 153-161.

287 Für den Hinweis danke ich Anne Friederike Müller.

288 Durand 1960, 5. Und denken sie einmal, wie viele Titel in der Literatur schon Metaphern sind: *Der Steppenwolf* (Hermann Hesse), *Il gattopardo/ Der Gattopardo.* (Giuseppe Tomasi di Lampedusa), *El beso de la mujer araña/* Der Kuss der Spinnenfrau (Manuel Puig). Manche Metaphern schränken das Tier gleich auf den Teil ein, der gleichgesetzt werden soll: Löwenherz, Wolfsblut – hier wird ganz deutlich, dass jede Metapher letztlich eine Synekdoche enthält – jene Figur also, die einen Teil für das Ganze setzt.

289 Henle 1983, 100ff.

290 Shakespeare 1955, Bd. 5, 161f., V, 5, Verse 22-28.

291 »6 Du machtest meine Tage nur eine Spanne lang,/ meine Lebenszeit ist vor dir wie ein Nichts./ Ein Hauch ist jeder Mensch./ Nur wie ein Schatten geht der Mensch einher,/ um ein Nichts macht er Lärm./ Er rafft zusammen und weiß nicht, was er einheimst.« (Psalmen 39, 6-7)

292 Gustavo Martín Garzo, *Velada poética: El pequeño heredero.* (Barcelona: Lumen 1997, Instituto Cervantes de Viena, 17.4.07)

293 Balzac 1995, 26; Balzac 1947, 27.

294 = griech. Übertreibung.

295 Brenan 1953, 222-274.

296 Rivers 1999, 219.

297 Borges 2000, 22-31.

298 Borges 2000, 26f.

299 Lodge 1998, 197-202.

300 Eco 1984, 250f.

301 Die genaue Referenz wäre beim Radiosender Ö1 zu erhalten.

302 Ringelnatz 1994, 39-46.
303 Ich zitiere aus dem Gedächtnis, verbürge mich aber dafür, dass sich der Satz bei Borges findet.
304 Onetti 1993, 23, 28, 35, 36, 41, 42 usw.
305 Mitteilung des Österreichischen Filmmuseums 12/2007, 27.
306 Burke 1966, 114.
307 Maupassant 1982, 59f.
308 Vergleichen Sie dazu Lanson 1903, 170.
309 Richards 2001, 31-44.
310 Schulte-Sasse/ Werner 1994, 63-72.
311 Lanson 1903, 184.
312 Vgl. Varela 2003, 263-268.
313 Spanische Lyrik von der Renaissance [...] 2004, 124-127, Verse 41-60. Für viele Hinweise zu Luis de León danke ich Fernando Varela.
314 http://memoireonline.free.fr/08/07/547/m_art-numerique-mediation-mises-en-exposition-esthetique-communicationnelle20.html, 7.2.2008.
315 Dante 1975, 400f.
316 Hartlieb 1954, 50f.
317 Vgl. Borges 2000, 41.
318 Wiche 1994, 70. Vgl. dazu auch Mathes 2008. Ich danke der Autorin für wichtige Hinweise.
319 Longinus 1988, 55.
320 Longinus 1988, 61.
321 Goethe 1971, 87, Verse 2913-2916.
322 Lope de Vega 1979, 352, I, 19, Verse 994-996.
323 Lope de Vega 1941, 56.
324 Im Vorbeigehen können wir dieses Gleichgewicht zwischen abstraktem Konzept und sinnlichem Bild als typisch für viele Texte der Literatur vermerken, auch dort, wo sie nicht komisch sein wollen.
325 Ovid 1999, 286f.
326 Groddeck 1995, 167.
327 Groddeck 1995, 162.
328 Vgl. die entsprechenden Einträge in Metzler Literatur Lexikon.
329 Conte 1987.
330 http://es.geocities.com/aromera20012001/recursestil.html, 20.5.2007. Inzwischen lässt sich die Seite nicht mehr öffnen, die Stelle sollte auch unter Romero, Angel, *Retórica. Manual de retórica y recursos estilísticos*, http://retorica.librodenotas.com, 27.12.07, zu finden sein.
331 Troyat 1971, 71.
332 Das ist der Titel eines Buches von Marco Wehr (2007), das ich empfehle. Es geht darum, »wie Kinder uns zum Denken bringen«.

333 Metzler Französische Literaturgeschichte, 286.

334 Rimbaud 1960, 106f.

335 Rimbaud 1960, 130f.

336 Einführend dazu Aichinger/ Eder/ Leitner 2003.

337 Zit. nach Rivers 1999, 220.

338 Certeau 1988.

339 Spanische Lyrik von der Renaissance [...] 2004, 92f.

340 Victor Hugo, *Tristesse d'Olympio*, zit. nach: Poèmes Français 1960, 66f.

341 Groddeck 1995, 171.

342 Vgl. Groddeck 1995, 205-265.

343 Shakespeare 1955, Bd. 3, 387-391 (III, 2).

344 Vgl. Longinus 1988.

345 Ovid 1999, 323.

346 Turgenjew, Drei Begegnungen, 1952, Bd. 5, 9f.

347 Groddeck 1995, 161f.

348 Lanson 1903, 168.

349 Sowinski 1973, 274f.

350 Eco 1983, 634.

351 Zum Tropus der verneinten Verneinung, die verstärkend wirkt, der *Litotes*, lesen Sie Groddeck 1995, 224-226.

352 Groddeck 1995, 170, 193f.

353 Dieser Thriller stellt auf unterhaltsame Weise dar, was Rhetorikbücher und narratologische Untersuchungen oft nicht so unterhaltsam darstellen, wie es eigentlich wäre.

354 Doderer 1951, 907f.

355 Dazu Groddeck 1995, 273.

356 Quintilian, zit. nach Groddeck 1995, 269.

357 Aleramo 2002, 151.

358 Schklovskij 1984, 7-24.

359 Tolstoi 1978, 175.

360 Das ist übrigens auch ein Verfahren vieler Krimis: Der Autor gibt dem Detektiv zu Beginn fremdartige und befremdliche Einzelteile in die Hand. Dieser versteht gar nichts und muss erst mühsam herausfinden, wo die Ursachen liegen und wie die Dinge zusammenhängen und auseinander folgen. Er muss, will er den Fall lösen, eine sinnvolle Gestalt bauen. Gutes Beispiel dafür wieder *Rear Window/ Fenster zum Hof* von Alfred Hitchcock.

361 Ginzburg 1999, 12f.

362 Ginzburg 1999, 17. Dazu und mit Bezug auf die spanische Literatur auch Amorós 1999, 305.

363 Zit. nach Ginzburg 1999, 34.

364 Voltaire, Philosophie der Geschichte, zit. nach: Ginzburg 1999, 37f, 25.

365 Dickens 1985, 17.

366 Vgl. etwa Jarrety 2003, 49-51.

367 Ich warte mit Spannung auf die weiteren Forschungsergebnisse meines Kollegen Fernando Varela, der sich intensiv mit dem sogenannten *estilo pobre* befasst. (Varela 2005, 89-99)

368 Beschreibung, die durch Lebendigkeit den Eindruck unmittelbarer sinnlicher Erfahrung beim Leser hervorruft.

369 Kettenschluss

370 Spracheigenheiten

371 Eco 2003, 185f. (Kursivierung im Original)

372 Hier sei auf die Forschungen von Anke Gladischefski (2006) verwiesen.

373 Tschechow o.J., 466f.

374 Bierce 1965, 25.

375 Eco 2003, 171f.

376 Eco 2003, 171.

377 Maugham 1994, 250f.

378 Arnheim, zit. nach: http://www.freud-biographik.de/traumb9.htm, 24.8.2007.

379 August Strindberg, zit. nach: http://www.freud-biographik.de/traumb9.htm, 24.8.2007.

380 Tarkowski 1986, 242.

381 http://www.fundacionborges.com/borges/frases.html, 15.12.07

382 Suhamy 1986, 6.

383 Deshalb sei das literarische Bild allen anderen »Bildern« überlegen, meint Gilbert Durand unter Berufung auf seinen Lehrer Gaston Bachelard, der das literarische Bild als »mouvement sans matière«/ »Bewegung ohne Materie« beschreibt. (Durand 1960, 38)

384 Borges 1999, 9.

385 Borges 1981, 8.

386 Shakespeare 1967, 74f, I, 4, Verse 53-95.

387 Ein Student schreibt dazu: »Neben den von Ihnen bereits erwähnten Beispielen wie *Herr der Ringe* und *Harry Potter* würden mir zahlreiche Filme, in denen zumindest Fabelwesen vorkommen, wie zum Beispiel *The Descent* oder auf der anderen Seite *Bruce Allmächtig* (ein Mann erhält von Gott für eine kurze Zeitspanne die Macht alles zu verändern, er ist allmächtig für einen Tag) einfallen. Außerdem würde ich gerne an dieser Stelle sämtliche Romane von Wolfgang Hohlbein erwähnen, die Zauberer, Fabelwesen und auch Götter beinhalten. *Hagen von Tronje* ist eines seiner interessanten Werke, welches aus der Sicht des Hagen die Welt der Nibelungen (die unter anderem natürlich auch Tarnkappen beinhaltet) beschreibt.

Hagen ist in diesem Roman der Gute, der gegen den stolzen und einge-
bildeten Siegfried (der Böse) kämpfen muss.« (Reinhard Grimmlinger,
persönl. Mitteilung, 14.1.2008)

388 Maugham 1994, 147-182.

389 Borges 1976, 52.

390 »I was forced to fall back upon the unsatisfactory conclusion, that while,
beyond doubt, there are combinations of very simple natural objects
which have the power of thus affecting us, still the analysis of this power
lies among considerations beyond our depth.« Poe 1994, 76.

391 Akutagawa 2005, 19-26, hier 23. Sie ist dann übrigens eher bemitleidens-
wert, rechtfertigt sich, dass sie aus dem Haar Perücken machen wolle, um
so ihre Not zu lindern und wird schließlich ihrer Kleidung beraubt.

392 Nebenbei erinnert es uns daran, dass es Bilder gibt, die durch ihren Klang
wirken. Ich danke Lorenz Clary und Eduard Ecker, Schüler der *Danube
International School* für sehr anregende Gespräche über Literatur.

393 Es ist so wie bei Neurotikern, die ihre Ängste und Zwangshandlungen an
harmlos anmutenden Objekten des Alltags ausleben.

394 Borges 1999, 8f.

395 Borges 1981, 8.

396 Persönliche Mitteilung von Jörg Türschmann.

397 Die neuere Forschung zeigt allerdings, dass Fühlen und Denken gar nicht
so weit auseinander liegen, wie kühle Rationalisten oft behaupten.

398 Borges 2000, 38.

399 Meine Darstellung ist, da es nun einmal um eine Einführung geht, ungenau und daher sei die differenzierte Sicht eines weiter denkenden Studenten ergänzt: »Die Komposition setzt ein bewusstes Ordnen von
Wirklichkeitselementen voraus. Demzufolge haben diese einzelnen Elemente bereits eine ›psychische Ladung‹ oder kulturelle Konnotation, mit
unterschiedlichen Schattierungen in der Wahrnehmung des Individuums.
Würde dies aber dann nicht bei der entsprechenden Anordnung dieser
Wirklichkeitselemente zu einem Schließen des Stromkreises und folgen-
dem Energiefluss führen? Damit meine ich, dass der Autor nicht Elemente
anordnet und ›anschließend‹ Energie durchjagt, sondern, dass er die Elemente erkennt, bemisst, und so anordnet, dass ein besonderer Energiefluss entsteht, so wie er ihn haben will. Man kann ja eben nicht willkürlich
Elemente miteinander in Verbindung bringen, wohl aber die Bedeutungen
unter diesen Elementen transportieren und übertragen, oder? Die allei-
nige Quelle dieser Energie aber bleibt natürlich immer nur der Mensch.
Es geht mir hier also um den Zeitpunkt, ab dem ein Wirklichkeitselement
von einem Menschen mit bestimmter Energie geladen wird, und wie sich
dieses dann in der Komposition mit anderen verhält. Denn jede Kompo-

sition muss ja trotz ihrer Neuheit und Ganzheit doch irgendwie Rückkoppelungen zu den Basen ihrer Einzelelemente erhalten. Kann man sagen, dass umgekehrt bei einem Rezipienten durch die kunstvolle und ausgeklügelte Tätigkeit des Autors wiederum sozusagen ein Schließen dieses Stromkreises evoziert wird, er also bewirkt, dass wieder Energie (diesmal die psychische des Lesers) durch diese Konstruktion fließt? Literatur ist hier also ein Apparat, der wohl aber bei jedem etwas unterschiedlich funktioniert, aber eben funktioniert.« (Simon Aumayr, persönliche Mitteilung 10.1.2008)

[400] Burke 1966, 61.

[401] Durand 1960, 29f.

[402] Drewermann 1992, 7.

[403] Süddeutsche Zeitung Cinemathek, Nr. 4, 2005.

[404] Eco 1984, 237.

[405] Zu *cotexto* (Textumfeld), *homotexto* (Texte der gleichen Gattung), *contexto* (historisch-kulturelles Umfeld) vergleiche Metzeltin/ Meidl 1998, 8-10.

[406] http://sz-shop.sueddeutsche.de/szpopups/reclam04_wildeerdbeeren.html, 20.8.07.

[407] Wenig erfolgreich ist eine Google-Recherche mit der Eingabe «lugar de fresas«: «En *lugar de fresas* tambien podemos usar frambuesas o moras y está igual de bueno.« Es geht hier um ein Rezept für ein Dessert. Ich muss meinen Freund aus Kärnten, der im Wald auf dem Berg aufgewachsen ist, fragen, ob es im Dialekt ein Wort für «Erdbeerplätze« gibt. Und wäre es denkbar, dass in Österreich ein Film mit dem Titel «Heidelbeerschlag« herauskommt? Einen Haiku gibt es: *im heidelbeerschlag/ deine augen/staumauergrau* (http://www.artgerecht-und-ungebunden.de/Haiku-Foyer/Mundart-Haiku.htm, 22.8.07)

[408] http://it.wikipedia.org/wiki/Il_posto_delle_fragole, 22.8.07

[409] Borges 1976, 148 und 148A1

[410] Tomás Gutiérrez Alea/ Juan Carlos Tabío 1994.

[411] Freud berichtet von einem ganz frühen Traum eines seiner Kinder. Dieses brabbelt darin etwas von Erdbeeren. Der Psychoanalytiker meint nun, das Kind habe im Schlaf Gelüste nach der Mutterbrust auf das Erdbeerbild   übertragen.
http://www.ciao.de/Die_Traumdeutung_Fischer_TB_Freud_Sigmund__Test_314380.
Bei Hieronymus Bosch steht die Erdbeere für die Sünde der Wollust – jedenfalls, wenn wir sie entsprechend den von der Kirche abgesegneten Deutungen interpretieren und nicht nach tieferen Schichten suchen.

[412] Vgl. Martinez/ Scheffel 2000, 108f.

[413] Suhamy 1986, 106f., Bachelard 1993.

[414] Stadler, Armin, *Aus Mensch wird Käfer. Die Kunst der literarischen Verwandlung*, Ö1, Radiokolleg, 19.-22.3.2007, 9.05-9.30.

[415] Afanasjew 1963, 203f.

[416] Eco 1984, 237.

[417] Goethe 1809-1832, Nr. 749-750; zit. bei Eco 1985, 211.

[418] Eine gute, wenn auch nicht ganz einfache Einführung bietet Durand 1960, 22-56.

[419] Dazu ausführlicher Eco 1985, 214f.

[420] Vgl. etwa Suhamy 1986, 106f.

[421] Flaubert 1972, 20f.

[422] Flaubert 1957, 55f.

[423] Durand 1960, 69-79.

[424] Durand 1960, 35.

[425] Góngora 2000, 147, Vers 321.

[426] Vgl. etwa Borges 1976, 60.

[427] Checa 1992, 35f.

[428] Vgl. Lope de Vega 2001, 197, Verse 1303-1306.

[429] Diagonal – Zum Thema: *Nacht. Die dunkle Schwester des Tages*, präsentiert von Michael Schrott, Ö1, 15.12.2007, 17.00-19.00.

[430] In einem Proseminar stellte ich einmal die Frage: »Herr K., was ist unverzichtbar, wenn ein Autor den Fauststoff bearbeitet?« – Die Antwort war nicht unoriginell: »Ein Totenkopf.«

[431] Drewermann 1992.

[432] Hauff 1969, 142.

[433] Bruner 1997, 60.

[434] Erwähnen wir unter zahlreichen Büchern zum Thema: Hrachovec/ Müller-Funk/ Wagner 2004.

[435] Aristoteles 1994, 29-31 (Kap. 9)

[436] Aristoteles 1994, 29 (Kap. 9).

[437] Aristoteles 1994, 77 (Kap. 23).

[438] Forster 1949, 172.

[439] Aristoteles 1994, 11-13 (Kap. 4).

[440] Laforet 2003, 13.

[441] Übersetzung in Anlehnung an Laforet 1992, 9.

[442] Dazu etwa Martinez/ Scheffel 2000, 112.

[443] Maugham 1994, 149f.

[444] Cela 1974, 10.

[445] Quiroga 1991, 133f.

[446] Quiroga 1990, 118f.

[447] Vgl. Sie dazu Truffaut 1984, 215.

[448] Dazu auch Borges 2000, 38.

390

449 Forster 1949, 48f.

450 Vgl. das Video *Cortázar. A fondo* 1977.

451 Eine Darstellung des Themas aus der Sicht der Kulturanthropologie, Geschichte und Sprachgeschichte bietet Metzeltin 2005, 135-164.

452 Tacitus 2006, 3of.

453 Ich beziehe mich auf ein Beispiel unter unzähligen, das mir besonders gut gefällt: *Das Federchen von Finist, dem lichten Falken*, in: Afanasjew 1963, 195-199.

454 Lotman, zit. nach Schulte-Sasse/ Werner 1994, 167.

455 Vgl. Martinez/ Scheffel 2000, 140-144.

456 Ich fasse aus dem Gedächtnis zusammen.

457 Cortázar 1976, 2, Juegos, 143-156.

458 Schließen wir aus dem Beispiel nicht voreilig, dass Cortázar sich gegenüber Frauen schlecht benommen hat. Ein Erzähler hat das Recht, *Ich* zu sagen und sich dabei in irgendeine Figur hineinzuversetzen.

459 Cortázar 1976, 2, Juegos, 21, 23f.

460 Cortázar 1998, 202, 204.

461 Lem 1984, 60.

462 Ovid 1999, 273-275.

463 Der Schöpfer des Kinderbuches *Der Räuber Hotzenplotz* (1962) Otfried Preussler berichtet, dass der Räuber mit einem Schlag »lebendig« wurde, sobald er ihm den Namen gab; dann drängten sich auch Einzelheiten – Pfefferpistole, sieben Messer – von selbst auf.

464 Aristoteles 1994, 16f. Kap. 5.

465 Diese Passage ist meinem Sohn Florentin gewidmet.

466 Lope de Vega 1941, 40f.

467 Lope de Vega 2001a, 152f, I, Verse 928-944.

468 Vgl. Maugham 1994, 151.

469 Forster 1949, 88.

470 Forster 1949, 87.

471 Forster 1949, 77-88, hier 81. Horst Friessner erhob da zu Recht Einspruch. Es stimme einfach nicht, dass Dickens nur Charaktere schaffe, die flach wie eine Fotografie seinen. Als Beispiel dafür könne der rothaarige, mysteriöse Uriah Heep aus *David Copperfield* stehen.

472 Forster 1949, 57-66.

473 Hier wäre auch ein langer wahrnehmungstheoretischer Exkurs nötig, wie es dazu kommt, dass wir etwas als Elementarteil auffassen und Modelle für Elementarteile im Kopf haben.

474 Martinez/ Scheffel 2000, 108.

475 Kayser 1992, 59-64, hier 60.

476 Kayser 1992, 59-64, hier 61.

477 *Indecent Proposal/ Ein unmoralisches Angebot* (1993)
478 Zum Arachne-Mythos bei Victor Hugo und Gustave Flaubert vgl. Zollinger 2007.
479 Martinez/ Scheffel 2000, 108.
480 Es ist das russische Volksmärchen *Marja Morewna*, in Afanasjew 1963, 98-110, hier 101.
481 Harenberg 1995, 958.
482 Kayser 1992, 71.
483 Martinez/ Scheffel 2000, 114.
484 Barthes 1994, 479-484.
485 http://en.wikipedia.org/wiki/The_Maltese_Falcon_(1941_film), 18.1.2008
486 Lehman 2000.
487 Truffaut 1984, 125-128.
488 Kayser 1992, 60.
489 Borges 2000, 38. Zum Thema aus textlinguistischer Sicht und zur Unterscheidung zwischen *Thema* und *Rhema* vgl. Frank/ Meidl 2006, 162.
490 Queneau 1947, 7.
491 Queneau 1961, 7.
492 Rumi 1999, 19.
493 Atxaga 1993, 255f.
494 Atxaga 1995, 1991.
495 Der Gedanke findet sich in der Erzählung *Las babas del diablo/ Teufelsgeifer* (1959). (Cortázar 1976, Los relatos, 3, Pasajes, 225.)
496 Bruner 1997, 64.
497 El País, 26.11.2001.
498 Bernardo Atxaga gibt sich übrigens mit dem Ende nicht zufrieden und spinnt die Geschichte zu einem anderen Ende weiter: Da überlistet der Bursche den Tod dadurch, dass er ihn in eine Art von Spiegelkabinett lockt. (Atxaga 1995, 204-206.)
499 Lesenswert und unterhaltsam ist dazu Forster 1949, 34-52.
500 Hauff 1969, 155.
501 Gut erklärt ist das bei Martinez und Scheffel 2000, 111f.
502 Martinez/ Scheffel 2000, 113.
503 Eco 1996, 152.
504 Forster 1949, 74.
505 Barthes 1994, 479-484. Stadler, Armin, *Aus Mensch wird Käfer. Die Kunst der literarischen Verwandlung*, Ö1, Radiokolleg, 19.-22.3.2007, 9.05-9.30.
506 Cortázar 1976, Los relatos, 2, 81-95.
507 Ganz ähnlich arbeitet Ingmar Bergman in dem Film *Wilde Erdbeeren*, der uns schon länger beschäftigt hat.

[508] Vgl. Bruner 1997, 63.

[509] »Der Dramatismus im Sinne Burkes konzentriert sich auf Abweichungen vom Kanonischen, die moralische Folgen haben, Abweichungen mit Bezug auf Legitimität, moralische Verpflichtungen, Werte. Geschichten müssen sich somit notwendig auf das beziehen, was moralisch wertvoll ist, was moralisch angemessen oder unsicher ist. Gerade der Begriff der Schwierigkeit setzt voraus, dass Handlungen auf Ziele abgestimmt sein müssen, das Schauplätze und Instrumente zusammenpassen müssen, usw. Fertige Geschichten sind Explorationen der Grenzen der Legitimität, wie Hayden White gezeigt hat. Sie erweisen sich als »lebenswahr«, wenn die Störung moralisch erklärt oder sogar wiedergutgemacht worden ist.« (Bruner 1997, 67)

[510] Vgl. Bruner 1997, 67 und 152A24.

[511] Borges 1976, 62.

[512] Cortázar 1976, 212.

[513] Cortázar 1998, 303.

[514] Vergil 2005, 63, 1. Buch, Verse 740-743.

[515] Martinez/ Scheffel 2000, 27.

[516] Eine gründliche und lesbare Einführung dazu bieten Martinez/ Scheffel 2000, 67-107.

[517] Stendhal 1994, 17.

[518] Vgl. dazu etwa Hassauer/ Gladischefski 1998, 6-8.

[519] Hauff 1969, 194-335.

[520] An Gute-Nacht-Geschichten lässt sich auch durchdenken, wie sehr die Erzählzeit von der kommunikativen Funktion einer Gattung beeinflusst ist. Allerdings setzt da häufig nicht der Erzähler oder Vorleser den Endpunkt, sondern der Traumgott Morpheus, der dem Kind die Lider schwer werden lässt. Da ließe sich noch viel dazu studieren: Wie werden Geschichten im Transit zum Schlaf aufgenommen, wie werden sie im Traum weitergesponnen?

[521] Anfänge und Enden sind bei George Watson (1979, 70-82) so behandelt, dass man Lust bekommt, sich weiter mit dem Thema zu befassen.

[522] Gogol 1984, 39.

[523] Wir sind wieder bei den Fragen: Was ist wert erzählt zu werden? Was gilt als außergewöhnlich? Wie stehen das Gewöhnliche und das Außergewöhnliche zueinander?

[524] S. etwa Culler 1997, 89; Martinez/ Scheffel 2000, 95-107.

[525] Camilleri 1998. Vgl. Sie dazu das Kapitel *Zeitpunkt des Erzählens* in Martinez/ Scheffel 2000, 69-75.

[526] Gogol 1984, 39.

[527] Cortázar 1994, 379.

[528] Borges 1981, 78f.

[529] Borges 1991, 74.

[530] Die Gedanken zur Ich-Form verdanke ich zum großen Teil der farbigen Darstellung in Grojnowski 2005, 126-130.

[531] Zit. nach Ruch o. J.

[532] Cortázar 1976, Los relatos, 2, 82f.

[533] Leider ist diese Übersetzung ungelenk und wird der Kinderstimme nicht gerecht. Besser wäre doch eine Wendung wie: »dass mir das Herz in die Hose fiel«. Es ist auch schwierig, denn Cortázars Text ist fein gewoben und wirkt durch kleine Schwingungen, Nuancen und Übergänge.

[534] Cortázar 1998, 206. Auch die letzten beiden Zeilen sind ungenau übersetzt und der Ton der bangen Großsprecherei des Jungen, der die eigenen Ängste auf die Schwester projiziert, geht verloren. Ich glaube, besser wäre: »und diese ganze Ansprache galt meiner Schwester, mich aber würden sie mit der Maschine arbeiten lassen, ja sogar mit dem Gift.«

[535] Eine Einführung für Spezialisten bieten Martinez/ Scheffel 2000, 75-80. Die Autoren bemühen sich, alles zu klassifizieren und zu benennen, über die Ästhetik und Qualität der einzelnen Sammlungen ist damit aber noch wenig gesagt.

[536] Monterroso 2001, 7.

[537] Boccaccio 1974, 89, 229.

[538] Hauff 1969, 35.

[539] Boccaccio 1974, 9-19.

[540] Turgenjew 1952, 141f.

[541] Atxaga 1993. Vgl. auch Martinez/ Scheffel 2000, 78.

[542] http://en.wikipedia.org/wiki/Molly_Bloom's_Soliloquy, 15.2.2008.

[543] Vgl. etwa Martinez/ Scheffel 2000, 63.

[544] Martinez/ Scheffel 2000, 58f.

[545] Buzzati 1986, 32.

[546] Singer 2002, 72f.

[547] Singer 2002, 396.

[548] Singer 2002, 383f.

[549] Singer 2002, 188.

[550] Singer 2002, 509.

[551] Singer 2002, 519.

[552] Stanzel 1985.

[553] Borges 1999, 58-60.

[554] Truffaut 1984, 214f. Die allmähliche Enthüllung ist auch im Erzählen eine wichtige Technik.

[555] Martinez/ Scheffel 2000, 63-67.

[556] Forster 1949, 88f.

557 Musil 2003, 649f.

558 Vgl. dazu auch Hassauer/ Gladischefski 1998, 6-8.

559 S. etwa Afanasjew 1963, 170.

560 Hindermann 1991, 15f.

561 Cervantes 2004, 178-181 (I, Kap. XX).

562 http://www.dolacek.de/einstein.htm, 10.9.2007

563 Shimagoe Shin 1986, 34f., Übersetzung Isabelle Mathes, der ich für den Hinweis danke.

564 Guggenmos 1972, 256-258.

565 Zit. nach Eco 1985, 233.

566 Cervantes 2004, 895; Cervantes 1956, 891 (II, Kap. 46). In welchem Alter lernen Kinder diese Zeitraffungen kennen? Ich vermute, dass es die Märchen sind, die sie zum ersten Mal in Zeiträume führen, die sie von der eigenen Erfahrung her noch gar nicht erfassen können.

567 Afanasjew 1963, 170f. Das Märchen heißt bei dem Sammler *Sturmrecke Iwan Kuhsohn*, denn natürlich ist es der Sohn der Kuh, der die Kastanien aus dem Feuer holen muss.

568 Dickens 1885, 20.

569 Cortázar 1994, »El estado actual...«, 106.

570 Andreas Wolf: »Inspiration: Vom Rätsel des erleuchteten Moments«, Ö1 Radiokolleg, 12.9.-15.9.2005, 9.45-10.00.

571 Vgl. etwa Ogden 1997.

572 Dazu auch Martinez/ Scheffel 2000, 44.

573 Schneider 1984, 184f.

574 Ovid 1999, 8f.

575 Hugo 1961, 15-19.

576 Poe 1994, 76f.

577 Martinez/ Scheffel 2000, 37-39.

578 Mann 1967, 368.

579 Ernst Langthaler (1999) bietet dazu eine ausgezeichnete Einführung .

580 Vgl. die Zusammenfassung bei Martinez/ Scheffel 2000, 32-39.

581 Lodge 1998, 111-118 hier 115. Es ist das Kapitel *Zeitsprünge (Time-Shift)* in dem Buch *Die Kunst des Erzählens*, das ich empfehle.

582 Buzzati 1989, 205-213.

583 Martinez/ Scheffel 2000, 33f.

584 »Soviel aber ist nun klar und deutlich: Weder die Zukunft noch die Vergangenheit ›ist‹, und nicht eigentlich läßt sich sagen: Zeiten ›sind‹ drei: Vergangenheit, Gegenwart und Zukunft; vielmehr sollte man, genau genommen, etwa sagen: Zeiten ›sind‹ drei: eine Gegenwart von Vergangenem, eine Gegenwart von Gegenwärtigem, eine Gegenwart von Künftigem. Denn es sind diese Zeiten als eine Art Dreiheit in der Seele, und

anderswo sehe ich sie nicht: und zwar ist da Gegenwart von Vergangenem, nämlich Erinnerung; Gegenwart von Gegenwärtigem, nämlich
Augenschein; Gegenwart von Künftigem, nämlich Erwartung. Erlaubt
man uns, so zu sprechen, dann seh' ich auch drei Zeiten und gebe zu: ja,
es ›sind‹ drei.« (Augustinus 1987, 640ff.)

[585] Seit ein paar Semestern beginne ich die Lehrveranstaltungen zur Erzähltheorie mit einer Exkursion ins Kunsthistorische Museum. Dieser neue,
verfremdete Blick auf Erzählungen durch ein anderes Medium hindurch
setzte stets besondere intellektuelle Energien bei den Studierenden frei.

[586] Metzeltin/ Thir 1998.

[587] Eco 1996, 172.

[588] Martinez/ Scheffel 2000, 147.

[589] Martinez/ Scheffel 2000, 145-147.

[590] Singer 1977, 214.

[591] Peseschkian 2000.

[592] Culler 2002, 49f.

[593] Vgl. Kirsch 2000.

[594] Jedes Bild, das sie in der Kirche sieht, jede Statue löst etwa bei *Belisa* – im
Mantel- und Degenstück *Los melindres de Belisa/ Die übertriebene Delikatesse*
(1606) – eine mögliche Ereigniskette aus. Vgl. Lope de Vega/ Maldonado Palmero 2002, 108-111.

[595] Darío 1917.

[596] Culler 2002, 135f.

[597] Vgl. Lukian 1990.

[598] Lesenswert dazu Piglia 2005, 143-152.

[599] Cervantes 1956, 53-61, hier 56; Cervantes 2004, 60-69 (I, Kap. 6)

[600] Cervantes 2004, 528.

[601] Cervantes 1956, 534f. (I, Kap. 52).

BIBLIOGRAPHIE

PRIMÄRLITERATUR

Afanasjew, Alexander Nikolajewitsch (1963), *Der Feuervogel. Märchen aus dem alten Russland*, Berlin/ Darmstadt/ Wien: Deutsche Buchgemeinschaft.

Akutagawa, Ryunosuke (2005), *Rashomon y otros cuentos*, Madrid: Miraguano.

Aleramo, Sibilla (2002) [1950], *Una donna*, Mailand: Feltrinelli.

Asturias, Miguel Angel (2000) [1946], *El Señor Presidente*, koord. v. Gerald Martin, Madrid u.a.: ALLCA XX. (Deutsch: *Der Herr Präsident*, Zürich: rotpunktverlag 1984.)

Atxaga, Bernardo (1993) [1988], *Obabakoak*, Barcelona: Ediciones B. (Deutsch: *Obabakoak oder Das Gänsespiel*, Zürich: Unionsverlag 1995.)

Balzac, Honoré de (1995) [1835], *Le père Goriot*, hg. v. Daniela De Agostini, Genua: Cideb 1995. (Deutsch: *Vater Goriot*, Wien: Ullstein 1947.)

Bierce, Ambrose (1965), *Bittere Stories*, Leipzig: Dieterich'sche Verlagsbuchhandlung.

Borges, Jorge Luis (1991), *Gesammelte Werke*, hg. v. Gisbert Haefs u. Fritz Arnold: *Der Erzählungen erster Teil*, übers. v. Karl August Horst, Wolfgang Luchting, Gisbert Haefs, München/ Wien: Hanser.

Borges, Jorge Luis (1981), *Narraciones*, hg. v. Marcos R. Barnatán, Madrid: Cátedra.

Boccaccio, Giovanni di (1974), *Das Dekameron*, 2. Bde., übers. v. Albert Wesselski, Leipzig: Insel.

Brassens, Georges (1958), *La ronde des jurons* (Album: Le pornographe), http://www.paroles.net/ chansons/21348.htm, 1.12.2007.

Brassens, Georges (1969), *Misogynie á part* (Album: La religieuse), http://www.geocities.com/foursov/brassens/misogynie.html, 20.12.2007.

Burger, Claudia (2007) [13.6.2007], *Arroyo con peces*, Wien: Ms.

Buzzati, Dino (1986), *Das Haus mit den sieben Stockwerken. Erzählungen*, Frankfurt am Main/ Berlin: Ullstein.

Buzzati, Dino (1989), *Il meglio dei racconti*, hg. v. Federico Roncoroni, Mailand: Mondadori.

Camilleri, Andrea (1998), *La concessione del telefono*, Palermo: Sellerio.

Cela, José Camilo (1974) [1950], *La colmena*, Barcelona/ Madrid: Noguer.

Cervantes, Miguel (2004) [1605/ 1615], *Don Quijote de la Mancha. Edición del IV centenario*, Madrid: Santillana. (Deutsch: *Der sinnreiche Junker Don Quijote von der Mancha*, übertr. v. Ludwig Braunfels, München: Winkler 1956.)

Conte, Paolo (1987), *Un piano a coda lunga in alto mare* (Album: Aguaplano), http://www.lyrics007.com/Paolo%20Conte%20Lyrics/Aguaplano%20Lyrics.htm, 9.2.2008.

Cortázar, Julio (1976), *Los relatos*, 3 Bde.: 1: *Ritos*, 2: *Juegos*, 3: *Pasajes*, Madrid: Alianza.

Cortázar, Julio (1998), *Die Erzählungen*, übers. v. Fritz Rudolf Fries, Wolfgang Promies, Rudolf Wittkopf, Frankfurt am Main: Suhrkamp.

Cuentos populares españoles (2000), hg. v. José María Guelbenzu, Madrid: Siruela. (Deutsch: Spanische Hunger- und Zaubermärchen, übers. v. Susanne Lange, Frankfurt am Main: Eichborn 2000.)

Dante Alighieri (1975) [1307-1327], *Die Göttliche Komödie. Dritter Teil: Das Paradies*, Italienisch-Deutsch, übers. v. Hermann Gmelin, Stuttgart: Klett.

Darío, Rubén (1992) [1888/ 1905], *Azul... . Cantos de vida y esperanza*, hg. v. Alvaro Salvador, Madrid: Espasa Calpe.

Darío, Ruben (1917), *Edgar Poe y los sueños*, http://www.lamaquinadel-tiempo.com/ Poe/poedario.htm, 16.2.2008.

Dickens, Charles (1985) [1850], *David Copperfield I*, Leipzig: Tauchnitz.

Doderer, Heimito von (1951), *Die Strudlhofstiege-oder Melzer und die Tiefe der Jahre*, München: Biederstein.

Eco, Umberto (1983) [1980], *Der Name der Rose*, München: Hanser.

Enzensberger, Hans Magnus (1980), *Museum der modernen Poesie*, 2 Bde., Frankfurt am Main: Suhrkamp.

Flaubert, Gustave (1972) [1877], *Trois contes: Hérodias. Un coeur simple. La légende de saint Julien l'Hospitalier*, Paris: Librairie Générale Française. (Deutsch: *Das schlichte Herz und andere Novellen*, Wien: Kremayr & Scheriau 1957.)

García Lorca, Federico (o. J.), *Conferencias. Las nanas infantiles*, http://www.tinet.org/ ~picl/libros/glorca/gl001203.htm, 1.12.2007.

Goethe, Johann Wolfgang (1971) [1808], *Faust. Der Tragödie erster Teil*, Stuttgart: Reclam.

Gogol, Nikolaj (1953) [1842], *Die toten Seelen*, Wien: Die Buchgemeinde.

Gogol, Nikolaj (1984) [1831-32], »Der verhexte Platz«, in: *Russische Meistererzählungen*, München: dtv (= zweisprachig), 38-61.

Góngora y Argote, Luis de (1982) [1614], *Soledades*, Spanisch-Deutsch, Nachdichtung v. Erich Arendt, Leipzig: Reclam.

Góngora y Argote, Luis de (2000) [1612], *Fábula de Polifemo y Galatea*, hg. v. Alexander A. Parker, Madrid: Cátedra.

Guggenmos, Josef (1972), *Hausbuch deutscher Sagen und Schwänke*, Wien: Ueberreuter.

Hartlieb, Wladimir von (1954), *Französische Lyrik. Urtexte und Übertragungen*, Salzburg: Stifterbibliothek.

Hauff, Wilhelm (1969) [1802-1827], *Werke: Bd. 2, Märchen. Aus den Memoiren des Satan. Briefe*, Frankfurt am Main: Insel.

Hindermann, Federico (Hg.) (1991), *Italienische Erzähler vom »Novellino« bis Carlo Gozzi*, Zürich: Manesse.

Hugo, Victor (1961) [1833], *Notre-Dame de Paris. 1482*, Paris: Garnier Frères.

Kafka, Franz (1970), *Sämtliche Erzählungen*, Frankfurt am Main: Fischer.

Laforet, Carmen (2003) [1944], *Nada*, Barcelona: Destino. (Deutsch: *Nada*, übers. v. Hans-Joachim Hartstein, Moos/ Baden-Baden: Elster 1992.)

Lem, Stanislaw (1984) [1961], *Solaris*, Frankfurt am Main: Insel.

Leonhardmair, Maria (2007), *Diálogo para un guión*, Wien: Ms.

Lessing, Doris (1994), *Unter der Haut. Autobiographie 1919-1949*, Hamburg: Hoffmann und Campe.

Lope de Vega (1979), *Teatro. Fuenteovejuna, Peribañez, El caballero de Olmedo, La dama boba*, hg. v. Amando Isasi Angulo, Barcelona: Bruguera. (Deutsche Fassung von La dama boba [1613]: *Die kluge Närrin*, Nachdichtung v. Hans Schlegel, Berlin-Lichterfelde: Widukind 1941.)

Lope de Vega (1941), *Die schlaue Susanne*, Nachdichtung v. Hans Schlegel, Berlin: Widukind. (*La discreta enamorada* 1604-1608)

Lope de Vega (1988) [1635], *La noche de San Juan*, hg. v. Anita K. Stoll, Kassel: Reichenberger.

Lope de Vega (2001a) [1631/32], *El castigo sin venganza*, hg. v. Antonio Carreño, Madrid: Cátedra. (Deutsch: *Richter ..., nicht Rächer!* Nachdichtung v. Hans Schlegel, Berlin-Licherfelde: Widukind 1941.)

Lope de Vega (2001b) [1620/ 1600], *La viuda valenciana*, hg. v. Teresa Ferrer Valls, Madrid: Castalia. (Deutsch in: *Komödien*, übertr. v. Wolfgang Wurzbach, Wien/ Leipzig: Epstein 1929.)

Lope de Vega (2003) [1590-95/1620], *Los locos de Valencia*, hg. v. Hélène Tropé, Madrid: Castalia.

Lope de Vega (2005) [1605], »La noche toledana«, in: *Comedias, XIII*, Madrid: Biblioteca Castro, 295-391.

López Pinciano, Alonso (1998), *Philosophía Antigua Poética. Obras completas, I*, Madrid: Castro.

Lukian (1990) [ca. 120-180 n. Chr.], *Der Lügenfreund und andere Erzählungen*, München: dtv/ Artemis.

Maldonado Palmero, Gabriel (2002), *Antología de Lope de Vega*, Madrid: Acento.

Mann, Thomas (1967) [1924], *Der Zauberberg*, Frankfurt am Main: Fischer.

Molière [Poquelin, Jean-Baptiste] (1920) [1673], *Le malade imaginaire*, Leipzig: Insel.

Molière (1921), *Molières sämtliche Werke in sechs Bänden*, Berlin: Propyläen.

Monterroso, Augusto (2001), *Cuentos*, Madrid: Alianza.

Morales, Rafael (o. J.), *Cántico doloroso al cubo de la basura*, http://www.palabravirtual.com/ index.php?ir=ver_poema2.php&pid=9162, 5.2.2008.

Mozart, Wolfgang Amadeus (1993) [1777-1781], *Die Bäsle-Briefe*, hg. v. Juliane Vogel, Stuttgart: Reclam.

Musil, Robert (2003) [1930/ 1932], *Der Mann ohne Eigenschaften, Roman I/ Erstes und zweites Buch*, hg. v. Adolf Frisé, Reinbeck bei Hamburg: Rowohlt.

Neruda, Pablo (1977) [1954], *Odas elementares*, Barcelona: Seix Barral. (Deutsch: *Elementare Oden*, Darmstadt/ Neuwied: Luchterhand 1985.)

Onetti, Juan Carlos (1993), *Cuando ya no importe*, Madrid: Alfaguara.

Orff, Karl (1981), *Der Mond. Die Kluge. Text und Erläuterungen zum vollen Verständnis der Werke*, hg. v. Kurt Pahlen, München: Goldmann.

Ovid (Publius Ovidius Naso) (1999) [ca. 8 n. Chr.], *Metamorphosen*. Auswahlausgabe, Lateinisch-Deutsch, hg. u. übers. v. Gerhard Fink, Düsseldorf/ Zürich: Artemis u. Winkler.

Parra, Teresa de la (2003) [1928], *Las memorias de Mamá Blanca*, hg. v. Marina Gálvez Acero, Madrid: Castalia.

Poe, Edgar Allan (1994), *Selected tales*, London u.a.: Penguin.

Poèmes français (1960), Französisch-Deutsch, hg. u. übers. v. Ulrich Friedrich Müller, Ebenhausen bei München: Langewiesche-Brandt.

Queneau, Raymond (1947), *Exercises de style*, Paris: Gallimard. (Deutsch: *Stilübungen*, Frankfurt am Main: Suhrkamp 1961.)

Quiroga, Horacio (1991), *Cuentos*, hg. v. Leonor Fleming, Madrid: Cátedra. (Einzelne Erzählungen sind enthalten in: *Geschichten von Liebe, Irrsinn und Tod*, Frankfurt am Main: Suhrkamp 1990.)

Racine, Jean [1677], »Phèdre«, in: ders.: *Théâtre*, Frankfurt: H. Bechtold, 159-225. (Deutsch: *Phädra*, übertr. v. Friedrich Schiller, Stuttgart: Reclam 2003.)

Ransmayr, Christoph (1991) [1988], *Die letzte Welt*, Frankfurt am Main: Fischer.

Repún, Graciela (Hg.) (2005) [10.8.2005], *Canciones de cuna 1. (Biblioteca imaginaria. Literatura para chicos)*, http://www.educared.org.ar/imaginaria/ biblioteca/?p=2, 31.11.07.

Rimbaud, Arthur (1960), *Sämtliche Dichtungen*. Französisch mit deutscher Übertragung v. Walther Küchler, Heidelberg: Lambert Schneider.

Ringelnatz, Joachim (1994) [1911], »Durch das Schlüsselloch eines Lebens«, in: *Das Gesamtwerk in sieben Bänden: Erzählungen*, Zürich: Diogenes, 39-46.

Rivers, Elías L. (Hg.) (1999), *Poesía lírica del Siglo de Oro*, Madrid: Cátedra.

Rojas, Fernando de (1988) [1499-1502], *La Celestina*, hg. v. Dorothy S. Severin, Madrid: Cátedra. (Deutsch: *La Celestina*, übers. v. Fritz Vogelsang, Frankfurt am Main: Insel 1989.)

Ruiz, Juan (Arcipreste de Hita) (1988) [ca. 1330], *Libro de buen amor*, hg. v. G.B. Gybbon-Monypenny, Madrid: Castalia. (Deutsch: *Libro de buen amor*, übers. u. eingel. v. Hans Ulrich Gumbrecht, München: Fink 1972.)

400

Rumi, Dschalaluddin (1999) [13. Jhd.], *Der Herrscher und sein Narr und andere Geschichten aus Mathnawi*, Freiburg im Breisgau: Herder.

Die schönsten Märchen aus 1001 Nacht (2002), nach der Übersetzung von Gustav Weil, ausgewählt v. Hans-Jörg Uther, Kreuzlingen/ München: Diederichs.

Shakespeare, William (1955), *Shakespeare's Works/ Shakespeares Werke*, Englisch-Deutsch, hg. v. Levin L. Schücking u. übers. v. Schlegel-Tieck, 6 Bde., Darmstadt: Deutsche Buchgemeinschaft.

Shakespeare, William (1967) [1597], *Romeo and Juliet*, London: Penguin.

Singer, Isaac Bashevis (1977), *Leidenschaften*, München/ Wien: Hanser. (*Passions* 1975)

Singer, Isaac Bashevis (2002) [1958/59], *Schatten über dem Hudson*, München: dtv.

Spanische Lyrik von der Renaissance bis zum späten 19. Jahrhundert (2004), Spanisch-Deutsch, hg. v. Hans Felten und Agustín Valcárcel, Stuttgart: Reclam.

Stendhal (1994) [1830], *Le rouge et le noir*, gekürzte Ausgabe, Genua: Cideb.

Tacitus, Publius Cornelius (2006) [98 n. Chr.], *Germania*, Lateinisch-Deutsch, übertr. u. erläutert v. Arno Mauerserger, Köln: Anaconda.

Tirso de Molina (1987) [1. H. 17. Jhd.], *El vergonzoso en palacio*, hg. v. Everett Hesse, Madrid Cátedra.

Tirso de Molina (1990) [1615], *Don Gil de las calzas verdes*, hg. v. Alonso Zamora Vicente, Madrid: Castalia.

Tirso de Molina (1997) [1. H. 17. Jhd.], *Marta la piadosa*, hg. v. Antonio Prieto, Madrid: Biblioteca Nueva.

Tolstoi, Leo (1978) [1868/ 69], *Krieg und Frieden*, Klagenfurt: Neuer Kaiser Verlag.

Torquemada, Antonio de (1983) [1570], *Jardín de flores curiosas*, hg. v. Giovanni Allegra, Madrid.

Troyat, Henri (1971) [1940], *Faux-jour*, Paris: Le livre de poche.

Tschechow, Anton (1960) [1904], Der Kirschgarten, in: ders.: *Dramen*, übers. v. Johannes von Guenther, Hamburg: Rowohlt, 251-309.

Tschechow, Anton (1996) [1904], *Der Kirschgarten* [in: Burgtheater Wien, Programmbuch 151], Wien: Agens-Werk Geyer+Reisser .

Tschechow, Anton (o. J.), *Das Duell und andere Erzählungen*, Gütersloh u.a.: Bertelsmann.

Turgenjew, Iwan (1952) [1851], »Drei Begegnungen«, in: ders.: *Gesammelte Werke*, Bd. 5, Berlin: Aufbau-Verlag, 7-44.

Turgenjew, Iwan (1952) [1860], »Erste Liebe«, in: ders.: *Gesammelte Werke*, Bd. 5, Berlin: Aufbau, 139-222.

Turgenjew, Iwan (2000) [1872], *Frühlingsfluten*, Frankfurt am Main/ Leipzig : Insel.

Vergil (2005) [29 v. Chr.-19 v. Chr.], *Aeneis, 1. und 2. Buch*, Lateinisch-Deutsch, Stuttgart: Reclam.

Wilder, Thornton (1962) [1938, 1942, 1955], *Our Town, The Skin of our Teeth, The Matchmaker*, Harmondsworth, Middlesex: Penguin.

SEKUNDÄRLITERATUR

Ackermann, Kathrin/ Moser-Kroiss, Judith (Hg.) (2007), *Gespannte Erwartungen. Beiträge zur Geschichte der literarischen Spannung*, Wien/ Berlin: Lit Verlag.

Aichinger, Wolfram (2000), *Almendral. Zur popularen Kultur eines spanischen Gebirgsdorfes*, Wien: Turia + Kant.

Aichinger, Wolfram (2007), »Intensidad, tensión, significación und die Ästhetik des Erzählens bei Julio Cortázar«, in: Ackermann/ Moser-Kroiss 2007, 181-200.

Aichinger, Wolfram/ Eder, Franz/ Leitner, Claudia (Hg.) (2003), *Sinne und Erfahrung in der Geschichte*, Innsbruck u.a.: StudienVerlag.

Amorós, Andrés (1999), *Momentos mágicos de la literatura*, Madrid: Castalia.

Arata, Stefano (2000), »Introducción«, in: Lope de Vega, *El acero de Madrid*, Madrid: Castalia, 7-58.

Aristoteles (1994) [ca. 335 v. Chr.], *Poetik*. Griechisch-Deutsch, übers. u. hg. von M. Fuhrmann, Stuttgart: Reclam.

Asmuth, Bernhard (1997), *Einführung in die Dramenanalyse*, Stuttgart/ Weimar.

Attridge, Derek (1995), *Poetic rhythm. An Introduction*, Cambridge: Cambridge University Press.

Augustinus (1987) [ca. 395-400], *Bekenntnisse*, Lateinisch-Deutsch, übers. v. Joseph Bernhart, Frankfurt: Insel.

Bachelard, Gaston (1993) [1942], *L'Eau et les rêves. Essai sur l'imagination de la matière*, Paris: Le Livre de Poche.

Barthes, Roland (1994) [1968], »L'effet de Réel«, in: ders.: *Oeuvres complètes, Bd. 2: 1966-1973*, Paris: Seuil, 479-484.

Behrmann, Alfred (1968), *Einführung in die Analyse von Prosatexten*, Stuttgart: Metzler.

Bennassar Bartolomé (1977), *Los españoles. Actitudes y mentalidades*, Barcelona: Argos.

Borges, Jorge Luis (1976) [1952], *Otras inquisiciones*, Madrid: Alianza.

Borges, Jorge Luis (Hg.) (1999) [1976], *Libro de sueños*, Madrid: Alianza.

Borges, Jorge Luis (2000) [1967/68], *Das Handwerk des Dichters*, München/ Wien: Hanser. (*This craft of verse* 2000)

Braak, Ivo (1990), *Poetik in Stichworten*, Unterägeri: Hirt.

Braudel, Fernand (1986), *L'identité de la France*, Paris: Arthaud-Flammarion.

Brecht, Bertolt (1971) [1926-1955], *Über Kunst und Politik*, hg. v. Werner Hecht, Frankfurt: Suhrkamp.

Brenan, Gerarld (1953) [1951], *The literature of the Spanish people*, Cambridge: Cambridge University Press. (Spanisch: *Historia de la literatura española* 1984)

Bruner, Jerome (1997), *Sinn, Kultur und Ich-Identität. Zur Kulturpsychologie des Sinns*, Heidelberg: Carl-Auer-Systeme. (*Acts of Meaning* 1990)

Burke, Kenneth (1966), *Dichtung als symbolische Handlung. Eine Theorie der Literatur*, Frankfurt am Main: Suhrkamp. [*The philosophy of literary form* 1941]

Burke, Peter (1994), *Reden und Schweigen. Zur Geschichte sprachlicher Identität*, Berlin: Wagenbach.

Certeau, Michel de (1988), *Kunst des Handelns*, Berlin: Merve. (*Arts de faire* 1980)

Checa, Jorge (Hg.) (1992)m *Barroco esencial*, Madrid: Taurus.

Cortázar, Julio (1994) [1976], »El estado actual de la narrativa en Hispano-américa«, in: *Obra crítica* 3, hg. v. Saúl Sosnowski, Madrid u.a.: Santillana, 89-111.

Cortázar, Julio (1994) [1963] »Algunos aspectos del cuento« [1962-1963], in: *Obra crítica* 2, hg. v. Jaime Alazraki, Madrid: Alfaguara, 365-385.

Culler, Jonathan (2002), *Literaturtheorie. Eine kurze Einführung*, Stuttgart: Reclam. (*Literary Theory. A Very Short Introduction* 1997)

Dante Alighieri (1988) [1303-1305], *De vulgari eloquentia*, hg. v. Sergio Cecchin, Turin.

Diez Borque, José María (1975), *Antología de la literatura española VIII: Teatro de los siglos XVI y XVII*, Madrid: biblioteca universitaria guadiana.

Drewermann, Eugen (1992), *Lieb Schwesterlein, lass mich herein. Grimms Märchen tiefenpsychologisch gedeutet*, München: dtv.

Durand, Gilbert (1960), *Les structures anthropologiques de l'imaginaire. Introduction à l'archétypologie génerale*, Grenoble: Allier.

Durham, Deborah/ Fernandez, James (1991), »Tropical Dominions: The Figurative Struggle over Domains of Belonging and Apartness in Africa«, in: James Fernandez (Hg.), *Beyond Metaphor. The Theory of Tropes in Anthropology*, Stanford: Stanford University Press, 190-210.

Eco, Umberto (1984), *Semiotica e filosofia del linguaggio*, Turin: Einaudi. (Deutsch: *Semiotik und Philosophie der Sprache*, München: Wilhelm Fink 1985.)

Eco, Umberto (1990), *Über Spiegel und andere Phänomene*, München: dtv. (*Sugli specchi e altri saggi* 1985.)

Eco Umberto (1990), »Das Zeichen im Theater«, in: Eco 1990, 62-70.

Eco Umberto (1990), »Über Spiegel«, in: Eco 1990, 26-61.

Eco, Umberto (1996), *Im Wald der Fiktionen. Sechs Streifzüge durch die Literatur*, München: dtv. [*Six walks in the fictional woods/ Sei passegiate nei boschi narrativi* 1994]

Eco, Umberto (2003), »Über Stil«, in: *Die Bücher und das Paradies. Über Literatur*, München/ Wien: Hanser, 170-188. (*Sulla letteratura* 2002)

Ferrer Valls, Teresa (2001), »Introducción«, in: Lope de Vega, 7-87.

Fill, Alwin (2003), *Das Prinzip Spannung. Sprachwissenschaftliche Betrachtungen zu einem universalen Phänomen*, Tübingen: Narr.

Forster, Edward Morgan (1949), *Ansichten des Romans*, Frankfurt am Main: Suhrkamp. [*Aspects of the Novel* 1927]

Frank, Annette/ Meidl, Martina (2006), »Sprache als Text«, in: Metzeltin, 151-192.

Fries, Fritz Rudolf (1977), *Lope de Vega*, Leipzig: Reclam.

Fuhrmann, Manfred (1994), »Nachwort«, in: Aristoteles 1994, 144-178.

Ginzburg, Carlo (1976), *Il formaggio e i vermi. Il cosmo di un mugnaio del '500*, Turin: Einaudi.

Ginzburg, Carlo (1999), »Verfremdung. Vorgeschichte eines literarischen Verfahrens«, in: ders.: *Holzaugen. Über Nähe und Distanz*, Berlin: Wagenbach, 11-41. [*Occhiacci di legno* 1998]

Gladischefski, Anke (2006), »›Le dédoublement de la mémoire et des mots‹ [Delbo]. Traumatische Erinnerung und Sprache«, in: Silke Segler-Messner/ Monika Neuhofer/ Peter Kuon (Hg.), *Vom Zeugnis zur Fiktion. Repräsentation von Lagerwirklichkeit und Shoah in der französischen Literatur nach 1945*, Frankfurt am Main: Peter Lang, 113-124.

Goethe, Johann Wolfgang von (1926) [1802-1832], »Maximen und Reflexionen«, in: *Werke*, Leipzig: Bibliographisches Institut.

Goodman, Felicitas D. (1992), *Trance. Der uralte Weg zum religiösen Erleben*, Gütersloh: Gütersloher Verlagshaus Mohn.

Greenblatt, Stephen (2004), *Will in der Welt. Wie Shakespeare zu Shakespeare wurde*, Berlin: Berlin Verlag. [*Will in the World. How Shakespeare Became Shakespeare* 2004]

Grenier, Roger (1971), »Préface«, in: Tschekow 1971, 7-16.

Groddeck, Wolfram (1995), *Reden über Rhetorik. Zu einer Stilistik des Lesens*, Basel/ Frankfurt am Main: Stroemfeld.

Grojnowski, Daniel (2005) [1993], *Lire la nouvelle*, Paris: Armand Colin .

Hall, Edward T. (1984), *The Dance of Life. The Other Dimension of Time*, New York: Anchor Books.

Hamburger, Käte (1968), *Die Logik der Dichtung*, Stuttgart: Klett.

Harenberg Opernführer (1995), Dortmund: Harenberg.

Hassauer, Friederike/ Gladischefski, Anke (Redaktion) (1998), *Was ist Literatur. Einführung in die Romanistik [Hispanistik, Galloromanistik] und in die Allgemeine Literaturwissenschaft*, Wien: WUV.

Henle, Paul (1983), »Die Metapher«, in: Anselm Haverkamp (Hg.), *Theorie der Metapher*, Darmstadt: Wissenschaftliche Buchgesellschaft, 80-105.

Hernández Guerrero, José Antonio/ García Tejera, María del Carmen (2005), *Teoría, historia y práctica del comentario literario*, Barcelona: Ariel.

Herrero Prado, José Luis (1996), *Métrica española. Teoría y práctica*, Madrid: Ediciones del Orto.

Hrachovec, Herbert/ Müller-Funk, Wolfgang/ Wagner, Birgit (2004), *Kleine Erzählungen und ihre Medien*, Wien: Turia + Kant.

Huizinga, Johan (1987) [1938], *Homo ludens. Vom Ursprung der Kultur im Spiel*, Reinbek bei Hamburg: Rowohlt.

Jarrety, Michel (2003), *La poétique*, Paris: Presses universitaires de France (= Que sais-je? 2311).

Kaser, Karl (2000), *Macht und Erbe. Männerherrschaft, Besitz und Familie im östlichen Europa (1500-1900)*, Wien u.a.: Böhlau.

Kayser, Wolfgang (1992), *Das sprachliche Kunstwerk. Eine Einführung in die Literaturwissenschaft*, Tübingen/ Basel: Francke.

Kirsch, Fritz Peter (2000), *Epochen des französischen Romans*, Wien: WUV.

Laferl, Christopher F. (2007), »Der Knoten: Zum Problem der Spannung in der ›Filosofía Antigua Poética‹ des Alonso López Pinciano«, in: Ackermann/ Moser-Kroiss 2007, 125-135.

Langthaler, Ernst (1999), »Gedächtnisgeschichte: Positionen, Probleme, Perspektiven«, in: *Beiträge zur Historischen Sozialkunde 29, Sondernummer »Kulturwissenschaften«*, 30-46.

Lanson, Gustave (1903), *Conseils sur l'art d'écrire. Principes de composition et de style*, Paris: Hachette.

Le Goff, Jacques (2005), *Ritter, Einhorn, Troubadoure. Helden und Wunder des Mittelalters*, München: Beck. (*Héros et merveilles du Moyen Âge* 2005)

Lisón Tolosana, Carmelo (1976), »The ethics of inheritance«, in: J.G. Peristiany, *Mediterranean Family Structures*, New York: Cambridge University Press, 305-316.

Lodge, David (1998), *Die Kunst des Erzählens*, München/ Zürich: Diana. (*The art of fiction* 1992)

Longinus (1988) [1. Jhd. n. Chr.], *Vom Erhabenen*, Griechisch-Deutsch, übers. u. hg. v. Otto Schönberger, Stuttgart: Reclam.

Lope de Vega (1998) [1609], *Der Arte Nuevo von Lope de Vega*, hg. v. Andreas Eglseder, Frankfurt a. Main u.a..

Martinez, Matias/ Scheffel, Michael (2000), *Einführung in die Erzähltheorie*, München: Beck.

Mathes, Isabelle (2008), *Longin und ich auf der Jagd nach dem gewissen Etwas. Eine literaturwissenschaftliche Analyse des Erhabenen bei Longin*, Wien: Ms.

Maugham, William Somerset (1994), *Zehn Romane und ihre Autoren*, Zürich: Diogenes. (*Ten novels and their authors* 1954)

Maupassant, Guy de (1982) [1887], »Le roman«, in: ders.: *Pierre et Jean*, Paris: Gallimard, 45-60.

Metzeltin, Michael (2005), »La conception des frontières«, in: ders. (Hg.): *Omaggio a/ Hommage à/ Homenaje a Jane Nystedt*, Wien: 3 Eidechsen, 135-164.

Metzeltin, Michael (Hg.) (2006), *Diskurs – Text – Sprache. Eine methodenorientierte Einführung in die Sprachwissenschaft für Romanistinnen und Romanisten*, Wien: Praesens.

Metzeltin, Michael/ Meidl, Martina (1998), »*Llanto por Ignacio Sánchez Mejías*«, *de Federico García Lorca. Una guía de lectura*, Barcelona: Península.

Metzeltin, Michael/ Thir, Margit (1998), *Erzählgenese. Ein Essay über Ursprung und Entwicklung der Textualität*, Wien: 3 Eidechsen.

Mitterauer, Michael (1983), *Ledige Mütter. Zur Geschichte illegitimer Geburten in Europa*, München: Beck.

Mitterauer, Michael (1992), *Familie und Arbeitsteilung. Historisch vergleichende Studien*, Wien/ Köln: Böhlau.

Nabokov, Vladimir, *Lectures on Don Quixote*, San Diego: Harcourt 1983.

Nabokov, Vladimir (1984), *Die Kunst des Lesens. Meisterwerke der russischen Literatur*, Frankfurt am Main: Fischer (*Lectures on Russian Literature* 1981)

Ogden, Thomas H. (1997), *Reverie and Interpretation: Sensing Something Human*, Northvale: Jason Aronson.

Ortmann, Amei (1966), »Henry James – ein Leben für die Literatur« in: *Text + Kritik. Zeitschrift für Literatur* 15/ 16, 1-8.

Paraíso de Leal, Isabel (1976), *Teoría del Ritmo de la Prosa*, Barcelona: Planeta.

Paz, Octavio, Paz, Octavio (1999), »El arco y la lira. El poema. La revelación poética. Poesía e historia«, in: *Obras completas I*, Barcelona: Galaxia Gutenberg, 57-370. (Deutsch: *Der Bogen und die Leier. Poetologischer Essay*, Frankfurt am Main: Suhrkamp 1983.)

Peseschkian, Nossrat (2000), *Der Kaufmann und der Papagei. Orientalische Geschichten in der positiven Psychotherapie*, Frankfurt am Main: Fischer.

Pfister, Manfred (1977), *Das Drama. Theorie und Analyse*, München: Fink.

Piglia, Ricardo (2005), *El último lector*, Barcelona: Anagrama.

Quiroga, Horacio (1927), *Decálogo del perfecto cuentista*, http://www.literatura.us/quiroga/ decalogo.html, 30.3.2007.

Reiners, Ludwig (1991) [1943], *Stilkunst. Ein Lehrbuch der deutschen Prosa*, neubearb. v. Stephan Meyer u. Jürgen Schiewe, München: Beck.

Richards, I.A. (2001) [1936], *The Philosophy of Rhetoric*, London/ New York: Routledge.

Rico, Francisco (1990), *Breve biblioteca de autores españoles*, Barcelona: Seix Barral.

Robert Frost, http://www.worsleyschool.net/socialarts/poemsofrobert/ frost.html, 5.2.2008

Romero, Angel, *Retórica. Manual de retórica y recursos estilísticos*, http://retorica. librodenotas.com, 27.12.07.

Ruch, Allen B. (o. J.), *Gabriel García Márquez. The uncertain old man whose real existence was the simplest of his enigmas*, http://www.themodernword.com/gabo/ gabo_biography.html, 2.6.2003.

Scheffler, Wilhelm (1929), »Der Alexandriner«, in: Molière, *L'école des femmes*, Bielefeld/ Leipzig: Velhagen & Klasing, 10-28.

Schneider, Wolf (1984), *Deutsch für Profis. Wege zu gutem Stil*, Hamburg: Gruner+Jahr.

Schober, Michaela (2006), *Die Heldenreise. Eine Handlungstheorie*, Wien: Ms.

Schulte-Sasse, J./ Werner, R. (1994), *Einführung in die Literaturwissenschaft*, München: UTB.

Shimagoe Shin (Hg.) (1986),-*Me de miru nihon mukashibanashi shû* [Sammlung von japanischen Märchen in Bildern]. Tokyo: Bunshun Taschenbücher (=Visual).

Schklovskij, Viktor (1984) [1925], »Kunst als Kunstgriff«, in: ders.: *Theorie der Prosa*, Frankfurt am Main: Fischer, 7-24

Sowinski, Bernhard (1973), *Deutsche Stilistik*, Frankfurt am Main: Fischer.

Spoerri, Theophil (1929), *Französische Metrik*, München: Max Hueber.

Stanzel, Franz K. (1985), *Theorie des Erzählens*, Göttingen: Vandenhoeck & Ruprecht .

Suhamy, Henri (1986), *La poétique*, Paris: Presses universitaires de France (= Que sais-je? 231).

Syndergaard, Larry (1988), »Realizations of the Feminine Self in Three Traditional Ballads from Scotland and Denmark«, in: *Michigan Academician* 20, 1, 85-100.

Tarkowskij, Andrej (1986), *Die versiegelte Zeit. Gedanken zur Kunst, zur Ästhetik und Poetik des Films*, Frankfurt am Main/ Berlin: Ullstein.

Taschner, Rudolf (2002), »Null als Paradigma der Moderne«, in: *gehö1t 79*, Juli 2002, S. 4.

Taschner, Rudolf (2007), *Zahl Zeit Zufall. Alles Erfindung?* Salzburg: Ecowin.

Truffaut, François (1984), *Mr. Hitchcock, wie haben Sie das gemacht?*, München: Heyne. (*Le cinéma selon Hitchcock* 1966.)

Valéry, Paul (1962) [1871-1945], *Zur Theorie der Dichtkunst. Aufsätze und Vorträge*, Frankfurt am Main: Insel.

Varela Iglesias, Fernando (2003), *Poesía e imagen*, Frankfurt am Main u.a.: Peter Lang.

Varela Iglesias, Fernando (2005), »Espriu y el ›grado cero‹ de Cementiri de Sinera«, in: *Quo vadis, Romania?* Nr. 26, 89-99.

Watson, George (1979), *The Story of the Novel*, London u.a.: Macmillan.

Wehr, Marco (2007), *Welche Farbe hat die Zeit? Wie Kinder uns zum Denken bringen*, Frankfurt am Main: Eichborn.

Wiche, Robert (1994), *Sprache und Dichtung*, Wien: Dipl.

Zollinger, Edi (2007), *Arachnes Rache. Flaubert inszeniert einen Wettkampf im narrativen Weben: Madame Bovary, Notre-Dame de Paris und der Arachne-Mythos*, München: Fink.

Zubiria, Ramón de (1955), *La poesía de Antonio Machado*, Madrid: Gredos.

NACHSCHLAGEWERKE

dtv-Lexikon (1973). Ein Konversationslexikon in zwanzig Bänden, München: dtv.

Lexique des termes littéraires (2001), hg. v. Michel Jarrety, Paris: Libraire Générals Française.

Marchese, Angelo/ Forradellas, Joaquín (1991), *Diccionario de retórica, crítica y terminología literaria*, Barcelona: Ariel.

Metzler Film Lexikon (1995), hg. v. Michael Töteberg, Stuttgart: Metzler.

Metzler Französische Literaturgeschichte (1999), hg. v. Jürgen Grimm, Stuttgart/ Weimar: Metzler.

Metzler Literatur Lexikon (1990), hg. v. Günther u. Irmgard Schweikle, Stuttgart: Metzler.

Metzler *Lateinamerikanische Literaturgeschichte* (1995), hg. v. Michael Rössner, Stuttgart/ Weimar: Metzler.

Metzler *Spanische Literaturgeschichte* (1997), hg. v. Hans-Jörg Neuschäfer, Stuttgart/ Weimar: Metzler.

Wilpert, Gero von-(1979), *Sachwörterbuch der Literatur*, Stuttgart: Kröner.

Wintersberger, Astrid (1995), *Wörterbuch Österreichisch-Deutsch*, Salzburg/ Wien: Residenz.

Radiosendungen:

Diagonal – Zum Thema: *Nacht. Die dunkle Schwester des Tages*, präsentiert von Michael Schrott, Ö1, 15.12.2007, 17.00-19.00.

Stadler, Armin, *Aus Mensch wird Käfer. Die Kunst der literarischen Verwandlung*, Ö1, Radiokolleg, 19.-22.3.2007, 9.05-9.30.

Wolf, Andreas, *Inspiration. Vom Rätsel des erleuchteten Moments*, Ö1, Radiokolleg, 12.-15.9.2005, 9.45-10.00.

Zoglauer, Nora, *Erinnern und Vergessen. Die Macht des Gedächtnisses*, Ö1, Radiokolleg, 19.-22.11.2007, 9.00-9.30.

Hörbuch:

Flaubert, Gustave/ Luchini, Fabrice (1991) (1877), *Luchini lit Flaubert. Un cœur simple*, hg. v. Radio France, Harmonia Mundi (= Collection Paroles).

DVD:

Lehman, Ernest (2000), »Commentary by screenwriter Ernest Lehman«, in: Hitchcock, Alfred, *North by Northwest* [Der unsichtbare Dritte, 1959], Warner Home Video.

Video:

RTVE (1977), *Julio Cortázar. A fondo*, Editrama trasbals multimedia (= Videoteca de la memoria literaria).

PERSONENREGISTER

(aufgenommen sind nur gehaltvolle Nennungen)

410

SACHREGISTER

(aufgenommen sind nur literaturwissenschaftlich bedeutsame Nennungen)